辽宁经济社会发展战略研究

辽宁省发展改革系统
2007年度优秀研究成果集

辽宁省发展和改革委员会　组编

U0651397

LIAONINGJINGJI
SHEHUIFAZHAN
ZHANLUEYANJIU

辽宁大学出版社

图书在版编目（CIP）数据

辽宁经济社会发展战略研究：辽宁省发展改革系统
2007 年度优秀研究成果集/辽宁省发展和改革委员会
组编. 一沈阳：辽宁大学出版社，2009.4
　ISBN 978-7-5610-5281-5

　Ⅰ.辽… Ⅱ.辽… Ⅲ.①地区经济－经济发展战略－辽
宁省－文集－2007②社会发展－发展战略－辽宁省－文
集－2007 Ⅳ.F127.31－53

中国版本图书馆 CIP 数据核字（2009）第 052075 号

出 版 者：辽宁大学出版社
　　　　　（地址：沈阳市皇姑区崇山中路 66 号　　邮政编码：110036）
印 刷 者：沈阳航空发动机研究所印刷厂
发 行 者：辽宁大学出版社
幅面尺寸：170mm×240mm
印　　张：28.75
字　　数：420 千字
出版时间：2009 年 4 月第 1 版
印刷时间：2009 年 4 月第 1 次印刷
责任编辑：董晋骞
封面设计：陈景泓　邹本忠
责任校对：合 力

书　　号：ISBN 978-7-5610-5281-5
定　　价：35.00 元

联系电话：024－86864613
邮购热线：024－86830665
网　　址：http：// press. lnu. edu. cn
电子邮件：lnupress@vip. 163. com

编　委　会

序 言

  2007 年，全省经济在克服各种不利因素的情况下，继续保持了实施老工业基地振兴战略以来的又好又快的良好发展态势，主要经济指标增速达到或超过东部地区平均水平，呈现出多年企盼的良好局面。这是省委、省政府正确领导的结果，是全省上下共同努力的结果，全省发展改革系统也为此做出了积极贡献。

  2007 年，国际、国内形势不确定因素较多，为了排除困难，抓住机遇，大力推进经济和社会发展，全省发展改革系统加大了调查研究工作力度，把长远发展和近期任务结合起来，有针对性地开展了各类学术活动，完成了若干重大课题研究。其中，获得"辽宁省发展和改革委员会优秀研究成果奖"的课题 29 篇。这些获奖课题有些为省、市政府科学决策提供了参谋意见，有些直接转化为各类规划或方案，还有更多的研究成果体现出了提升具体工作水平的效能，充分发挥了这些软科学成果在振兴辽宁，完成硬任务过程中不可替代的支撑作用。为了使这些优秀研究成果的应用价值得到进一步推广和强化，我们将 2007 年度全省发展改革系统优秀研究成果汇编成册，为社会各界提供借鉴和参考。

本书汇编的优秀研究成果，经过了辽宁省发展和改革委员会学术委员会特聘专家的认真评审。在此，对省发展和改革委员会王希文、郁红军，省委政研室宿建军，省财政厅科研所王振宇，省发展研究中心外经室马廷玉，省国际工程咨询中心朱勇，省社科院经济研究所陈平，辽宁大学研究生院唐晓华，沈阳农业大学学科处吕杰，沈工大 MBA 教育中心徐剑等各位专家学者表示由衷的感谢。

编　者

2009 年 4 月

目 录

辽宁工业潜力型产业发展研究

一、工业潜力型产业的特征与确定基准

1. 工业潜力型产业的内涵和特征

根据世界发达国家工业化演进历史，可以把工业内部结构的变动划分为三个阶段、六个时期：第一个阶段是重工业化阶段，包括以原材料及基础工业为重心和以加工装配工业为重心两个时期；第二个阶段是高加工度化阶段，包括以一般加工工业（资源密集型加工工业）为重心和以技术密集型加工工业为重心两个时期；第三个阶段为技术集约化阶段，包括以一般技术密集型工业为重心和以高新技术密集型工业为重心两个时期。这三个工业结构变动阶段既相互衔接又部分重合，前一个阶段的第二个时期同时也是后一个阶段的第一个时期。而从新兴工业化国家的发展实践看，这三个阶段既存在着演进的先后依存关系，又往往受到国家工业发展战略的影响而交错在一起。

什么是工业潜力型产业呢？从广义上讲，工业潜力型产业是指在工业化演进过程中，符合经济、社会、资源、环境协调发展要求，具有良好基础条件、比较优势和发展前景，能够对推动当前和未来经济社会快速发展起到关键性作用的工业产业。从狭义上讲，工业潜力型产业是指具有潜在市场需求和广阔的市场发展空间，具备良好的产业发展基础，有高成长性并能形成持续竞争力，能够加快促进工业内部结构优化升级的工业产业。工业潜力型产业的 4 个基本特征：

一是具有潜在市场需求和广阔市场发展空间。工业潜力型产业不但应关注现有市场需求状况，而且更要强调对产业潜在市场需求和未来发展空间的正确判断。作为潜力型产业应存在并能满足潜在市场需求，更应具有巨大的市场开发潜力和广阔的市场发展空间。

二是具备良好的产业发展基础和初步形成产业核心的力量。工业潜力型产业既可以是对既有优势产业的承接和替代，这样的产业凭借优势产业多年的发展已经形成良好的产业基础，能够延续原有优势产业的核心地位；也可以是伴随着某个革命性的技术创新诞生，这种由于科技发明形成的产业，在其产业初创期主要表现为核心技术或者核心企业的存在，该产业不具有雄厚的产业基础，但是与第一类工业潜力型产业相似，他们都具备成为产业核心力量的优势。

三是具有高成长性和较强的产业关联度。这是潜力型产业作为工业内部结构优化升级的推动力，应具有的一个显著特征。无论是承接既有优势产业或是替代衰退产业的潜力型产业，都应该具有能够得到释放的巨大发展潜力，并有快速成长和进一步发展的能力。工业潜力型产业还应能通过产业链的拉伸和延展，衍生出与之配套的产品或者服务，形成较长的产业链以及产业集群。

四是能形成持续竞争力。在潜力型产业成长初期，就应具有较强的产业竞争力，并随着自身的发展，其产业竞争力能得到进一步提高，这是潜力型产业得以快速成长和持续发展的基本保障。

2. 工业潜力型产业类型及与其他产业的区别和联系

工业潜力型产业存在两种主要类型：一类是承接工业中优势产业的工业潜力型产业，可称作优势潜力型产业，如既有工业中符合潜力型产业特征的主导产业或支柱产业，这类产业在未来较长时期仍然具有广阔市场发展空间、高成长性和持续竞争力，随着时间推移，其巨大发展潜力会得到进一步释放。另一类是替代工业中衰退产业的工业潜力型产业，可称作新兴潜力型产业，如代表工业结构高级化发展方向且符合潜力型产业特征的一些技术集约化产业，这类产业随着时间推移不断成长壮大，可能发展成为主导产业或支柱产业。工业潜力型产业同高技术产业、幼稚产业以及成长型产业既有联系又有区别：

工业潜力型产业同高技术产业的关系是，高技术产业基本上都属于潜力型产业；高技术中在近期内能实现产业化的部分也属于潜力型产业，但不能或近期还难以实现产业化的部分就不应列入潜力型产业。

工业潜力型产业同幼稚产业有很明显的区别。幼稚产业是在国际贸易中，从国家产业安全角度来予以保护的产业。一般是指在一个国家中尚处于发展初期阶段，由于缺乏竞争能力而需要国家采取特殊政策给与保护的产业。它尚不具备作为潜力型产业的基本特征。

成长型产业是从产品的生命周期角度来考虑产业的成长。一般认为产业的发展要经历从潜力型产业到成长型产业，最后发展成为主导型产业三个阶段。

3. 工业潜力型产业的确定基准

工业潜力型产业的基本内涵与主要特征为如何选择具有发展潜力的工业产业提供了参考依据，并形成了工业潜力型产业的确定基准，主要包括五方面：

（1）市场需求。工业潜力型产业突出表现为具有巨大的潜在市场需求和广阔的市场发展空间，因而工业潜力型产业具有良好的产业发展前景。对于市场需求已经饱和或趋于饱和的产品市场，相应产业进一步发展的空间将极为有限，而且同业竞争也将越发激烈，这类产业显然不适合作为工业潜力型产业进行培育和发展，而市场需求远远没有得到满足，并呈现出需求稳步、持续增长的产品市场，相应产业则可以考虑作为工业潜力型产业进行重点培育和大力发展。

（2）发展基础与比较优势。要结合区域产业发展基础来选择具有比较优势的工业产业。产业发展基础本质上就是资源的有机组合，即所拥有或控制的自然资源、人才、资金和技术资源等各类资源及其组合。产业基础在很大程度上决定了区域产业的比较优势，利用和发挥产业比较优势可以加快实现工业产业做大做强的目标，扩大市场占有率，提高市场竞争力。

（3）产业成长性。成长性反映了产业发展速度特征。不同产业的成长性不尽相同。有的产业成长性较高，如已经实现产业化的高技术产业等，而有的产业成长性则较低。成长性越高表明产业发展速度越快，这类产业的发展潜力也越大。

（4）辐射与带动效应。产业的辐射作用主要从横向角度反映某一产业对其他产业的影响，而产业的带动作用侧重从纵向角度反映该产业对其他产业的影响。产业辐射与带动效应强，具体表现为可通过聚集经济与乘数效应辐射和带动相关产业的发展，进而促进整个经济的发展。因此，产业辐射与带动效应也是确定工业潜力型产业的重要基准之一。

（5）持续竞争力。产业持续竞争力主要来源于产业的技术进步速度、产业的研发创新能力，特别表现在自主知识产权的开发与形成，另外产业持续竞争力还表现在市场占有率及其增长程度。具备持续竞争力，有助于工业产业满足市场潜在需求，不断扩大市场份额，增强和巩固市场地位。因此，持续竞争力也作为工业潜力型产业确定的主要基准之一。

二、辽宁工业潜力型产业的评价与选择

1. 辽宁工业潜力型产业的评价方法

根据工业潜力型产业主要特征以及工业潜力型产业确定基准，构建工业产业潜力综合评价指标体系，采用层次分析法（AHP）确定准则层和方案层权重（见表 2—1），并采用多指标综合评价方法计算各工业产业潜力得分，最后结合定性分析确定辽宁工业潜力型产业。

表 2—1　　　　　工业潜力型产业综合评价指标体系

目标层	准则层	权重	方案层	权重	最终权重
工业潜力产业综合评价	市场需求	0.260	需求收入弹性	1	0.260
	比较优势	0.082	区位商	1	0.082
	产业成长	0.138	销售收入增长率	1	0.138
	产业辐射带动	0.260	产业影响力系数	1	0.260
	持续竞争力	0.260	市场占有率	0.25	0.065
			市场占有率增长率	0.75	0.195

注：指标权重处理过程由 yaahp0.4.1 软件实现。

2. 辽宁工业潜力型产业的选择

(1)备选工业产业的确定。辽宁工业体系比较完善,拥有39类工业产业,在我们进行潜力型工业产业评价前,我们首先从资源约束角度认为矿选业不适合作为区域潜力型产业发展,因此,从备选工业产业中剔除煤炭开采和洗选业、石油和天然气开采业、黑色金属矿采选业、有色金属矿采选业、非金属矿采选业、其他采矿业;其次,我们初步统计结果显示近年来被纳入统计范围的废弃资源和废旧材料回收加工业增长速度很快,经过研究讨论,认为该产业只能作为工业化进程中的辅助产业来发展,因此,予以剔除;再次,考虑烟草制品业、电力、热力的生产和供应业、燃气生产和供应业、水的生产和供应业的特殊性,我们也予以剔除;另外,皮革、毛皮、羽毛(绒)及其制品业,纺织服装、鞋、帽制造业和家具制造业相关数据的可靠性有待进一步核实,故不予考虑,最后,得到25类备选工业产业。

(2)辽宁工业潜力型产业选择。根据工业潜力型产业综合评价指标体系,对以上25类工业产业进行综合评价。首先,对各指标进行均值标准化,其次,根据各层指标判断矩阵,利用层次分析法确定指标权重,并计算各产业潜力综合评价值。

根据对辽宁工业潜力型产业的综合评价,结合美国、日本发达国家以及国内广东、上海等发达地区的工业潜力产业发展趋势和规划,我们认为如下几个行业可作为未来辽宁潜力型产业,这些部门包括:已经具有较强优势的钢铁工业、石化工业、有色金属冶炼、装备制造业、化学原料及化学制品制造业、化学纤维制造业和医药制造业的传统产业,以及具有极大发展潜力的高端装备制造业、电子信息及其装备制造业、生物医药产业、新材料产业、新能源产业、农产品深加工业等新兴产业。

三、辽宁发展工业潜力型产业的 SWOT 分析

1. 辽宁工业潜力型产业发展的优势

(1)城市化工业化程度高和产业升级条件成熟。辽宁是我国城市化和工业化程度较高的省份,按照钱纳里等人划分的工业化发展标准,辽

宁正处于工业化中期向后期过渡的阶段，这一阶段主要特征表现为产业升级、消费升级与淘汰落后产能。因此，发展以技术集约化产业为重点的工业潜力型产业的条件已经成熟，这也是辽宁工业内部结构产业升级和经济快速发展的客观要求。

（2）工业门类齐全和产业基础雄厚。辽宁一直以来都是我国重点发展的老工业基地，在全国经济发展中处于举足轻重的地位。全省工业现有 39 大类，197 中类，500 多小类，是全国工业行业比较齐全的省份之一。钢材、原油加工、船舶、轻型客车、子午线轮胎等主要工业产品产量位居全国前列。我国近一半的数控机床产值和近 1/5 的数控机床产量出自辽宁。辽宁的轴承制造、风电机组、盾构机械、耐火材料、船用推进器零配件、电子信息、新材料、新能源等高新技术产业以及环保装备制造业、数字医疗器械制造业、机器人及其自动化成套装备制造业、专用设备制造业等先进制造业在国内和国际上具有强劲的竞争优势，为辽宁发展工业潜力型产业奠定了雄厚的基础。

（3）工业发展潜力大和关联效应强。2007 年辽宁规模以上工业增加值完成 5047 亿元，增长 21%以上，全省工业增幅比全国高 3 个百分点，且高于上海、广东、江苏、浙江等沿海地区，说明辽宁工业发展潜力巨大。辽宁石化行业、冶金行业、装备制造业增幅均高于全国平均水平。这三大产业是现代科学技术的集中体现，为社会提供质优廉价的新材料和设备，其产业辐射面大，产品用途广，在产业链中属于中间需求率大、中间投入率大的产业，对经济拉动效果明显。在新兴工业潜力型产业中的机器人产业、数字化医疗器械、光电子产业、生物制药产业等，都有着良好的发展基础和技术优势支撑。从经济演进规律看，随着我国走新型工业化道路发展战略的实施，已有发展基础和先进制造技术作支撑的辽宁环保装备产业、光伏产业、电子信息及其高端装备制造产业等将有巨大的市场发展空间和较高的成长性，利于培育辽宁经济新的"增长点"。

（4）科技发展强劲和支持力度增大。辽宁现已初步形成了以工业企业为核心、产学研相结合的工业技术创新体系，具备了完成对高端数控技术、大型成套技术以及专业设备制造技术等的重大技术攻关的能力。

如燃气轮机技术及系列燃机产品、铸造技术及数控技术、大型离心压缩机、大型水泵和大型往复式压缩机设计制造技术、有色金属冶炼技术、数字医疗器械制造技术、机器人及自动化成套装备技术以及生物制药技术等，都达到国际先进水平；在汽车及零部件、民用船舶、轨道交通设备等具有优势潜力的产业领域，其核心制造技术已居全国前列。

（5）区位优势明显和矿产资源丰沛。辽宁地处环渤海地区，是环渤海地区的重要省份。明显的区位优势为辽宁"承北接南"、"东拓西联"、"内集外引"、扩大开放创造了广阔的空间。辽宁拥有得天独厚的地缘优势和资源优势，可依托俄罗斯、蒙古的资源条件，又可承接日本、韩国的产业转移，从而使辽宁经济由东北经济中心拓展为服务于环渤海区域的开放前沿。辽宁发现各类矿产 110 种，其中已获得探明储量 66 种，矿产地 672 处，对国民经济有重大影响的 45 种主要矿产中，辽宁有 36 种 620 处矿产地。所有这些，都为发展辽宁工业潜力型产业奠定了有利的区位优势和相关物资资源基础。

2. 辽宁工业潜力型产业发展的劣势

（1）工业产业结构和产品结构不尽合理。2006 年辽宁三次产业产值在 GDP 分布结构为 10.6：51.1：38.3，第三产业比重偏低；重工业产值占工业总产值 82.9%，轻工业不足 20%，在重工业产值结构中，采掘工业、原料工业、加工工业的比例结构 2006 年与 1996 年相比，采掘业的比重不仅没下降，还略有上升，加工业产值低于原材料工业产值。工业产品结构中，一般产品相对过剩，技术含量高、附加值大的产品相对短缺；产业技术开发能力不强，产品技术含量较低，技术和资本密集型产业的竞争力不足；附加值高的关键钢材、有色金属产品等满足不了需求，进口量居高不下，而中低档产品供大于求，过度竞争。

（2）技术创新体系不完善与科技成果转化率偏低。工业企业与高校及研发机构群体性创新突破能力、自主创新与成果转化能力，以及相应的政策配套能力还有待提高。2006 年国内研发经费支出占 GDP 的比重看，全国平均水平为 1.42%，上海为 2.5%，北京为 5.5%，天津为 2.18%，而辽宁与全国平均水平基本持平，为 1.57%。而发展生物制药、光电子等新兴工业潜力型产业迫切需要原始创造能力、消化吸收能力以及研发投入水平的提高作保障。

（3）市场观念与市场化程度等相关软环境有待加强。随着市场经济的不断深入，辽宁工业企业的经济主体地位进一步确立，各类生产要素市场化程度显著提高，资本交易市场体系和规则日益完善，经济开放度显著增强。但是，与市场化程度较高的东部沿海省市相比，辽宁在市场意识、适应市场能力和民营经济活力上还需加强和提升，社会信用体系及支持环境尚需完善。

3. 辽宁工业潜力型产业发展面临的机遇

（1）国际机遇。一是国际产业转移的有利趋势；二是国际技术转移的有利趋势；三是国际资本流动的有利趋势。

（2）国内机遇。一是我国经济发展进入黄金发展机遇期；二是坚持科学发展观和实施创新型国家战略带来的机遇；三是消费结构升级和市场经济体制完善带来的机遇。

（3）省内机遇。一是实施东北老工业基地振兴战略带来的机遇；二是实施环渤海经济圈战略带来的机遇；三是实施"五点一线"战略带来的机遇；四是东北亚区域经济合作带来的机遇。

4. 辽宁工业潜力型产业发展面临的挑战

（1）发达省份快速发展带来的压力。近年来，随着科学发展观、建设创新型国家和走新型工业化道路等重大战略思想的确立和落实，各省都在逐步淘汰高污染、高耗能、低附加值的落后产业，并逐步趋向发展先进装备制造业、高新技术产业、现代服务业等。在经济演进规律的作用下，一些省市出现的产业趋同会带来区域竞争压力大、资源利用率下降、生产能力相对过剩、重复性建设严重等问题，从而会给辽宁带来招商引资、人才吸纳、技术转化、市场竞争等方面的压力。

（2）发达国家核心技术输出门槛高。发达国家向我国及辽宁输出核心技术所设定的门槛高，这对我省工业潜力型产业发展中利用技术外援来提升潜力型产业水平将产生一定的不利影响。

四、辽宁发展工业潜力型产业的指导思想与原则

1. 指导思想

以科学发展观为统领，紧紧抓住国家实施振兴东北老工业基地战略和沿海开放的历史性机遇，围绕建设国家新型产业基地的目标，以优势潜力型产业提升为重点，新兴潜力型产业发展为先导，创新驱动型发展战略为核心，构建以技术高端化、结构高度化、产业集群化、资源集约化、资本多元化、市场全球化为特征的优势潜力型产业与新兴潜力型产业相互融合转换，重点突出、特色鲜明、可持续竞争力强的新型工业体系。

2. 基本原则

优势产业与潜力型产业相结合的原则；改革开放带动原则；市场主导，政府扶持的原则；可持续发展的原则。

3. 主要目标

(1) 综合实力快速提升。潜力型产业工业增加值年均增长 18％以上，产品市场份额明显提升，主要工业经济指标位次前移，产业能级显著提高，对工业经济的贡献率大幅增长，力争通过 5 年左右的时间将 2～3 个新兴潜力型产业培育成主导产业或支柱产业。

(2) 核心竞争力显著增强。技术创新支撑经济社会发展的能力显著增强，科技进步贡献率达到 60％，形成一批拥有自主知识产权和国际竞争力的产品。多数优势潜力型产业技术装备和工艺设计基本达到国际先进水平；一批核心能力强的新兴潜力型排头兵企业、市场竞争力强的名牌产品和特色产品优势更加明显。

(3) 产业区域布局日趋合理。以"三区一带"为核心，各类工业开发区和工业园区为支撑，重点突出、特色鲜明、协调发展的工业潜力型产业发展格局基本形成。

(4) 可持续发展能力明显加强。人力资本得到更有效开发利用，对工业经济的保障和促进作用日益加强，资源利用率明显提高，初步形成循环经济社会机制和框架。

五、辽宁发展工业潜力型产业重点任务

1. 优势潜力型产业

围绕建设国家新型产业基地建设，做大做强先进装备制造业，初步形成以中国装备支撑中国制造；做强做优石化、冶金等原材料工业，使之成为辽宁工业发展的支撑；以信息化与工业化的融合，促进工业结构优化和升级，建设具有国际竞争力的先进装备制造业基地和高加工度化的精品原材料基地。

（1）装备制造业

紧紧抓住世界制造业加速转移和国家推进重大装备国产化的有利时机，着力发展基础装备、通用装备、成套装备、运输装备和国防装备，努力提高信息化水平、自主创新能力和产品的配套能力。优化全省装备制造业布局，以大连为沿海经济带的龙头，建设"两区一带"装备制造业集聚区；以沈阳为连接沿海和腹地的枢纽，打造"沈西工业走廊"，将辽宁建设成布局合理、用地节约、环境友好、国际竞争力突出，综合配套能力强的世界级装备制造业基地。

高压输变电设备。依托特变电工沈阳变压器、新东北电器等骨干企业，重点发展 500 千伏级交直流和 750 千伏输变电成套设备，研制 1000 千伏交流和 ±800 千伏及以上直流高压输变电成套设备，提高成套装备能力和水平。

石化成套装备。以沈阳鼓风机集团、大连冰山集团、中国一重大连加氢反应器制造公司、锦西化工机械厂、抚顺机械制造有限公司等骨干企业为依托，在消化吸收引进技术的基础上，提高自主创新能力，重点发展大乙烯、大化肥、大炼油所需的 100 万吨以上乙烯装置、1000 万吨炼油装置以及配套设备，大型天然气长输管线增压站及大流量空分装置，高效调速大流量输油管线泵，大型石油天然气集输装置配套用离心机组等高端技术和产品的国产化，发展干煤粉气化成套装备、大型燃气电站余热锅炉以及大型压缩机等大型煤化工装置。

工程机械。依托沈阳远大、沈阳北方交通、沈阳三洋重工、沈阳矿山、大连叉车、抚顺挖掘机等一批重点企业，发展大断面岩石掘进机及大型施工机械，大型智能化铣刨机、废旧道路沥青混合料热再生成套设备等先进养护路机械，掌握核心技术，提高国产化水平。

自动控制系统和精密测试仪器。依托沈阳仪表科学研究院、丹东奥龙射线仪器、丹东东发集团、鞍山热工仪表等企业，重点开发电力、冶金、石化、机械制造、环境监测及国防建设等领域所需的大型、高精度、高可靠性的先进控制系统及精密监测和计量仪器，发展具有自主知识产权的数字化精密测量仪、超大齿轮测量仪、精密复杂刀具、高速切削刀和工具系统等。推进沈阳仪表科学研究院 MEMS 压力传感器与相关智能仪表产业化、丹东东方测控智能化非接触式在线检测设备产业化、鞍山市电子电力光纤测控系统产业化项目的实施，推进仪器仪表产业化进程。

汽车及零部件。加快发展中华系列和宝马系列轿车，利用品牌和技术优势，提高产品质量，扩大市场占有率。依托沈阳金杯汽车、曙光集团、本溪曲轴、一汽大众、锦州万得、航天三菱等骨干企业，重点发展发动机、车桥、曲轴、安全气囊、变速器等汽车零部件产品，增强综合配套能力，形成沈阳、大连、丹东、锦州等汽车零部件产业集群。

船舶和海洋石油工程装备。依托大连造船重工、大连新船重工、渤海造船重工等骨干企业，重点建设大连、葫芦岛两大造船基地，重点发展 30 万吨矿石和原油运输船、8000～10000 箱以上集装箱船、大型液化天然气等高技术、高附加值船，大型海洋石油工程装备、海上浮式生产储油轮，以及船用大功率柴油机、曲轴等配套产品，2010 年全省造船能力达到 800 万载重吨，建成具有国际先进水平的中国北方造船基地。建设大连、营口等船舶配套加工园区，构建舾装制造中心、管子加工中心、上层建筑制造中心、甲板设备制造中心及船用电器制造中心等。

（2）原材料工业

围绕提高质量、降低消耗、增加效益、替代进口，改善环境，实施产业升级，合理调控总量，优化产业内部结构和空间布局，向集约化、大型化、高级化、系列化和高加工度化发展，实现由以规模扩张为主向效率增长型转变，将辽宁建设成具有国际竞争力高加工度石化工业和精品钢材生产基地。

冶金工业。坚持外延与内涵式发展相结合、以内涵式发展为主，改善钢铁工业布局，提高产业集中度，重点发展精品板材、特钢和新型建筑钢，把辽宁建设成工艺装备现代化、品种多样化、质量高级化和具有国际竞争力的中国北方精品钢材基地。

精品板材：以鞍本钢铁集团和五矿营口中板为依托，发展热轧、冷轧薄板，冷轧宽带钢、涂镀层板等产品，板材生产实现系列化，即宽厚、中厚、薄板配套，热轧和冷轧板配套，原板和涂镀层板配套，产品包括轿车面板、集装箱板、造船板、高强度石油天然气管线钢、高档家电板、电站板、桥梁板、压力容器板、造船板、不锈板、冷轧硅钢，以及建筑、轻工食品用涂镀层板等，建设具有全国意义的精品板材生产基地。

优质特殊钢：以东北特钢为依托，大连钢厂建设不锈钢、轴承钢、弹簧钢、合金钢丝、合金银亮材轧钢生产线；抚顺钢厂建设国内汽车用钢、不锈钢棒材、高精度模具扁钢、合金钢锻材、特种合金生产线；北满钢厂建设大规格合金钢锻材、轴承钢棒材生产线，将辽宁建设成为全国品种、质量最具竞争力的优质特殊钢生产基地。

新型建筑钢：以凌钢、北台、新抚钢为依托，重点发展热轧 H 型钢，铁路、电力、桥梁、建筑用大、中、小型钢，建筑用Ⅲ级以上螺纹钢筋，预应力钢丝和钢绞线，以及钢结构等钢材深加工产品，按照规模化、低合金化、强度化的发展方向，实现型、棒、线材配套，产品规格系列化。

有色金属加工：以抚顺铝厂和葫芦岛锌厂为重点，建设抚顺铝厂电解改造和海绵钛，葫芦岛锌厂铅锌密闭鼓风炉、4 万吨锌基合金项目，辽阳铜材厂年产 6 万吨高精度铜和铜合金板带材项目。大力发展电解铝、电解锌、海绵钛深加工产品，锌铜延伸产品和附加值产品比例达到 35%。

石化工业。以提高国际竞争力为目标，采用"基地化、大型化、一体化、专业化"的发展模式，加快石化产业结构的优化升级。以资源最优化、产品市场化、投资节约化和效益最佳化为原则，以炼油行业为龙头，大力推进炼油化工一体化，以大乙烯、大芳烃的建设延长产业链，集中力量发展三大合成材料、基本有机化工原料及下游精深加工产品，做强做大大连、抚顺、两锦三大炼油基地和辽阳化纤、盘锦石化生产基地，推进抚顺、大连百万吨级乙烯基地建设，拉长产业链，实现集约化、大型化、精细化和系列化方向发展。

2. 新兴潜力型产业

重点发展市场容量大、前景广阔、可持续发展能力强，未来有可能成为新的经济增长点和潜在主导产业的高端装备制造产业中的数控机床产业、风电设备产业、环保装备产业、数字化医疗器械产业；机器人产业；电子信息制造业中的光电子产业、集成电路产业、汽车电子产业、船舶电子产业；生物制药产业；新能源产业中的光伏产业；新材料产业中的精细化工产业；农产品深加工产业中的食品深加工产业，并形成潜力型产业的主导企业和主导产品，因为只有以主导企业群和主导产品为核心的产业，才能突出地区竞争优势，才可能成为未来地区发展的主导产业。本研究从产业市场潜力、产业基础、产业目标和重点说明选择上述潜力型产业加以大力培育和发展，使之成为辽宁主导产业的接续产业和新的经济增长点，提升辽宁工业经济可持续竞争力。

（1）高端装备制造业

①数控机床产业。掌握单元核心技术和系统集成技术，形成数控机床系列化产品的自主知识产权，建设国家数控机床产业化基地。重点发展中高档数控系统、高速主轴及伺服单元、高性能刀库机械手、高速滚珠丝杠和直线导轨副、直线电机、全功能数控刀架和数控转台、高速防护装置等。发展高精度数字化测量仪器和数控刀具。重点发展面向汽车、航天航空、军工等制造业所需要的高效、高精度、多轴联动、复合型中高档数控机床产品，尽快从总体上实现产业链的整体提升；以高速化为先导，开发具有自主知识产权的中高档数控系统，建设开放式数控系统的开发平台，提高数控机床综合性能，实现产品的产业化；建设关键功能部件产业化基地，为数控机床主机提供配套服务。

②风电设备产业。紧紧依托国家重点工程，依托大连重工起重集

团、鞍钢重型机械有限公司等骨干企业，加强与中国一重集团、哈尔滨电站设备集团合作，加快发展3兆瓦陆、海两用和5兆瓦海上风电机组成套设备关键部件的研制，将辽宁建成国家兆瓦级风力发电设备研制中心及产业化基地。

③数字化医疗器械产业。重点领域一是医疗诊断、检验、治疗三大系列产品，巩固CT机、X光机、磁共振成像（MRI）装置、超声显像装置、自动生化分析仪、电子药丸等在国内的主导地位，并加以升级换代产品；二是电生理检测设备、激光成像设备、红外线成像设备、临床生化检测设备、胰岛素泵、生物芯片、内窥镜等介入检验和治疗装置、医用高分子器具、正电子成像设备等现代医疗设备；三是PACS系统图像传输处理系统、DSA（三维血管照影系统）、远程诊断系统、计算机辅助诊断系统（CAD），依靠数字化提高医疗器械产品的档次，占领市场，尽快将新型手术导航系统应用于治疗领域并实现产业化。

④环保装备产业。重点领域一是水污染防治、大气污染防治、产业废弃物再生利用处理、环保服务产品。研究开发出一批具有国内外先进水平、拥有自主知识产权的环保高新技术以及市场份额大、特色明显、竞争优势突出的重点产品。二是开发固体废物焚烧技术、燃煤烟气治理技术；鼓励开发环境监测仪器仪表制造技术、工业生产过程粉尘治理技术、冶金与化工企业的废水净化处理技术、废气、废水综合利用技术、环保型锅炉设计制造技术等。三是在铁岭及"五点一线"地区建设环保产业园区，形成重要的技术研发、产品制造基地；在丹东地区通过技术提升进一步优化以环保锅炉制造为主的产业；在环保产业已具一定规模的沈阳、大连、鞍山等地区形成以高新技术为先导、以先进适用技术为支撑的环保产业集群。

⑤民用航空制造产业。重点领域一是发动机研发和制造：大型飞机发动机、支线、公务和通用飞机发动机。二是整机制造和装配：公务机和通用飞机、关注干线和支线飞机。三是大部件、零部件制造和转包生产：大飞机尾部、大飞机电器电缆设备、庞巴迪机身和零部件、波音飞机零部件、空客飞机零部件、发动机零部件、其他民机零部件。四是飞机维修服务：飞机整体维修、发动机维修、飞机结构件维修、深航工业

园。五是航空运营和物流。

（2）机器人产业。"以先进制造技术为核心，发展成为具有国际竞争力的先进装备供应商和国际化高技术产业集团"为核心理念，确立在中国乃至世界机器人产业的领先地位。再造六大创新平台（国家高技术产业化示范基地、国家现代设计制造技术服务中心、中美超限制造与自动化联合研究中心、外地联合建立山东工程中心、苏南工业研究院、广州工业研究院）和二大工业园区建设（新松一期、二期产业园区），强化自主创新，完善企业创新体系，实现技术研发能力的跨越式提升；完成四大类十余种新型机器人产品的产业化开发，攻克新型机器人产品的共性关键技术，包括新型机器人操作机优化设计技术，网络化机器人控制器技术，机器人高速平稳控制技术，自主导航技术，基于传感器信息融合的感知技术、智能故障诊断技术、智能操纵控制技术和自动化成套装备系统技术等，实现新型机器人产品在汽车及零部件行业的广泛应用。

（3）电子信息及其装备制造业

①光电子产业。以国家半导体照明工程为蓝图，以照明产业技术快速升级换代为需要，重点发展以 LED、激光器、光通讯为主的光电子产业。积极引进 LED 芯片生产线，以及 LED 产品封装线，开发白光LED、高亮度 LED 产品、功率型白光 LED；开发 LED 显示屏，LCD背光源，城市照明及景观光源，铁路和公路信号显示系统等；完善液晶电视产业链，重点引进液晶电视用 TFT－LCD 模组，引进上游关键零部件生产线，大力发展高附加值的 LCD 配套产业。

②集成电路产业。重点领域一是集成电路设计：引导芯片设计业与整机有机结合。针对高清晰度数字电视、移动通信、计算机及网络、信息安全产品、智能卡及电子标签产品、汽车电子等市场需求大的整机市场，加大重点领域专用集成电路的开发力度。重点开发数字音视频相关信源、信道芯片、图像处理芯片，移动通信终端基带芯片、高端通信处理芯片、信息安全芯片等量大面广的集成电路产品。形成一批拥有核心技术的企业和具有自主知识产权的集成电路产品。二是芯片制造、封装、测试：发挥英特尔芯片领军企业和重大项目在基地发展中的引领作

用，带动半导体芯片后半制程的先进封装、测试项目入住基地。引进采用先进封装、测试技术的国际知名企业进入基地开设代工厂。三是集成电路材料、工艺耗材：积极引进和鼓励本土企业大力发展电子级多晶硅铸锭、电子级拉制单晶硅棒及切片项目。利用中科院金属所等技术优势带动晶片研磨抛光料、芯片粘结料、内引线、化学试剂、密封橡胶、石英管、夹具等易损易耗辅助材料发展。四是集成电路专用设备和测试仪器：重点发展关键薄膜材料制备关键设备、光刻相关关键设备、真空获得关键部件、传输类部件等；扶持已具有一定基础的单晶炉、快速热处理器、晶圆切片机、划片机、反应离子刻蚀机和大型平面显示屏等一般配套装备研发及应用，参与市场竞争；扶持已具有一定基础的真空反应装置、等离子体源系统、全体导入系统和自动控制系统、自动冷凝器（液氮冷阱）等功能部件研发及应用。积极鼓励企业与国际先进技术对接，实现技术转移后的再创新。五是 2.5G 以上中高档微波光电子器件及下游应用产品：由微波光电子器件领军企业—大连艾科科技开发有限公司与大连理工大学光电研究中心的光纤研发成果进行产学研结合，进行利用光纤覆盖的无线和移动通信系统、卫星信号和光纤结合系统等应用领域的开发。研发下一代超高频率的光有源器件和微波器件以及微波光电子产品。

③汽车电子产业：一是形成汽车空调、LED 车灯、车载通信系统等车载汽车电子产品较完整的产业链，在此基础上，扩展产业领域，逐步介入汽车电子控制系统领域。二是在 3～5 年内引进 5～6 家汽车电子跨国公司，5～8 家销售收入过 10 亿元的国内汽车电子厂商。大力培育和扶持汽车空调、LED 车灯、车载通信系统、车载显示器、汽车电子控制系统、车用传感器和车用照明系统等产品。三是进一步发展壮大汽车音响、机芯、GPS 终端、汽车仪表盘、汽车空调产品，2010 年，汽车音响整机生产 700 万部，机芯 1200 万套，GPS 终端 10 万台，汽车仪表盘 200 万套，汽车空调产品 300 万台。

④船舶电子产业。发展方向一是船用大功率低速机的电子化控制，通过采用电子调速器系统、电控燃油喷射系统、高压共轨燃油喷射系统、智能化电子控制系统，低速机的可靠性和操作简便性进一步提高；

降低船用发动机的油耗、NOx排放和烟度，降低二冲程低速机的燃油消耗率。二是甲板机械向电动－液压驱动式、封闭式、自动化、集成化、遥控化、机电一体化方向发展。三是舱室设备向节能、安全、环保、自动化、智能化、体积小、性能稳定可靠、便于操作和维护方向发展。四是船舶自动化系统向数字化、智能化、模块化、网络化、集成化方向发展。开发导航与驾驶自动化、机舱自动化、液货装卸自动化、船舶消防灭火自动化、船岸信息一体化等功能。

（4）生物制药产业。以基因工程药物、发酵工程药物、生化药物、新型诊断试剂为重点，确立我省在全国生物制药领域的领先地位，形成辽宁生物制药产业核心竞争力。一是开发重组人血小板生成素、治疗性单克隆抗体、分子诊断试剂、基因芯片；二是开发预防、诊断和治疗重大疾病的新型疫苗、基因工程药物等防治药物；三是采用基因工程、细胞工程和传统生产相结合，改造传统制药工艺，促进生物制药产业由仿制跟踪向技术创新和仿制并重的方向转变。

（5）新材料产业－精细化工产业。围绕化工产业深加工，拉长化工产业链，传统精细化工产品要努力形成产业的集聚优势、品牌优势、规模优势，注重产业技术升级，适应市场发展的需要，积极开发高技术含量、高附加值、代表精细化工发展高端水平的精细化工新领域。农药重点发展高效、低毒、低残留化学农药和生物农药；催化剂重点发展炼油催化剂、聚烯烃催化剂、加氢催化剂、合成氨和有机化工催化剂等做大做强；粘合剂重点发展高档、环保型新品种；涂料重点发展氟树脂涂料、纳米微粒子涂料、汽车涂料、粉末涂料、水性涂料等新品种；表面活性剂重点发展以烷基苯、脂肪醇、乙醇胺、环氧乙烷为原料的产品链，做大做强终端产品，发展洗涤剂等高附加值日用化工品；依托锦州氯化法钛白粉、沈化气相法白炭黑系列精深加工产品；依托阜新国际氟化学工业园区，发展填补国内空白的氟碳醇系列产品；依托辽宁玉米资源优势，发展乳酸等淀粉化工系列产品；六是依托辽宁硼矿、镁矿、钼矿、萤石矿等资源优势，发展矿类精细化工产品。

（6）新能源产业－光伏产业。一是以拓展、延长、形成完整光伏产业链为核心，重点开发多晶硅、单晶硅太阳能电池片、电池板及封装、晶体硅太阳能电池、非晶硅薄膜太阳能电池等。二是提高太阳能电池转换效率技术、硅薄膜太阳能电池制造技术、软基纳米半导体敏化薄膜太阳能电池制造技术、电子级多晶硅制造技术、化合物薄膜太阳能电池等高尖端技术的研发和产业化，发展太阳能电池生产相关配套产业。三是发展市场前景广阔、技术水平高、附加值高的太阳能电池应用产品和太阳能应用的核心部件产品，发展光伏系统基础电器设备、离散型太阳能光伏发电设备、工业用光伏电源、建筑集成太阳能发电系统等太阳能光伏发电产业，抢占光伏产业制高点，提升光伏产业核心竞争力。

（7）农产品深加工产业—食品深加工产业。粮食制品以玉米、水稻深加工为重点，发展变性淀粉、淀粉糖等精深加工产品；油脂加工以大豆、花生为重点，大力开发优质植物蛋白、多肽、异黄酮等深加工产品；动物性食品加工以乳品、肉品加工为重点，重点向小包装、细分割、冷却肉方向发展，乳制品发展高附加值的花色奶、配方奶粉、功能性奶粉；果蔬加工以果汁、果酒、速冻果菜、脱水菜、蔬菜汁等产品加工为重点，扩大专用加工品种的选育和生产，提高加工产品质量和深加工水平；水产品加工以多样化、安全化、方便化、营养化、风味化发展为重点，推广优质精品鱼保鲜和包装运输技术，发展参、鱼、虾、贝、藻精深加工业，运用高新技术开发钙源营养、保健、功能食品以及海洋生物药品；饮料加工重点是整合资源，打造大型企业集团和名牌产品，利用苹果、沙棘、草莓、杏仁等资源，大力发展天然果汁饮品及具有辽宁地方特色的保健饮品；特产品加工以辽东柞蚕、山野菜、中药材及辽西沙棘、大扁杏、特色杂粮等加工为主，打造具有特色资源的食品加工业。

六、辽宁发展工业潜力型产业的对策建议

1. 建立工业潜力型产业创新体系

（1）强化潜力型企业技术创新的主体地位。加快建立以潜力型企业为主体、市场为导向、产学研相结合的技术创新体系，形成自主创新的基本体制架构。引导和支持企业与高校、科研院所、中介服务、金融机

构形成以产权和利益为纽带的产学研结合的、多种形式的研发机构和"科技战略联盟"，把潜力型企业推向技术创新主体地位。促进和支持企业与高校、科研院所之间采取参股、控股企业。发展技术咨询、技术转让等技术创新的中介服务，形成社会化的技术创新服务体系。

（2）因企而异采取不同的技术创新模式。不同潜力型企业间存在很大差异，有的技术基础较好，自主创新能力强，有的企业刚刚起步，抗御市场风险的能力比较弱，没有能力完成自主创新，而只能靠模仿和合作。因此，各企业应该根据实际情况采取不同的发展模式。

（3）完善潜力型企业科技管理和运行机制。建立健全技术、知识、管理等要素参与分配的制度，积极探索研究期权、按销售分成等多种方式的知识产权资本化的路子，激发广大潜力型企业科技人员的创造力。打破行政管理的界限，促进科研机构、大学和潜力型企业间的科研人员合理流动和相互合作，承认和支持他们的劳动所得。充分发挥政府资金的导向作用，实行顶层设计，紧紧围绕全省潜力型产业发展的重点和市场供求需求，采用公开招标方式运作科技项目，积极引导和培育使其尽快做大做强。

（4）搭建科技创新基础条件平台。依托高校和科研机构，结合辽宁潜力型产业发展需求，建设钢铁工业、石化工业、有色金属冶炼、装备制造业、化学原料及化学制品制造业、化学纤维制造业和医药制造业（主要包括生物工程与制药业）的传统产业，以及具有极大发展潜力的高端装备制造业（环保装备制造业、医疗器械）、电子信息及其装备制造业（光电子产业、集成电路产业、汽车电子产业）、生物制药产业、新能源产业（光伏产业）、新材料（精细化工产业）、农产品精深加工业（食品精深加工产业）等新兴产业的企业技术中心、工程研究中心、工程实验室以及各类研发中心。

（5）完善潜力型产业规模化创新服务体系。一是建立技术服务系统。完善技术交易手段，加快建立技术中介经营体系，推动创新成果进入技术交易市场，搭建项目丰富、中介活跃、交易手段先进、创新成果与创业资本直通的交易平台，加快建设为潜力型产业规模化发展提供全方位服务的科技市场。二是建立信息服务系统。最后，建立中介服务系统。

2. 培育工业潜力型产业发展的机制

（1）制定潜力型产业发展规划。一是尽快出台《辽宁省优先发展的潜力型产业指南》，明确全省潜力型产业发展方向和重点。二是全省 14 个市应根据全省潜力型产业发展指南，结合地方经济的特点，制定本地区潜力型产业发展规划，提出一些具有各自优势和特色的潜力型产业。三是形成全省的潜力型产业发展规划，并在财政、税收、金融等方面采取有效措施予以大力支持。四是待条件成熟时，成立《辽宁省潜力型产业领导小组》，领导小组负责对全省潜力型产业和企业评价、认定和管理。

（2）不断改善潜力型产业发展的政策环境。各级政府要尽快建立决策科学、办事高效、运转协调、行为规范、公开公正的管理体制和运行机制，为潜力型产业发展提供一个良好的政务环境。要充分发挥市场机制在配置潜力型产业资源的基础性作用，强化企业、中介机构的主体地位，把政府职能尽快转到政策导向、宣传教育、战略研究、宏观调控、执法监督和公共服务上来；加快制定有关无形资产评估、技术股权、职务发明奖励、知识产权期权、知识产权担保、知识产权质押和中介机构发展的法律法规；要运用积极的投资、外贸、财政和税收政策，为潜力型产业内涵增长和知识资产运营创造公平竞争的市场环境。

（3）大力扶持非公有制潜力型产业。一是积极推行公有制的多种有效实现形式，鼓励民营企业以购买、租赁、参股、控股、承包等多种形式参与潜力型产业的资产重组，把非公有制经济灵活的经营机制同潜力型产业的技术优势结合起来，推动国有经济有进有退的战略性调整和潜力型产业产权多元化的改革；二是体制创新，铲除门槛，放权让利，放宽国内民间资本的市场准入领域，凡是国家产业政策允许发展的潜力型产业，私营企业都可以参与，不断拓宽民营经济在潜力型产业的发展空间；三是在投融资、税收、土地使用和对外贸易等方面采取措施，实行民营潜力型产业与国有经济相统一的政策，实现公平竞争。

（4）加强人才培养和采取有效激励制度。一是企业应自主进行人才培养，造就一批掌握现代技术、懂管理会经营且具有企业家创新精神的领导人才队伍；二是政府应有计划地设立一些公共技术培训中心或与大专院校和科研院所联合为潜力型企业培训各类创新型技术人才；三是采取有效的内部激励制度。

3. 工业潜力型产业发展的政策

（1）财税支持政策

第一，积极创造条件，鼓励争取国家资金及政策支持。认真研究分析国家产业政策、投资政策对辽宁的有利因素，及时收集国家产业政策信息；加强同国家有关部门的沟通和联系，争取国家对辽宁的扶持。鼓励积极争取国家资金，用好国家资金，让国家资金发挥最大效益。围绕大力推进潜力型产业规模化发展，积极向国家推荐项目，争取国家给予资金支持和政策倾斜。

第二，设立省级专项资金。制定《财政鼓励潜力型产业发展若干意见》，省政府每年安排一定数量的专项资金用于扶持潜力型产业的发展，省级财政优先给予一定期限内的贷款贴息。增加财政对潜力型产业的投入，使政府对潜力型产业的投入高于财政支出的增长幅度；积极拓宽筹资渠道，解决潜力型产业投入不足的问题；借力于资本市场，加大关键领域的投资强度。发展以促进潜力型产业规模化为宗旨的潜力型产业投资基金。建立以民间资本为主的多元化潜力型产业风险投资基金体制。设立潜力型产业投资资金管理公司。争取通过资本市场，发行潜力型产业投资基金。培育更多的潜力型产业骨干企业和上市资源。提高扶持资金的使用效益，加大对潜力型产品的贴息入股。

第三，设立专项配套资金。对国家级专项资金扶持的潜力型产业项目，省政府按照一定比例予以配套资金扶持。省级潜力型产业规模化发展配套资金，坚持对扶持项目不控股和不相对控股，采取以贴息入股和注入部分资本金的方式进行扶持。建立一套合理的省投资金退出机制。当潜力产品成长壮大、企业获得长足发展之后，通过转让、出售股权等方式使省投资金的股权进行转让变现，用于扶持更多的潜力型项目，从而形成资金的良性循环机制。

第四，贷款贴息政策。要采取类似"五点一线"沿海经济带产业项目贴息的政策，对省里认定的具有独立法人资格的所有潜力型企业，在开展固定资产投资、技术改造、新产品研发项目以及部分基础性产业项目贷款予以贴息支持。

第五，专项资金的使用与监管。建立和完善潜力型产业专项资金的监管体系。建立政府投资责任追究制度，对不遵守法律法规给国家造成重大损失的，要依法追究有关责任人的行政和法律责任。完善政府专项资金制衡机制，专项资金主管部门、财政主管部门以及有关部门，要依据职能分工，对政府专项资金的管理进行相互监督。审计机关要依法全面履行职责，加强对潜力型产业专项资金的审计监督，提高政府投资管理水平和投资效益。完善稽查制度，建立潜力型产业专项资金后评价制度，对潜力型产业专项资金进行全过程监管。建立社会监督机制，鼓励公众和新闻媒体进行监督。

第六，利用好税收政策。潜力型产业属于幼稚产业，对地区税收增长的贡献度很小，仍处于培育阶段，但是潜力型产业作为经济发展的一个新增长点，是未来税收增长的源泉。换句话说，在经济发展的初期阶段，整个税制结构应适应潜力型产业发展的特点，对潜力型产业应以培育、扶植为主，而一旦潜力型产业作为一个成熟的产业时，它将自动成为税收增长的重要来源。但由于税收政策是由国家统一制定，地方政府已经没有多少权限对某些行业实行减免。因此，我们建议，应该在国家政策允许的范围内，充分利用好现有税收政策，加大对潜力型产业的扶持力度。

（2）金融支持政策

第一，鼓励银行、担保、创业投资等机构对潜力型产业优先支持。建立健全适应潜力型产业发展的投融资体系，鼓励银行、担保、创业投资等机构向潜力型产业倾斜。加快建立潜力型产业发展风险投资机制；允许符合条件的机构设立潜力型产业开发基金，风险投资基金和产业化基金；增加潜力型产业企业股票上市规模，建立潜力型产业债券发行制度，探索和创新潜力型产业项目融资方式。积极创造条件，组建辽宁省潜力型产业规模化企业贷款担保机构，解决企业贷款担保难的问题。

第二，构建潜力型产业规模化融资绿色通道。首先，调整政府投资结构，提高资金使用效益。加大对潜力型产业发展的资金支持。要侧重支持战略性的潜力型产业化项目、潜力型产业企业规模化实施期的引导资金以及利用潜力型产业促进传统产业技术升级和产品更新换代的补助资金等，完善相应的决策程序和监督评价体系。其次，建立和完善潜力型产业产品出口融资体系。协调金融部门对企业的潜力型产业产品出口和潜力型产业境外投资项目，在流动资金贷款和出口信贷方面给予政策性金融支持。建立担保基金，为企业出口潜力型产业产品提供出口信贷担保服务。建立风险规避机制，为到境外从事潜力型产业投资的企业提供保险服务。

第三，鼓励扶持海内外上市政策。首先，鼓励潜力型产业企业进入股票市场融资。鼓励潜力型产业企业大力开展资本运营，加快与国际国内资本和产品市场的对接，实现大公司大项目带动战略，对海内外上市融资实行鼓励扶持政策。其次，对引进外资的鼓励扶持对象实施奖励。按其实际引进外资的一定比例安排上市融资的培训咨询引导工作经费，按其实际引进外资的比例对有功人员予以奖励。最后，对通过上市引进内资的鼓励扶持对象实施奖励。按其实际引进内资的比例安排上市融资的培训咨询引导工作经费，按其实际引进内资的比例对有功人员予以奖励。

（3）人才支撑政策

人才缺乏是潜力型企业发展面临的又一大难题。与已经定型的企业相比，潜力型企业对人才的吸引力较低、培训员工的意愿较低。切实加快人力人才资源的开发。充分发挥人力资源优势和经济社会发展优势，采取切实有效的措施，加大人力人才资源开发力度，为潜力型产业规模化的需求。

结合辽宁实际，我们建议，应该在如下几个方面采取措施，为潜力型产业提供人才保障：首先，实施以高层次人才引进为重点的"聚才工程"。根据新兴产业规模化发展的实际需要，按照突出重点、注重实效、政策激励的原则，全方位加大人才引进力度。拓宽人才引进的范围和视野。其次，进一步完善人才引进政策。引进辽宁省潜力型产业规模化发展急需的专业技术和经营管理人才，可不受地域、身份等限制；引进高级专业技术人员、学术（技术）带头人、出国留学人员和其他具有特殊

才能的专业人才,符合条件者,可享受省政府特殊津贴;引进人才评聘
专业技术职务职数,实行专项申报、单列下达,已在国(境)外跨国公
司、大企业或科研院所取得专业技术职务任职资格的,按国内相应职称
予以确认。第三,创新人才引进方式。完善人才、智力、项目相结合的
引进机制,按照"不求所有、但求所用"的原则,鼓励企事业单位采取
咨询、讲学、兼职、短期聘用、技术承包、技术入股、技贸结合、人才
租赁、在外设立研发机构等方式引进国内外智力,借"脑"发展。第
四,支持企业进行员工培训。一方面,允许潜力型企业以高于一般企业
(1.5%)的比例提取职工教育经费,在税前列支;另一方面,培训中
心按照国家规定价格向潜力型企业提供培训服务所取得的培训收入免缴
营业税和所得税。如此,可以降低企业进行员工培训的成本。第五,建
立人力资源服务系统。建设专业齐全、手段先进、水平一流、应用性
强、与国际接轨的创新人才培训基地;建立统一开放的各类人才市场,
提高人才市场社会化的服务水平,健全高级人才流动推荐体系;办好留
学归国人员创业园,完善综合服务功能。

4. 大力发展潜力型产业集群

立足辽宁省情,依托沈阳、大连等中心城市的专业园区,以有核心
竞争力的产品为龙头,以企业自主创新能力培育和机制创新为动力,围
绕骨干企业大力发展生产型服务业和零配件,形成推动老工业基地发展
的新经济增长极。在工业价值链上,尽快实现由低附加值、低端产品向
高附加值、高端产品的转变,实现由潜力型产业向主导支柱产业的转
变。近期,重点打造高端装备制造业、机器人产业、电子信息及其装备
制造业、生物制药产业、新材料产业、新能源产业、农产品深加工产业
等产业集群。

5. 加大政府采购力度

借鉴国外发达国家支持新兴产业的经验,建立财政性资金采购自主
创新产品制度、认定标准和评价体系,确定政府采购自主创新产品目
录。用财政性资金进行采购的,必须优先购买属于潜力型产业的产品,
并根据科技含量和市场竞争程度等因素,对具有潜力型产业的新产品给
予一定幅度的价格折扣。建立激励自主创新的政府订购制度,对符合老

工业基地振兴和打造新型产业基地的潜力型产业的试制品和首次投向市场的产品，且具有国民经济发展要求和先进技术发展方向，具有较大市场潜力并需要重点扶持的，由政府进行首购。其次，是扩大政府采购支出规模。逐步提高政府采购支出占财政支出的比例，尤其是提高潜力型产业采购支出占财政支出的比例。

参考文献

[1] 吕铁. 论技术密集型产业的发展优势 [J]. 中国工业经济，2003 (10).

[2] 郭克莎. 我国技术密集型产业发展趋势、作用和战略 [J]. 产业经济研究，2005 (5).

[3] 郭克莎. 中国工业化的进程、问题与出路 [J]. 中国社会科学，2000 (3)

[4] 高闯等. 关于提升辽宁工业经济竞争力问题研究 [R]. 2006年辽宁经济社会发展重大课题

[5] 陈佳贵，黄群慧，钟宏武. 中国地区工业化进程的综合评价和特征分析 [J]. 经济研究，2006 (6)

[6] Syrquin, M. and H. B. Chenery (1989), Three Decades of Industrialization, The World Bank Economic Review, Vol.

[7] 黄远水，宋子千. 产业地位理论体系探讨 [J]. 商业时代，2007 (28)

[8] 陈丹红. 扩大辽宁省就业问题研究 [J]. 集团经济研究，2007 (15)

[9] 罗海平. 20 世纪 90 年代美国工业内部结构变化研究 [J]. 经济评论，1999 (5)

[10] 许永兵，徐圣银. 长波、创新与美国的新经济. 经济科学 [J]. 2001 (2)

[11] 汪斌，韩菁. 论美国产业结构调整的特点 [J]. 生产力研究，2002 (4)

[12] 袁奇，刘崇仪. 美国产业结构变动与服务业的发展 [J]. 世界经济研究，2007 (2)

[13] 邢源源. 美国沿太平洋经济带发展对东北老工业基地振兴的启示 [J]. 当台亚太，2006 (4)

[14] 韩宇. 战后美国老工业基地马萨诸塞经济转型研究 [J]. 世界历史，2006 (6)

[15] 江维. 我国新型工业化道路与产业结构转化. 生产力研究 [J]，2005 (1)

[16] 张书云，王万宾，王坤，新兴产业的进入壁垒及竞争分析 [J]，经济问题探索，2002 (10)

[17] Clarke, R. Industrial Economics, Blackwell, 1985 [18] Mansfield, E. Academic, Research and Industrial Innovation [J]. Research Policy. Vol. 20, No1. 1991

[19] Cornwall. J and W. Cornwall, Growth Theory and Economic Structure, Economic, 1994,

[20] Jefferson. G and T. Rawski, 1994, Enterprise Reform in Chinese Industry, Journal of Economic Perspectives, No. 2

[21] Susan. M. Collin, Barry. P. Bosworth (1996), Economic Growth in East Asia: Accumulation versus Assimilation (Brookings Papers on Economic Activity 2 1996, Brookings Institution)

[22] 周冯琦. 中国产业结构调整的关键因素 [M]. 上海人民出版社，2003.

[23] 蒋昭侠. 产业机构问题研究 [M]. 中国经济出版社，2005

[24] 苏东水. 产业经济学 [M]. 高等教育出版社，2004

[25] 仲跻权，李戈军主编. 辽宁省国民经济和社会发展第十一个五年规划 [M]. 辽宁人民出版社，2006

[26] 张耀军. 辽宁工业经济发展第十一个五年规划实施方案. 内部资料，2006

[27] 史忠良. 产业经济学 [M]. 经济管理出版社，2005.

课题组成员：辽宁省发展和改革委员会　姜作勇　胡建阳　于　非
　　　　　　　　　　　　张　雷
　　　　　　国务院东北振兴办　李　冶
　　　　　　辽宁省发展和改革委员会经济研究所　胡建军
　　　　　　辽宁省发展和改革委员会利用外资项目办公室　王秀杰
　　　　　　沈阳工业大学　张青山
　　　　　　辽宁省发展研究中心　邬　冰
　　　　　　辽宁大学　韩亮亮

大连东北亚国际航运中心发展战略研究

一、国际航运中心内涵及其发展理论概述

(一) 国际航运中心内涵

国际航运中心是以国际贸易中转港为标志，航运要素齐全并形成规模，具有时代先进特征，依托区域经济中心城市，在某一个国际经济区域的港口群体处于核心位置的航运枢纽。国际航运中心具有航线稠密的集装箱枢纽港、高规格的深水航道、发达的集疏运网络等硬件设施和为之服务的现代金融、贸易、信息等软件功能。国际航运中心通过国际航运的核心纽带作用，带动所在和相关区域经济协同发展，促进相关产业合理布局，集聚相关资源要素并实现最佳配置。

(二) 国际航运中心发展理论概述

从空间上看，国际航运中心的地域性移动与世界经济发展重心的转移轨迹基本一致，是一个环绕地球向西移动的过程。随着哥伦布发现新大陆，国际经济和贸易重心由地中海地区转向大西洋移动，"西欧板块"开始崛起，葡萄牙的里斯本、丹麦的安特卫普和荷兰的阿姆斯特丹发展成为重要大港，伦敦在英国产业革命后成为第一大港，初具航运中心规模。19世纪，世界经济增长重心向大西洋西岸转移，"北美板块"逐渐取代"西欧板块"，美国凭借其优越的岸线条件和强大的腹地经济成为世界航运中心，纽约成为世界第一大港。20世纪30年代以来，世界经济增长重心由大西洋地区转向亚太地区，"亚太板块"开始崛起并取代

"北美板块",太平洋沿岸占据优越地理位置的港口发展成为重要港口,东京、神户、横滨、新加坡、香港、釜山、上海、高雄等港口,形成了"亚太板块"。

从时间上看,联合国研究报告中提出的第一代、第二代和第三代港口的概念成为了三代航运中心概念的基础。第一代国际航运中心为航运中转型,形成于19世纪初到二战前,以货物集散为主,伦敦、鹿特丹和纽约、汉堡等均属此类。第二代国际航运中心为加工增值型,形成于二战后到20世纪80年代,其功能逐步扩展至主动集散调配产品,如对产品进行就地工业加工、组合、分类、包装及商业营销等,东京、中国香港、新加坡等港口均属此类。第三代国际航运中心为综合资源配置型,形成于20世纪80年代,以有形商品、资本、信息、技术的集散为主,主动参与生产要素在国际间的配置,目前传统的国际航运中心都已经完成或正在进行由第二代向第三代转型的过程。

二、国内外航运中心发展现状及一般规律

(一) 国内外航运中心发展的基本情况

1. 国外航运中心发展概述

国际航运中心的出现与发展迄今已有100余年的历史。世界主要的国际航运中心主要有荷兰的鹿特丹、英国的伦敦、美国的纽约、新加坡、中国香港等,通常都具有自然条件良好、腹地经济发达、港口条件优越、航线航班密集、海空两港互动、口岸服务完善以及优惠的政策支持等共同特点。伦敦国际航运中心以其拥有世界最大的航运交易所、世界最著名的船级社、海事咨询与保险公司、船舶融资市场等独具特色。荷兰鹿特丹因其作为"欧洲门户"而具有强大的中转功能闻名于世。纽约国际航运中心与其世界金融、商业、贸易中心紧密结合在一起。中国香港和新加坡国际航运中心因其实施世界上最为开放的自由贸易政策和拥有得天独厚的深水良港,转口贸易和集装箱吞吐量都位居世界前列。

2. 我国上海国际航运中心

上海国际航运中心是我国明确提出的第一个中国国际航运中心。经

过近十年的运作，上海港的吞吐量节节攀升，以长江流域为直接腹地、以腹地直达运输为主要特征的上海国际航运中心业已初具规模。

（二）国际航运中心发展的一般特征

1. 发达的国际航运市场。拥有国际运输船舶、提供运输劳务的供给方，国际运输货源、需要运输劳务的需求方，供需双方的代理人、经纪人。

2. 强大的腹地经济。伦敦、纽约、鹿特丹、东京、中国香港、新加坡等国际航运中心的形成和发展都离不开腹地经济的发展。

3. 充沛的物流。中国香港、新加坡、鹿特丹、纽约等，港口货物总吞吐量和集装箱吞吐量都处于世界前 30 名之列。

4. 国家或区域性进出口贸易的航运枢纽。一般都依托国际经济贸易中心城市，位于国际主干航线上。

5. 良好的港口条件和一流的港口设施。拥有深浅配套、功能齐全的码头泊位，以及相应的装卸设备和堆存设施。

6. 适应现代船舶大型化趋势的深水航道。拥有满足第五、六代集装箱船舶自由进出的深水航道。

7. 具有完善的后方集疏运系统。不仅表现在它拥有一套完善的海运系统，而且还必须具有高度发达的集疏运网络系统，包括铁路、公路、沿海、内河及航空等集疏运系统。

8. 完善的服务与管理系统。拥有能够提供一流服务的海关、边检、卫检、动植检和港务监督等口岸检查检验机构，修造船、海难救助、保险、邮电通信、航运信息与咨询、航运经纪等服务机构。

9. 良好的政策和法律环境。拥有有利于航运业发展的各种特别经济区域（如保税区、自由贸易区）和按国际惯例办事的法规制度，为旅客、货物、船舶的进出和资金融通，提供最大的方便。

三、大连东北亚国际航运中心发展的现状和潜力分析

（一）发展现状

以大连为龙头的辽宁沿海地区具有建设东北亚国际航运中心的良好

基础条件。

1. 地理位置优势。位于东北地区对外开放的前沿、环渤海地区的重要组成部分和东北亚经济圈的关键地带。毗邻黄海和渤海，与日本、韩国、朝鲜隔海相望，面向经济活跃的泛太平洋区域，与俄罗斯、蒙古陆路相连，是欧亚地区通往太平洋的重要"大陆桥"之一。拥有沿海大陆岸线 2290 公里，占全国的 1/8，宜港岸线 1000 多公里，其中深水岸线 400 多公里。

2. 腹地支撑优势。作为大连国际航运中心的主要经济腹地，辽、吉、黑三省及内蒙古东部土地面积 125 万平方公里，占全国的 12.9%；人口约 1.2 亿，占全国的 9.2%；具有丰富的自然资源、良好的基础设施以及较高的科教水平，是全国重要的能源、冶金、石化、装备制造、船舶制造基地以及商品粮、原油、木材生产基地。

3. 港口集群优势。拥有大连、营口、丹东、锦州、盘锦、葫芦岛 6 个港口，16 处规模化港区，万吨级以上深水泊位 124 个，综合通过能力 3 亿吨。大连港是辽宁沿海最大的港口，万吨级以上深水泊位 73 个，包括 1 个 30 万吨级原油码头和 1 个 25 万吨级矿石码头，港口综合通过能力 2 亿多吨，集装箱吞吐量 300 多万标准箱，已具备建设区域性国际大港的基础与潜力。

4. 集疏运体系优势。已经初步形成以港口为门户，铁路为动脉，公路为骨架，民用航空、管道运输、海上运输相配套，贯通东北腹地，连接山东半岛和东南沿海，面向东北亚的区域综合运输体系。东北地区的铁路网密度位居全国第一，高速公路网络已经覆盖大部分城市。辽宁在全国率先实现省辖市全部通高速公路，沈大公路是目前全国里程最长的 8 车道高速公路，烟大轮渡是国内跨度最长的跨海铁路轮渡，大连国际机场是东北地区客货吞吐量最大、国际国内航线和航班数量最多的机场，以大口径为主的输油管道网络在全国率先建成。

5. 城市依托优势。大连是东北对外开放的窗口，是我国第一批沿海开放城市，是东北地区对外贸易的集散地和主要口岸，拥有国内沿海地区规模较大的经济技术开发区和东北地区唯一的保税港区，利用外资占辽宁 2/5、东北地区 1/4，已经引进了 70 多家世界 500 强企业和 8 家外资银行，是世界制造业和资本转移的重要承接地之一。城市功能完善，带动和辐射作用强，获得联合国环境"全球 500 佳"、中国"人居环境奖"，具有建设国际现代化城市的良好基础。

大连国际航运中心的建设也存在一些需要关注、亟待解决的问题。一是辽宁港口布局和资源配置亟待进一步优化，沿海港口群的关系有点进一步明确，各港之间还存在业务重叠，恶性竞争的问题，严重影响了港口群整体优势的发挥。二是港口集疏运体系亟待进一步完善，公路、铁路、水运、管道等各种运输方式各自提供运输服务，多种运输方式没能实现资源优化配置，运输部门体制与经营机制难以协调。三是服务支撑系统建设亟待进一步提升，口岸部门间缺乏有效的协调机制，通关的信息化建设有待提高，中介服务的整体水平需进一步改善，对提高通关效率所必需的硬件设施、特别是信息平台投入不足。同时口岸相关法律法规体系建设明显滞后，不仅地区性航运政策法规几乎一片空白，而且对现有的政策法规也缺乏必要的宣传渠道。

（二）货流预测

采用定性分析和定量计算相结合的预测方法，在对腹地国民经济和生产力布局的现状和发展规划等调查分析的基础上，选取辽宁省各主要港口总吞吐量及分货类吞吐量数据，分别采用线性回归、时间序列法、神经网络、灰色预测等预测方法进行初步预测，在预测结果对比的基础上，结合政策因素和各港口发展现状，对港口吞吐量发展情况做出判断，最终得到辽宁沿海港口群及四个主要港口货物总吞吐量和集装箱吞吐量预测值。

辽宁沿海港口群及主要港口吞吐量预测表　　　　单位：万吨

年　　份	2010	2020
辽宁沿海港口群	55675	83964
大连港	28645	42887
营口港	15654	25386
锦州港	4023	7657
丹东港	3355	5140

辽宁沿海港口群及主要港口集装箱吞吐量预测表　单位：万 TEU

年　份	2010	2020
辽宁沿海港口群	1494	2692
大连港	1076.538	1750.98
营口港	325	802
锦州港	56.33	93.40
丹东港	26.73	36.17

四、大连东北亚国际航运中心发展的战略构想

（一）大连东北亚国际航运中心的特征

1. 空间上的区域性特征。世界上的国际航运中心城市在贸易形式的构成上，一般可分为腹地型和转口型；在贸易的辐射功能上又可分为世界级和区域级。大连国际航运中心的建设目标是区域级腹地型的国际航运中心。

2. 货种上的综合性特征。虽然作为东北亚重要的国际航运中心，集装箱运输对大连港是必不可少的。在国际航运中心建设前期，大连国际航运中心与其他国际航运中心相比的特色应是散货、滚装和集装箱货物并重，此点与以集装箱为主的中转型国际航运中心有着明显的区别。

3. 运输方式上的直达运输特征。考虑到这一地区市场广大、进出本区的外贸直达运输量很大，并在国际运输中占有重要地位；同时，为了发挥资源优势、减少重复投入与恶性竞争，大连的外贸运输应主要以远洋直达运输为主。

4. 布局上的港口群特征。为了实现资源整合、功能协调的目的，为了能充分利用东北地区港口现有优势，建设大连国际航运中心，应形成资源共享、功能互补、特色鲜明、产业联动的港口群。

5. 腹地上的陆海双向特征。大连东北亚国际航运中心的传统陆上辐射区域主要包括东北三省及内蒙古东部地区，随着大连东北亚国际航运中心发展，必将形成密集的干线航线，海向腹地将有很大拓展空间。

6. 运作上的系统性特征。大连航运中心既有作为物流中心系统的功能，同时又具贸易中心功能。通过搭建物流、商流、资金流与信息流一体化的大型系统平台，大连国际航运中心将在我国东北与东北亚地区以及国际市场之间，搭建顺畅流通的高速通道，为东北老工业基地振兴提供有力保障。

（二）大连东北亚国际航运中心的功能定位

大连东北亚国际航运中心应该具备的功能有：国际运输与物流功能、国际商品贸易功能、国际生产与加工功能、国际海事咨询服务功能、国际金融与财务服务功能、国际信息交换功能、国际人才交流与服务功能、国际旅游功能。其中，以国际运输与物流功能为核心功能，以国际商品贸易功能、国际生产与加工功能、国际海事咨询服务功能、国际金融与财务服务功能、国际信息交换功能、国际人才交流与服务功能作为紧密功能，在此基础上突出国际旅游功能的特色。

（三）大连东北亚国际航运中心发展战略目标

以科学发展观为统领，实施东北老工业基地振兴战略，加快体制、机制和技术创新。用十到二十年的时间，逐步建成以大连大窑湾保税港区为核心，以大连城市为载体，以沿海港口群为基础，以东北腹地为依托，构建完善的基础设施体系、综合运输体系和航运服务体系，着力打造港口布局合理、服务功能完备、比较优势突出、牵动作用较强的东北亚重要的国际航运中心，使之成为东北亚地区重要的国际性枢纽港和物流中心，成为引领东北对外开放的龙头和全面振兴老工业基地的重要引擎。

五、大连东北亚国际航运中心航运设施建设的基本策略

（一）港口资源整合的主要对策

1. 强化核心港区建设

依托大连港及长兴岛组合港区这个核心载体，以集装箱、石油及制品、粮食、矿石、商品汽车、滚装运输为重点，加快大窑湾、大连湾、

和尚岛和长兴岛大型专业化泊位的建设，把大连港打造成东北亚地区重要的国际枢纽港。强化集装箱干线港的功能。加快建设石油、粮食、矿石等大宗散货转运配送中心。建设大窑湾汽车专用码头及配套设施，形成东北亚地区进出口汽车集散中心。加快开发长兴岛港区，将长兴岛建设成为新的能源和大型散杂货中转港、内贸集装箱支线中转港和大型综合性深水港口。建立国际航运网络。积极拓展远洋航线，增强跨区、跨洋运输能力，扩大远洋运输辐射半径和覆盖区域。组建大型航运企业集团。加强同环渤海、环黄海以及亚太地区有关国家和地区的联系，不断开拓合作领域，努力扩大航运中心对腹地的吸引和辐射能力。

2. 打造现代港口集群

整合辽宁港口资源，优化港口功能分区，不断扩大中心突出、两翼并举、优势互补、错位发展的港口集群优势。大连港和长兴岛组合港区以集装箱干线运输为重点，全面发展石油、矿石、散粮、商品汽车等大宗货物中转运输。营口港以发展内贸集装箱、钢材、铁矿石运输为重点，全面发展原油、粮食、杂货运输。丹东港以散杂货运输为主、发展内贸集装箱运输，承接大宗散货运输。锦州港以石油、煤炭、粮食运输为主，发展散杂货和内贸集装箱运输。葫芦岛港以发展石油化工、散杂货运输为主，兼顾电厂、油田专业化运输。加快沿海宜港岸线资源的开发，加快沿海各港口（区）集装箱、进口原油、进口铁矿石、散粮泊位和散杂货泊位建设，形成以 20 万吨级以上大型接卸码头为主，10～15万吨级码头为辅的外贸进口铁矿石、原油运输系统，现代化的散粮储运系统和高效率的散杂货运输系统。满足船舶大型化发展需要，全面提升港口航道等公用设施服务水平。不断提升港口功能，扩大港口吞吐能力。

3. 完善空港综合功能

充分挖掘周水子国际机场民航保障潜力，抓紧实施机场终端保障规模扩建，形成年旅客吞吐量1500万人次、货运吞吐量45万吨的保障能力，基本具备东北亚区域性门户枢纽机场的功能。开展大连民航新机场的选址建设。大力开发国际航线，扩大日、韩、俄直航扇面，完善欧、美、澳踏板扇面，逐步确立大连机场在东北以及环渤海地区沟通欧、美、澳、日、韩、俄的区域枢纽机场地位。加快国内航线开发，完善国内航线网络。不断提高空港中转功能和服务水平，逐步将大连空港建成东北亚地区重要的门户枢纽机场。

（二）港口集疏运体系建设对策

1. 强化腹地运输通道。着力打造沟通沿海与东北腹地的东北中部通道（同江经佳木斯、哈尔滨至大连）、东北东部通道（抚远经图们、丹东至大连）和东北西部通道（内蒙东部经阜新至锦州）3 条综合运输通道。重点建设哈大铁路客运专线、东北东部铁路通道。

2. 完善沿海交通网络。新建 5 条连接大连大窑湾、大连湾、长兴岛，营口鲅鱼圈、仙人岛港（区）和沈大公路的疏港高速公路；新建或扩建连接上述港区和哈大铁路的疏港铁路，建设 1443 公里滨海公路。

3. 加快建设内陆干港。在国家各相关部门的支持下，全面提升沈阳、长春、哈尔滨、图们等内陆干港口岸的服务功能。抓紧推进沈阳内陆干港国际物流园区建设，尽快形成具有保税功能的物流园区，实现大连保税港区与东北内陆干港无缝连接，增强国际航运中心的辐射能力。

六、大连东北亚国际航运中心综合服务体系建设策略

（一）健全口岸设施功能

努力开展跨区域口岸通关合作，联手打造"区域无障碍"通关环境。建立集海关、检验检疫、铁路、航空等各类信息资源于一体的电子网络数据交换平台，实现信息资源共享。完善和充实"大通关"各项规章制度，提高通关服务质量，采取提前报关、无纸通关、网上支付、加急通关、上门验放、担保验放等通关便捷措施，运用预审价、预归类、事后稽查等管理手段，大幅度提高通关效率，努力使进出口货物的通关提货及发货时间达到国内领先和国际先进水平。

（二）建立现代物流网络

依托海、空港口岸区位优势和城市综合服务功能优势，重点发展专业物流、第三方物流、企业物流、物流信息网，培育和引进一批物流网络完善、带动能力强的国内外知名航运公司和专业化第三方物流企业，

形成集国际采购、国际配送、国际转口于一体的东北亚国际物流中心。加快构建大连大孤山半岛、大连长兴岛、丹东鸭绿江、锦州渤海、葫芦岛临港和营口口岸6个重点物流产业园区。建立石油及制品、粮食、汽车、机电产品、水产品、水果蔬菜等专业物流中心。加快大连航运交易市场建设，不断提升市场服务功能，逐步成为东北亚重要的航运业务交易、航运信息交流展示中心。

（三）建设区域国际金融中心

拓展航运中心金融服务功能，建立以期货业为龙头，涉外金融及保险为两翼，金融各业全面协调发展的现代金融服务体系。以大连商品交易所为核心，做大做强期货业，建设国际性期贸中心。发挥沿海区位优势，发展总部经济，提升国际结算、外汇交易、离岸业务市场功能，建设外汇交易与结算中心、离岸金融中心。促进银行、证券、信托及金融中介等各业的协调发展，形成完善的金融和保险组织服务体系。重点打造星海湾金融商务区，加快配套服务设施建设，制定完善相关优惠政策，建成区域性现代金融中心。

七、大连东北亚国际航运中心保税港区发展思路

（一）创新管理体制

进行管理体制改革、运行机制创新，建立与保税港区建设发展相适应的海事、边检管理体制，海关、检验检疫部门联合办公机制，实现"信息共享，设施共用，并行管理"。拓展口岸功能和保税功能相结合的物流业务。开展内外贸同港运作试点。建立虚拟大关区或通过统一的东北关区代码，实现口岸与内地监管部门的职能、业务整合。

（二）创新监管模式

通过实行风险管理，有效简化手续，实现"一线放开，二线管住，区内自由"，实现区港一体化。对不涉及到国家安全的货物不予限制，取消一线备案制，区内货物流通自由。外汇管理由直接管理向间接管理转变，强化预警机制。

（三）创新管理手段

强化信息、信誉管理，以电子信息监管为主，物理隔离管理为辅，打造出成本最低，效率最高，通关最便捷的数字物流港。推进信息化建设，开发符合保税港区特点的信息化监管系统。

（四）发挥服务功能

最大限度地发挥大窑湾保税港区的服务功能，建立利益共享机制，带动东北地区的对外开放和经济发展。全面发展港口作业、中转、国际配送、国际采购、转口贸易、出口加工、展示、离岸金融8个方面的业务。

八、大连东北亚国际航运中心发展的保障政策和举措

（一）加快改革创新，优化发展环境

进一步优化所有制结构，深化国有企业改革，建立和完善港口企业国有资产管理体系。鼓励和引导优势骨干港口企业进行低成本扩张，培育具有国际竞争力的辽宁港口集团。促进民营经济发展，大力发展混合所有制经济。深化政府管理体制改革，创造廉洁高效的政务环境、公正透明的法制环境、公平守信的市场环境、规范有序的金融环境。加快社会信用体系建设，以政务诚信、商务诚信、社会诚信建设为重点，改善信用环境。

（二）加大开放力度，增强辐射能力

充分发挥沿海地区各类开发区的先导和示范作用，吸引世界500强企业进驻，用足用好国家颁布的《辽宁省外商投资优势产业目录》，引导外资投向装备制造业、高新技术产业、农产品加工业和现代服务业等行业，提高引资质量和水平。创新招商方式，加强开放的软环境建设，创新保税港区体制机制，逐步将区港联动范围和功能扩大到长兴岛、丹东、营口、锦州湾等港区，组建港口联盟，在丹东和营口建立"境内关外"的保税园区，把保税区的政策延伸到腹地。

（三）注重节能环保，促进持续发展

严格按照国家环境保护和节能减排有关法律法规要求，把实现环境

保护和节能减排各项目标作为航运中心开发建设的首要前提。依法保护海洋资源，合理、集约开发岸线，妥善保护滩涂湿地、海滨地貌等岸线资源。大力发展循环经济，建设节水型社会，实施海水置换城市生活用水的示范工程，创建国家级海水淡化与综合利用示范城市。继续加大城镇污水处理项目建设，加大油品、化学品、矿石等专业港区海域的环境保护力度。建立专业港区废水和废弃物的集中处理制度，完善海上溢油、船舶事故等突发性污染海洋环境事件应急机制。

（四）实施人才战略，提供智力保障

加快形成支撑东北亚国际航运中心建设的人才市场体系。建立健全人才培养制度，实施人才培养工程，大力发展职业教育，加快培养高层次人才、高技能人才和紧缺型人才。加大人才引进力度。加强校企、院所联合，创办一批高校重点实验室、大学科技园区和高校科技研发中心，选择一批重点企业建立高校毕业生实习创业基地。健全人才市场体系，定期举办面向航运中心建设的人才招聘、洽谈会，建立人才供需信息库，搭建快捷高效的人才交流平台。

（五）加强组织领导，坚持统筹规划

建立大连国际航运中心建设协调议事机制、合作互动机制和专家咨询机制和省、市两级政府目标责任制。统筹规划辽宁沿海港口岸线各类资源，加快编制航运中心发展总体规划及有关专项规划，构成定位清晰、功能互补、相互支撑、统一衔接的规划体系。

课题组成员：辽宁省发展和改革委员会　姜作勇　周喜鼎　陈学军
　　　　　　　闫庆福　边　茜　李新忠
　　　　　　　孙　淼
　　　　大连海事大学　吕　靖　王　杰　李　晶

辽宁省特色农产品区域布局规划研究

编制符合辽宁实际的特色农产品区域布局规划，有利于推进农业结构调整，形成科学合理的生产布局；有利于发挥地区比较优势，提高农产品市场竞争力；有利于提高区域农业综合生产能力，促进生态环境协调发展；有利于加快科技成果的转化和应用，提高农业的科技含量；有利于带动相关产业发展，促进农民增收。本项研究旨在提高规划科学性，更好的发挥规划的指导作用；提高规划的实用性和可操作性，全面落实《辽宁省农业和农村经济发展"十一五"规划》目标和任务。

一、规划研究和编制的理论、方法、技术路线

（一）规划研究和编制的理论依据

本项研究以比较优势、生产布局、资源经济等学科理论作为规划研究和编制的基础理论。依据比较优势理论编制特色农产品区域布局规划，要注重培育产业比较优势，形成竞争优势；分析动态比较优势和比较优势、劣势的转化；进行多因素分析，不仅研究生产优势，还要分析需求优势；重视相对比较优势分析。依据生产布局学理论编制特色农产品区域布局规划，要摸清区域农业资源，掌握资源分布规律；研究农业自然资源有利和不利影响，分析优势资源和起主导性的障碍因素；根据特色农产品发展要求，从适宜性出发，预测新的布局结构对环境、经济和社会影响。依据资源经济学理论编制特色农产品区域布局规划，要借鉴资源价值价格理论、再循环理论、资源配置理论、资源环境承载力理

论、资源可持续利用等理论，研究区域自然资源开发利用与经济发展关系，通过资源优化配置、合理开发利用研究，实现资源可持续利用、农业可持续增长。

（二）规划研究和编制方法

本项规划，一方面要在国家框架下，按照全国农业区划办的要求编制规划，为国家规划提供基础资料。另一方面要从实际出发，根据辽宁农业自然和特色农产品发展现状，从建设全国优质特色农产品生产和加工基地要求出发，进行规划研究和编制。规划研究和编制采用理论与实际相结合、典型调查与系统分析相结合、"自上而下"和"自下而上"相结合、总体规划与产品规划相结合的"四结合"方法进行。

（三）规划研究和编制的技术路线

（见 42 页图）

三、辽宁省农业资源分析与评价

（一）农业自然资源分析与评价

1. 农业土地资源。农业土地资源包括耕地、园地、林地、草地和水域。2005 年全省耕地 385.6 万公顷，其中三级一、二等地（高产田）占 45.0%，三级三等地（中产田）占 28%，四、五级地（低产田）占 27%；园地 75 万公顷，其中果园约占 90% 左右；有林地 463.4 万公顷，森林覆盖率 31.8%；草地 260 万公顷，主要分布在西北部地区。水域部分，近海水域（水深 60 米海域面积）640 万公顷，海涂 17.2 万公顷；内陆水域中，河流水面 20.7 万公顷、湖泊 363.2 公顷、水库 10.8 万公顷，坑塘 7.1 万公顷，滩涂 51.5 万公顷（包括海涂和河滩）。

2. 水资源。全省多年平均水资源总量 341.8 亿立方米，其中，地表水 302.5 亿立方米，地下水 124.7 亿立方米。河川径流量 303.4 亿立方米，其中辽河 100 亿立方米，鸭绿江 85.0 亿立方米，沿海诸河 115.0 亿立方米，其他 3.4 亿立方米。地下水补给量 124.9 亿立方米，其中，辽河 72.5 亿立方米，鸭绿江 15.8 亿立方米，沿海诸河 35.5 亿立方米，其他河流 1.1 亿立方米。

```
┌───┬───┬───┬─────┐   ┌─────┬─────┬─────┬──────┐
│ 土 │ 水 │ 气 │ 生物 │   │ 经济 │ 科技 │ 资金 │ 劳动力 │
└───┴───┴───┴─────┘   └─────┴─────┴─────┴──────┘
         │                      │
   ┌───────────┐          ┌───────────┐
   │  自然资源   │          │ 社会经济资源 │
   └───────────┘          └───────────┘
```

```
                    ┌───────┐
                    │  资源  │
                    └───────┘

   ┌─────┐       ┌───────────┐
   │ 通知 │       │ 特色农产品  │
   │ 要求 │       │ 发展状况   │
   └─────┘       └───────────┘

┌───────┐
│ 比较优势 │
└───────┘
┌───────┐   ┌─────┐   ┌───────────┐
│ 生产布局 │   │ 指导 │   │ 特色农产品  │
└───────┘   │ 理论 │   │ 区域布局规划 │
┌───────┐   └─────┘   └───────────┘
│ 资源经济 │
└───────┘
┌───────┐                    ┌──────────────┐
│  其他  │                    │ 辽宁省农业和农村 │
└───────┘                    │ 经济"十一五"规划 │
                             └──────────────┘

┌───────────┐   ┌─────┐   ┌─────┐ ┌─────┐
│理论与实践相结合│   │ 编制 │   │ 总体 │ │ 品种 │
└───────────┘   │ 方法 │   │ 规划 │ │ 规划 │
┌───────────┐   └─────┘   └─────┘ └─────┘
│典型调查与系  │
│统分析相结合  │
└───────────┘
┌───────────┐   ┌─────┐
│自上而下与自  │   │ 组建 │
│下而上相结合  │   │ 机构 │
└───────────┘   │ 开展 │   ┌───────┐ ┌───────┐
┌───────────┐   │ 规划 │   │省委、省政│ │党和国家 │
│总体规划与产  │   │ 研究 │   │府"两个基│ │特色农产 │
│品规划相结合  │   └─────┘   │地"部署 │ │品发展要 │
└───────────┘             └───────┘ │  求   │
                                   └───────┘
```

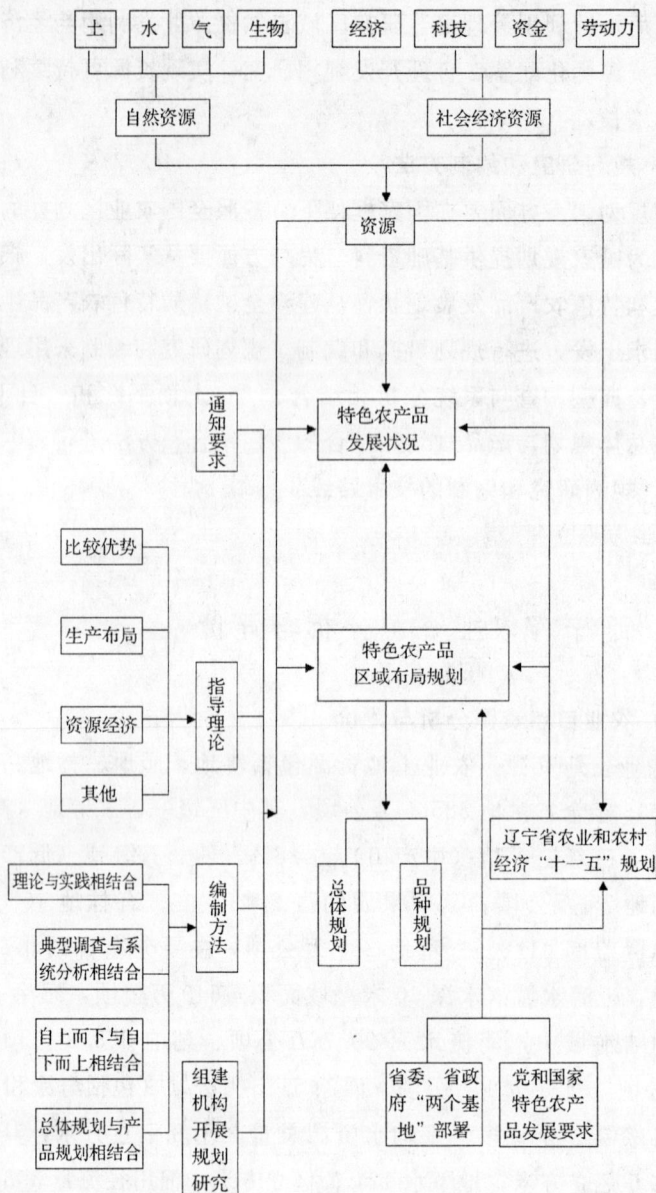

规划编制技术路线图

3. 农业气候。全省太阳年总辐射量 4187～8374 兆焦/平方米，生理辐射量 208～292 兆焦/平方米，月平均气温≥0℃的生理辐射 175～237 兆焦/平方米，各地年日照时数 2270～2900 小时，年平均气温 4.6～10.3℃，日平均气温≥0℃积温 3400～4000℃，年平均无霜期 130～200 天，降水量 450mm～1200mm，平均降水量 688mm。

4. 主要农产品品种资源。辽宁除茶之外，粮、棉、油、糖、麻、烟、果、药、杂俱全。粮油类主要有水稻、玉米、小麦、高粱、谷子、大豆、花生、向日葵等。蔬菜包括叶菜类、果菜类、根菜类、葱菜类、野生蔬菜等五大品种。果树包括仁果、核果、浆果、坚果 4 大类，其中苹果、梨、葡萄、山楂为主要品种，此外包括桃、李、杏、草莓、樱桃、枣、柿、核桃、板栗、榛子、文冠果、猕猴桃、醋栗等品种。畜禽包括猪、牛、羊、马、驴、禽以及鹿、貂、兔等。水产类中，海产经济鱼 117 种，贝类百余种，海产虾蟹类 30 多种，海藻类 20 多种。

5. 自然资源总体评价。辽宁气候温和，光照充足，雨量适中，生物资源种类繁多，具有发展粮、油、菜、糖、果、药、烟、蚕、畜牧、水产等产品的优越条件。从资源劣势来看，辽宁淡水资源短缺，尤其是西北部地区植被稀疏、气候干旱，制约农业发展。从资源配置情况看，西部地区土地资源丰富，但质量不佳；光照充足，但降水少，光热生产率不高，限制了土地资源潜力的发挥；东部地区水资源丰富，但耕地较少，光、热资源不足，限制了水资源潜力的发挥；中、南部地区，耕地质量较好，光、热、水资源适中，但由于城市集中，工业与农业、城市与农村用水矛盾突出，尤其是沿海地区，缺水问题严重。

（二）社会经济资源分析评价

1. 区位。辽宁地处东北亚中心腹地，与日本、韩国、俄罗斯、朝鲜等国家相邻，是东北唯一既沿海又沿边的省份，省内海陆交通发达，是我国铁路网最密集的省份之一，公路密度居全国各省市之首，大连、营口、丹东、锦州、葫芦岛已与 140 多个国家和地区通航，区位优势为特色农业、创汇农业发展提供了有利条件。

2. 经济。近年来辽宁经济发展迅速，2005 年国内生产总值 8009 亿元，人均 1.9 万元；地方财政收入 675.3 亿元，财政用于农业支出达到

93.2亿元。随着经济的快速发展，农业投入持续增加，推动了特色农产品快速发展。

3. 农业科技。辽宁是我国科技大省。2005年全省农业科技贡献率达53％，农业科技成果转化率达35％，推广率达70％，良种覆盖率达95％。随着农业科技的不断进步，农业科技创新体系逐步形成，动植物新品种选育、种养殖安全技术集成、农业生物技术产品研制、农业生物与气象灾害防控、农产品精深加工、农业资源保护与利用等领域关键技术的攻关取得重要突破，节水农业、测土配方施肥、精量播种、立体种养等一批先进适用的农业技术得到推广应用。

4. 农业服务体系。目前我省的省、市、县三级农业技术推广机构健全，运行情况较好，人员稳定。但乡镇级农业技术推广机构，多数经费紧张，服务能力较弱，无力开展工作。

四、辽宁省重点发展的特色农产品及其比较优势分析

(一) 辽宁省重点发展的特色农产品

1. 确定标准

①具有较大的比较优势的农产品

②符合资源环境可持续利用农产品

③市场前景广阔农产品

④具有较高科技含量农产品

⑤编入国家规划和省委省政府确定发展的特色农产品

2. 重点发展的特色农产品

优质粮（专用玉米、优质水稻、优质杂粮、薯类）、优质畜产品（猪、肉牛、奶牛、肉羊、绒山羊、肉鸡、蛋鸡、鹅）、精品渔业（海水养殖产品、淡水养殖产品）、水果（苹果、葡萄、梨）、设施蔬菜、油料（优质大豆、花生）、花卉、中药材、食用菌、特色林产品（柞蚕、山野菜、板栗、榛子、红松籽、大扁杏、大枣、山杏、沙棘、林蛙、鹿），共计十类34个产品。

（二）重点发展的特色农产品国内比较优势分析

研究中对粮食（玉米、水稻、杂粮）、大豆、苹果、梨、葡萄、猪、肉牛、肉羊、禽、海水养殖产品等农产品，一方面分析产品的生产优势，另一方面采用综合优势指数法，依据统计资料，计算产品综合优势（AAI）指数，并通过效率优势指数（EAI）和规模优势（SAI）指数，综合分析产品的比较优势。结论如下：

粮食和大豆：玉米，综合优势指数1.50，居全国第三位，优势明显。水稻，在北方粳稻区中，辽宁水稻综合优势指数1.45，居第二位，具有较大的比较优势。杂粮，以谷子分析，在北方旱地农业区中，辽宁谷子综合优势指数1.26，居第四位，具有比较优势。大豆，大豆综合优势指数0.99，优势不明显，但其规模优势指数达到1.20。

水果：苹果，综合优势指数1.24，居全国第十位，具有比较优势。其中效率优势指数0.83，规模优势指数1.87。梨，综合优势指数为1.15，具有比较优势。其中效率优势指数0.58，规模优势指数为2.25。葡萄，综合优势指数1.86，居全国第三位，优势明显。其中效率优势指数1.39，规模优势指数2.49。

畜产品：猪，综合优势指数0.98，优势不明显。其中效率优势指数0.86，规模优势指数1.11。牛，综合优势指数1.26，具有比较优势。其中效率优势指数0.86，规模优势指数1.85。肉羊，综合优势指数为0.66，不具备发展优势。其中效率优势指数为0.76，规模优势指数为0.56。禽，综合优势指数1.32，其中效率优势指数1.65，规模优势指数1.05。海水养殖产品，综合优势指数1.17，居全国第二位，仅落后于福建省，具有较大的比较优势。其中效率优势指数0.84，规模优势指数1.63。

五、辽宁省农业发展的制约因素、问题及特色农产品发展现状

（一）目前农业发展的主要制约因素和存在的问题

1. 资源约束加剧。辽宁耕地资源匮乏，后备资源有限，人均耕地

资源仅 1.37 亩。预计到 2010 年，全省人均耕地将降到 1.3 亩，必将影响农业生产。另外，辽宁属于全国严重缺水的省份，人均水资源 811 立方米，仅为全国人均水量的 1/3，低于国际标准起码需求线，加上区域分布不均衡，水资源短缺问题日趋严重。

2. 生态环境问题突出。森林总量不足、质量不高：全省森林覆盖率仅为 31.8%，人工纯林比重大，树种较为单一，油松、落叶松、杨树、刺槐四大树种占人工林总面积的 90%，目前全省尚有近 30 万公顷疏林和灌木林亟待改造，66.7 万多公顷荒山亟待绿化。

土壤退化严重：土壤侵蚀，全省土壤侵蚀面积达 465 万公顷，占全省总面积 31%，其中耕地侵蚀面积超过 180 万公顷。水土流失区平均土壤侵蚀模数 2834 吨/平方公里·年，每年因侵蚀而流失的土壤多达 1.3 亿吨。土地沙化，全省沙化土地面积 88.5 万公顷，其中，内陆沙地面积 27.3 万公顷，沿河沙地面积 51.8 万公顷，沿海沙地面积 8.4 万公顷；盐渍化，全省土地盐渍化土壤面积近 49.4 万公顷，其中内陆盐渍化土地达到 26.7 万公顷。

环境污染加剧：从面源污染看，2005 年全省每公顷化肥施用量达到 392 公斤，远远超过 225 公斤/公顷的安全上限，每年流入水体的氮 3.6 万吨、磷 0.5 万吨、磷酸盐 400 吨。化学农药使用量 4.6 万吨，其中 2/3 进入水体、土地和大气中。农用薄膜使用量 9.2 万吨，其回收率只有 45.7%。从点源污染看，与 2000 年相比，2005 年全省猪、牛、羊存栏数分别增加了 29.3%、35.7%、120%。由于畜禽粪便利用率较低，处理设施跟不上，既造成资源浪费，又污染农村环境。此外，乡镇企业每年产生废水近 8000 万吨，处理的废水仅占排放量 20%。

3. 水利基础设施薄弱。全省有效灌溉面积低于全国平均水平。目前辽宁万亩以上的大、中型灌区主要建成于上世纪六、七十年代，经过多年运行，灌区骨干工程及渠系建筑物均存在老化失修问题。在全省 1119 座排水站中，目前完好运行的只有 176 座，处于带病运行的三类站和无法运行的四类站合计达到 455 座，影响易涝耕地面积 15 万公顷；在 1272 座排水闸中，有严重缺陷的三类闸和无法运行的四类闸 520 座，影响易涝耕地面积近 15 万公顷。此外，全省涝区内有 8.53 万座田间工程没有配套，占应配套数的 51.3%。

4. 农业产业化水平不高。农业生产专业化、组织化程度较低，近年来我省果、菜、畜产品和水产品在数量方面增长较快，但主导产品形成主导产业发展较慢，特色产业布局不够集中，生产基地相对分散，缺少覆盖面大的专业化生产基地；农业标准化水平较低，辽宁许多农产品虽具有价格优势，但产品质量不高不稳，与国际标准还有较大差距，缺少市场竞争力；农产品加工业相对滞后，辽宁农产品加工率为 45%，农产品加工业产值与农业总产值之比为 0.42：1，与发达省份相比存在较大差距；市场和服务体系建设相对滞后，辽宁农产品市场总量不少，但缺少有影响力、竞争力的品牌农产品市场，市场规划布局、经营运行、基础设施、环境、功能等方面存在着很多问题，不能满足现代农业发展要求。

5. 粗放型农业增长方式尚未得到根本转变。农业生产效率低，大部分地区农田作业仍以手工劳动和畜力作业为主，机械播种和机械收割仅占耕地面积的 27.1% 和 2.7%。资源浪费，农业灌溉用水利用率只有40%，仅为国外先进水平的一半；化肥利用率只有 30%，远远低于发达国家 70% 水平；农业科技推广和应用不足，农业科技进步贡献率不高。

(二) 特色农产品 2005 年发展现状

优质粮：专用玉米播种面积 129.6 万公顷，产量 851.1 万吨；优质水稻 52.2 万公顷，产量 383.2 万吨；优质杂粮 27.9 万公顷，产量117.6 万吨；薯类 9.3 万公顷，产量 239.8 万吨，折粮 48.0 万吨。

优质畜产品：肉类总产量 346.1 万吨，其中猪肉 184.7 万吨、牛肉42.2 万吨、羊肉 11.9 万吨、禽肉 102.1 万吨，占肉类总产量 53.4%、12.2%、3.3%、29.5%；禽蛋 224.0 万吨；奶类 78.8 万吨，其中牛奶74.9 万吨；羊毛、羊绒为 1.2 万吨、1053.0 吨。从饲养规模来看，生猪 3705.6 万头，优质肉牛 591.1 万头、奶牛 32.4 万头，羊 1605.1 万只，蛋鸡 3.0 亿只，肉鸡 6.1 亿只，鹅 4339.9 万只。

精品渔业：精品渔业养殖面积 22.6 万公顷，养殖产量 158.0 万吨，分别占水产品养殖面积和产量的 36.8%、58.7%。

设施蔬菜：设施蔬菜面积 21.4 万公顷，占蔬菜面积 30.8%。产量
1603.5 万吨，占蔬菜产量 57.6%。其中，日光温室 175.7 万亩，产量
1020.0 万吨。

优质水果：果树面积 66.7 万公顷。其中，苹果 22.4 万公顷，产量
139.0 万吨；梨 17.9 万公顷，产量 100.0 万吨；葡萄 6.7 万公顷，产
量 80.0 万吨；设施果树 13.3 万公顷，产量 45 万吨。苹果、梨、葡萄
优质果率达到 65%。

油料：大豆 18.5 万公顷，产量 43.5 万吨；花生 14.1 万公顷，产
量 33.0 万吨。

花卉：花卉种植面积 1.9 万公顷，生产鲜切花 6 亿枝、种球 2.5 亿
粒、盆花 8500 万盆。

中药材：中药材栽培面积 6.0 万公顷，产量 5 万吨，其中，鲜人参
产量 5000 余吨。

食用菌：食用菌栽培面积 0.7 万公顷，产量 50.2 万吨，出口 9.2
万吨。

林产品：柞蚕放养面积 53.3 万公顷，年产茧量 4.2 万吨；山野菜
栽培面积 2.1 万公顷，产量 6.2 万吨；板栗 12.6 万公顷，产量 4.8 万
吨；已垦复的榛子面积 2.3 万公顷，产量 1.0 万吨；红松栽培面积 7.3
万公顷，年产红松籽 7260 吨；仁用杏 22.6 万公顷，杏仁产量 5.5 万
吨；大枣栽培面积 3.2 万公顷，产量 5.8 万吨；沙棘栽培面积 2.9 万公
顷，年产沙棘果 6520 吨；林蛙放养量 60 亿只，年产商品蛙 3.5 亿只；
鹿存栏 5 万头。

六、2010 年特色农产品发展的趋势预测

本项研究对统计资料齐全的特色农产品，依据灰色系统理论，建立
DM（1、1）数学模型，预测 2010 年发展趋势，并对预测结果进行分
析评价。

预测结果，粮食：玉米 184.3 万公顷，产量 1322.8 万吨；水稻
44.0 万公顷，产量 392.0 万吨；谷子 6.2 万公顷，产量 23.3 万吨；薯

类 16.8 万公顷，产量 93.8 万吨。畜产品：猪牛羊肉产量 315.2 万吨，禽肉产量 215.4 万吨，禽蛋产量 341.7 万吨，奶类产量 200 万吨。水产品：海水养殖面积 76.9 万公顷，产量 624.6 万吨；淡水养殖面积 18.2 万公顷，产量 139.7 万吨。水果：苹果 14.2 万公顷，产量 169.5 万吨；梨 10.6 万公顷，产量 92.3 万吨；葡萄 6.5 万公顷，产量 154.4 万吨。油料：大豆 19.3 万公顷，产量 56.1 万吨；花生 23.2 万公顷，产量 66.9 万吨。

此外，对缺少统计资料的设施蔬菜、花卉、食用菌、植物药材、特色林产品，根据市场需求和生产现状，与专业部门共同进行分析预测。2010 年，全省设施蔬菜 33.3 万公顷，产量 2500 万吨；花卉 4.0 万公顷，生产鲜切花 10 亿只，盆花 1 亿盆，种球 5 亿粒；中药材 7.3 万公顷，产量 10 万吨；食用菌 1.3 万公顷，产量 100 万吨；特色林产品中，山野菜种植面积 3.3 万公顷，产量 50 万吨。板栗 13.3 万公顷，产量 6 万吨。榛子垦复面积 3.3 万公顷，产量 1.5 万吨。红松籽 10.0 万公顷，果仁产量 1.0 万吨。仁用杏 26.7 万公顷，产量将达到 6.8 万吨。沙棘 4.0 万公顷，沙棘果产量 0.9 万吨。林蛙放养量 150 万只以上，年产商品蛙 6 亿只以上。鹿年末存栏数 7 万只。

七、2010 年辽宁省特色农产品发展的总体思路

（一）指导思想

以科学发展观为指导，全面贯彻党的十六届五中、六中全会精神，按照《辽宁省农业和农村经济发展第十一个五年规划》和省委、省政府关于建设全国重要的优质特色农产品生产和加工基地要求，做大做强优质粮、畜牧、渔业、蔬菜、水果五大优势产业，做大做强油料、花卉、中药材、食用菌、林产品五大特色产品，推进优势特色产业向五大优势产区集中，形成科学合理的农业生产布局，推进农业规模化、产业化进程，提高农业资源开发与利用效率和农产品的市场竞争力，促进农业增效和农民增收。

（二）原则

坚持市场导向原则；坚持质量和效益相统一原则；坚持资源合理开发利用原则；坚持依靠科技进步原则；坚持合理布局、适度规模原则；坚持远近结合原则。

（三）目标

1. 总体目标

辽西地区重点发展畜禽养殖、设施蔬菜、名优水果、球根花卉、特色杂粮；辽北地区以建设大型优质专用粮和畜牧业生产基地为重点，推进专用玉米、高油大豆、肉牛和生猪发展；中部地区以优质水稻和精品农业为重点，发挥粮、菜主产区的生产优势，推进优质粮、油、肉、蛋、奶、淡水产品、设施蔬菜生产；辽东地区发挥山区资源优势，建立稳定的食用菌、中药材、山野菜、肉牛、绒山羊、林蛙、鹿等特色种植业和养殖业生产基地；沿海地区重点发展"两水一牧"，推进精品农业和创汇农业发展。

2. 主要指标

优质粮：专用玉米 133.3 万公顷、产量 900 万吨；优质水稻 60.0 万公顷、产量 500 万吨；优质杂粮 33.3 万公顷、产量 145 万吨；薯类 20.0 万公顷、产量 510 万吨，折粮 100 万吨。优质畜产品：肉、蛋、奶产量 510 万吨、255 万吨、230 万吨；猪、牛、羊、禽饲养量 4600 万头、1032.6 万头、2853.1 万只、11.7 亿只。精品渔业：养殖面积 60.7 万公顷、产量 240 万吨。优质水果：苹果 23.3 万公顷、产量 200 万吨；梨 16.7 万公顷、产量 150 万吨；葡萄 6.7 万公顷、产量 100 万吨。设施蔬菜：面积 33.3 万公顷、产量 2400 万吨，其中日光温室 23.3 万公顷。油料：专用大豆 33.3 万公顷、产量 90 万吨；花生 33.3 万公顷、产量 95 万吨。花卉：面积 4.0 万公顷，生产鲜切花 10 亿只，盆花 1 亿盆，种球 5 亿粒。中药材：面积 7.3 万公顷、产量 10 万吨。食用菌：面积 1.7 万公顷、产量 80 万吨。特色林产品：柞蚕放养面积 53.3 万公顷，年产茧量 5.0 万吨；山野菜种植面积 3.3 万公顷，产量 50 万吨；板栗、榛子、红松籽、大枣、大扁杏、山杏、沙棘 7 种林特产品面积 62.0 万公顷，产量 30.2 万吨；商品林蛙 6 亿只；鹿存栏 7 万头。

八、辽宁省特色农产品区域布局

一方面以县级为单位，通过计算产品的综合优势指数，并结合区域自然条件、特色农产品生产现状和发展趋势分析，并考虑连片原则，确定布局方案；另一方面对于缺少资料的特色农产品，则根据资源、市场和生产现状及趋势确定布局方案。

（一）优质粮

专用玉米：沈阳、大连、鞍山、锦州、阜新、辽阳、铁岭、朝阳、葫芦岛市的23个县。优质水稻：沈阳、鞍山、丹东、营口、辽阳、盘锦、铁岭市的14个县。优质杂粮：沈阳、铁岭、锦州、葫芦岛、朝阳、阜新市的19个县（市、区）。薯类：朝阳、葫芦岛、锦州、铁岭、沈阳、大连、丹东市的18个县。

（二）优质畜产品

猪：沈阳、大连、鞍山、锦州、阜新、铁岭、朝阳、葫芦岛市的20个县。肉牛：沈阳、大连、鞍山、丹东、锦州、阜新、铁岭、朝阳市的27个县。奶牛：沈阳、大连、鞍山、抚顺、丹东、锦州、阜新、辽阳、铁岭、朝阳、葫芦岛市的20个县。肉羊：沈阳、锦州、阜新、铁岭、朝阳、葫芦岛市的20个县。绒山羊：大连、鞍山、抚顺、本溪、丹东、营口、辽阳市的14个县。肉鸡：沈阳、大连、鞍山、营口、锦州、盘锦、辽阳、铁岭、朝阳、葫芦岛市的20个县。蛋鸡：沈阳、大连、鞍山、丹东、营口、锦州、阜新、辽阳、铁岭、朝阳、葫芦岛市的20个县。鹅：沈阳、本溪、阜新、铁岭、朝阳市的12个县。

（三）精品渔业

海水养殖：沿海市的13个县。淡水养殖：沈阳、鞍山、抚顺、本溪、丹东、营口、锦州、辽阳、盘锦市的18个县。

（四）水果

苹果：大连市的全部及葫芦岛、锦州、营口市南部，共12个县（市、区）。梨：鞍山、辽阳、葫芦岛、锦州、阜新、铁岭等市为南果梨、花盖梨及尖把梨重点发展区；沈阳、锦州、阜新等市为苹果梨、锦丰梨、新苹梨重点发展区；大连市和绥中沿海地区为洋梨及沙梨系重点发展区。葡萄：锦州、葫芦岛、朝阳、沈阳、抚顺、铁岭、阜新市为重点发展区。

（五）设施蔬菜

沈阳、大连、鞍山、锦州、阜新、辽阳、铁岭、朝阳市的23个县。

（六）油料

专用大豆：沈阳、大连、鞍山、抚顺、丹东、锦州、阜新、铁岭、葫芦岛的18个县。花生：沈阳、锦州、阜新、铁岭、葫芦岛市的13个县。

（七）花卉

凌源、喀左、阜新、连山、东陵、辽中、东港等7个县（市、区）为球根花卉和鲜切花重点区；大连市及丹东市的东港市为鲜切花出口重点区；东陵、于洪、千山、辽阳、开原5个县（市、区）为特色花卉重点区。

（八）中药材

抚顺、本溪、丹东、铁岭、鞍山、辽阳、铁岭等市16个县。

（九）食用菌

东部区：抚顺、本溪、丹东、鞍山、铁岭、辽阳市的11个县。西部区：朝阳、阜新市的5个县。中、南部平原区：大连、鞍山、辽阳4个县。

（十）特色林产品

柞蚕：丹东、大连、铁岭、鞍山、营口、辽阳市的11个县。山野菜：抚顺、本溪、丹东、铁岭、辽阳市的10个县（市）。板栗：丹东、本溪、鞍山市的5个县。榛子：铁岭、抚顺、本溪、鞍山、丹东、辽阳市的11个县。红松籽：抚顺、本溪、鞍山、丹东、铁岭市的9个县。林蛙：抚顺、本溪、鞍山、丹东、铁岭市的9个县。鹿：西丰、本溪、辽阳3个县。"两杏一枣"：阜新、朝阳市的7个县。沙棘：阜新、建平县2个县。

九、保障措施

(一) 编制科学的发展规划

以科学理论为指导,从辽宁实际出发,根据市场需求和趋势预测,编制特色农产品区域布局规划。各地区、各部门要在全省特色农产品规划指导下,编制部门和地区规划。要认真组织实施规划,强化相关部门协调配合,组建联合检查组,对规划落实和执行情况,定期进行检查指导,保证规划指标、任务的完成。

(二) 加大政策扶持力度

建立稳定的支农资金增长机制,推进农业基础设施建设,提高农业装备水平。加大支农资金的整合力度,集中财力办大事。制定优惠政策,广泛吸引外资和民间资本发展特色农业,逐步建立以国家财政投入为导向,金融信贷为支柱,农村集体和个人投资为基础,外商直接投资为重要成分的多层次、多形式、多方面的投入体系。

(三) 加强基础设施建设

加强抗旱水源工程及配套设施、旱情监测系统、抗旱服务体系建设,推进灌区续建配套与节水改造工程、农田节水灌溉示范工程、涝区治理工程。推进"沃土工程",建立全省耕地质量动态监测、评价预警系统。以人工影响天气、灾害性天气监测预警及公共气象服务、生态和环境气象监测评估3大工程建设为重点,提高气象减灾能力。抓好退耕还林,落实天然林保护建设政策,实施人工公益林保护工程,加快防护林体系建设。加快"三化"草地治理。实施农业环境污染治理工程。

(四) 加快龙头企业建设

加大对农产品加工重点企业,特别是争创名牌的农产品加工龙头企业扶持力度,推进"三个一批"(做强做大一批、外引内联一批、培育发展一批)重点龙头企业建设,把带动能力强、科技含量高、有基础、有优势、有特色、有前途的农产品加工企业纳入省重点龙头企业进行扶持。农业各类项目资金、农业科技引导资金要向农业产业化企业(项目)倾斜。重点打造一批旗舰龙头,建设沈阳、大连、鞍山、锦州农产品加工密集区。

（五）加快良种引进和繁育

组建科研开发、生产、推广、销售为一体的种业集团，建设适应辽宁特色农产品发展的良种生产体系。完善省、市、县种子监测网，建立现代化种子管理监测体系，对种子经营进行全程监控，确保生产用种安全。加快种子信息网络体系建设。

（六）加快推进标准化

加快农业标准体系建设，形成国家标准、行业标准、地方标准、企业标准层次分明的标准体系。对农业环境、投入品、农业生产、疫病防治以及包装、品牌等进行标准化管理。加强标准化农产品市场建设，实行农产品市场准入制度，推进农产品标准化检测监督。

（七）加快科技成果推广和应用

加强农业科技创新体系建设，形成联合攻关和产学研相结合的有效机制。加强农业高技术研究，尽快取得一批具有自主知识产权的重大农业科研成果。加强农业科技推广体系建设，逐步建立以国家推广体系为主体，以社会经营性服务体系为补充的新型农技推广服务网络体系。加强农业科技人才队伍建设，通过建立科技示范户、培育农民科技骨干、举办专业技术培训班，培养农村实用人才、农业高技能人才、农业经营管理人才。

（八）加强农产品流通体系建设

加强农产品批发市场建设，重点扶持规模大、辐射面广、带动力强的区域性产地和销地批发市场。积极发展连锁经营、直销配送、电子商务等现代流通方式。推动大型商业企业与生产者对接。加强农村新型合作经济组织、专业协会建设，努力提高农产品流通的组织化程度。推进农产品"绿色通道"建设，提高流通效率。建立信息收集、分析、整理与发布制度，为生产经营者提供技术、信息服务。

（九）大力发展节约型农业

充分挖掘自然资源开发潜力，提高产出效率。推广深耕深松、膜下滴灌等旱作技术，建立节水型栽培模式和灌溉制度，提高用水效率。合理选用肥料品种，优化施肥结构，推广测土配方施肥。推广应用高效低毒、低残留、强选择性农药。普及应用种子精选分级、包衣、药剂拌种等加工处理技术，玉米、大豆、水稻等主要农作物精量半精量播种技术。加快高耗能农业机械设备的更新，开发和推广节能农业机械。大力发展集约生态养殖，推广绿色高效生态畜禽养殖技术。加强农村沼气以及太阳能、风能、生物质能和农村水电等可再生能源建设。

课题组成员：辽宁省发展和改革委员会　刘焕鑫　张东峰　付绍慧

　　　　　　辽宁省农业区划办公室　刘振国

　　　　　　辽宁省农村经济信息站　王小博

　　　　　　辽宁省农业经济委员会　吕春修　侯艳华

　　　　　　辽宁省海洋与渔业厅　方　方

　　　　　　辽宁省林业厅　周　义

　　　　　　辽宁省动物卫生监管局　李延山

辽宁能源建设与布局研究

一、辽宁能源资源的开发利用

(一) 能源资源赋存及建设现状

全省能源建设是以资源赋存为基础进行的。建国以来，在常规能源大规模开发建设的同时，对太阳能、地热能、风能、潮汐能、生物质能等新能源也进行了创新，核电的前期建设已动工。总体状况是：能源建设规模不断扩大，生产能力、生产量持续增长，结构逐步优化，布局顺势调整，能源建设快速发展；资源赋存大量动用，开发建设基础雄厚，建设成就辉煌。2006 年，全省原煤、原油、天然气、水电的生产总量为 6904.3 万吨标准煤，占全国的 3% 以上。在全省乃至全国经济社会发展中占有重要地位，发挥重要作用，做出了重大贡献。

1. 煤炭与煤层气

(1) 煤炭。辽宁煤炭资源开发已进入中晚期。2006 年，全省五大国有煤炭企业职工总数 14.7 万人、核定生产能力 6845 万吨、年总产量 6624.79 万吨；2007 年末，全省地质储量 59.1 亿吨，可采储量 21.8 亿吨，五大煤业集团探明可采储量仅 18.68 亿吨，其中铁法 9.73 亿吨、沈阳 4.12 亿吨、抚顺 2.1 亿吨、阜新 2.3 亿吨、南票仅 0.43 亿吨，为制订新的煤炭建设布局规划提供了资源基础。2006～2007 年报废和关闭小型矿 363 个、减少生产能力 614 万吨，有利于调整煤炭建设布局、维护生态环境和减少国土资源损害。

（2）煤层气。辽宁煤层气资源开发历史较短，具有蕴藏量大、集中度高的赋存特征。据测查，全省煤层气资源总量为 1021 亿立方米。目前，全省国有重点矿区已全面采收煤层气，并取得较好成效。2006 年抽放煤层气 2.9 亿立方米，累计利用煤层气 1.9 亿立方米，为城市生产和生活提供了新能源。

2. 石油与天然气

经过 30 余年开发建设，辽宁已建成年产原油千万吨、天然气 8 亿立方米以上的超大型能源生产基地。全省石油累计探明 20.43 亿吨，其中可采储量 4.60 亿吨。截至 2006 年底，累计采出量 3.8 亿吨。辽河油田虽探明天然气地质储量近 1500 亿立方米，但已开采量超过 90％以上，大幅度增产的可能性不大。2006 年天然气累计探明储量 1174.15 亿立方米，其中可采储量 908.42 亿立方米，累计采出量 506 亿立方米，剩余可采储量 400 亿立方米。资源存量锐减，后续建设更需创新发展。

3. 新能源与可再生能源

辽宁风能资源十分丰富。全省风能资源技术可开发区域面积约为 0.21 万平方公里，技术可开发量为 251.51 万千瓦。风能资源开发主要分布集中在辽北山地丘陵、环渤海沿岸和黄海北岸三个风能丰富带；海洋能储藏量不大，处在待开发状态；地下水天然热流量排在全国第 13 位，资源赋存较为集中，利用范围涉及供热、医疗、旅游、种植、养殖等行业；太阳能的主要利用方式有阳光大棚、被动式太阳房、太阳能热水器、沼气开发利用等，现已形成沼气池、厕所、阳光大棚相连接的"北方农村能源生态模式"；生物质能主要有山林薪柴、农作秸秆、城市年弃物和人畜排泄物，按已成熟的生物质压缩成型、热解与直接液化、分解与直接气化、城市固体弃物能源处理等新技术开发现代生物质能，辽宁资源赋存量丰富的可再生能源更有用武之地；水能资源开发程度已很高，开发潜力有限。2006 年，全省水力发电量 47.03 亿千瓦时，占全省能源生产总量的 0.9％。

（二）能源开发利用的主要特征

1. 依据资源地域组合发展城市经济

由于辽宁资源地域组合具有得天独厚的优势，以资源开发为依托的城市经济迅速发展。建国初即有大中型工业城市 10 座；1979 年有特大、大中型工业城市 12 座；2006 年已有各类城市 21 座，其中特大型 4 座、大型 5 座、中小型 12 座。目前，以能源资源开发为主因素建成的各类型城市占 1/4，特别是抚顺、阜新、铁岭、盘锦等能源资源开发型城市更有典型性。这是资源地域组合优势得以充分发挥，农村经济尤其是第二、三产业大发展，大型城市经济辐射力和凝聚力普遍增强的结果。辽宁城市经济的资源特征和发展趋势，正是能源建设与布局应该着重考虑的基本要素。

2. 围绕超重型工业经济发展配置资源

辽宁是全国最早的重工业基地，自国民经济建设恢复时期结束即形成重型产业结构，1952 年重工业占 57.8%；"一五"末期进入超重型产业结构状态，重工业比例长期占 71% 以上；1990 年经改革调整降至 67.8%，2000 年又回升至 78.7%；2006 年，全省经济总体构成的三次产业之比为 10.6∶51.1∶38.3，说明工业经济仍雄踞主体地位，而在工业产业结构中重工业所占比例高达 82.2%。由此可见，辽宁工业的超重型产业结构特征更加突出。这是编制全省能源建设与布局规划的关键点。

3. 能源资源结构欠优，互补性差，后续不足

辽宁常规能源资源并不丰富，在全国属于相对缺能同时又是能源消费居首的省份。按照常规能源测算，全国人均为 190 万吨标准煤，而我省为 89 万吨标准煤，不足全国平均数的 1/2。按资源探明储量分析，全省能源资源结构比例为：煤炭占 89.8%，石油占 5.5%，天然气占 0.7%，水电占 4%。以煤炭占绝对优势的能源资源结构，决定着全省以煤炭为主的能源生产和消费结构。按现有剩余可采储量、生产能力和 70% 的回采（采收）率计算，煤炭和天然气均可再采 30～40 年，石油可再采不足 10 年。资源结构欠优、互补性差、后续不足的能源经济运作，是困扰辽宁经济发展和人民生活水平提高的重要问题之一。由于以煤炭为主的地产能源资源耗失量大，受经济和产业体制机制的局限，传统能源与新能源的开发不平衡，导致各种能源资源的对外依存度加大。这是调整能源建设与科学布局的基本依据。

4. 能源建设与布局的调整任务重

辽宁经济的主体框架和超重型格局，是计划经济的典型模式，是以高投入、低收益的初级原材料生产供应为特色的资源输出型区域经济。据东北三省"十一五"规划文本显示，辽吉黑国民经济增长速度年均保持二位数率，2010 年 GDP 总量达 2.5 万亿元以上，其中辽宁 1.43 万亿元，将比 2006 年增长 1 倍以上，预计后 20 年仍将保持高增长态势。实现经济快速发展和总量规模登上新台阶，需要能源建设提供强有力的基础支撑和安全供给保障。为此，要转变能源观念，树立新的能源思想，确立新的能源意识，建立新的能源结构，构造新的能源平台，创新能源发展战略，统筹新的能源生产布局，强化和创新能源管理。同时，这也是全省经济社会发展新形势给能源创新建设提出的新课题。

5. 环境破坏与综合利用欠账较大

在我国，辽宁既是工业发达的能源消费大省，又是工业污染和环境损害的大省。污染源主要来自化石能源以及相关产业开发利用的全过程，约占污染总量的 3/4 以上。2006 年全省"三废"排放量中：工业废气 27195 亿标立方米（其中燃料燃烧排放占 36.9%）、工业固体弃物产生量 13012 万吨、工业废水 94724 万吨，排放达标量 88004 万吨，上列统计数据说明，虽经近年坚持不懈的治理，环境危害程度有所减轻，综合利用开始进步，但因认识能力与技术水平所限，历史陈欠和新发生的治理任务仍相当繁重。

二、辽宁能源建设与布局的现状

辽宁能源工业建设的现状，充分体现资源地理和能源消费两种分布优化组合的布局特点。

（一）能源生产分布与消费分布

自 1970 年始，全省能源生产长期停滞于 6000 万吨标煤以下，能源消费总量却逐年大幅增长，20 世纪 90 年代中期耗能达 9417.6 万吨标煤的高点后略有回落。进入"十五"时期，经济发展势头迅猛，能源消费总量剧增。2006 年，一次能源消费总量高达 15124 万吨，占全国

6.14%；能源供需不平衡的问题日趋严重，一次能源自给率仅为45.6%，大量煤炭、石油、电力需从省外调入。

1. 煤炭与煤层气生产消费分析

全省煤炭建设逐步形成国有大矿为主、地方中小矿为辅的煤炭生产格局。2006 年，煤炭生产量 7367.3 万吨，占全国原煤产量的 3.1%。其中，铁岭市产煤 2212 万吨，占 30%；阜新市产煤 1613 万吨，占21.9%；沈阳市产煤 1453 万吨，占 19.7%；抚顺市产煤 597 万吨，占8.1%；葫芦岛市产煤 403.9 万吨，占 5.5%，上述 5 市产煤占全省总量 85.2%。目前，主要矿区（除铁法煤田）均进入资源枯萎阶段。现有煤炭保有储量的 70%分布在铁法和沈阳两大矿区，阜新、抚顺、南票三大煤田的资源枯竭停采问题日渐逼近。

煤炭在辽宁能源消费结构中的地位发生较大变化。建国后 40 年，全省煤炭消费量始终占一次能源消费结构比 90%左右；20 世纪 90 年代初，降至 82.2%；"十五"时期，煤炭消费量虽年均增长 7%，2006年，原煤消费量达 14252.3 万吨，但消费结构比则降至 52.9%，同期原油消费增长 2.7 个百分点；煤层气资源比较集中，生产量和消费范围有限，利用量尚未构成规模。

2. 石油与天然气生产消费分布

辽河油田资源可采储量已动用 80%～90%，开采难度逐渐加深，后备资源储量不足，新增储量接续不济，致使原油产量和外供量逐年减少。"十五"期间，原油产量年均下降 2.2%，天然气产量年均下降9%。2006 年，原油产量 1226.46 万吨，占全国 6.6%，天然气产量11.94 亿立方米，占全国 2.0%，分别是油田最高年产量的 79% 和66.3%。油田步入开发建设的中晚期。近年通过滩海油气勘探，先后发现太阳岛、葵花岛、海南—丹东、笔架岭等 4 处新油气田，成为辽宁油气储量和产量的重要接续区。

全省原油消费以炼厂生产成品油及制品为主，是国家的石油加工基地之一。生产企业主要分布在抚顺、大连、葫芦岛、锦州、辽阳等地，2006 年全省原油加工能力 5750 万吨，年加工原油 5487 万吨，占全国17.9%，居首位。"十一五"规划期，辽宁省将重点推进大连、抚顺、锦州（含葫芦岛）三个炼油基地建设。并适时在营口、锦州、葫芦岛等港口城市，依靠进口国外原油，新建大型油化一体化项目。通过上述建设，将继续保持石油加工能力在全国的领先地位。天然气消费除油田自用外，大部分供化肥生产和民用，少部分用于工业燃料。"九五"末期，全省原油调入量2508万吨，自给率为35.5%。2006年，原油调入量4328.6万吨，自给率为22.1%，下降1.2个百分点，原油加工生产的供给安全问题尤为严峻。

3. 新能源生产消费分布

新能源和可再生能源的开发建设处起步阶段。全省风电场风能开发利用工作始于20世纪80年代，1992年在瓦房店市长兴岛建成全省第一个风电场。2006年，已建风电场达到9个，总装机容量为20.29万千瓦。"十一五"期间，风电建设将呈现快速发展势头。

4. 二次能源电力生产消费分布

辽宁电力由火电、水电、风电三部分构成，以火电为主。全省火电建设历史较久，发展迅速，规模较大，能力渐增，布局合理，但仍滞后于经济社会发展。2007年，全省6000千瓦及以上发电装机容量2132万千瓦，其中装机容量水电占6.1%、火电占92.2%、风电占1.6%；完成发电量1109亿千瓦时，其中水电占3.8%、火电占95.9%、风电占1.3%。省内生产电量不足消费部分主要依靠省外调入，年调入量为217.3亿千瓦时，占消费量的18%。可见，全省电力供给不足，工业用电居首，其中重工业占68%以上。此外，红沿河核电站建设已于2006年在瓦房店启动。全省电力生产分布比较合理，未来发展要针对电源结构不合理和调峰能力严重不足的问题，亟待做好既符合省情实际又符合现代能源优化配置的发展战略调整。

（二）能源供需通道建设分析

能源供需通道，由资源开发地至消费终端各种运输方式构成，主要涉及铁路、道路、水路、电网、管道等五大运输系统。其中，全境陆路通道网由铁路和道路构成，是辽宁经济社会一次能源的输送主力，铁路承担了电煤、石油及制品等能源物资转运量的80%以上，热力、燃油、生活为主的能源物资转运量的20%左右系由道路承担；全境水路通道网主要由大连、营口、锦州、丹东四大海港航路及连接的陆路线路构成，2006 年拥有总长 4.9 万米的生产性码头泊位 310 个，其中煤炭码头 3 个、原油码头 10 个、成品油码头 45 个，能源物资运量 8003.6 万吨，其中煤炭占 17.3%、原油占 39.9%、成品油占 37.9%、液化气占 1.3%。目前，辽宁沿海港口的能源物资转运处于超负荷状态，压力颇大，亟需增扩建专用深水码头泊位，以适应能源资源调入量剧增的局面；全境电能输送通道网，有 500 千伏输电线路 28 条、总长 3122 公里，220 千伏输电线路 323 条、总长 9816 公里，66 千伏输电线路 1800 条、总长 22371 公里。如前所述，省内发电量不足、调峰能力低，省际联络线输电能力受稳定极限制约、负荷过快增长，给电能输送通道网的安全运行和发展建设提出更高要求；全境管线通道网主要为原油输送服务。由于大庆、辽河两大油田的原油运输量逐年减少，致使管道运输量呈下降趋势，但周转量有所增长。未来的发展中，它将在引进境外油气资源方面发挥重要作用。

（三）能源供需区域平衡性分析

辽宁能源资源分布的特征是：煤炭资源主要集中在全境的北部和东部，而能源消费的重点主要集中在中部城市群和沿海地区，致使能源供需区域平衡有较大差异。

1. 中部城市群高耗能区

能源消费量占全省的 63.1%。其中，按年能源消耗量分析，鞍山为 2988 万吨标准煤，占全省的 16.2%，居第一位。抚顺 2981 万吨，占全省 16.1%，沈阳 1059 万吨，占全省 5.8%，域内仅抚顺、辽阳两市年原油消费量近 1320 万吨，占全省 24% 以上。域内抚顺、沈阳两矿区曾是我国重要的煤炭生产基地，近年抚顺煤炭资源已近枯竭、沈阳煤田进入衰退期，而域内重化工业正在加速发展、能源需求持续增长，能源供需紧张的矛盾将持续加大。目前，本区煤炭消费除依靠有限的自产外，主要由铁岭等煤田供给，不足部分从关内产地通过铁路调运；原油除部分由辽河油田供应外，其余从大庆油田调入。本区域是全省最大的能源调入区。

2. 辽南沿海缺能区

近年能源消费持续增长。2006 年，大连地区生产总值 2569.67 亿元，占全省 27.8%，年能耗 1298 万标准煤，占全省 7%，用电量 183.93 亿千瓦时，占全省 15.2%，居省之首，其中工业用电量达 122.5 亿千瓦时。但是，本区能源资源匮乏，只有零星煤点，几乎未见石油资源，为全省能源纯调入区。由于该区域港口基础设施完备，承接国内外市场能源物质的能力较强，可一定程度缓解能源制约。目前，域内煤炭消费以关内调入为主，原油消费主要依靠国外海运购入。

3. 辽西滨海能源供需平衡区

域内阜新、北票、南票是我国早期开发年产近 2500 万吨的煤炭基地，地处盘锦的辽河油田是全省唯一的原油生产基地。2006 年，本区能耗 4336 万吨标准煤，占全省 23.5%，用电量 234.84 亿千瓦时，占全省 19.5%。本区系辽宁能源调出区之一。近年来，因为阜新和南票煤田资源采竭、后续资源不足、煤炭产量持续下降，而以锦州为中心的滨海区各市经济则快速发展、能源消耗量年年上升，所以本区能源可供调出量正在锐减。这里将逐步成为能源供需自我平衡区。

4. 辽北能源调出区

本区以铁岭市为主体，属中部城市群经济区的一部分。经济基础薄弱，系经济欠发达地区。煤炭保有储量 23 亿吨，占全省 1/3 强，人均煤炭占有量 750 吨，是我国可开采百年的煤炭基地。现有煤炭企业 13 户、年产原煤 2205.2 万吨，已列入全国八大煤炭生产基地之一，也是辽宁唯一保持青春的煤田。另有大型坑口电站实现二次能源转化生产，使本区成为全省最重要的能源生产供应基地和能源调出区。

三、辽宁能源发展面临的形势

（一）国际能源发展的新势态

总体看，当前，国际能源生产与供应形势愈发严峻，全球常规能源生产接近峰值、国家间能源竞争愈发激烈。同时，可再生能源开发利用受到普遍重视。各国都在大力开发利用可再生能源，加强能源转化技术研发，加强常规能源储备，以促进本国的能源多元化。

（二）国内及东北区能源发展形势

国内及东北地区能源发展同样面临诸多新变化。国家加强了能源发展的政策调整，主要表现为国家区域能源发展战略逐渐清晰、满足能源需求任务十分艰巨，能源体制改革得到深化、能源节约效果显，新能源及可再生能源发展受到高度重视。东北地区能源资源禀赋及区域合作的基本态势日趋明朗。

东北地区能源发展的目标，必须建立在振兴东北老工业基地发展战略的基础上，使对能源的需求与供应得到切实保障，尤其要保障重点开发地区的能源需求，并通过能源开发、布局调整实现国家能源战略布局的重整与优化。辽宁作为东北地区主要能源消耗区，未来能源保障将取决于东北地区能源的区域合作开发程度与水平。对于辽宁能源需求与供给保障的能源资源主要有煤炭、石油和电力。东北地区的能源生产与消费基本处于平衡状态。其中，煤炭和电力的生产与消费基本持平，并稍有盈余；油气的区内生产量小于消费量，需从区外大量购进。2006年，东北三省煤炭生产量2.07亿吨，消费量3.08亿吨，总量缺口在1亿吨左右；全区生产原油6138.4万吨，原油消费量8013.9万吨，炼油能力已在1亿吨上下（2004年为9570万吨），因此，外购和进口原油量渐增；全区发电装机容量达4788万千瓦，发电量为2378亿千瓦时，同比增长9.15%，全社会用电量达到2356亿千瓦时同比增长10.05%。预计2010年全区煤炭产量为3.65亿吨，2020年为5.2亿吨。地区内能源生产消费格局分布极不均匀。其中，辽宁省处于能源短缺状态，2010年，辽宁省煤炭需求量达15000万吨，自产供给量仅5854万吨，缺口在1亿吨左右；吉林省煤炭需求量为7200万吨，自产供给量只能稳定在3000万吨左右，缺口4200万吨。届时，辽吉两省的煤炭缺口将剧增至1.4亿吨左右，供需矛盾突出、形势严峻，蒙东势必成为东北地区重要的煤炭供应基地。

（三）省内能源发展形势

综合分析，辽宁能源发展面临诸多矛盾。一是对外依存度增强、外购任务繁重，对外依存度由1995年34%上升到2006年54.3%。预计

2010 年达 69.8％，2020 年将达 80.6％，分别比 2006 年增长 15.5 和 26.3 个百分点；二是能源生产基本稳定现有水平，但能源消费增长较快。2006 年，全省一次能源生产总量 6904.3 万吨标准煤，消费总量 15124.4 万吨标准煤。预计 2010 年产销比将为 5940.4（万吨）：1.97 亿吨标煤；2020 年为 5547（万吨）：2.87 亿吨标准煤；三是节能降耗任务重。2006 年，全省亿元 GDP 能源消费量 1.63 万吨标准煤，高出全国平均亿元 GDP 能源消费量 1.17 万吨标准煤的 28.2％；四是电力建设任务艰巨，生产结构亟待改善。据统计分析，2000～2006 年电力弹性系数平均为 0.72，同期全国为 1.35，辽宁低于全国 0.63。"十一五"时期，电力弹性系数按 0.7 计算，2010 年电力的生产总量要达到 1550 亿千瓦时，比 2006 年增长 39.2％；装机容量将达到 2832 万千瓦，需新增装机 700 万千瓦，比 2006 年新增 32.8％。辽宁电力生产结构亟待改善。2007 年，在全省发电总量中火力发电占 95.9％。这种电力生产结构，消耗化石能源量过大，对煤炭生产供给的依赖性过强，不利于不可再生能源资源的可持续利用；从战略上考虑，更难以保证煤炭的安全供给和电力生产。因此，应尽力尽快改变既有电力生产结构，大力发展核电、风电、水电等。

四、辽宁能源建设与布局的总体思路

（一）指导思想、规划发展原则及目标设计

1. 指导思想

辽宁能源发展是为了从战略上保障全省经济社会发展对能源的需求与供应，尤其是保障重点开发地区的能源需求；要不断优化地区能源生产与消费结构，降低单位产值能耗，实现空间的合理化布局。编制新的能源建设发展与布局调整规划，要突破原有计划经济的思维定式。在世界经济全球化和区域经济一体化的宏观背景下，以国家能源发展战略为依据，走出辽宁、立足东北经济区，以东北亚国际能源合作为依托，以区域化、国际化和市场化的发展思路，站在统筹全局和与时俱进的科学发展观的高度，结合省情实际谋划辽宁能源发展布局。

2. 规划原则

在能源建设与布局规划制订中，要坚持"五统筹三结合"的规划原则，即传统能源与新能源、境内资源与境外资源、能源资源建设与水资源（港口资源）建设、能源建设布局与保护生态环境以及政府、企业和市场统筹运作等的统筹发展；坚持节约优先和扩大供给、能源节约和科技进步导向、能源布局和区域功能定位相结合，通过加大能源的区域合作开发，充分开发和利用新能源和可再生能源资源，适应能源资源供求全球化和市场化的发展趋势要求，力争从根本上解决能源供求的长期短缺矛盾，促进本地区经济社会的全面、健康和可持续发展。

3. 发展原则

能源发展要坚持可持续发展原则，保持能源、经济与环境的协调发展。继续遵循"节能优先，供给多元，改善结构，协调发展"的基本方针，扩大能源供给，满足能源需求；优化能源结构，通过产业结构调整和技术进步，发展循环经济，提高能源利用效率；推进能源各行业的结构调整，提高能源工业总体发展水平。

能源开发要坚持区内资源保护性开发和区外资源合作相结合的原则，节约和合理开发省内能源矿产资源，积极参与和利用省外资源，提高资源的开发能力与开发效率；大力推进新能源和可再生能源建设，加强海外能源资源开发和国际能源领域合作，合理安排海上入境和从北方陆路入境的关系以及与国内能源供给系统的相互配合，合理规划区域内部能源开发、供应、输送的通道与能力，协调能源开发地与消费地的关系，保障区域能源供应，促进区域协调发展。

优化能源生产和消费结构。逐步提高优质能源的消费比例；加快能源科技进步，提高能源利用效率，发展循环经济，保护资源和环境。按照统筹能源工业与相关产业、能源开发与生态环境、矿山经济与区域经济协调发展的要求，构建新型能源工业体系，实现能源工业持续稳定健康发展，为加快建设资源节约型、环境友好型社会和全面建成小康社会提供可靠的能源保障。

4. 预期发展目标

根据全省经济总量预期增长单位生产总值能耗降低 20％的要求和

本省能源对外依存度日益增大的实际，扩大能源供给能力是能源发展的首要任务。为此，要突出抓好国有重点煤矿的改扩建工程，强化安全技术改造，提高生产效率和煤层气等资源利用率；要继续提高火电综合效率，大力调整电力生产结构，加快推进核电、水电等清洁能源建设，积极发展热电联产；加强风能、太阳能、生物质能等可再生能源的开发利用，改变辽宁过度依靠火电的现状。

近期（2010 年）目标　在贯彻落实国家能源总体发展战略、确保能源总量满足全省发展需要的前提下，能源开发和结构调整取得明显进展；能源利用效率有较大提高；基本形成适应市场经济的能源发展机制体制；初步形成适应老工业基地振兴的能源建设布局架构。到 2010 年，全省能源需求总量控制在 19700 万吨，其中省内生产占 30％左右，一次能源生产总量达到 5940 万吨标准煤左右。

中期（2020 年）目标　要在国家能源发展总体战略指导下，实施推进全省能源发展战略重点和建设布局规划；要进一步高质量地搞好重点能源项目建设，结合省情重点推进节能型社会建设和可再生能源的开发利用，依靠市场力量推进能源布局规划的有序实施，为总量目标的实现提供强有力的能源支撑。2020 年能源生产总量控制目标为 5547 万吨标煤。为保持能源供需平衡，调整能源消费结构，煤炭产量稳定在 5800 万吨左右，省外调入量 10000 万吨；石油产量稳定在 1200 万吨，省外调入 6400 万吨；天然气产量 8.5 亿立方米，省外调入 11.5 亿立方米。

远期（2030 年）目标　实现能源结构多元化，新能源建设快速健康发展，清洁能源和可再生能源利用比例大幅提高，市场配置资源的基础性作用得到充分发挥，使全省能源利用在保证能源安全的前提下逐步向第四代能源时期转化。

为贯彻国家节能战略决策，近年全省单位国内生产总值的能源消费量要有较大降低。据统计，2006 年我国每万元国内生产总值的能耗比 1990 年下降 78.3％，同比辽宁下降 75.8％。《国家节能中长期规划》目标确定，2020 年力争实现年均节能率 3％，累计节能 14 亿吨标准煤。为此，辽宁 2010 年节能目标应确定：2010 年为 3670 万吨标煤，2020

年达到 1.17 亿吨标煤。

（二）辽宁能源建设空间布局设计

根据"十一五"规划纲要，未来全省经济发展将形成辽宁中部城市群经济区、辽东半岛沿海经济区和辽西沿海经济区三大经济板块的新格局。应充分考虑各经济区的产业布局发展趋势、能源需求特点、能源资源条件等相关要素，调整能源建设布局，为区域经济和社会发展提供稳定的能源保障。

1. 中部城市群经济区。本区以沈阳为中心，包括鞍山、抚顺、本溪、辽阳、铁岭等城市，并以营口为近海通道。从经济发展的历程看，本区开发历时百年以上，域内资源消耗极大（多数资源城市列为"枯竭型"），过去的能源基地已变成能源消费和调入地。未来发展将充分发挥沈阳中心城市的带动作用，通过实施区域经济一体化战略，努力建设成为我国的先进装备制造业基地，辽宁暨东北的高新技术产业和农产品加工示范区。《规划纲要》确定，本区将大力发展高加工度的新型原材料工业，抚顺建成我国北方重要石化基地，沈阳建成我国重要的精细化工和橡胶制品生产基地；坚持煤和煤层气并举方针，在铁岭、抚顺等煤炭产地发展新型煤化工产业等。可以断言，实现上述目标将面临石油等资源保障问题的严峻考验。

2. 辽东半岛沿海经济区。本区以大连为龙头，丹东和营口为两翼，未来发展方向是以构建大连东北亚国际航运中心为重点，建成承接国际产业转移、实现结构优化升级的先进地区，成为辽宁暨全国重要的石化基地、电子信息产业和软件基地、先进装备制造业基地、造船基地和高新技术产业基地。本区能源资源匮乏，为能源输入区。目前能源布局现状主要以港口电厂发电为主，是重点石油储备和消费地区。因此，强化能源建设与布局调整，是本区未来经济发展的迫切需要和基础保障。

3. 辽西沿海经济区。本区包括锦州、盘锦、葫芦岛 3 座港口城市和阜新、朝阳等两座内陆城市。未来发展要以锦州湾开发建设为突破口，主动承接辽宁中部城市群和京津冀都市圈的双重辐射以及联系内蒙东部煤炭基地，大力发展临港工业和外向型经济。《纲要》提出要积极推进盘锦、锦州、葫芦岛等石化基地建设，实现环渤海石化产业聚集区的发展目标。本区虽属传统能源资源相对丰富区，资源种类全，开发成熟，但供需缺口依然比较大。

（三）辽宁能源工业布局设计

能源工业布局必须适应能源发展战略的调整，要积极把握国家实施蒙东大型煤炭基地建设的有利契机，鼓励能源企业跨地区、跨行业参与周边省区（黑龙江鸡西、鹤岗，内蒙东部）煤炭基地建设，加快省外煤炭输入和国外进口煤炭运输设施保障体系建设；适当在沿海地区发展核电，促进东北电源与电网建设，鼓励风力发电；推动新能源建设，重视农村能源发展，因地制宜发展生物质能源转换项目；加强海洋石油天然气勘探步伐，积极利用国外石油天然气资源，推动大连等沿海地区建设引进液化天然气项目，积极争取国家战略石油储备建设项目，构建全省能源供给保障体系，提高保障能力。

1. 煤炭工业布局建议

综合分析认为，全省以煤为主的能源消费结构将长期存在，煤炭供给直接影响能源保障；辽宁煤炭"调入为主、自产为补"已成定局，在能源结构没有本质改变的情况下，这种格局短期内将呈刚性走势。因此，煤炭工业布局应立足东北经济区，打破传统的行政区划思维定式，以东北经济区（黑、吉、辽和蒙东）作为谋划布局的空间范畴，逐步形成"依托蒙东、稳定省内、拓宽国内"的开放型、市场化的全省煤炭生产和供给新格局。

（1）依托蒙东 通过实施国家能源基地建设战略，落实"东（北）蒙（东）煤炭基地"（以下简称蒙东基地）建设规划，建成未来东北经济区重要的能源基地，稳定东北三省煤炭生产规模，巩固自给能力；加大蒙东开发强度，增强对东北三省的补给能力，加快阜新矿业集团蒙东白音华煤炭基地开发项目，密切关注霍白矿区开发建设进程，并积极创造条件将其作为未来辽宁主要的煤炭供应基地。

（2）稳定省内 省内煤炭发展，必须坚持有限开发、有序开发和有偿开发的原则，要稳定原煤产量和延长开采年限。2030年前，原煤年产量稳定在5000万吨；力争40年以上的持续供应能力。

（3）拓宽国内 稳定和增强东北经济区外煤炭基地的供应能力，积极拓宽其他供应渠道。鼓励支持企业积极走出去，发挥现有人才、技术和设备的优势，大力开发新的煤炭基地；鼓励支持电厂和供热等用煤大户，走出省外落实煤源。

（4）加强煤炭运输保障能力建设　在改造既有线路的同时，重点强化省际间大型运输通道建设，为煤炭调入提供保障。以国家干线铁路和公路为依托，建设深入资源富集地区的铁路支线和专用公路，做好铁路与公路线的衔接，并开辟新的铁路、公路出区跨海通道和运煤专线，为跨境资源合作建立通道，扩大地区煤炭输送能力，满足市场煤炭运输需求。

2. 石油天然气工业布局建议

全省石油天然气工业布局，要遵照国家油气资源"立足国内、对外开放"的发展方针，加强境内陆海的油气资源勘探，努力增加资源储量。同时，搞好老油气田调整和新油气田开发。以省外引进为重点，稳定油气供应渠道，强化油气供给保障。

（1）积极落实国家油气发展战略，保障省内油气供应；通过国际合作，构建跨国油气供应体系。鼓励企业参与国外石油天然气勘探开发，努力实现进口来源、方式、品种、渠道多元化。要密切关注引俄油气项目的进展，抓住难得机遇，全力推动项目进程，扩大油气供应渠道。

（2）加快各城市燃气管网建设与改造。按照天然气、液化石油气、煤制气、煤层气等多气结合原则，逐步扩大供气范围，形成机制灵活、气源稳定、价格低廉、城乡统筹的供气格局，改善能源消费结构。

（3）积极开拓天然气市场，改善能源消费结构。要坚持以市场为导向，鼓励发展有利于调整产业结构和经济效益好、附加值高的天然气下游产品，积极支持发展民用和车用燃料，加大天然气利用力度，大力推进城市用气的发展，在输气管道沿线及电力负荷中心、环境要求严格、电价承受力强的地区，积极推动燃气电厂建设。

3. 电力建设与布局建议

辽宁进一步加快电力建设至关重要。应充分考虑全省煤炭资源状况、负荷中心分布、电网安全、运输布局、建设周期等因素和适度超前的原则，坚持开源与节能并举，以发展火电为主导，积极推广清洁能源，鼓励发展热电联产，实现电力保障与环境保护和资源综合利用的协调发展，跟踪研究东北地区中长期电力供求预测、电源建设及外受电力的规模，及时调整全省电力发展规划与布局。

（1）电力工业布局调整的重点是：以优化结构为中心，逐步提高非煤发电比例，加快以风电为代表的可再生能源发电进程，尽快建成红沿河核电站以改善电力结构。

（2）贯彻落实东北地区电力发展中长期规划，推进境内"西电东送、北电南送"战略，努力促进东北区域电力市场的建立和完善；统筹考虑省情实际与东北地区、一次能源与二次能源、近期与远期、电源与电网等各发展环节之间的关系；加大电源结构调整力度，加强负荷中心、末端电网及主要输电通道电源点支撑，进一步完善电网等电力基础设施建设。

（3）调整火电发展布局，优先发展热电联产。继续调整和优化煤电项目布局，重点完善、及时调整大中城市热电发展规划，鼓励发展热电联产，提高能源利用效率；推进负荷中心依托省外煤炭资源的港口、路口电厂和坑口电厂建设。

（4）加快风电发展，推动可再生能源发电。全省风电近期发展目标将突破 200 万千瓦；远景全省风电装机容量将达到 1000 万千瓦以上。积极支持农作物秸秆发电、沼气发电、垃圾焚烧发电、垃圾填埋气发电等。

（5）加快核电建设，优化全省电力布局。确保红沿河核电项目"十二五"初期竣工投产，届时辽宁核电装机量为 400 万千瓦、年发电量可达 280 亿千瓦时。同时，做好其他核电厂址储备，适时启动第二个核电站的前期准备工作，2050 年争取实现装机容量 1000 万千瓦、年发电量 700 亿千瓦时的核电发展目标。

（6）加快水电深度开发，适时启动建设天然气发电项目，加强电网建设，保证运行安全，推进东北亚国际能源合作。

4. 煤层气资源建设与布局建议

要积极开发煤层气资源。重点规划开工建设阜新煤层气综合开发工程、抚顺煤层气开发二期工程，推进铁法煤层气开发项目的前期工作。

"十一五"期间，煤层气开发利用有较大突破。

5. 可再生能源建设与布局建议

加快辽宁可再生能源发展，充分发挥资源优势，应坚持"因地制宜、因势利导，突出重点、分步实施，政策引导、市场推动"的发展原则，加大政策支持力度，促进可再生能源产业健康、快速发展。"十一五"规划期，要基本完成全省可再生能源资源（风能、太阳能、水能、生物质能、地热能、海洋能等非化石能源）调查，进一步整合、创新相关监测和管理体制机制；提升可再生能源开发利用的战略地位；在全省能源结构中可再生能源所占比例明显增长，风电装机容量及农村可再生能源推广继续保持全国领先地位，初步建立和形成可再生能源研发和设备制造基地；推广太阳热能及其他多种形式的开发利用，高度重视生物质能源气化、液化技术的创新研发。

6. 农村能源建设布局建议

稳步推进农村能源建设，提高开发利用水平。在经济较发达的农村，要把可再生能源转化技术放在生活耗能的首要位置，优先利用。结合生态农业工程，建设"三位一体"、"四位一体"等沼气综合利用项目；结合小城镇建设，推广大中型沼气工程、秸秆气化和生物质热电气三联产技术；推进太阳能集热与建筑一体化试点示范工程，积极推广使用太阳能热水器。在经济欠发达的农村地区，继续重点推进户用沼气、薪炭林、省柴灶和太阳灶。继续搞好农村水电建设。

参考文献

[1] 辽宁省能源建设与布局规划研究，辽宁国土规划（专题），辽宁人民出版社，1987

[2] 辽宁省矿产资源总体规划（2001～2010 年），省国土资源厅2002.12

[3] 辽宁省矿产资源总体规划专题研究报告（2001～2010 年），省国土资源厅 2002.12

[4] 东蒙大型煤炭基地规划说明书（征求意见稿），中煤国际工程集团沈阳设计研究院 2004.8

[5] 中国石油辽河石油勘探局"十一五"发展规划，辽河石油勘探

局

[6] 辽宁省农村能源建设"十一五"规划，省农村能源办公室

[7] 辽宁省煤层气开发利用"十一五"规划，省煤管局

[8]《中华人民共和国可再生能源法》

[9] 沈阳铁路局关于路网现状、建设及规划情况汇报，沈阳铁路局

[10] 关于全省电力建设与发展有关情况的报告，省电力公司

[11] 2006—2020 年辽宁省风力发电发展规划（缩编讨论稿）省发改委、省电力公司

[12] 中国的能源状况与政策，2007，北京 国务院新闻办公室

[13] 煤炭工业"十一五"规划，国家发改委，2007

[14] 辽宁省经济开发现在与未来，经济管理出版社，1996 年

[15] 国家能源"十一五"规划，国家发展和改革委员会，2007

[16] 中国能源统计年鉴

[17] 核电中长期发展规划（2005～2020），国家发改委，2007

[18] 辽宁国土资源，辽宁人民出版社，1987

[19] 东北地区振兴规划，国家发改委，2007

课题组成员：辽宁省发展和改革委员会经济研究所

胡建军　范树衡　程永军　朱　勇　曹占英　温　源

丁　薇

辽宁老工业基地振兴绩效研究

实施振兴战略，就是要把辽宁省建设成为技术先进、结构合理、功能完善、特色明显、对外开放、机制灵活、竞争力强的国家新型产业基地和新的重要经济增长区域。国家振兴老工业基地的一些特殊政策主要是要达到四个方面的目的。一是为企业发展创造良好的外部条件，包括国债资金支持、社会保障制度改革、税收制度改革、豁免历史欠税等。二是促进国有企业改革发展，包括政策性破产、分离办社会职能、引进外资和技术等。三是扩大开放，鼓励引入外资发展现代服务业、发展企业国际合作。四是在政策、舆论和市场培育方面给予支持。

一、振兴政策的实施及其直接效果

中央和地方出台的政策归纳起来，集中体现在以下 11 个方面：

（一）项目政策。在国家支持老工业基地振兴的投资项目中，辽宁有 191 个项目，占总项目数的 42.4%。其中，2003 年东北老工业基地改造国债第一批 100 个项目中，辽宁省有 52 项，占项目总数的 52%，总投资 442 亿元；2004 年国家发改委下达的第二批国债 197 个项目中，辽宁省共有 91 项，占项目总数的 46.2%，总投资 221.68 亿元，涉及制药、船舶制造、机械、冶金、化工及生物工程等领域。

（二）税收政策。2004 年 10 月，财政部、国家税务总局出台了《关于印发〈东北地区扩大增值税抵扣范围若干问题的规定〉的通知》（财税〔2004〕156 号），规定东北地区的装备制造业等六大行业开始正式实施增值税转型政策。截至 2006 年年底，辽宁省经国税部门认定符合退税条件的增值税一般纳税人共 28824 户，其中仅 2006 年抵、退税即达到 29.6 亿元。

辽宁省国家税务局《关于执行振兴"东北老工业基地"企业所得税优惠政策有关问题的通知》（2004 年），财政部和国家税务总局《关于豁免东北老工业基地企业历史欠税有关问题的通知》（2006 年）。从 2004 年 7 月 1 日到 2005 年底，全省享受振兴老工业基地企业所得税优惠政策企业 90368 户，增加税前扣除额 855256 万元，其中，缩短 40% 折旧额 77676 万元；缩短 40% 无形资产摊销额 3526 万元；提高计税工资额 112270 万元；使盈利企业实际少缴企业所得税 42198 万元。截至 2006 年，全省共有 15.8 万户工业企业享受了振兴老工业基地税收优惠，通过落实加速工业企业固定资产折旧、缩短无形资产摊销年限、提高计税工资税前扣除标准等税收政策，增加税前扣除额 1851 亿元，其中缩短 40% 折旧额 18.4 亿元；缩短 40% 无形资产摊销额 0.4 亿元；提高计税工资额 14.5 亿元；使盈利企业实际少缴企业所得税 6.1 亿元。

（三）开发金融政策。2005 年 1 月，国家开发银行与辽宁省政府签订了《开发性金融支持辽宁老工业基地振兴 500 亿元软贷款合作协议》。贷款期限长达 25 年，利率予以一定的优惠。截至 2006 年年底，全省已签订借款合同 349.50 亿元，占总额度的 69.9%，实际提款 306.77 亿元，占已签合同金额的 87.8%。

（四）分离国企非企业职能政策。2004 年，在国家第一批中央企业分离办社会职能工作中，涉及了了辽宁省辽河油田、抚顺石化、辽阳化纤等 3 户中央企业的 59 所中小学和教育管理机构、7 个公检法机构，人员 7879 人，资产 4.3 亿元。在 2004 年底经国家财政部、国务院国资委正式批复已经移交辽宁，移交费用总额 3.66 亿元。2005 年，辽宁省纳入第二批中央企业分离办社会职能政策范围的中央企业集团共计 13 户，涉及在辽企业 21 家、53 个办社会职能机构，移交在职职工 2313 人、离退休教师 1900 人、资产 1.2 亿元。通过积极推进分离国有企业办社会职能，辽宁省国有企业负担明显减轻，经济效益也出现较大改观。

（五）阜新资源枯竭城市转型试点政策。国家支持阜新市经济转型项目 23 个，已有 2 个竣工验收，14 个达到验收条件，7 个采煤沉陷项目正在建设，累计完成投资 47.9 亿元，占总投资的 72.6％。18.2 万名城市困难户得到最低生活保障，1.6 万户沉陷区居民和 8300 户棚户区居民迁入新居。

（六）对外开放政策。国家出台了《关于促进东北老工业基地进一步扩大对外开放的实施意见》（2005 年），提出了加快发展大连东北亚国际航运中心，扩大大连区港联动试点的范围，对外商投资的大型港口码头、鼓励类的临港工业和物流项目给予政策支持，并予以优先审批的鼓励政策。辽宁省出台了《利用外商投资产业目录》，对吸引外资产生了巨大效果。

（七）国企改制和重组政策。到 2007 年初，辽宁省 40 户国有大型工业企业已有 29 户完成了股份制改造，完成面为 73％；由辽宁省国资委负责股改审批的 20 家国有控股和相对控股的上市公司，已按辽宁省政府在《关于推进上市公司股权分置改革工作意见的通知》中规定的时间表全部完成股权分置改革；据对 521 户改制企业所作的调查显示，通过改制引进中央企业、外资企业及民营企业，使企业国有股比重较改制前下降了 14 个百分点。企业改制后效益明显提高，销售收入比改制前提高 37％，132 户停产、半停产企业恢复了生产，重现活力与生机，职工收入与改制前相比提高了 49％。通过企业重组和国有产权转让盘活存量资产达 400 亿元，改制后新增加项目资金 500 亿元。

（八）棚户区改造政策。辽宁省低矮棚户区面积总量高达 2000 万平方米，居住着近 200 万人口。2005 年 3 月 16 日，辽宁省委、省政府下发《全省城市集中连片棚户区改造实施方案》，力求用两至三年时间基本完成全省城市集中连片棚户区改造。截至 2006 年底，全省累计落实资金 191.66 亿元，其中：省财政安排对各市资金 18.35 亿元；向各市转贷开发银行软贷款 60 亿元；配合有关部门争取国家支持对中央下放辽宁煤矿棚户区改造资金 12.2 亿元；市财政安排资金 7.39 亿元；各市筹措其他资金 93.72 亿元。

（九）支持县域经济和新农村建设政策。省政府对县实行共享税种增量返还的财政体制政策：对政策享受范围的康平等 22 个县，在 2007

年之前继续执行原定各项财政政策。2005 年至 2007 年,将省参与分享的个人所得税 15%、房产税 50% 部分,以 2004 年为基期年,对其定比增量部分,省财政全额返还。对其余 18 个县,2005 年至 2007 年,将省参与分享的增值税 10%、营业税 30%、企业所得税 20%、个人所得税 15%、房产税 50% 部分,以 2004 年为基期年,对其定比增量部分,省财政全额返还。另外,三年间,省政府将对这些县一般性转移支付在 44 亿元左右;每年取消县级专项上解 3500 万元;财政支农周转金缓还政策,40 个县所欠 2.2 亿元周转金缓还三年。

辽宁省委《关于推进社会主义新农村建设的实施意见》(辽委发〔2006〕8 号)和《关于加快县域经济发展的若干意见》(辽委发〔2006〕9 号)。辽宁省财政厅制定了延长省对县共享税种增量返还期限、给予涉农区省共享税种返还政策、增加财力性转移支付补助等七方面 32 条财政政策和措施,促进了县域经济发展,确保了县乡基层政权的平稳运行和社会稳定。

(十)进一步完善社会保障体系政策。辽宁省已基本完成了全国社会保障试点省份的试点任务。辽宁省政府《关于进一步完善再就业扶持政策的意见》(辽政办发〔2005〕40 号),确保无就业人员家庭至少有 1 人实现就业和再就业。2006 年,辽宁省财政筹集就业再就业资金 30.3 亿元,比 2005 年增加了 72.2%;为 80 万名"4050"灵活就业人员提供了养老保险和医疗保险补贴;为 28.4 万名城镇下岗失业人员和 25.7 万名进城务工农民提供了培训补贴,为全省安置 3.8 万"零就业"家庭成员就业提供了资金保障,支持全省实现城镇实名制就业 120 万人。

统一了全省城镇个体工商户和灵活就业人员参保缴费政策,已有 11 个市基本实现了市级统筹,养老保险基金的调剂能力有所提高。此外,辽宁省新型农村合作医疗试点范围在 2005 年底,扩大到了 41 个县(市)、区。2006 年,试点工作全省 97 个县(市)、区实施,覆盖农业 2150 万人,参合农民 1813 万人,参合率为 84%。对参合农民筹资标准提高到年人均 50 元以上。

(十一)沿海经济带开发开放政策。2006 年 2 月 13 日,《辽宁省人民政府关于鼓励沿海重点发展区域扩大对外开放的若干政策意见》出台，2007年又制定了《辽宁省委、省政府关于加快"五点一线"沿海经济带开发建设的若干意见》和《辽宁沿海经济带开发建设规划》。截至2007年上半年，"五点"基础设施累计投资总额102.5亿元，开发土地面积104.2平方公里，其中可以摆放项目的土地面积85.3平方公里，实际利用土地面积37.4平方公里；累计签约项目317个，投资总额1560.4亿元，其中外资项目66个，投资总额63.4亿美元，合同外资额29.6亿美元；已批准入区注册项目256个，投资总额1011.5亿元，其中外资项目62个，投资总额34.7亿美元，合同外资额9.6亿美元，实际到位外资总额2.8亿美元；已开工建设项目189个，投资总额473.7亿元，已投产运营项目35个，投资总额102.7亿元；储备在谈项目140个，投资总额1900多亿元。

二、振兴战略和政策的溢出效果

（一）引资环境明显改善。2003～2006年，辽宁外商直接投资超速增长，年均增长105.7%，比全国同期高103.1个百分点，高于辽宁振兴前三年年均增长75.9个百分点。同期，辽宁固定资产投资年均增长40%，比全国同期高14.4个百分点，高于辽宁振兴前三年年均增长22个百分点。世界500强企业纷纷进入辽宁，项目规模不断扩大。2006年合同外资额在1000万美元以上的大项目有445个，比2005年增加了88个。特别是辽宁省提出"五点一线"开发战略后，美国英特尔25亿美元芯片项目、韩国STX集团投资9.1亿美元的造船项目、新加坡万邦集团投资7亿美元的船舶制造及海洋结构物项目、中冶京诚投资99.7亿元的营口中试基地项目、台湾富士康集团投资总额10亿美元的营口科技园项目和中国五矿集团公司投资200亿元的五矿（营口）产业园项目等一批有牵动作用的重大项目相继落户于此。

（二）固定资产投资增长迅猛。2003～2006年，辽宁固定资产投资占地区生产总值比率逐年提高，分别为34.7%、45%、52.9%、61.5%。2006年，辽宁全社会固定资产投资5689亿元，比上年增长34.8%，非国有投资占全社会固定资产投资的69.7%，其中，民间投资 3362.67 亿元，增长 35.1％。在民间投资中，私营个体投资 1480.85 亿元，增长 40.3％。地方项目投资 5082.1 亿元，比上年增长 35.7％，占全社会固定资产投资比重由上年的 88.7％上升到 89.3％。

（三）投资方向和结构不断优化。新增固定资产投资主要用于新型产业基地建设，工业投资增量占城镇投资增量的 50％，其中装备制造业和原材料工业投资增量占工业投资增量的 60％。2006 年装备制造业投资 623.7 亿元，增长 38.0％。投资新建项目比例逐年提高，2004 年为 26.9％，2005 年为 39.1％。特大城市空间在扩张，城市功能更加完善。如沈阳市和大连市都对处于城市中心城区的工业企业实行了整体异地搬迁，拓宽了城市发展空间。沿海重点地区也得到开发，成为辽宁经济新的增长点。

（四）居民就业实现较快增长。社会从业人员逐年增加，2003 年 2018.9 万人，2004 年 2097.3 万人，2005 年 2120.3 万人。城镇登记失业人数逐年下降，2003 年 72 万人，2004 年 68.2 万人，2005 年 60.4 万人，2006 年 53.9 万人，下降幅度比较明显。

三、振兴战略和政策的整体效果

（一）国家新型产业基地建设迈出坚实步伐

新型工业化建设取得了重要进展，空间布局更加合理，特别是"五点一线"沿海经济带五个重点区域 7 个园区以及沈西工业走廊等新的发展空间的规划，为建设国家新型产业基地，打下了良好的基础。在全省经济保持较高增长速度的情况下，2006 年全省万元 GDP 能耗下降 4％，达到 1.76 吨标准煤；规模以上工业万元增加值能耗下降 5.14％，达到 2.95 吨标准煤。全年规模以上企业经济效益综合指数达到 170.4，全员劳动生产率达到 13.4 万元，分别比 2004 年高 20.4％和 47.3％。企业技术创新能力提高。重点推进了 13 个国家技术中心创新能力建设项目。列入《2006 年度省企业技术中心专项资金项目计划》的项目共 60 个，项目总投资 12.6 亿元。组织新认定省级中心 28 家、国家级 2 家，使省级以上技术中心达到 169 家，国家级达到 26 家，居全国第 4 位。原材料深加工基地建设成绩显著。企业销售收入和效益大幅增长。2005 年辽宁原材料深加工业增加值占全国的 6.95%，比 2003 年提高 0.51 个百分点。2005 年黑色金属冶炼及压延加工总资产贡献率为 13.28%，高于全国 1.97 个百分点。2004～2006 年辽宁装备制造业连续三年高速增长，其工业增加值增长率分别为 36.9%、27.1%、33%。2006 年，装备制造业完成工业增加值 983.9 亿元，占规模以上工业的 25.6%。2003～2006 年，辽宁省装备制造业利税总额分别是 100 亿元、117.8 亿元、151.5 亿万元和 163.8 亿元。2004～2006 年利税增长比率分别为 17.8%、28.6%、8.1%。振兴三年来的利税出现 "倒 U" 型结构。2005 年辽宁装备制造业增加值占全国的 5.24%，比 2003 年多了 1.78 个百分点。

我们通过引入 "区位熵" 的测算方法，对 2003～2005 年国家重点项目支持的行业相关指标进行前后对比统计分析，辽宁各重点行业的工业增加值都有大幅度的提升，并且石油加工、医药制造、冶金等多数行业的 "区位熵" 也有较明显的提高，显示出在国内所占份额有所增加。但同时，也看到部分行业如化工、装备制造业的区位熵值不增反降，但到 2006 年又有所回升。这说明，辽宁建设具有国际竞争力的装备制造业基地任务仍很艰巨。

（二）地区经济发展综合水平大幅提高

2004～2006 年，辽宁国内生产总值年均增长 13%，比全国快了 2.7 点，而 2001～2003 年为 10.2%，仅比全国快 1.1 个百分点。一是从投资来看。全社会固定资产投资总额累计完成 12934 亿元，年均增长 40%，高于振兴前三年年均增长 22 个百分点，其中，2006 年完成 5750 亿元，增长 35%。二是从财政收入来看。2006 年，全省实现财政一般预算收入 805 亿元，增长 20.2%，比 2002 年翻了一番。三年来累计实现财政一般预算收入 2008.6 亿元，年均增长 20%，高于振兴前三年年均增长 5 个百分点。三是从利用外资来看。三年来，实际利用外商直接投资年均增长 100%，高于振兴前三年年均增长 70 个百分点，2007 年达到 91 亿美元。四是从城乡居民收入来看。2006 年，全省城镇居民人均可支配收入为 10100 元，实际增长 9%，农村居民人均纯收入为 4050

元,实际增长 8%。三年来,城镇居民人均可支配收入年均增长 11.7%,高于振兴前三年年均增长 1.1 个百分点;农民人均纯收入年均增长 11.4%,高于振兴前三年年均增长 3.8 个百分点。同时,城乡居民家庭收入状况趋好,恩格尔系数总体上趋于下降,2005 年,城镇居民家庭恩格尔系数为 38.8%,农村居民家庭恩格尔系数为 41.6%。五是从经济开放度看。2006 年,辽宁对外贸易依存度已达到 41%左右,比 2003 年提高了 6 个多百分点。五是非公有制经济得到快速发展,所占比重不断上升。2006 年,辽宁省国有及国有控股工业企业增加值占全省工业增加值的比重比 2002 年下降 11.5 个百分点。非公有制经济完成增加值 4800 亿元,同比增长 17.0%,占全省 GDP 的比重达 51.8%。

(三) 城乡区域进一步实现统筹协调发展

一是统筹城乡协调发展,实现社会主义新农村建设良好开局。全省以发展县域经济为重要载体,大力发展工业化、城镇化和农业现代化,促进社会主义新农村建设。出台了加快县域经济发展的政策,对 15 个县域经济发展重点县(市)下放经济管理权限,对 10 个欠发达县(市)加大扶持力度。县域经济发展步伐明显加快。2006 年全省 44 个县(市)实现 GDP3339 亿元,比上年增加 376 亿元;完成一般预算收入 109 亿元,首次突破 100 亿元大关,比上年增长 29.9%,高于全省平均水平 8.9 个百分点。二是发挥中心城市的带动辐射作用,较好地实现了区域统筹发展。2005 年,除阜新市外,全省 13 个市地区生产总值都超过 200 亿元,10 个市在 300 亿元左右,11 个市增幅都在 12%左右,发展相对比较均衡。三是推进资源型城市经济转型。阜新市资源型城市经济转型试点取得阶段性成果,已引进和培育河南双汇、内蒙伊利等 70 多个龙头企业,带动全市形成了生猪、乳品、家禽、食用菌、杂粮、花卉等 14 个农业产业化链条,基本构筑起接续主导产业框架。长期积累的一些社会问题得到有效解决,为经济平稳发展提供了保障。其他城市转型进展顺利。

(四) 社会民生各项事业积极有效推进

一是启动并实施了棚户区改造工程。经过两年的努力,基本完成了 5 万平方米以上城市集中连片棚户区改造,两年新建回迁房 1332 万平方米，改善了 120 万人的住房条件。二是积极推进采煤沉陷区治理工程。阜新等 7 个采煤沉陷区已建成居民住宅 327.3 万平方米，安置受灾居民 4 万户，基本完成治理任务。三是大力促进就业再就业。建立零就业家庭援助机制，实行实名制就业，帮助 17.7 万户"零"就业家庭实现至少一人就业，三年实现实名制就业再就业 337 万人次。四是完善了社会保障和救助体系。养老保险金实现按时足额发放，城市低保实现应保尽保，各项社会保险覆盖面不断扩大、标准逐步提高。农村扶贫帮困取得明显成效，三年共有 100 多万农村贫困人口实现脱贫。五是加快发展社会事业。提前一年全部免除了农村义务教育阶段学生的学杂费。农村九年一贯制（寄宿制）学校和农村中小学现代远程教育工程建设正在抓紧实施。提前两年实施了新型农村合作医疗制度，农民参合率达到 84.2%。辽宁省已经初步建立了独立于企业和事业单位之外、资金来源多元化、保障制度规范化、管理服务社会化的社会保障体系。基本完成了涉农县区职教中心省级标准化建设，全面提升高等教育质量，高等教育毛入学率达到 35.3%。社区卫生服务街道覆盖率达到 91.5%，人口覆盖率达到 82.2%。成功举办了辽宁省第十届运动会。社会稳定性增强，全省进京上访总量已由三年前的第三位下降到目前的第五位，进京非正常上访量由年初的第三位下降到目前的第十四位。

四、辽宁老工业基地振兴政策绩效综合评估

（一）辽宁老工业基地振兴指数稳步向上

为了综合、全面、定量反映国家振兴辽宁老工业基地的成效，我们设计了以 2003 年国家提出振兴战略为基期的辽宁老工业基地振兴指数，设三类指标：一是政策效果类指标，具体包括改制、民生、资源型城市转型，分别以国有及其控股企业资产利润率、城镇居民家庭人均可支配收入、农民家庭人均纯收入、就业率、资源型城市人均地区生产总值为具体指标，权重为 50%，这主要是反映了国家各项振兴政策的实行效果。二是政策溢出效果类指标，以固定资产投资额、引进外资率为具体指标，权重为 20%，这反映了由于国家振兴政策带来的间接效果。三

是最终效果类指标，以地区人均地区生产总值、财政收入水平、装备制造业份额等为具体指标，权重为 30％，这可以反映国家振兴政策的最终目标效果。

2003～2006 年辽宁老工业基地振兴指数指标

项　　目	2003 年	2004 年	2005 年	2006 年
政策效果类指标：权重 50				
国有及其控股企业资产利润率（％）	1.85	3.73	2.2	2.07
城镇居民家庭人均可支配收入（元）	7241	8008	9108	10370
农民家庭人均纯收入（元）	2934	3307	3690	4090
城镇就业率（％）	93.3	93.7	94.3	94.9
资源型城市人均 GDP（阜新市）（元）	5339	6590	7398	8227
政策溢出效果类指标：权重 20				
固定资产投资额（亿元）	2083	3000	4234	5690
固定资产投资中外资投资额（亿元）	97	87	110	132
最终效果类指标：权重 30				
地区人均地区生产总值（元）	14270	15835	18983	21788
地区财政收入（亿元）	1158	1399	1675	1980
装备制造业份额（％）	24.8	25.8	24.6	25.6

2004～2006 年辽宁老工业基地振兴总指数、结构和变化

	2004 年	2005 年	比上年变化	2006 年	比上年变化
合计	128.12	139.82	9.13	157.41	12.58
政策效果类指标：权重（50）	64.88	61.01	−5.96	65.03	6.59
国有及其控股企业资产利润率	20.16	11.89	−41.02	11.19	−5.91
城镇居民家庭人均可支配收入	11.06	12.58	13.74	14.32	13.86
农民家庭人均纯收入	11.27	12.58	11.58	13.94	10.84
城镇就业率（％）	10.04	10.11	0.64	10.17	0.64
资源型城市人均 GDP（阜新市）	12.34	13.86	12.26	15.41	11.21

续表

	2004 年	2005 年	比上年变化	2006 年	比上年变化
政策溢出效果类指标：权重（20）	29.66	41.34	39.38	49.69	20.20
固定资产投资额	14.40	20.33	41.13	27.32	34.39
固定资产投资中外资投资额	15.25	21.02	37.78	22.37	6.45
最终效果类指标：权重（30）	33.58	37.46	11.55	42.69	13.96
地区人均地区生产总值	11.10	13.30	19.88	15.27	14.78
地区财政收入	12.08	14.24	17.87	17.10	20.07
装备制造业份额	10.40	9.92	—4.65	10.32	4.07

资料来源：辽宁省统计局。

从辽宁老工业基地振兴指数看，2004～2006 年，各年分别比上年增长 28.12％、9.13％和 12.58％。从辽宁老工业基地振兴指数结构看，政策直接效果逐年下降，溢出效果近两年十分明显，最终效果不断提高。2004 年政策效果显著，对总指数增长贡献率 52.9％，政策溢出效果占 34.4％。2005 年，振兴政策得到广泛响应，政策溢出效果对总指数增长贡献率提高，达到 53.6％。到 2006 年，政策溢出效果继续，对总指数增长贡献仍占 51.7％。振兴政策对振兴最终目标的效果也在逐年显现，对指数增长贡献率逐年增加，2004 年为 12.7％，2005 年为 18.7％，2006 年为 22.1％。

国家实施的老工业基地振兴政策，卸掉了老工业基地一些体制性和历史性包袱，为辽宁老工业基地振兴奠定了起跑基础。但三年以来政策直接和溢出效应都在逐年递减，辽宁老工业基地全面振兴和可持续发展还需要新的动力和政策。

（二）振兴战略和政策的净贡献

1953～2006 年，辽宁地区生产总值年均增长 8.31％，1979～2006 年辽宁地区生产总值年均增长 8.98％。全国地区生产总值 1979～2006 年年均增长 9.32％。2004～2006 年，全国地区生产总值年均增长 10.7％，比 1979～2006 年年均增长提高了 1 个百分点。2004～2006 年，辽宁省地区生产总值年均增长 13％，其中生产能力正常增长是

8.98％，如比照全国经济周期因素再提高一个多百分点，如果没有振兴政策因素，那么 2003～2006 年辽宁经济应该年均增长 11％左右，而实际是增长了 13％。因此，由于国家振兴老工业基地战略和政策，至少使辽宁经济增长速度提高了 2 个百分点。

（三）振兴过程中存在的问题

首先，政府职能转变滞后。地方政府主抓项目、工程，承担了很多本该由企业和市场承担的职能。其次，现有大部分企业自主技术创新能力还很弱，技术和资本扩张缓慢，很多企业盈利能力不高，抗市场波动风险能力不强，可持续发展能力堪忧。第三，金融市场建设滞后，企业资信不高，间接融资也受到制约，缺乏可持续发展的内生动力。第四，装备制造业整体国际竞争力不高，产品配套能力和系统集成能力较弱。原材料工业发展和效益提高主要是依靠资源和市场拉动，高端产品开发和市场占有率低。第五，城镇居民收入水平低于全国，并且增幅缓慢，居民还不能完全分享振兴的成果。第六，固定资产投资的持续高增长也导致投资比例过高，消费比例过低。

（四）振兴绩效的总体评价

辽宁省初步卸掉了国企历史和体制负担，奠定了快速发展的基础，形成了良好的发展环境，资源枯竭型城市初步走出困境，一些具体政策目标已得到实现，振兴事业取得了重要进展。但按照党中央、国务院的全面振兴目标看，仍然是任重道远。辽宁老工业基地的振兴至少要经历启动阶段、全面振兴阶段和巩固提高三个阶段，是一个长期的过程。启动阶段是政策的发布、解决历史问题、改善发展环境、形成发展体制和机制基础的阶段，全面振兴阶段是生产要素投入稳步增加并发挥效用、经济增长效果溢出的阶段，巩固提高阶段是振兴进入自我循环、资源配置效率驱动增长的阶段。从辽宁来看，启动阶段任务已较好地实现，已进入全面振兴阶段。

五、实现辽宁老工业基地全面振兴的政策取向

（一）近期促进老工业基地振兴的共同性政策

1. 建议国家把辽宁省定为综合改革试点省。辽宁省级宏观调控能力需要加强，针对在向市场经济转轨过程中的各种体制性、机制性矛盾，如何整合各方面的资源，是老工业基地振兴过程中一道必须破解的难题。辽宁具备进行综合改革试点基础和条件。

2. 采取积极措施破解金融高风险造成的资金约束。一是建议国家金融管理部门会同地方政府将辽宁的那些信誉好的市及企业从金融高风险区中剥离出来。二是批准辽宁组建"辽宁商业银行（暂定名）"。三是在同等条件下，优先考虑按照辽宁境内的各类企业发行企业债券。四是提出解决辽宁国有企业在历史上形成的各种呆坏账的方案，并报国务院批准执行。

3. 建议在辽宁进行中介机构改革试点。伴随着政府职能转变，加快发展各种社会中介组织和机构，是完善社会管理体系不可或缺的组成部分。

（二）促进资源型城市转型和发展接续产业的政策

1. 建立资源型城市经济转型发展基金。基金的资金来源主要应当由中央财政、各地收取的矿产资源补偿税构成。基金的使用主要用于补助前来投资的企业的劳动力培训费用的一部分、前期调研费用的一部分以及企业技术创新的一部分。

2. 给予资源型城市差别化的土地政策。在确保耕地面积不减少、实现占补平衡的前提下，对资源型城市经济建设用地、工业发展用地实行单独管理。探讨利用矿山废弃地转为工业发展用地的途径。

3. 建立相关中直企业支持老工业基地振兴的有效机制。建议国务院责成有关中央直属企业集团在与地方政府协商后拿出协助地方经济转型的工作方案。并把协助地方经济转型的实际效果纳入国资委对中央直属企业集团领导班子的考核指标。

（三）提高主导产业竞争力和企业核心竞争力的政策

1. 建立辽宁省企业技术自主创新基金。所需资金可以由中央财政出一部分，地方财政出一部分，企业交纳一部分。企业交纳的部分可以在税前列支。为避免出现三方博弈，每年由国家审计署进行专项审计。技术创新基金应当主要用于对企业技术创新的奖励和对技术研究开发贷款进行贴息。

2. 积极制定和实施政府"首购制"。凡是由国家和地方财政投资的公共设施建设项目，在技术性能、价格和性价比等方面条件相同的情况下，优先采用国产设备。

3. 建立和完善与自主创新相关的"引智"工作。建议国家有关部门尽早出台支持辽宁老工业基地企业委托国外研究开发机构进行研发的用汇政策、引进国外退休工程技术人员的政策。

4. 加快军转民技术的应用。建议国家有关部门尽早制定军品生产技术解密和对民品生产企业进行技术转让、技术入股的具体办法和政策。

（四）中长期振兴政策需求

1. 加速老工业基地振兴立法进程。为了实现国民经济相对均衡的发展，维护国家安全，有必要制定《中华人民共和国落后地区经济振兴法》（暂定名），这样就可以把因自然条件恶劣、自然灾害频发、自然资源枯竭、主导产业竞争力衰退而导致的经济发展落后地区的振兴纳入法制化的轨道。

2. 统一老工业基地振兴政策。建议国家尽早出台系统的、配套的老工业基地振兴的产业政策、财政政策、税收政策、国家采购政策等。保持政策的连续性和一致性。

3. 协调中直企业与老工业基地振兴关系。科学划分国有企业在中央与地方政府之间的管辖权，支持国有企业改造和重组，科学规划中直大企业集团的布局调整，优化企业集团的组织结构，促进专业化分工，培育地方配套的中小企业集群的发展。建立社保预算，减轻国有企业社会负担。

4. 建立金融支持老工业基地振兴长效机制。充分发挥中央和地方两个积极性，促进东北地区金融结构调整及金融生态环境改善。正确处理金融与经济发展、全国发展与区域（含区域间）发展、近期与长远发展的关系，逐步解决金融经济发展中面临的突出矛盾。

　　课题组成员：辽宁省振兴办　宁国光　孟凡阁
　　　　　　　　　辽宁省财政科学研究所　王振宇　连家明
　　　　　　　　　辽宁社会科学院　王广林
　　　　　　　　　辽宁省委党校　高中理
　　　　　　　　　中国人民银行辽宁分行　陈立兴

辽宁西部地区经济振兴战略研究

辽宁西部地区包括锦州、盘锦、葫芦岛、阜新、朝阳五市，史称"辽西地区"。在辽宁"十一五"规划中，明确提出以沈阳为中心的辽宁中部城市群经济区、以大连为中心的辽东半岛经济区和以锦州为中心的辽西经济区"三大板块"的区域经济发展格局。本研究报告将辽宁西部地区一般表述为"辽西地区"或"辽西经济区"。

加快辽西经济区的发展，不仅是振兴辽宁老工业基地的重要组成部分，而且还是振兴环渤海经济圈的重要环节。辽西经济区已经成为京津冀经济区和东北经济区的连接点，东北和华北之间的交通要冲和物资集散地，也是东北三省西部与内蒙古自治区东部广大内陆地区通向海洋、走向世界的重要门户，在整个环渤海经济圈乃至东北亚经济圈中占据着极其重要的战略地位。因此，研究辽西经济区振兴战略，无论是对振兴辽宁老工业基地，还是对环渤海经济圈及东北西部地区的发展，实现沿海经济和腹地经济互动发展，都具有十分重要的意义。

一、辽西地区经济发展现状分析与发展环境评价

（一）经济发展现状分析

1. 经济发展呈稳定上升趋势，但总体上仍处于落后状态。2005 年底，辽西地区区域总面积 5.50 万平方公里，约占辽宁省总面积的 37.16％；总人口 1238.30 万人，约占辽宁省总人口的 29.56％。而两个主要经济指标——地区生产总值和工业增加值只占到 18.5％。因此，

辽西地区在辽宁的三大区域经济板块格局中，仍然是"最短的那块木板"。

2. 产业结构处于一种"超稳定"状态，结构转换步伐缓慢。辽西地区三次产业结构、三次产业增加值比重"十五"期间变化不大，5 年三次产业比重均在 18：50：32 之间。第一产业增加值基本维持在 18％左右，所占比重高于辽宁省整体水平 7 个多百分点；第二产业增加值比重在 50％左右，略高于辽宁省第二产业比重比例；第三产业占 32％左右，比辽宁省整体水平低 7～8 个百分点。

3. 对外开放程度较低，外向型经济的发展局面尚未形成。2001～2005 年，实际利用外商直接投资 11.08 亿美元，占辽宁省的 5.13％，远远低于辽西人口和地区生产总值在辽宁省的占比。2005 年辽西地区外资依存度仅为 1.93％，低于辽宁省的平均水平 6.95％，低于全国平均水平 6.69％。平均出口依存度为 11.21％，除葫芦岛外均低于辽宁省平均 23.97％水平，更低于全国平均 34.23％的水平。

4. 区域资金赋存条件较差，投资波动剧烈。2005 年全部国有及规模以上非国有工业企业的资金总额为 1786.90 亿元（固定资产净值 994.60 亿元，流动资金年均余额 792.30 亿元），占辽宁省资金总额 9894.30 亿元的 18.10％。在辽宁省 14 市的资金存量排序中，辽西 5 市盘锦排第 5 位，葫芦岛第 6 位，锦州第 10 位，朝阳第 13 位，阜新第 14 位。

固定资产投资波动幅度较大。2001～2002 年增长速度较快，2003～2004 年增速锐减，2005 年固定资产投资增长速度回升，完成 527.1 亿元，占全省固定资产投资总额 12.5％。

我们使用"投入产出配比价值系数"对辽西地区资金的使用效率进行定量分析。锦州、葫芦岛两市 5 年来以较少的投入获得了较多的产出，投资效果较好。盘锦和朝阳"十五"最后两年两市的投资效果有所好转。而阜新 5 年中投资效果很不理想，明显差于辽西其他城市。从辽西 5 市整体来看，"十五"期间，2002、2003 年地区生产总值占辽宁省的比重小于其社会固定投资占辽宁省的比重，投资较高，产出较低，投资效果不够理想，资金使用效率不高；而 2001、2004、2005 年三年用较少的投资取得了较高的产出，投入产出效果较好。因此，从大的趋势来看，辽西各市的投入产出效果正在逐步改善和提高。

5. 地区财政入不敷出，城市居民收入水平相对较低。2005年，辽西5市财政收入总额、财政支出、人均财政收入和人均财政支出分别相当于全省的11.29％、15.07％、38.15％和50.95％。财政支出大于财政收入比率大大高于全省平均水平。

6. 科技教育发展水平落后，人力资源素质需要进一步提高。2005年，辽西5市科技投入合计只约占沈阳市的30％左右。农村人口占总人口63.40％。因此，农村劳动力资源丰富，劳动力价格相对较低。但劳动力资源质量较低，高等教育落后。辽西普通高等学校和中等职业学校数占辽宁省的14.67％和17.27％，仅相当于沈阳市的37.93％和54.62％。教育水平与辽宁省的发达地区差距较大。

7. 公铁路交通网络比较密集，机场和港口建设需要完善。公路交通，京沈高速公路贯通全境，域内锦阜、锦朝高速公路已经开通，沈阳—彰武、铁岭—朝阳高速公路已经开工建设。同时有京哈（102国道）、锦朝、锦阜、鞍羊、疏港公路等多条主干道，公路总里程已达3622公里；铁路建设，现有沈山、大郑、沟海、锦承、锦赤等10多条干支线铁路，通车里程达1696.7公里。京哈铁路、秦沈高速铁路、锦州—通辽铁路贯穿辽西。

锦州机场于1994年9月通航，但现仅开通北京、上海、深圳等城市10余条航线；港口建设，境内有锦州港、葫芦岛港和盘锦港三个港口。综合考察，辽西地区立体交通网初步形成，内外交通联系比较方便，公铁交通网络比较密集，设施基本完善，对促进辽西地区经济发展具有比较坚实的支撑作用。但与省内大连和国内主要沿海城市相比，辽西港口建设总体上还仅处于起步阶段，而航空机场建设亟待提上日程。

8. 农业资源具有比较优势，产业化发展势头较好。到2005年末，辽西地区拥有耕地总资源约152.61万公顷，其中耕地面积约139.97万公顷，分别占辽宁省总量的39.57％和38.29％，农业人口人均拥有耕地资源0.19公顷，是辽宁省人均水平的1.09倍。农产品资源相对丰富。辽西小麦人均产量和油料人均产量是辽宁省人均产量的1.79倍和

1.52 倍，粮食人均产量和人均粮食拥有量，是辽宁省人均产量和拥有量的 1.25 倍。葫芦岛水果总株数和朝阳的棉花和杂粮产量都居全省第一位；盘锦的湿地资源丰富，是芦苇、水稻和水产养殖业的主要生产基地。

（二）对辽西地区经济发展环境的基本评价

1. 自然生态环境较差。水资源匮乏，土地荒漠化严重，生态环境遭到一定程度的破坏。

2. 资源型城市相对集中。在全省现有"五大"（鞍山、抚顺、本溪、盘锦、阜新）"四小"（北票市、南票区、大石桥市、调兵山市）典型的以资源开采为主的城市中，辽西就占了"二大"（阜新市、盘锦市）"二小"（北票市、南票区），约占 45%。经济转型和发展接续产业已成为这些地区迫在眉睫的紧迫任务。

3. 城市化和工业化发展水平落后，中心城市首位度低。2005 年，辽西地区城市人口比重仅占总人口的 36.6%，比全省平均水平低 12 个百分点；农业人口占 63.4%，比全省平均水平高 11.2 个百分点。辽西 5 市一、二、三产业比重为 18.3：49.6：32.1。辽西地区第二产业比重似乎并不低。其原因主要是由于盘锦市产业结构畸形和原油价格变动的影响。如果排除这一因素，其他四市三次产业结构比重则为 22.3：39.3：38.4，第二产业比重比全省平均水平低 9.5 个百分点，第一产业高 11.6 个百分点，工业化发展水平明显落后于全省平均水平。锦州作为区域性中心城市，2005 年总人口 308.30 万人，仅相当于沈阳的 44.00%，大连的 53.00%；锦州市农业人口占总人口比重高达 62.20%，大大高于沈阳 35.50%、大连 43.90% 的农业人口比值，工业经济整体发展水平落后，科技、教育资源不足等，是锦州作为区域性中心城市首位度不高的基础性原因。

4. 行政成本较高。辽宁西部地区的行政区划几经变化，由于行政区划不合理导致这个地区的行政成本居高不下。如盘锦市目前有人口 126 万，仅相当于平原地区两个县的人口；阜新市一些区的人口规模仅相当于甚至尚不如一个镇的人口规模，但财政供养的人口却远远大于一个乡镇的财政供养人口；"八五"期间由于设立葫芦岛市，增添了一个完整的市级政权架构及其直属机构。

5. 相对贫困落后。2005年，辽西地区人均拥有工业固定资产原值为全省平均水平的76.86%；经济密度2686382元/平方公里，远远低于全省5411493元/平方公里平均水平；人均国民生产总值为全省平均水平的62.34%；城镇居民人均可支配收入比全省平均水平低799元，农村人均纯收入低268元；人均财政收入仅相当于全省平均水平的38.2%，地方财力弱小，是全省的贫困县集中区。辽西地区欠发达特征十分鲜明。

三、辽西地区功能定位、经济振兴战略选择及主要任务

（一）辽西地区的功能、地位与作用

1. 沿海地区。辽西地区海岸线长473.7公里，占辽宁海岸线2292公里的20.67%。在约100公里的沿海交通圈内，拥有锦州、盘锦、葫芦岛三个地级市和凌海、兴城两个县级市，构成了辽西沿海城市带，其城市密度甚至大于辽中南丹东——大连——营口之间的城市密度。随着锦州—阜新、锦州—朝阳高速公路的开通，阜新、朝阳也进入了辽西沿海城市带的1小时经济圈，进一步演变为"辽西沿海经济区"。

2. 京津冀经济区和东北经济区的连接点。辽西地区位于京津冀经济区和东北经济区结合部，交通基础设施相对完善。作为两大经济区的连接点，辽西地区既具有接受双向辐射与拉动的区位优势，又在两大经济区域的联系与互动中，担负着重要沟通与衔接的功能。

3. 环渤海经济圈的重要节点。辽西地区本身既是环渤海经济圈的一个重要节点，同时，又是"西渤海湾经济区"和"北渤海湾经济区"的联系与纽带，在环渤海经济圈中占据着极其重要的地位。

4. 东北西部及内蒙东部内陆地区通向海洋的重要门户。锦州港作为我国渤海西北部400公里海岸线唯一全面对外开放的国际商港，虽起步较晚，但后发优势正逐步显现。2000～2005年保持了年均27%的复合增长率。行业地位不断提升，在全国200多家港口中，目前已跃居到

全国第 21 位。2006 年，锦州港已经拥有 18 个生产性泊位，完成吞吐量 3156 万吨，25 万吨油泊位工程投入试运营。"十一五"期间，锦州港规划吞吐能力达到 6645 万吨，并使港口满足 10 万吨级船舶进出，使该港成为一个集大型油品化工港、综合性集装箱港、区域性散杂货港为一体的现代化国际港口。

（二）辽西地区经济振兴的基本思路及战略选择

1. 基本思路。以进一步深化改革扩大开放为动力，以体制和机制创新为基础，以科学发展观为统领，抓住振兴东北老工业基地和环渤海经济圈大发展的双重机遇，充分发挥区位优势，全力实施"四化"发展战略，加快锦州湾港口建设、打造区域性中心城市增长极、培育工业产业集群、发展现代商贸物流、规划人文与自然景观旅游、大力发展临港经济，实现辽西地区经济的全面振兴。

2. 发展战略原则：对外开放与体制机制创新并重；环境保护与经济发展并重；地区经济工业化与农村人口城市化发展并重；利用本地资源与引进外部资源发展地方经济并重；合作与协调并重。

3. 实施"四化"发展战略：即地区经济工业化；农村人口城市化；农业经济产业化；区域经济一体化。

（三）主要任务

1. 经济增长从主要依靠自然资源、农业资源增长要素向主要依靠技术和人力资源增长要素转变。在开发本地农业资源、自然资源的同时，优先开发人才、技术、信息、市场等各类要素资源。通过转变经济发展模式，使经济增长或发展建立在技术和人力资源基础之上。

2. 实现从传统种植、养殖业和矿产品等初级产品加工生产为主体的经济结构向现代农业及其产品加工和工业制造业为主体的产业结构转变。产业结构转换核心是调整一、二、三产业比例关系，加大第二产业发展力度。第一产业重点是调整产业内部比例关系。农业要由以粮食种植业为主的传统农业转向以高效农业为主的现代化农业，发展科技农业、生态农业、规模农业和产业化农业；第三产业要以为居民服务业为主转向为生产和生活、区内和区外全方位服务以及新兴业态方面转变。

3. 实现"锦葫城市一体化"。辽西地区具备发展成为一个次级城市群的优越条件。辽西走廊上的锦州、葫芦岛、兴城和凌海四城市间的社会、经济、交通等联系密切，具有发育成"走廊型"城市共同体的天然条件。以锦州和葫芦岛两个地级市为"双核"，以兴城和凌海为两翼，以"两港两区"为纽带，实施一体化发展战略，增强经济极化作用，通过促进生产力要素的定向聚集，具备联手打造辽西中心城市的可行性和可能性。

4. 转变以行政区划各自发展为以经济区划谋共同发展。锦州、葫芦岛和盘锦 3 市都以工业经济为主导产业；在工业经济中，又都以石油化工为主。阜新、朝阳在农业与矿产资源的开发利用上也具有极大的共同性，具有经济一体化发展的区位环境、资源基础与产业结构方面的优越条件。联合开发锦州湾，重中之重是"以港兴湾"，首要问题是整合港口资源，加快锦州港和葫芦岛港一体化建设，为辽西融入全国和全球经济提供平台。

四、辽西地区经济振兴战略发展重点

（一）以港口建设为龙头，实现海路陆经济一体化

1. 以港口建设为龙头，联合开发锦州湾。开发锦州湾的首要问题就是要统筹港口资源，科学界定港口功能，合理配置港口资源，完善交通网络，规划并建设锦州湾滨海公路，加快疏港铁路体系建设。实现锦州港和葫芦岛港两港共建，尽快建设成为亿吨大港，使之成为锦州湾区域经济的凝聚点和中心点，承接辽宁中部城市群和京津冀都市圈的双重辐射，吸引资金、技术和人才等生产要素，发展临港工业和外向型经济，建设具有辽西特色和优势的新型产业群，成为辽宁新的区域经济增长极。

2. 发挥锦州湾濒海优势，实现海路经济一体化。应大力发展仓储、物流、石化、冶金等"两头在外、大进大出"的临港产业，优化配置海洋资源，调整海洋产业结构，将海洋资源优势转化为经济优势；使区域经济与港口经济相辅相成，配套发展，推动海陆经济一体化。

（二）培育辽西中心城市增长极

在现行的行政管理体制下，依托"两港"、"两区"、"四市"，培育以"两港"、"两区"为纽带，锦州和葫芦岛两个地级市为"双核"，兴城、凌海两个县级市为两翼的辽西中心城市。

1. "两港"、"两区"、"四市"

"两港"锦州港和葫芦岛港。大力推进港口资源的整合，完善交通网络，加快疏港公路、铁路建设，实现投资主体和经营主体多元化，发挥港口的聚集和扩散作用，拉动辽西地区的外向型经济发展。

"两区"锦州西海工业区与葫芦岛北港工业区。主要发展临港工业、港口海运业、海洋渔业、滨海旅游业、物流及其他新兴产业，形成具有鲜明特色、良好经济效益和较强竞争力的沿海经济产业群。

"四市"凌海—锦州—葫芦岛—兴城。具有发育成为辽西锦州湾"走廊型"城市共同体的天然条件。锦州机场是辽西地区唯一的一座达国际4C级标准的民航机场，已开通锦州—北京中转联航，可飞往全国各地，教育科技卫生资源居辽西之首，也是省规划的3大物流中心之一，应该实现率先突破，加快发展，与周边城市相互支持，优势互补，发挥出先行作用。

2. 城市建设布局、目标定位及目前建设重点

（1）城市建设布局

按照凌海—锦州—"两港两区"—葫芦岛—兴城"四轴五点"组团式布局展开。目前已经形成的凌海、锦州、葫芦岛、兴城四个城区建设要实现两个战略转移：即城区建设逐步从外延扩展向内涵发展转移；在四个城区内涵发展的同时，城市外延扩张重点向凌海—锦州—"两港两区"—葫芦岛—兴城四条轴线转移，实施"轴向发展"战略。完善城区功能，壮大城区经济，在统一规划、协调功能的基础上，充分发挥各自优势，做大做强。使之成为优良的沿海工业积聚区、旅游休闲和人口居住新区。

（2）城市建设目标定位

第一，打造锦州湾沿海港口城市。锦州港与葫芦岛港，是带动中心城市建设与发展的龙头，要充分发挥港口的聚集和扩散作用，拉动中心

城市的一体化建设进程。鼓励和支持腹地城市向沿海地区发展。按照市场经济原则，互惠互利、优势互补，进行资源整合和区域合作，最终实现以开放促改革、促发展，提升辽西地区对外开放的整体水平和区域经济综合竞争力。

第二，建设辽西经济走廊型城市。建设辽西区域性交通枢纽、商贸物流、现代服务业和旅游观光城市，变历史形成的单一交通走廊为经济走廊。优化市场布局，发展专业化市场，维护市场秩序，建设诚信市场；完善商贸物流设施建设，集中商贸网点布局，创造集群效应；大力引进新兴的第三产业和现代服务业，发展超市、连锁经营、物流配送、电子商务、金融信息、科技文化等新型产业，培育辽西区域性商贸物流和现代服务业中心。依托本地历史文化、民俗风情、山水环境，统一整合旅游资源，开发自然景观，建设人文景观，增加参与性、娱乐性强的项目。深度开发具有区域特色的历史民俗风情游、休闲度假游、绿色生态游、沿海观光游等项目，打造辽西旅游品牌。

第三，培育辽西中心城市经济增长极。锦葫城市一体化建设发展前景广阔，未来具有建设成为一个相当于目前大连水平和规模的特大型城市的基础潜力和环境条件，可以彻底改变辽西地区中心城市缺位状态，完善东北——辽宁沿海经济带乃至环渤海沿海城市布局体系。实现城市交通通讯等基础设施建设一体化。

（三）以打造产业集群为先导，全面提升辽西工业化水平

根据辽西资源比较优势与产业基础条件，应该大力发展以下 6 大产业集群：

1. 石油化工产业集群。依托盘锦、锦州和葫芦岛 3 市的石油化工产业基础，在目前的发展基础上，向下延伸产业链条，大力发展石化产业集群，把辽西地区建设成东北地区重要的石化基地和精细化工基地。在发展过程中，3 市应当实行错位竞争，避免产业同构。

2. 船舶制造产业集群。辽西盘锦、锦州和葫芦岛三市依托临港优势和现有产业基础，具备发展以中小吨位船舶为主导产品，并形成船舶工业集群的可能。

3. 有色、黑色金属及其制品产业集群。有色金属主要依托现有资源和重点骨干企业，全力打造锌、铜、钼、锰等国家重要的有色金属基地，并延长产业链条，发展有色金属加工制品业，其中稀有金属要实现由中间产品向终极产品的提升和转化，做大做强有色金属产业集群。要充分利用辖区内钢铁企业和铁矿石开采企业比较多的优势，适度发展钢铁冶炼企业，大力发展金属制品加工企业，逐步形成有竞争力的产业集群。

4. 汽车零部件生产及改装车产业集群。辽西地区有朝阳柴油机厂、辽宁轮胎厂、凌源汽车制造厂、锦州重型机器厂（生产汽车起重机）等一批大中型企业，发展汽车改装车产业具备一定的基础。要培育和发展汽车改装车和汽车零部件配套产业，在市场调查的基础上，明确产品的市场定位和发展方向，发展地方的主导产业。

5. 商贸物流产业集群。一是积极发展专业物流，大力发展集装箱、原油成品油、化工产品、粮食和果蔬等五大物流产业；二是培养和引进物流企业，发挥其示范和引导作用，促进本地物流企业的建设，鼓励本地工商企业将原材料采购、运输、仓储与产成品加工分离出来，重组为物流企业，引进物流的经营模式和理念，实现生产与销售的专业化分工；三是高标准构筑物流信息平台，实现物流信息收集、储存和处理的数据库化和电子化，加快信息网络建设和国际联网步伐，实现物流信息共享。四是进一步完善和提高锦州恒大物流中心、全国华联商厦（集团）北方商品配送中心、锦州渤海物流园区建设和运营水平，抓紧建设锦州港现代粮食物流项目。

6. 农副产品深加工产业集群。以提高农产品的附加价值为核心，大力发展农产品深加工产业。以农业产业化龙头企业为主的食品工业，共同发展和壮大以肉类食品、粮食产品、乳制品、饲料加工产品、山货野果等农副产品生产加工为主的产业，并辅之以印刷包装等配套产业的发展，使农业生产与食品工业形成一个完整的产业链条，成为辽西地区的核心支柱产业。

（四）突破行政区经济束缚，实现区域经济一体化

1. 发展思路与发展战略一体化。辽西5市要强化统筹发展新意识，以统筹促合作、求发展；加速行政管理体制改革，消除行政分割对区域经济社会文化发展的掣肘，创造体制领先优势，建设公正、廉洁、高效的服务型政府，发挥行政资源在经济社会发展中的促进作用，创造不同行政区一体化发展的崭新模式；和谐社会与节约型社会的建设，持续提高区域经济社会资源环境人口的可持续发展能力，全面实现建设小康社会的发展目标。

2. 构筑以新型工业化为主体的地区经济结构基础。"十一五"期间，要坚持"二、三、一"的产业发展方针，构筑以新型工业化为主体的工业基础结构，完成地区工业化的历史性任务。工业布局应当按照工业区位理论进行，以便于发挥中心城市集聚辐射功能、便于运输和环境治理，根据靠近原材料产地、能源供应地和消费市场等原则调整和规划产业布局。建设统一的大规模的组团式工业园区。统一城市建设用地和工业园区建设布局，避免土地资源浪费和提高园区基础设施使用效率。现有市区内的工业企业也要逐步向园区集中。特别是要切实落实锦州、葫芦岛两个开发区的"飞地"政策，鼓励朝阳、阜新新建项目向沿海地区转移，减轻腹地人口与环境的压力。

3. 合作开发农副产品生产加工基地，实现农业产业化发展一体化。加强绿色、有机农副产品生产基地的建设，优化品种结构，提高产品档次，强化管理，搞好市场营销。密切工业化与农业产业化的内在联系，以工业化拉动农业产业化，以农业产业化促进工业化。实现农业生产服务体系和农业基础设施建设实现一体化发展。扶持建设农副产品生产加工创汇农业、生态农业、观光休闲农业基地。在巩固公司加农户和公司加基地加农户两种模式的基础上，积极探索公司加基地加农工、农民股份合作等模式。

4. 携手建设休闲娱乐旅游区。加强旅游基础设施建设，深度开发具有区域特色的民俗风情游、休闲度假游、绿色生态游、历史文化游、滨海旅游等项目。有机整合辽西各类旅游资源。把自然风光游同农家绿色食品和有机食品种植业观光游结合起来；把地方民俗风情游与餐饮娱乐文化结合起来；把沿海地区旅游和腹地旅游结合起来。重点开发南北两大旅游路线。南线开辟和建设以绥中九门口、兴城古城、菊花岛、锦州笔架山、辽沈战役纪念馆、北镇医巫闾山、盘锦红海滩等为主要景点的沿海旅游路线；北线开辟以阜新藏传佛教到朝阳化石、红山文化为主要景点的旅游路线。创造良好的旅游业发展环境。

五、实现辽西地区振兴战略的政策与措施建议

（一）创新行政管理模式，建立区域经济一体化发展的实现机制

1. 建立辽西经济一体化发展协调机制。由辽宁省组织并领导成立"辽西经济一体化协调委员会"，具体指导解决实际问题。首先，组织编制"辽西经济一体化发展规划"，在这一层面发挥宏观指导作用；其次，协调、解决处理一体化发展过程中的具体问题，如"两港两区"建设，"两市"一体化发展，锦州、葫芦岛两个开发区"飞地"政策的具体落实以及统一对外招商政策等问题，并力求实效。

2. 转变政府管理职能，创新行政管理体制。打破行政区之间的封闭和壁垒，建立一个开放系统，主要还是要靠辽西5市政府来推动。政府行政管理体制要实现从"权力政府"到"责任政府"的转变；发展本地经济的观念要实现从"行政区经济"到"区域经济"的转变。

（二）调整行政区划，促进辽西中心城市的形成

建议国家将"撤乡并镇"的行政管理体制改革层次，上升到"撤县并市"的层面，从根源上消除区域经济一体化发展的障碍。我们认为，行政体制改革可以走先试点后推广的道路。建议把辽西地区列为全国行政体制综合改革试验区，具体方向建议：

1. 调整行政区划。对阜新市管辖的新邱、细河、清河门和太平四个区进行合并，减少行政架构；将盘锦市的双台子区与盘山县合并组建盘山区，将兴隆台区与大洼县合并组建大洼区（或兴隆台区）；鉴于目前葫芦岛域内的南票矿务局正在申请破产，南票地区煤炭生产企业的主体行将改变，建议撤销南票区，将其管辖的行政区域划入连山区。

2. 凌海、兴城撤市（县级市）设区。凌海撤市设区后，锦州市区面积将达到300平方公里，对于打造辽西区域性中心城市，促进辽西发展具有重要意义。兴城通过海岸线已与葫芦岛市新区相连，葫芦岛市连山、龙港、兴城"三位一体"沿海带状大城区格局已经基本形成，作为

辽西中心城市的组成部分，以撤市设区为宜。

3. 锦州、葫芦岛两市合并。建议锦州、葫芦岛两市重新合并，进而实现"两港"、"两区"合并。通过行政一体化，实现城市建设、港口与开发区建设、城市建设一体化。既可减少行政运行成本，又能有效避免资源配置的浪费，还可保证城市建设的统一规划，建设凌海—锦州—"两港两区"—葫芦岛—兴城"4轴5点"组团式辽西特大城市。打造一个整体锦州湾的行政区划，以消除当前锦州湾开发过程中的体制性障碍。

（三）把东北西部和蒙东地区南下大通道建设纳入国家规划

1. 在基础设施建设方面，向辽宁西部地区倾斜。加快东北西部地区和内蒙古自治区东部地区的出海大通道建设，可以考虑以下几个方案：一是建设从齐齐哈尔到锦州的高速公路，中间连接吉林的白城、内蒙古自治区的通辽等城市，同时还可以考虑建设朝阳到赤峰、通辽等地的高速路；二是取直目前齐齐哈尔到锦州的铁路并修建复线；三是建设内蒙东部煤炭基地到锦州港的高速公路和铁路。

2. 支持建设辽西航空港。建议推动辽西中心机场建设进程，或者依托锦州现有机场，扩大规模，开发新航线，增加机型，重点开发锦州至上海、锦州至成都—昆明、锦州至西安—成都、锦州至青岛（济南）—广州航线，建立辽西与华东、华南、西北、西南空中桥梁。或者异地新建。

（四）对资源型城市转型继续给予高度关注

1. 支持盘锦和辽河油田设立"经济转型专项资金"，专门用于发展接续产业。目前，油气开采企业的财税政策比较宽松，企业的平均利润率远远高于其他行业的平均利润率，中石油集团积累了大量的留存利润。建议中石油集团支持辽河油田利用积累资金发展接续产业项目，也支持油田所在地区发展接续产业，以解决油田职工在资源递减情况下所面临的就业问题。

2. 支持盘锦整治恢复生态环境。把辽河油田分公司缴纳的矿产资源补偿费国家分成部分全部或部分返还给盘锦市，专项用于生态恢复和环境治理。

3. 支持中直大企业在盘锦做大原油加工业。建议通过进口原油来解决其他地区原油配置问题，将辽河油田所产原油，特别是稠油、超稠油留在盘锦加工，做大盘锦原油加工业，搞好精深加工。

4. 建议将葫芦岛市杨家杖子列入国家级有色金属矿山经济转型试点区。杨家杖子属于有色金属资源枯竭型城市或地区经济转型中的一个特例。一是资源开采期所积聚的人口相对较少，未形成一个大的资源型城市；二是有色金属矿区大多处于偏僻的山区，环境相对较差，原地发展接续产业更加艰难。

（五）采取优惠政策，扶持辽西经济社会的发展

1. 辽宁省应该继续完善和加大对辽西地区的扶持力度。建议扩大辽政办发〔2003〕65 号文件的实施范围，把朝阳和阜新的市区和市本级也纳入政策支持范围，加大支持力度。

2. 国家、辽宁省重大项目建设在布局上要对辽西地区倾斜。改变目前辽西地区主要靠政府出让廉价土地和降低税费的政策吸引投资的"一条腿走路"变为两条腿走路，重大项目建设在布局上要向辽西地区倾斜，逐步缩小与省内及国内其他地区的差距。

3. 为辽西地区创造相对宽松的融资环境。建议国家和辽宁省要采取多种措施，共同解决银行不良资产，解决银行的呆坏账问题，为企业发展创造一个良好的间接融资和直接融资环境。特别是要支持在资本市场上的直接融资，在新股发行和增发股票等方面给予政策倾斜，促进辽西地区企业直接融资渠道不断拓宽。

4. 赋予对外开放的优惠政策。建议国家将"两区"——锦州西海工业区与葫芦岛北港工业区，一并升格为国家级开发区；把大连大窑湾保税港区政策，延伸到锦州西海工业区与葫芦岛北港工业区。

5. 建议国家责成中石油集团等中直企业与有关的地方政府就发展接续产业、培育产业集群等问题尽早拿出可以操作的方案。从辽宁西部的实际情况看，中直企业非主业资产存量如何同地方经济融合发展等问题还没有得到解决。因此，建议国家有关部门责成总部设在北京的中央直属企业，尽快提出非主业资产与地方经济发展相融合的方案，促进地方经济的发展。

课题组成员：辽宁省振兴办　宁国光

　　　　　　辽宁社会科学院　王宝民　曹敬莉　于治贤　李劲为

　　　　　　　　　　　　　赵玉红

　　　　　　沈阳师范大学　郑宏星

辽宁省农村市场流通体系发展战略研究

本项研究中农村市场流通体系界定为农村商品市场流通体系，包括农产品、农村日用消费品和农业生产资料市场流通体系。

一、农村市场流通体系建设与发展现状

改革开放以来，我省农业、农村经济快速发展，农村市场流通规模迅速扩大，1978 年全省县及县以下社会消费品零售总额只有 28.6 亿元，2005 年增加到 475.2 亿元，增长了 15.6 倍。目前，已初步形成包括消费品市场和生产资料市场、批发市场和集市贸易市场、有形市场和无形市场的农村市场体系，及多元化、多渠道、多层次、多业态的流通网络。

（一）农村市场体系的基本框架

1. 有形交易市场

（1）农村消费品市场：据省工商局统计，截止到 2005 年底，全省共有农村消费品市场 1421 个，年成交额 504.3 亿元。从市场数量结构来看，以消费品综合市场为主，2005 年这一类型市场为 1037 个，占农村消费品市场总数的 72.98%；从市场成交额结构看，以工业消费品市场为主，2005 年这一类型市场个数仅占农村消费品市场总数的 5.06%，但其成交额却占 55.48%。

我省农村消费品市场，经过 20 世纪 80 年代初期的大规模数量扩张之后，从 80 年代中后期开始，进入了一个总量基本稳定、年际间小幅

波动的平稳发展阶段。成交额则基本上保持了逐年增加的态势，并在 20 世纪 90 年代中后期实现了大幅度增长，"十五"期间年均增幅达到 3.4%。

农村消费品批发市场建设成效显著。2005 年全省共有各类农村消费品批发市场 82 个，年成交额 299.75 亿元，其中亿元以上的批发市场达到 42 个。平均每个农村消费品批发市场年成交额由 2000 年的 2.95 亿元增加到 3.66 亿元，增幅达 24.1%。

农产品批发市场在经历了一个从少到多、从产地市场兴起到产地市场与销地市场并行发展的过程后，逐步进入了改造升级、调整提高的发展新阶段。2000～2005 年，全省农产品批发市场总数由 189 个减少到 149 个，而平均每个市场成交额却由 0.61 亿元增加到 1.10 亿元。其中，农村农产品批发市场由 75 个减少到 62 个，平均每个市场成交额由 0.31 亿元增加到 0.53 亿元。

（2）农村生产资料市场：截止到 2005 年底，全省共有农村生产资料市场 56 个，年成交额 12.60 亿元。其中，农业生产资料市场 9 个，占全省农业生产资料市场总数的 47.37%；年成交额 1.66 亿元，占全省总成交额的 49.85%。可见，农村农业生产资料市场在保证农业生产资料供应、促进农业和农村经济发展方面发挥着十分重要的作用。

2. 农村无形市场

无形市场没有固定的场所和相应的市场交易规则，主要以城乡各类运销户、经纪人及农村各类合作经济组织、专业协会等为媒介，通过直销、订单、网上交易等方式，直接收购农民手中的农产品，或将农业生产资料直接销售到农民手中。目前，我省农村畜产品养殖和销售、经济作物生产和销售，广泛存在着这种交易方式。然而，由于无形市场的复杂性和多变性，尚没有全面、系统的调查资料，全省农村无形市场的详细情况还不是很清楚，但这并不影响其成为我省农村市场体系的重要组成部分。

此外，我省农村中大量存在的"夫妻店"、"杂货店"等便民零售店，在农村零售市场占有重要位置，也是农村市场体系的重要组成部分。

（二）多元化的农村市场流通主体

随着农村改革的不断深入，在农村商品流通，特别是农产品和日用消费品流通中，传统的国合商业组织的地位越来越弱化，取而代之的是大批农民个体营销户、经纪人及各类农民合作经济组织、农业产业化龙头企业、大型商业连锁企业等诸多形式的经济组织，逐步形成了多种形式、多种经济成分的市场主体共同发展的格局。

目前，在参与流通的各类农村市场主体中，农民个体营销户、经纪人等农民个体组织的数量占据了市场主体的绝大部分，成为活跃农村市场不可替代的重要力量。而农业产业化龙头企业和专业协会、专业合作社等农民合作经济组织作为一种新型农村市场主体，在农产品流通中的地位越来越重要。大型商业连锁企业在农村市场流通中逐步发挥作用，供销社和粮食企业也基本实现了成功转制。

（三）逐步完善的农村市场交易方式和流通手段

目前，在我省农村市场中，生产资料和日用消费品交易的各环节基本上都采用传统的现货、对手交易方式，农产品交易也大多采用这种"一对一"的现货交易方式。2005 年辽宁省对 32 个农产品批发市场进行了升级改造，建立健全了交易市场的电子信息网络系统和农产品检验检测系统，部分批发市场现已开展了农产品电子商务。

近年来，我省订单农业规模迅速扩大，2005 年全省订单农业面积达到 2000 万亩，"十五"期间年均增长 26.4％。订单农业所采用的订单交易方式，在某种程度上具备了现货远期合约交易的特点，是对农产品交易方式的丰富和发展。位于我省大连市的大连商品交易所，是中国最大的农产品期货交易所。大连商品交易所的发展也促进了我省玉米和大豆期货交易的发展，但从全省范围来看，农产品期货交易仍处于萌芽和起步状态。此外，连锁经营、物流配送等新型经营方式也开始由城市向农村延伸，小型超市、便利店、连锁店等新型经营业态逐步在农村得到推广。

二、农村市场流通体系存在的主要问题

（一）农村市场建设缺乏统一规划，重复建设和市场缺失并存

农村有形市场建设长期以来缺乏科学规划和指导，造成农村市场布局、结构不合理。有的地方集贸市场之间缺乏有机联系，呈散点状分布；有的地方市场建设不足，沿公路摆摊，沿街叫卖、沿街为市、占道为市的现象比较突出；有的地方行政区之间各自为政，导致市场重复建设、分布过密，甚至出现"有场无市"、"空壳市场"的状况。

（二）农村有形市场普遍规模小，基础设施建设滞后

2005年，我省农村消费品市场成交额504.3亿元，其中海城市西柳镇的西柳服装市场、南台镇的南台箱包市场年成交额分别达到200亿元和32亿元。扣除这两个特例，平均每个农村消费品市场成交额由0.35亿元减少到0.19亿元，每个农村消费品批发市场的平均交易额也由3.66亿元减少到0.85亿元。我省农村批发市场总数虽已达到相当规模，但交易量大、知名度高、辐射范围广的批发市场却为数不多。作为交易主要载体的市场总体上仍呈现出"低、小、散、弱"的格局，市场档次普遍偏低，交易场所较为简陋，软硬件配套设施落后，特别是缺少农产品恒温储运设施，以致物流半径较短，单位物流成本较高。

（三）农村商品流通渠道杂乱，流通的组织化、集约化程度偏低

目前，农村市场上除种子、化肥等农业生产资料商品外，大、中型流通企业在县以下市场所占份额很小，90%的县以下市场由个体、私营经济占领。由于个体经济在资本投入、采购运输、经营方式和仓储设施等方面能力有限，难以形成对农村生产和消费强有力的引导和支持，而且也降低了流通效率，增加了流通成本。同时，农民进入流通领域基本上还是散兵游勇、各自为战，农民流通合作经济组织数量虽然不少，但规模小、实力弱，市场覆盖率低。农产品流通组织化程度低，致使农产品流通环节多而杂乱，流通费用居高不下。

（四）经营业态和经营方式陈旧，信息化建设水平较低

目前全省农村市场交易仍表现为传统的销售方式多，新兴的流通方

式少，仍以传统的集市贸易市场形式为主，承担商品集散功能的各种专业批发市场也没有摆脱传统的交易方式。面向零售终端的农村综合物流配送体系尚未成型，连锁经营、电子商务等新型流通方式也应用很少。基层商业网点仍以个体经营的"杂货店"、"夫妻店"等形式为主，经营管理水平低、不规范，商品质次价高，售后服务不完善、不配套等问题突出。流通信息化建设严重落后，缺少集中、统一、有效的市场信息网络系统，缺乏对农产品产销信息的收集整理、分析处理和发布能力。农村商品流通仍然靠市场自发调节，90%以上的农户仍享受不到及时的信息服务，农民的市场信息传递基本上还处于"农民靠贩子、贩子靠大户、大户靠打听"的被动局面。

（五）交易行为不规范，市场监管不到位

农村市场监管混乱，有法不依、执法不严的现象比较突出。执法部门重复检查，盲目检查，以罚代管，难以保证农村商品流通的正常经营秩序。特别是由于缺乏严格的市场准入机制和健全的商品检验检测制度，致使农村市场假冒伪劣商品较多，乱涨价、欺行霸市、强买强卖和劣质商品"坑农"事件时有发生，这不仅严重损害了农民的利益，也严重危害着农民的正常生产、生活。

三、农村市场流通体系建设与发展的指导思想与战略目标

（一）指导思想

我省农村市场流通体系建设，要以邓小平理论和"三个代表"重要思想为指导，以科学发展观为统领，认真贯彻落实党的十六届三中、四中、五中全会精神，按照建设"统一、开放、竞争、有序"现代市场体系的要求，解放思想，更新观念，科学规划，立足城乡市场的相互融合和一体化发展，以大中城市的市场体系和物流网络节点为依托，以加强流通信息化建设、加快培育现代流通方式和新型经营主体为手段，以满足农民需求和促进农民增收为根本目标，着力构建现代化的农产品、农村日用消费品和农业生产资料三大流通体系，充分发挥流通在连接生产

与消费、农民与市场之间的桥梁和纽带作用，促进农业和农村经济持续、快速发展，积极推进社会主义新农村建设。

（二）基本原则

1. 坚持城乡统筹、以城带乡的原则。农村市场流通体系建设不是孤立的，必须将城乡市场流通体系作为一个有机的整体，密切融合、协调统一、共同发展。要加快城乡市场统一的步伐，充分发挥城市商业对农村市场的辐射带动作用，促进现代流通方式从城市向农村延伸。

2. 坚持政府推动、市场化运作的原则。农村市场流通体系建设具有较强的基础性、公益性，各级政府必须从财政、信贷、税收等多方面加大扶持力度。要充分尊重市场经济规律，创新市场化运作机制，让企业成为农村市场流通体系建设的主体。

3. 坚持调整结构、优化布局的原则。要积极引进现代流通方式和新型流通业态，进一步调整、改造和优化农村市场类型结构、市场主体结构、经营业态结构。要制定科学的市场体系发展规划，避免农村市场与商业设施建设的随意性和盲目性。

4. 坚持全面发展、突出重点的原则。既要实现农产品、农村日用消费品和农业生产资料市场的全面协调发展，也要实现多种流通业态和多种市场主体的共同发展，还要实现不同地区、不同类别市场的均衡发展。要有重点、分步骤地推进农村市场流通体系建设，根据不同时期工作的实际需要，突出重点，在重点地区或重点领域实现重点突破。

5. 坚持开放、创新的原则。进一步扩大我省农村市场对内、对外开放的深度和广度，充分借鉴和吸收国际、国内先进的商品流通模式、经营理念和营销方式，大力推进交易方式、交易手段、服务功能、管理制度、经营技术等方面的创新。加强对供销社、邮政等部门现有资源的整合改造，探索建立适合我省实际的新型农村商品流通模式，进一步降低交易成本，提高流通效率。

（三）战略目标

总体目标：以加快发展连锁经营、物流配送为核心，瞄准业态新型化、设施标准化、营销组织化、管理规范化的"四化"目标，到2010年初步形成以运作规范的乡村零售网点为基础，以大中型批发市场和连锁配送中心为骨干，以各类农民流通合作经济组织和大中型农村流通企业为主体，农产品、农村日用消费品和农业生产资料市场全面、健康、协调发展，城乡市场相互融合、内外贸易紧密联系，法制健全、管理规范、布局合理、功能齐备、组织化程度较高的农村市场流通体系，达到满足农民需求、促进农民增收、扩大农民就业的目的。

农产品市场要初步形成以现代物流、连锁配送、电子商务等现代流通方式为先导，以批发市场和大型物流配送中心为骨干，以集贸市场和连锁经营的各类超市、便民零售店为基础，城乡市场相互融合，布局合理、功能完备、卫生安全、有序高效、交易方式先进、组织化程度较高的农产品市场流通体系。

农村日用消费品市场要初步形成以县城配送中心为重点，以乡镇店为骨干、村级店为基础，以连锁经营为纽带，以"小超市、大连锁"为主要特征，方便高效、诚信和谐、流通有序、基本覆盖全省的新型农村日用消费品流通网络体系。

农业生产资料市场要初步形成以大型农资连锁经营企业为核心，以乡镇零售网点为基础、村级服务点为延伸，以连锁配送和生产厂家直销为主要渠道，各类农民合作经济组织充分发挥作用，服务规范、监管到位、覆盖面广、组织化程度较高的农业生产资料市场流通体系。

四、农村市场流通体系建设与发展的战略重点

（一）建设顺畅高效、安全有序的农产品市场流通体系

1. 加大农产品批发市场升级改造力度，建设一批设施先进、功能齐全、辐射面广的现代化品牌型大市场。一是加快农产品批发市场布局、结构、规模的战略性调整与优化。适应我省建设全国重要的优质特色农产品生产和加工基地的新形势，在省内特色农产品产地，着力培育一批品种特征突出，有规模、有影响、有竞争力的专业性农产品批发市场。到 2010 年，全省年交易额在 10 亿元以上的骨干农产品批发市场要力争发展到 30 家。二是加大对农产品批发市场软硬件基础设施建设的投入。重点扶持农产品批发市场改造建设购销信息平台、物流配送网

络、质量检测检验及恒温仓储、运输等基础设施，努力实现批发市场配套设施的标准化、现代化，充分发挥批发市场的交易、集散、仓储、运输、配送、结算、信息服务等多种功能，使批发市场逐步成为流通加工中心、价格形成中心和增值服务中心。三是改进农产品批发市场的交易方式和经营模式。稳步发展农产品拍卖、经纪人代理、网上交易、集中配售等新型交易方式，鼓励农产品批发市场走集团式发展道路，并不断向上、下游延伸经营链条，通过建立农产品基地、发展订单农业、建设农产品采购和物流配送中心等方式，开辟新的农产品流通渠道。

2. 积极发展现代流通方式，加快构建新型农产品零售网络。一是加快发展农产品连锁经营和统一配送。着力扶持和培育一批专业性或综合性的大型农产品连锁经营企业，鼓励龙头企业、农民专业合作经济组织到城市开办多种形式的农产品连锁超市、连锁店。支持建立一批大型农产品物流配送中心，逐步实现农产品包装、储藏、运输、信息传递、代理结算等配套服务，提高农产品集中采购和统一配送能力。二是努力提高新型零售业态中农产品的经营比重。在注重发挥大中城市农贸市场作用的同时，加快发展食品超市、生鲜超市、社区便利店等新型零售业态。到 2010 年全省连锁超市、便利店、大型综合超市等新型零售业态的农产品销售额占全部农产品零售额的比重要力争达到 40％左右。三是积极推进农产品直接进入零售市场。支持农民专业合作经济组织到城市开办农产品品牌直销连锁店，鼓励和引导农产品批发市场、加工企业及农民专业合作组织直接向城市超市、社区菜市场和便利店配送农产品，鼓励连锁超市经营企业直接从产地采购农产品，与农产品生产基地建立长期、稳定的产销合作关系。四是着力推进农产品流通标准化。加快制定农产品分等分级标准，鼓励农民和营销企业按统一标准对农产品进行分等分级，逐步提高农产品分等级包装上市的比例。

3. 大力发展农产品物流，提高农产品流通效率。一是积极支持和培育专业化的农产品运销企业和物流配送企业。对大型连锁超市、骨干农产品批发市场、产业化龙头企业建设的大型农产品物流配送中心，政府应给予重点扶持；加快现有农产品物流企业的改造升级，鼓励原有的农产品批发和储运企业组建专业的农产品物流企业集团，推动其向专业化、规模化方向发展。二是完善农产品物流的基础设施条件。目前我国只有10％的肉类、20％的水产品进入冷链系统，而欧美国家进入冷链系统的农产品比例高达85％。因此，"十一五"期间，我省要加快建设以冷藏和低温仓储、运输为主的农产品冷链系统，并做好全省农产品冷链体系建设总体规划。三是加大鲜活农产品"绿色通道"建设力度，在国家规定的"绿色通道"基础上，出台地方"绿色通道"政策，同时加强督办和检查，杜绝对农产品运输的乱收费、乱罚款，切实改善农产品物流环境。

4. 加强流通信息化建设，稳步发展农产品电子商务和期货交易。一是进一步整合现有农业信息网络资源，逐步完善功能、扩大规模，加快构建全省大型综合性的农产品流通公共信息网络平台。二是建立健全农产品信息采集与发布制度，重点加强农产品信息采集、分析预测系统建设，提高农业信息的采集能力和统一管理利用水平。三是逐步扩大信息网络覆盖面，切实把信息服务网络向龙头企业、农民合作经济组织，以及农产品经营大户、种养大户、科技示范户等延伸。四是在全面提升农产品流通信息化水平的基础上，以全省农产品流通公共信息网络为依托，加快建立网上交易平台，稳步开展农产品电子商务和网上交易。同时积极开展大宗粮食品种的期货交易，充分发挥期货市场的价格发现和规避风险功能。

5. 加快发展新型经营主体，逐步形成组织化程度较高的农产品流通格局。一是加快发展专业协会、合作社等新型农民合作经济组织。到2010年全省五大优势农产品和五大特色农产品生产基地要普遍建立起规范发展的农民专业合作经济组织，力争50％左右的鲜活农产品通过农民合作经济组织加工和销售。二是积极培育壮大农产品经销公司、物流配送公司等大中型农产品流通企业。围绕我省正在推进的优质特色农产品生产和加工基地建设，着力扶持和培育一批起点高、规模大、带动能力强、有国际竞争力的农产品加工与销售龙头企业，并使之与农户通过订单、入股等方式实现紧密联结，提高农产品流通效率和组织化程度。三是大力培植农产品经营大户。鼓励经营大户与农民结成利益共同体，实行订单采购、保护价收购。

（二）建立基本覆盖全省的新型农村日用消费品市场流通体系

1. 引入连锁超市、便利店等新型零售业态，加快发展标准化的连锁"农家店"。"十一五"期间，要积极推进连锁超市、便利店等新型零售业态在广大农村地区的延伸发展，鼓励有实力的零售企业运用正规连锁、特许经营、销售代理等方式，建设和改造一批标准化的连锁"农家店"。目前可资借鉴的发展模式主要有三种：一是龙头企业模式，即各类大中型流通企业逐步向农村延伸经营网络，扩大经营规模。二是供销合作社模式，即充分发挥供销合作社点多面广的优势，将其原有的农村基层店有计划、有步骤地改造、提升为"农家店"。三是邮政模式，即将邮政部门现有的农村服务网点及分支机构整合改造为标准化的"农家店"，实现商品的双向流通。各地区应立足自身特点与实际，积极探索发展多种形式的连锁"农家店"。地方政府要根据当地具体情况，制定相应的扶持政策，在资金配套、信息服务、网点规划和建设等方面给予支持。

2. 以"规范连锁、统一配送"为核心，着力构建新型农村日用消费品流通网络的圈层式布局结构。圈层式结构即：第一圈层的县城配送中心，第二圈层的小城镇骨干商业网点，第三圈层的乡村连锁"农家店"。"十一五"期间，要重点建设第一圈层的县城配送中心，每个县（市）至少应扶持建设1处大型标准化的县城配送中心。要根据连锁网点布局、商品配送半径等情况，搞好县城配送中心建设规划。对符合规划要求、达到建设标准的县城配送中心，要在建设用地审批、税收优惠、贷款贴息等方面加大扶持力度。第二圈层的小城镇骨干商业网点，要适应我省大中城市郊区和经济较发达镇区推进农村社区建设的新要求，大力发展现代化的小城镇商业。积极引导和支持各类投资主体参与小城镇商业设施的开发建设，重点加大包括县城在内的100个中心镇商业设施的建设力度。同时，鼓励和吸引资金雄厚的国内外流通主体向小城镇延伸经营网络，到县城、中心镇建立连锁直营店或连锁分店，逐步以组织化、网络化、标准化的小城镇骨干商业网点，替代传统的、定期或不定期的集贸市场形式。第三圈层的乡村连锁"农家店"建设，重点是认真落实"万村千乡市场工程"的扶持政策，按照商务部制定的《农家店建设与改造规范》，从店铺的设置规模、经营设施、经营品种、从业人员、经营管理等方面，推进"农家店"的标准化改造和建设。

3. 加快培育壮大定位农村市场的商贸连锁经营企业，增强农村日用消费品市场经营主体的活力。要采取切实有效的措施，积极引导商贸、医药、通信等各类大中型流通企业进入农村市场，参与农村商品流通。重点支持大中型流通企业以吸引小型企业加盟，或者以收购、兼并小型企业的农村连锁网点等方式，扩大经营规模，提高农村市场的组织化程度。要努力提高各类"农家店"的生命力和亲和力，一方面通过建立制度、加强管理、组织培训、完善配送机制等措施，着力推进"农家店"的规范发展和健康运营，另一方面不断提升"农家店"的经营水平，扩大"农家店"的服务功能，并积极探索"一网多用"，带动工业品、农业生产资料下乡和农产品进城。

（三）建立规范、高效的新型农资市场流通体系

1. 以集中采购、统一配送为核心，积极发展多种形式的农资连锁经营。一是加强对传统农资经营网点的整合，鼓励大中型农资连锁经营企业充分利用现有的农资营销网络资源，打破地区、部门、行业和所有制限制，以品牌特许、采购配送服务、经营指导等多种方式并举，扩大营销网络和市场覆盖面，实现低成本扩张和跨地区发展。二是以直营连锁、加盟连锁等多种形式，加快建设和改造一批标准化、连锁化的农资"农家店"。三是鼓励农资生产企业按照公平竞争原则直接面向农村开展销售经营和技术指导。四是加强县城农资配送中心建设，推动其不断完善配送机制，提高配送效率，增强配送功能。五是推动各类农资连锁经营企业进一步加强管理、完善制度、健全机制，严格规范连锁店的经营行为，促进农资连锁经营的规范运作和健康发展。

2. 按照现代企业制度，加快培育一批经营规模大、品牌影响力强的大型农资连锁经营企业集团。要鼓励和推动有条件的农资经营企业尽快走出传统的经营格局，通过采取特许经营等方式，吸引小型农资经营企业加盟，进一步扩大经营规模、延伸经营网络、创新经营模式，逐步走上规模化、专业化、连锁化的发展轨道。"十一五"期间，我省要重点培育2～3家年销售额在20亿元以上的大型农资流通经营企业。全省

农资连锁经营企业销售额占全部农资销售额的比重争取达到 2/3 以上。

3. 建立和完善农资连锁经营服务体系，鼓励农资经营企业将农资销售与服务紧密结合起来，开展配送、加工、采购服务和技术服务及农机具租赁等多样化服务。以连锁经营网点为依托，加强对农民科学使用农资的指导，为农民提供产前、产中、产后全方位的技术服务，大力推广有利于保护生态环境和提高农产品质量、科技含量较高的新型农资产品。

五、保障措施

（一）加大财政、税收、金融等方面的政策支持力度

一是通过直接补贴、贷款贴息等方式，不断加大财政投入力度，重点支持农村流通基础设施建设和农民流通合作经济组织、重要涉农商贸连锁经营企业的发展。二是对县城配送中心建设，特别是农民合作经济组织、重要涉农商贸企业的发展，还应在税收、工商、金融等多方面加大政策扶持力度。三是财政、税务、金融、工商、国土等部门要加强协调与配合，努力形成部门联动的工作机制，形成支持农村市场流通体系建设的合力。

（二）加强农村市场的法规体系及标准体系建设

一是认真清理和废止各种不利于农产品、农村日用消费品和农业生产资料顺畅流通的地方性法规、规章和规范性文件，努力消除农村市场流通体系建设与发展的政策性障碍。二是依据国家相关法律法规，尽快制定并完善我省农村市场的地方性法规、规章和实施细则，逐步形成规范农村市场主体、市场行为、市场建设、市场监管的法规体系。三是参照国际农产品质量安全标准并结合我省的实际，加快制定、修订我省优势特色农产品质量安全的地方性标准，以及重要农业生产资料商品的市场准入标准、经营资格认定标准等，尽快形成我省较为健全的农产品质量与农资产品经营等方面的地方标准体系。

（三）强化市场监管，规范市场秩序

一是加大对农村市场的整治力度，进一步加强执法检查，坚决依法

查处各种不正当交易和竞争行为，对向农村销售假冒伪劣食品、药品及农业生产资料等产品的不法行为给予严厉打击。二是加强制度建设，进一步完善重要农业生产资料和农产品的市场准入制度，建立健全农产品质量安全追溯制度、农产品包装和标识管理制度，探索建立农资生产经营企业信用等级制度和农资产品质量保障赔偿机制。三是推进农村商务信用建设，加快建立农村市场主体的信用档案，尽快推行信用等级分类监管。积极倡导诚信经营，通过政策宣传、组织培训等方式，提高农村市场主体的法律和信用意识，达到自我管理、自我约束、自我规范的目的。四是努力提高广大农民的消费维权意识，充分发挥农民消费者、新闻媒体及其他社会各界的监督作用，进一步完善行政执法、行业自律、舆论监督、群众参与相结合的市场监管体系。

（四）加强宏观调控和指导

首先，必须搞好规划，从宏观上加强对农村市场流通体系建设与发展的指导。各地区要从实际出发，加快制定农村市场发展规划，同时应根据我省加快发展县域经济的实际情况，按照推进社会主义新农村建设的需要，适应县域经济发展新思路，加快编制县域市场体系建设及商业设施网点布局规划。其次，要加强对农村重要商品、重点企业及重点市场的监测分析，增强政府运用价格、财政和信贷杠杆，对农村市场建设及市场运行进行调节的能力。要进一步完善市场预警机制，加强对主要农产品市场波动规律和异常波动情况的研究，加大对粮食、肉类等重要农产品和化肥等重要农资产品的监控力度，建立健全粮食、猪肉、食用油、化肥等重要商品的储备制度和应急调控机制。

课题组成员：辽宁省发展和改革委员会　胡建阳　田锡杰　袁美娟
省发展改革委农业资源区划研究所　刘芝绅　朱　海

辽宁省社会主义新农村建设模式研究

一、辽宁省社会主义新农村建设工作概况

《中共辽宁省委 辽宁省人民政府关于推进社会主义新农村建设的实施意见》（辽委发［2006］8 号）（以下简称《意见》）中提出了我省建设社会主义新农村的指导思想：以邓小平理论和"三个代表"重要思想为指导，以科学发展观为统领，坚持统筹城乡发展方略，实行工业反哺农业、城市支持农村和"多予少取放活"的方针，按照"生产发展，生活宽裕，乡风文明，村容整洁，管理民主"的要求，以发展农村经济为中心，以增加农民收入为根本目的，把发展壮大县域经济作为建设社会主义新农村的重要载体，协调推进农村经济建设、政治建设、文化建设、社会建设和党的建设，推动农村走上生产发展、生活富裕、生态良好的文明发展之路，促进辽宁老工业基地全面振兴。

省委、省政府对我省新农村建设的主要任务和重点工作作出了部署。一是促进城乡协调发展，建立社会主义新农村建设的长效机制。二是以加速发展县域经济为载体，推进社会主义新农村建设。三是推进现代农业建设，强化社会主义新农村建设的产业支撑。四是促进农民持续增收，夯实社会主义新农村的经济基础。五是加强农村基础设施建设，改善社会主义新农村建设的物质条件。六是加快发展农村社会事业，培养推进社会主义新农村建设的新型农民。七是深化农村改革，健全社会主义新农村建设的保障体制。八是加强农村民主政治建设，完善建设社

会主义新农村的乡村治理机制。

二、辽宁省新农村建设取得的成效

（一）县域工业发展取得实效，农村工业化进程加快

近年来，省委、省政府相继出台了一系列促进县域经济发展的扶持政策，特别是通过重点支持 15 个重点县（市）进行扩权改革试点和 10 个欠发达县加快发展，带动了全省县域经济的快速发展。我省已建和在建县域工业积聚区 288 个，产值超 10 亿元的 82 个，超 20 亿元的 48 个，超 50 亿元的 11 个，入区企业 18621 家。规模以上工业增加值超 10 亿元县达 24 个，占我省县域 54.5%。

据国家统计局 2006 年资料显示，我省县域经济进入快速发展时期，整体实力显著提升。继海城市之后，大石桥市又入围全国百强县，瓦房店、普兰店、东港、庄河进入全国 200 强行列。44 个县（市）经济综合发展指数为 37.7，高于全国平均水平 4.5 个百分点。

（二）现代农业建设步伐加快，农村经济保持稳步增长

我省以建设优质特色农产品生产和加工基地为目标，加快现代农业发展步伐。2006 年，我省设施农业规模面积达 388.7 万亩，农业综合机械化水平达到 48%，比上年提高 2 个百分点。市级农产品质检中心正在建设完善中。耕地、果园环境检测与评价工作基本结束，测土配方施肥面积 2010 万亩。农业科研工作取得新进展，有 43 个品种通过审定，获国家专利 12 项，推广新品种 183 个。我省创建农业科技成果推广示范县 6 个，培育了 6000 个农业科技成果推广示范户，共辐射带动农民 12 万户。新增认定省级农业产业化重点龙头企业 45 个，总数达到 224 个，其中国家级 26 个。2006 年农业部组织的全国名牌农产品评比中，我省 11 个品牌入围，居全国第一。

（三）农民收入保持较快增长

"十五"期间，全省农民人均纯收入年均实际增幅达 8.3%。2006 年农民人均纯收入 4090 元，其中工资性收入占 36.7%，比上年提高 3.9 个百分点。今年以来，受畜牧业产品价格大幅攀升及粮食价格持续

走高和家庭经营收入及工资性收入稳步增加的多重作用，我省农民人均现金收入大幅增长，据国家统计局辽宁调查总队统计，前三季度，全省农民人均现金收入为 5185.4 元，同比增长 27.3%，扣除物价上涨因素，实际增长 20%，是历史上增长最快的年份。

（四）农村基础设施建设逐步加强，农村城镇化水平明显提高

全面启动农村小康环保行动计划和中心镇规划编制工作，选择 200 个不同类型的中心村，开展了以"六项整治"和"八项建设"为主要内容的村庄治理工作，建设了一批供水、供气、道路、绿化以及污水、垃圾处理等小城镇基础设施，村容镇貌明显改善。

农村信息高速公路建设步伐加快，提前 4 年实现"村村能上网、乡乡通宽带"。实施"万村千乡"市场工程，农村连锁店铺达到 6000 家，直接配送商品 1.1 万种。2007 年国家优质粮食产业工程新开工建设包括良种繁育、病虫害防控、标准粮田建设和现代农业装备推进四大类 25 个项目。

（五）农村社会事业发展较快，农村社会稳定和谐

到 2006 年，我省较全国提前两年全面实行农村合作医疗制度，参合率达到 84.2%。提前一年免除 260 万农村学生义务教育阶段学杂费。农村文化等社会事业进一步发展，创建国家和省级文化先进县 28 个、乡镇 156 个、村 159 个。初步建立了农村低保制度，66.7 万贫困人口得到低保救助。整村推进 40 万贫困人口稳定脱贫。1.6 万农村特困群众住进新房。广泛开展创建"平安乡村"活动，农村社会稳定和谐。

2007 年进一步完善新型农村合作医疗制度，全省参加农村合作医疗的农民已达到 1907.3 万人，参合率达到 87.3%。农村低保平均标准提高到 1150 元，增幅达 34.8%。

（六）农村改革进一步深化，农村发展活力得到增强

到 2006 年，全省农村土地承包确权和经营权证发放工作基本完成，建立了农村土地仲裁机构，建立起保障农民土地承包经营的长效工作机制。集体林产权制度改革得到国家充分肯定，确权到户面积 3410 万亩，占应改面积的 43%。农村信用社改革为新农村建设提供了资金支持，2006 年农信社农业贷款余额 543.1 亿元。其中农户贷款余额 247 亿元，比年初净增 52.9 亿元。国家开发银行在新农村建设六大领域开展了开发性融资。

农民新型专业合作经济组织发展到 5100 多个。"两工"（劳动积累工和义务工）全部取消，"一事一议"制度逐步建立。农民负担专项治理逐步深入，村级债务清查和化解试点工作有效开展，减轻农民负担 2 亿元。村务公开和村民自治等基层民主政治建设得到加强。

三、辽宁省新农村建设主要模式分析

各地区新农村建设的根本目标是一致的，但由于各地区经济社会发展水平不同，资源禀赋不一，因此，推进新农村建设的模式也是各具特色，复杂多样，不会有也不应该有一个统一的模式，而应贯彻科学发展观，坚持从实际出发，因地制宜，稳步推进。只有符合地方实际，尊重群众选择的模式才有生命力。研究新农村建设模式，要揭示各种模式形成的规律，模式本身与形成条件之间的联系，以及不同模式的适用条件，才能供其他地区借鉴，而不是照搬套用。

（一）研究新农村建设模式需要考虑的主要因素

1. 经济发展水平。提高农村经济发展水平是新农村建设的中心任务，也是全面推进新农村建设的前提。

推进社会主义新农村建设，必须处理好农村经济发展这一中心任务与社会全面发展的关系。只有农村经济全面发展，才能增强自身的活力，才能为新农村建设提供雄厚的物质基础。

各地经济发展水平处于不同发展阶段，财政实力也相差悬殊，新农村建设速度和水平必然会存在差异，建设的侧重点应该有所不同。发达地区经济发展水平较高，在新农村建设中应加大力度，率先垂范，在进一步发展经济的同时，全面推进社会发展。欠发达地区虽然经济发展相对滞后，也要从当地实际出发，尽最大努力，加快推进新农村建设。

2. 区位和资源禀赋因素。区位优越、交通便捷、矿产资源和旅游资源比较丰富的农村，具有资源禀赋比较优势。可以依托独特的资源优势，进行科学开发，把资源优势转化成产业优势。辽宁中部城市群之间的广大农村，人口密集、交通便利、农业发达，优势突出。山区通过开发特色旅游资源，形成产业优势和品牌优势，同时放大旅游业的产业功能，旅游搭台，工业唱戏，以知名旅游品牌为先导大力招商引资，带动资源开发型工业的大发展，形成旅游业和工业共同发展格局。

3. 农村人口文化素质的影响。经济落后的根本原因在于人口素质的低下。而经济发展水平低、文化素质差、观念落后又势必限制人口素质的提高，加大新农村建设的难度。选择建设模式时应更多地考虑人口素质实际情况，以培育造就新农民作为重要任务。把培育造就新农民作为一项将农村巨大人口压力转化为人力资源优势的根本措施去抓，为新农村建设提供有力的人才保障。

4. 农民意愿。必须正确处理农民参与和农民受益的关系，尊重农民意愿，确保农民受益。建设社会主义新农村，农民既应是建设者，更应是受益者，他们是新农村建设的主体。如何发挥广大农民在新农村建设中的主体作用和积极性，关键是处理好农民参与和农民受益的关系。

5. 经济发展政策的影响。由于各个地区的经济、文化环境不同，具体的经济政策的导向、建设的重点、实施步骤也存在着很大的差异，即使同一地区在不同历史时期所要解决的社会经济问题重点不同，制定的经济政策也不相同。

总之，研究和选择新农村建设的模式，需要结合各地具体的发展条件和发展环境。并且要与时俱进，随时间的推移、社会的发展而调整变化。

（二）辽宁省新农村建设模式分析与典型案例

模式的研究是实践到理论的总结和抽象，是从经验到理论的跨越。在对我省新农村建设典型模式的归纳、总结过程中，主要遵循以下原则：第一，建设社会主义新农村是一个全面的综合目标，宗旨是使农村的整体面貌大为改观，城乡之间的差距明显缩小，各种模式必须符合这一宗旨。第二，以发展农村经济、进一步解放和发展农村生产力为中心。第三，充分体现新农村建设模式的多样化，由于我省各地区在资源禀赋和经济、社会发展水平上存在着较大的差距，新农村建设侧重点和突破口会有所不同。

按上述原则，在大量的新农村建设案例调查研究基础上，总结归纳出我省新农村建设的五种典型模式。

1. 农业经济区推进模式

经济区是指在已经形成一定产业规模的区域内，通过扩大开放，引进项目，放大产业规模，用工业理念谋划农业发展，形成完整的产业链条，把资源优势转化为产品优势，把产品优势转化为商品优势，把商品优势转化为市场优势，对在区域内农业与农村经济实行全新的管理体制和运行机制，具有较强经济"造血"功能和较强示范带动作用的现代农业先导区。

农业经济区建设采取打破行政区划建立农业经济区管委会的体制模式，统筹规划产业布局，拆乡并镇，整合资源，逐步形成管理权限统一、管理手段灵活、管理方式开放、管理行为高效的运行机制。这一创新模式将为沈阳市发展现代农业开辟新路径，加快推进新农村建设进程。

[典型案例1] 沈阳辉山农业高新技术开发区大力发展现代农业。

沈阳辉山农业高新技术开发区在规划思路上，明确以农产品深加工产业立区、兴区，坚持城市建设和产业发展同步推进，促进开发区的大发展、快发展；在发展模式上，坚持创新、生态、高速、和谐的原则发展开发区，通过开发区的农业工业化、农村城市化、农民市民化，全面推进新农村建设；在发展目标上，把开发区建成国内外农业高科技人才创业基地、农业高新技术产业化基地、现代农业示范基地，一个社会、生态、经济效益俱佳，科研与产业并茂的生态新城，最终成为中国的"农业硅谷"；在功能分区上，重点规划了农产品加工区、科学城、现代农业示范区和农业观光旅游区；在具体建设上，先后启动农产品加工区和科学城建设，使有限资金、资源，得到了最大限度的利用，迅速构筑产业基础的同时，推进城镇化建设。

[典型案例2] 沈阳市现代农业经济区以体制创新促发展。

沈阳市按照"做精专业村，做大富民小区，做强经济区，积极探索经济区的新体制，努力增加农民收入"的原则，在农业经济区规划建设上注重突出以下重点：一是注重明确发展目标和主导产业。二是注重规模化集约化发展。三是注重延伸主导产业链条。四是注重创新体制机制。农业经济区实行管委会体制，负责经济区的规划建设，引领主导产业发展方向，开拓国内外市场，搞好纵横协调、整合资源、推广科技等。经济区将实行新的体制和高效的运行机制。

2. 特色产业带动模式

以乡或村为单元，依据所在地区独特的优势，围绕一个特色产品或产业链，实行专业化生产经营，一村一品、一乡一业的发展壮大来推进新农村建设。专业村是这种模式的代表。这种形式需要具备的基本条件：具有生产某种特色产品的历史传统、自然条件和一定的产业基础；有相应的市场需求；有能够担当组织者的"能人"或农村经济合作组织，形成规模。

[典型案例3] 太平岭乡打"歇马村"品牌闯农村发展新路。

辽宁省庄河市太平岭乡歇马村产歇马红杏，堪称杏中珍品。村两委通过各种方式大力促进发展，到2004年7月，歇马村被国家确定为歇马杏全国农业标准化示范区。"歇马杏"特色产业正在不断做大做强，开辟了农村经济发展的新路。

[典型案例4] 沈阳市以"富民经济小区"发展特色产业。

沈阳市以"富民经济小区"推动"一村一品、一乡一业、多乡一业"发展。全市"一村一品"村已发展到284个，主导产业在小区建设的拉动下日益明晰，延长了产业链条，形成了33个特色鲜明的主导产业区，为建设现代农业经济区打下了坚实基础。

[典型案例5] 大梨树村走山区特色农业发展之路。

辽宁省凤城市凤山区大梨树村山多地少。在农业结构调整中，紧紧围绕丹东市发展特色农业规划，确定了以发展五味子和干鲜果为重点，向荒山进军，向特色产业要效益。建成了全国最大的五味子标化示范基地10000亩。而且赢得了全国水土保持生态建设示范村等诸多荣誉。近几年来，他们坚持以生态农业观光旅游业为发展方向，突出"双万亩"果园春赏花、秋摘果的特色旅游品牌。

[典型案例6] 民生一村发展特种养殖实现产业富村。

辽宁省灯塔市五星镇民生一村结合本村实际，依托佟二堡皮装大市场和皮草深加工，发展皮毛动物养殖，养殖规模迅速扩大。村民生活质量明显提高，经济发展还为发展公共事业提供了条件。先后被评为灯塔市"先进专业村"、省文明村。

3. 工业带动模式

工业带动模式是指以发展工业企业为契机，通过工业企业的发展壮大带动农村经济、社会事业的协调发展。同时，在土地、劳动力等资源整合的基础上又进一步促进工业企业的发展，使工业企业与乡村融为一体、和谐发展的一种新农村建设模式。这种模式需要有发展工业企业的基本要素，如土地、资源、信息、技术、资金和人才。这种模式以县域、乡或村为单元。对于工业强县，按照产业集群理论，走突出特色、强化优势、集中布局、产业升级的发展道路；对于传统农业县和工业弱县，可以因地制宜，培育比较优势，营造优越的投资环境，承接发达地区产业转移，实施工业强县战略，以工业为突破口，实现跨越式发展。

[典型案例7] 海城市大力发展县域经济跻身全国百强县。

辽宁省海城市在社会主义新农村建设中，紧密结合本地实际，牢牢抓住强市富民这个根本，充分利用国家振兴东北老工业基地和扩大沿海城市开放的历史机遇，全面贯彻落实科学发展观和中央关于建设社会主义新农村的要求，坚持一手抓城市，一手抓农村，一手抓空间，一手抓项目，着力推进产业结构调整和经济增长方式转变，努力提高群众生活质量，实现了县域经济发展和新农村建设的新突破。在全国百强县社会经济发展综合指数测评中排名第57位。成为辽宁省县域经济排头兵。

[典型案例8] 佟二堡村主导产业一业富村。

辽宁省灯塔市佟二堡镇佟二堡村以发展皮装、裘皮加工为中心，以促进农民增收为根本，不断延伸产业链条，带领全村群众走出了一条"以工促农，以农带工，协调发展，共同富裕"的建设社会主义新农村的发展之路。农民人均纯收入达到7200元，第二、三产业从业人员占劳动力人数的69%左右。

[典型案例9] 青花峪村发挥矿产资源优势、工业兴村。

辽宁省营口大石桥市官屯镇青花峪村充分发挥本地菱镁矿资源丰富的特点，将耐火材料的生产作为全村经济发展的主导产业，通过菱镁矿的就地开采、就地加工、就地销售，村办经济迅速发展，走出了一条工业兴村的道路。建成了世界最大的碱性耐火材料生产基地和以亚洲第一大耐火材料企业青花集团为龙头的集生产、加工、储运为一体的十大耐火材料企业群体。

[典型案例 10] 以工业为主导建设新农村的沙河子村。

沈阳市于洪区北陵街道沙河子村通过发展村级工业，促进了新农村建设，取得了可喜的成绩。2005 年，实现利税 1.5 亿元，人均创生产总值 10 万元，人均实现利税 1.8 万元，人均可支配收入达到 1.32 万元，全村实现出口额 800 万美元。

4. 资源开发模式

资源开发模式是指根据当地资源禀赋比较优势，对区域内特有资源进行深层次、综合性地科学开发，拉长资源开发链条，促进产业升级，把资源优势转化成产业优势。这些资源包括山水资源、传统文化、生态资源，以及矿产资源和劳动力资源等。农村可以利用山水人文资源、生态资源开发旅游业，同时放大旅游业的产业功能，旅游搭台，工业唱戏，带动资源开发型工业的发展。城市郊区利用区位和交通优势发展观光农业、服务业。

农业生态旅游是这种模式的主要形式之一。具有投资少、收益高、见效快的特点。采用这种模式一般应具备几个条件：有可以挖掘的旅游资源，包括自然资源和人文资源，有怡人的自然环境，有一定的特色农业发展基础；交通便利，距离城市或交通干线较近，靠近消费市场；有满足游客食、住、行等基本要求的基础设施，也要有与旅游相配套的娱乐、购物等基础设施。

[典型案例 11] 哈仙村特色旅游建设新渔村。

辽宁省长海县大长山岛镇哈仙村由于思路新、起步早、动作快，以"渔家游"为特色的哈仙村旅游在长海县异军突起，取得了良好的经济效益，也形成了当地旅游开发的热潮。旅游业已成为全村名副其实的主导产业。

2005 年人均纯收入 3.2 万元，是全县渔、农村人均收入的 2.6 倍。2006 年，哈仙村被大连市政府确定为"社会主义新农村示范村"。

[典型案例 12] 网户屯村生态农业旅游促进农村经济发展。

辽宁省鞍山市千山区唐家房镇网户屯村发挥距离城区近，方塘多，水质好的优势，提出了"建设旅游村"的目标。建成东北最大的淡水鱼垂钓中心。2005 年被国家旅游局列为全国农业旅游示范点，成为了全市农业旅游第一村。

5. 社会综合发展模式

社会综合发展模式是指在坚持以发展农村经济为中心任务的同时，根据各地财力状况，量力而行地逐步加强和发展农村基础设施建设、农村教育、医疗卫生和文化等社会事业、农村环境卫生整治，推进农村民主政治建设，使农村整体面貌得到明显改观，全面推进社会主义新农村建设的一种模式。

新农村建设是一个庞大的系统工程，包含经济、政治、文化和社会建设各个方面，是一个涵盖农村深化改革、促进农村发展的宏伟目标。在新农村建设中，既要注重发展农村生产力，又要注重调整农村生产关系；既要注重农村经济发展，又要注重农村政治文明、精神文明、和谐社会建设。

发达地区有条件在改变农村整体面貌方面走得更快些。在提高农业现代化水平、改善村庄人居环境、完善基础设施、加强教育、医疗卫生和文化等社会事业、建立农村社会保障制度等方面要迈出更大的步伐。建设新农村不仅是发达地区的任务，同样也是欠发达地区的任务。当然，欠发达地区农民仍不富裕、地方财力仍很紧张，推进新农村建设，要严格遵守国家关于防止加重农民负担、防止发生新的乡村债务、切实保护好耕地等有关政策规定。要从实际出发，先把力所能及的事情办好，逐步推进。

[典型案例 13] 后石村"四位一体"推进新农村建设。

辽宁省大连市金州区大魏家镇后石村在社会主义新农村建设中，坚持经济、政治、文化、社会"四位一体"全面发展，取得了可喜的成绩。著名社会学家费孝通到后石村考察时即兴挥毫，赞后石村为"金州湾畔的明珠"。获得"小康示范村"、"依法治理先进村"、"全国模范村民委员会"、辽宁省"先进文化村"、"全国文明村"、"全国造林绿化千佳村"、"国家级生态示范区建设先进单位"等多项荣誉。

[典型案例 14] 黄柏峪村探索可持续发展推进新农村建设。

辽宁省本溪市南芬区思山岭满族乡黄柏峪村是典型的山区贫困村。该村抓住中国 21 世纪日程管理中心在全国范围内征集可持续发展示范村项目试点的机遇走上社会经济可持续发展之路，取得明显效果，2005 年全村人均收入实现 4214 元。

[典型案例 15] 东三家村努力构建乡风文明型新农村。

辽宁省朝阳经济技术开发区东三家村是一个地处城郊、情况复杂、难以管理的自然村。在新农村建设中，坚持以农民群众为主体，围绕培养新型农民，大力推进乡风文明建设。通过采取狠抓村班子建设、经济建设、党员队伍建设、群众组织建设和村社会事业建设等措施，努力提高村民的整体素质和建社会主义新农村的本领，营造了文明、健康、淳朴、向上、和谐的社会主义新风尚。

[典型案例 16] 阜新新型经济组织模式领跑新农村建设。

阜新市彰武县通过大力推广"支部加协会"这一新型经济组织模式，加速了全县农村经济发展的步伐。如今"支部加协会"的新型合作经济组织在彰武县蓬勃兴起，目前在民政部门注册的各类农村专业经济协会有 42 个，协会会员 1.5 万多人。协会成立后，实行"六统一"的生产经营模式，避免了恶性竞争，有力地促进了经济发展。

四、辽宁省新农村建设存在的问题与政策措施建议

(一) 辽宁省新农村建设面临的主要问题

1. 资源和环境约束加剧。一是耕地资源约束。我省耕地资源匮乏，后备资源有限。目前耕地总量 409.1 万公顷（2005 年），按 2005 年总人口计算，人均耕地资源仅 1.46 亩，接近全国平均水平。随着建设占地、生态退耕等因素的影响，耕地资源紧张的状况将长期存在。二是水资源约束。我省属于全国严重缺水的省份之一。人均水资源量仅为全国的 1/3。加上工程措施跟不上，加重了水资源的紧缺程度。水质性与资源性缺水并存，水质污染严重。辽河水污染程度居全国七大江河之首，

加重了缺水程度。三是农业生态环境恶化的趋势尚未得到根本遏制。土地退化问题虽经多年治理取得了一定进展，但问题依然严重；由于化肥、农药和农膜的大量、不合理使用，致使化肥、农药大量残留和流失，对耕地造成的面源污染越来越重；农村工业和农村养殖业的发展在一定程度上给农村生态环境造成压力。

2. 农业基础仍然薄弱。一是农村基础设施建设滞后。由于长期采取"以农养工"的发展战略，并实施城乡分割的管理体制，国民收入分配倾向于城市和工业，农村发展落后，人畜饮水、农村道路、农村沼气、农村水电等基础设施建设严重滞后。二是农业产业化水平较低。尽管我省农业产业化发展取得巨大进展，但与先进地区相比，产业化发展还存在诸多的问题。表现为农业生产专业化、组织化程度较低，主导产品形成主导产业发展慢，特色产业布局不够集中，生产基地相对分散，缺少覆盖面大的专业化生产基地，农业标准化水平较低，部分农产品质量不高不稳，市场竞争力不强，农产品加工业发展相对滞后，拉动力大的龙头企业少，农业利用外资和农产品出口规模不大，外向型农业总体水平不高，精深加工规模小等问题。这种状况严重影响着农业的深度和广度开发，制约着整个农业的发展速度、质量和效益。三是农业增长方式尚未能真正实现由粗放型向集约型、数量型和效益型的转变。表现为农业生产效率低，大部分地区农田作业仍以手工劳动和畜力作业为主；资源浪费，农业灌溉用水利用率只有40％，仅为国外先进水平的一半，化肥利用率只有30％，大大低于发达国家70％的水平；农业科技推广和应用不足，农业科技进步贡献率只有45％，产品中存在着"大路产品多，名优产品少，普通产品多，专用产品少，低档、劣质品多，高档、优质品少，初级产品多，加工产品少"的问题。

3. 体制、机制性障碍依然存在。一是二元管理体制尚未根本改变。城乡分割的二元管理体制，使农村经济社会发展长期处于不利地位。我省是传统的老工业基地，受传统计划经济体制影响较深，二元管理体制更为突出，城乡二元结构问题还没有从根本上得到解决。二元管理体制在限制农村经济快速发展的同时，也制约了农村文化、教育和卫生的发展，直接影响农民参与新农村建设的积极性。二是农村土地流转机制尚不健全。由于土地流转的市场运行机制还不完善，加之缺少专业的土地流转服务机构和中介服务组织，制约了土地的自由流转，难以实现土地规模化经营，不利于现代农业的发展。三是小生产与大市场的矛盾仍然突出。目前农业中存在生产成本高、产品档次低、结构性过剩的问题，农业增产不增效，表面上看是因为农产品过剩、市场价格低迷的原因，深层次则是经营规模过小、生产成本和交易费用过高的小生产与大市场的矛盾。这种矛盾成为一个"死结"，顽固地阻碍着农业产业化发展。

4. 农村社会文化环境限制问题突出。一是农民文化素质不高，农民专业技能缺乏。2005 年，我省农村劳动力资源总量为 1087 万人，其中文盲半文盲占 2％，小学文化占 36％，初中文化占 48％，仅有 14％左右的农村劳动力接受过初中以上的文化教育。近年来，以提高农民劳动技能为目标的培训和农业技术推广普及工作虽然得到了各级政府的高度重视，但由于资金投入少，基础设施不足，师资力量短缺，培训能力有限，以致适龄劳动力的专业技能与实际需求不相适应。二是农民思想观念比较落后。当前许多农民的思想保守，存在着小富即安、小进即满的传统观念，封闭保守，安于现状，对新农村建设存在"等、靠、要"等思想。三是农村居住分散，使公共服务设施建设难度加大。受传统习惯的影响，我省农村多为独立庭院，集居住、休闲、畜禽养殖、柴草堆放等多种功能于一体，每户的庭院面积较大，多为 1～2 亩，人均占地 355.6 平方米左右，居住分散，占地浪费较大。尤其是偏远、封闭的山区农村，村屯规模过小，个别山区的自然屯只有几户或十几户。由于农村分散，使公共服务设施建设难度加大，造价成本提高，利用效率低下。同时，由于新农村建设规划，特别是村屯规划还没有完成，目前农村建房基本无规划可依，随意性较大，给旧村改造和新村建设带来难度。

5. 乡村债务包袱沉重。由于历史原因，我省乡村债务较为沉重。过去多数是依靠收取村提留和东拆西借进行偿还的，随着农村税费改革，切断了这些"后路"，加之改革后村级收入减少，村属资产可以变卖的已基本变卖，偿债能力十分有限。目前，我省乡镇政府债务 100 多亿元，乡（镇）均近千万元。村级债务 130 亿元，村均 100 多万元。沉重的乡村债务，不利于农村各项公共事业的发展，也不利于农村社会的稳定。

6. 城乡收入差距较大，农民增收面临诸多困难。从我省城乡居民收入差距看，1978年，城市居民人均可支配收入为363.3元，农村居民人均纯收入为185.2元，差距为178.1元，到1988年，这一差距增至504.4元，1998年差距为2037.4元，2003年达到4306.6元，2005年为5418元。城乡间收入差距的变化分为以下四个阶段：收入差距快速缩小阶段（1978～1983年）、收入差距平缓递增阶段（1984～1994年）、收入差距缓慢缩小阶段（1995～1998年）、收入差距缓慢递增阶段（1999～2005年）。

改革开放以来，辽宁农民的人均纯收入取得了较大幅度的增长，但多方面的情况表明，若要保持这种增长势头，必须控制影响农民增收的不利因素。这些不利因素主要包括：农用生产资料价格上涨过猛；农民从各类企业得到的收入较少，与沿海发达省份相比差异较大；家庭经营非农产业收入持续徘徊；农村剩余劳动力转移任务艰巨。

7. 县域经济实力不强，地区间发展不平衡。从经济总量看，2003年，辽宁省只有12个农业县区的生产总值超过了100亿元，占总数的16.2%。生产总值超过200亿元的县区，辽宁只有海城市。2004年，辽宁仍然只有12个农业县区的生产总值超过了100亿元。2005年，有16个农业县区的生产总值超过了100亿元，占农业县区总数的20.8%。生产总值超过200亿元的县（市）个数达到4个。从国家统计局农村社会经济调查总队近几年发布的"综合发展指数及主要指标位列前100名县域名单"（即百强县）看，2001～2003年辽宁只有长海和海城两个县（市）入围；2004年辽宁省仅海城市仍位于百强县之中。2006年，有海城市和大石桥市位于百强县之中。根据2005年统计，辽宁省进入全国千强镇的单位只有17个。

从产业结构看，县域第一产业所占比重仍然较高，部分县（市）在第一产业中，仍然呈现以农业为主、林牧渔业发展相对不足的生产格局。目前的产业结构状况仍有进一步调整的余地。

（二）辽宁省新农村建设工作中需要解决的问题

1. 农民主体地位需要进一步突出。建设社会主义新农村是涉及农民切身利益的伟大工程。胡锦涛同志强调指出："广大农民群众是推动生产力发展最活跃、最积极的因素。充分发挥广大农民群众的主体作用，是建设社会主义新农村成败的关键。"这说明，广大农民是建设社会主义新农村真正的主力军，如果不尊重农民的主体地位，建设新农村就成了无源之水，无本之木。农业的发展、农村的繁荣、农民的富裕归根结底都要依靠农民。农民的这个主体地位，是由客观存在决定的，不以人们的意志为转移。但从目前我省新农村建设的情况来看，农民主体作用尚未得到充分发挥，主要存在以下几方面的问题：一是认识上的问题。对农民的认识上，忽视农民的主体地位，认为农民受教育程度低，技术水平不高，干不了事也干不成事，不相信依靠农民能够建设新农村。同时，从农民自身看，由于受传统思想的影响较大，很容易形成对人的依赖和对物的依赖，权利意识、责任意识淡泊，自强、自主、自由的意识不强。二是行为问题。由于对农民主体地位的认识不清，有些基层政府不尊重农民的主体地位，不注意发挥农民的主体性作用，代替农民包办一切，结果适得其反，违反农民的意愿，有时还会损害农民的利益，加重农民的负担。三是体制问题。城乡二元体制的存在，制度性壁垒使农民的主体地位难以得到保障。这些制度包括了户籍制度、社会保障制度、教育制度、用工制度、财政制度、金融制度、土地征收制度等等。这些制度不符合国民待遇原则的要求，不符合社会公平原则，既损害了农民合法权益，也影响了农民的独立性、自主性，进而打击了农民的能动性、创造性，从而影响新农村建设的成效。

2. 改变城乡分割局面还需要下大力气。一是城区规划和农村规划还未形成一体。尽管许多镇村也编制了规划，但大多缺乏科学性、前瞻性，规划标准偏低。二是新农村建设投入还不到位。近年来，财政投入大量资金主要是投入道路与水利设施的建设和维护，而对直接关乎农民生产生活的基础设施关注不够，教育、文化、医疗等方面的优质社会资源大都聚集在中心城区，农村相对匮乏，亟待加大投入。在社会保障上，农村投入较城区还少得多，农村低保保障面不够宽，保障标准过低。三是政府部门齐抓共建的机制尚未健全。当前，政府各相关部门的职能都在向农村转移，但服务效果并不理想。如农业生产资料市场秩序比较混乱，主要是相关的法律不配套、不完善，农业、工商、物价、公安、质监等相关执法部门没有形成合力。

3. 基层对新农村建设的认识还存在误区。一是"简单化"。重硬件、轻软件，重建设、轻管理，仿佛新农村建设三五年就可以建成，对新农村建设的长期性、艰巨性认识不足。二是"一刀切"。农村条件千差万别，新农村建设不可能用一个模式包打天下。但有些基层干部，出于攀比的心理，盲目地"争项目、争资金"，基础设施建设脱离自身实际。三是"只顾眼前"。在有些基层，哪里简单抓哪里的现象还比较突出，对事关农村长远发展，如农业生产、农民增收等问题，缺乏足够重视，措施乏力。

（三）需要进一步采取的政策措施建议

1. 充分发挥农民的主体作用，有效推进新农村建设。社会主义新农村建设要以"真正为农民着想、一切为农民谋福利、让农民过上好日子"为宗旨，以"农民是否满意"为检验标准，以"政府支持引导、各行业共同参与、农民积极行动"为原则，充分调动农民的积极性，尊重他们的首创精神。首先，处理好农民参与与农民受益的关系。要通过符合实际的政策措施和行之有效的思想工作，充分调动农民的积极性、主动性和创造性，引导农民发扬自力更生、艰苦奋斗的精神，努力建设美好家园。同时，坚持以人为本，从农民最关心、要求最急迫、受益最直接的实际问题做起，确保农民从新农村建设中真正得到实惠。其次，处理好保障农民经济利益与尊重农民民主权利的关系。一方面，继续坚持稳定和完善以家庭承包经营为基础、统分结合的双层经营体制，尊重农民的财产权利，不断满足农民的物质利益需求。另一方面，自觉顺应社会主义民主政治的发展趋势，完善村民自治，推进村务公开，使农民真正享有知情权、参与权、管理权、监督权。第三，处理好领导与群众两个积极性的关系。各级干部要不断提高做好新形势下群众工作的本领，善于运用政策调节、说服教育、引导示范等综合方法来宣传群众和组织群众。要充分尊重农民意愿，注重实效而不搞形式主义，量力而行而不盲目攀比，民主协商而不强迫命令，突出特色而不强求一律，引导扶持而不包办代替。

2. 健全统筹城乡协调发展的保障机制，实现城乡共同繁荣。统筹城乡发展要重点做好四方面工作。一是做好转移农民这篇文章。把农村富余劳动力从农业转移到非农产业中去，转移到城镇中去，逐步减少农民。二是做好保障农民权益这篇文章。加快建立覆盖全体农村居民的社会保障体系，为农民特别是贫困、失地、外出农民提供相应的社会保障。三是做好提高农民素质这篇文章。通过各种培训，提高农民劳动技能和适应市场竞争的本领，为他们的就业创造更好的条件。四是做好富裕农民这篇文章。通过转移农民、提高农民、保障农民的途径，使农民增加收入，缩小城乡居民的收入差距。

统筹城乡资源配置，形成城乡经济资源共享的新格局。资金、技术、人才、信息以及交通、电力、水利等基础设施，是一个国家或地区经济社会发展必不可少的生产要素。长期以来，由于城乡二元经济结构的体制束缚，各种生产要素很难向相对落后的农村流动。应抓紧制定优惠政策，鼓励各类经济主体增加投入。加强对农村道路、交通、电力、电信、商业设施等的投入。加强政务、政策、法制、舆论、人文等发展环境的建设，特别是要通过政策激励、实行补贴等方式，支持和促进农村生态环境建设。打破城乡流通体制条块分割的状况，培养统一的城乡公平竞争的商品和要素市场，促进城乡各类资源的合理流动，实现城乡生产要素的优化配置。

统筹城乡产业发展，形成城乡经济协调发展的新格局。按照全面、协调和可持续发展的要求，把城市产业优化升级与农村二、三产业发展紧密结合起来，充分发挥城乡比较优势，大力推进城乡产业融合。积极促进城市工业结构调整。做大主导产业，搞好产业配套，优化产品结构，形成产业集群效应，扩大产业辐射能力。加快农村产业结构调整。发展优势支柱产业，推进农业产业化经营，提高农产品的附加值，使广大农民分享到更多的工业和商业利润。进一步改善农村软硬环境，提高承接城市产业辐射能力，扩大城乡相关产业的关联度，实现城乡经济一体化发展。

统筹城乡收入分配，形成城乡社会共同进步的新格局。切实转变"重城市轻农村"、"重工业轻农业"、"重市民轻农民"的思想观念，进一步调整优化国民经济分配格局，加大财政转移支付力度，扶持农村科技、教育、文化、卫生等社会事业发展。制定相应的优惠政策，鼓励社会资本更多流入农业、农村，加强农村基础设施建设，加快乡村城镇化步伐，改善农村生产生活环境。进一步加强城市文化与农村文化的交流与整合，培养、吸引、留住农村各类人才，努力提高农民科技文化素质，切实增强农村经济社会发展后劲。

统筹城乡居民的国民待遇，形成城乡居民地位平等的人文格局。市民和农民都是社会主义现代化建设的基本力量。要加快建立城乡统一的劳动力市场，形成城乡劳动力平等就业制度。积极创造有利于农民进城就业的社会环境，善待农民工，关爱农民工，维护好农民工的合法权益。进一步加强农村民主法制建设，切实维护村民的自治权利。探索建立农村养老保险制度，大力推进新型农村合作医疗制度建设，完善农村居民最低生活保障制度。

统筹城乡对外开放，形成城乡共同面向国际市场的新格局。目前，我国开放型经济已经进入新的阶段，无论是工业还是农业，无论是城市还是乡村，都面临着扩大对外开放的新形势。因此，在继续推进城市对外开放的同时，必须大力推进农村的对外开放，进而形成统一的对外开放新格局。充分发挥农村的比较优势，积极搭建招商引资的平台，努力吸引各类资本进入农村，开发农村资源，发展农村产业，全面繁荣农村经济。充分发挥城市的比较优势，向农村扩散资金、技术、人才等，推进农业产业化经营，帮助发展农村二、三产业。城乡共同构建统一开放的市场体系。农村要增强承接城市辐射的能力，包括加强农村软环境建设，提高农民科学文化素质，提高农民购买力，拓展农村消费市场等。城市要增强带动农村发展的能力，包括开展"三下乡"活动，降低农民进城门槛，转移生产要素，开放城市各类市场等。城乡共同实施"走出去"发展战略。紧紧抓住当前全球生产要素重组和产业整体转移的机遇，合力开展境外投资，合作开发境外资源，构筑统一和谐的城乡开放型经济体系。

统筹城乡配套改革，形成城乡统一协调运作的新格局。通过深化改革，转换机制，逐步破除城乡分割的二元经济体制，尽快构建城乡相互促进、共同发展的新型体制。继续深化农村各项改革，包括土地流转、集体林业产权以及教育、科技、供销、金融体制等，进而为农业和农村经济发展不断注入新的生机与活力。深化户籍制度改革，彻底取消限制农民进城务工经营的限制性规定，切实放宽农民进城安家落户的相关规定，加快建立城乡统一的劳动力就业市场，有条件的地方还应建设专为农民工使用的经济适用房，为使更多的农民顺利进入非农产业创造条件。深化社会保障制度改革。要借鉴建立城镇社会保障制度的成功经验，加快建立完善农村社会保障体系，探索实行城乡统一的社会保险关系转续办法，扩大覆盖面，提高受益水平。深化财政、税收和行政管理体制改革。调整国民收入分配结构，增加政府财政支农资金投入总量，特别是要大幅度提高农民可以直接受益的项目资金投入比重。调整税收项目、税率结构，并适度向农业、农村倾斜。借助县乡机构改革契机，精简机构，裁减冗员，加大合乡并镇、归屯并村力度，切实减轻农民负担和县乡财政压力。

3. 建立新型农民的培育机制，提高农民整体素质。进一步巩固农村义务教育，加大对农村中小学教师的培训力度，逐步改善农村中小学的办学条件。大力发展农村中等职业技术教育，积极创造条件，逐步对农村应届初中毕业生接受中等职业技术教育免除学杂费。整合资源，在各县（市、区）建立一所新农村建设培训学校（基地），对农村基层干部和农民群众开展有针对性的培训。大力发展农村远程教育。完善市、区、乡、村四级远程教育网的信息化工程，加强对骨干人员的培训。

4. 建立新型农村社区的管理机制，建设和谐村庄。建立农村服务网络和服务中心，建立健全农村的现代物流网络，逐步将农村生产生活服务设施，如超市、卫生室、图书馆、网吧等纳入农村服务中心，实行统一化、规范化、网络化、标准化管理。建立农村新型社区管理制度，培养和选拔一批作风正派、责任心强、有一定组织能力的致富能手担任村干部，完善村民自治民主管理，逐步在农业技术推广、治安调解、计划生育、文化协管、基础设施维护、环境整治和保护等方面建立长效管理机制。建立健全农村基本社会保障制度，稳步扩大农村"低保"范围，逐步提高保障标准。在扩大农村新型合作医疗覆盖面的同时，积极完善配套政策，加快定点医院的市场化改革，简化报销审批办法。建立健全与经济发展水平相适应、与其他保障措施相配套的被征地农民基本生活保障制度。

课题组成员：辽宁省发展和改革委员会　张东峰　付绍慧　齐志民
辽宁省农业资源区划研究所　刘芝绅　黄　辑

辽宁创意产业研究

一、创意产业的内涵与意义

（一）创意产业的兴起

1994 年，澳大利亚以"创意的国度"为目标，公布澳大利亚的第一份文化政策报告。此时，英国则因为政府的产业政策未能刺激经济发展，某些产业的发展濒临危机。英国政府派团赴澳大利亚考查，回国后马上建立组织管理机制，政府成立了专门的研究指导小组，首相布莱尔亲任组长，投入了大量的资金及资源发展文化创意产业。

1997 年，英国文化、媒体和体育部成立专门任务小组，就文化创意产业的持续发展提出建议：把文化创意产业作为英国振兴经济的聚焦点，把推广文化创意产业作为拯救英国经济困境的有效方法。1998 年出台的《英国创意工业路径文件》中更明确地提出了"创意工业"的概念。要求政府"为支持文化创意产业而在从业人员的技能培训、企业财政扶持、知识产权保护、文化产品出口等方面"作出积极努力。

自英国提出创意产业之后，立即在全球掀起一场新的产业革命。2004 年，西方七大工业国中半数的工作人口从事创意产业，而且它的增长速度比传统服务业快两倍，比制造业快 4 倍。目前，纽约文化创意产业从业人员占该城市全部工作人口总数的 12％，伦敦为 14％，东京为 15％。据联合国贸易和发展会议统计，2004 年创意产业占全球 GDP 的 7％，占中、低收入国家 GDP 的 4％，预计 2015 年这一比例将达到

11％。西方发达国家将创意产业作为新一轮抢占软实力制高点的战略任务摆上了国家经济发展的重要日程。

创意产业源于创新理论的推动。熊彼特早年即提出,现代经济发展根源于创新。创新不仅是技术创新,也包括艺术创新和商业创新,是多维创造力的体现。根据文献研究,目前,关于创意产业理论,主要包括:文化创意理论、文化与科技结合论、新创意经济新论、创意产业的截层理论[1]、创意产业的引信理论[2]等理论。理论的成熟使创意产业体系日臻完善。

(二) 创意产业内涵与外延的界定

自 1998 年英国首先提出创意产业以来,许多国家和地区从各自的优势和发展战略出发,对创意产业的内涵作出了解释。

1. 定义为"创意产业"。主要有英国、新西兰、新加坡、中国香港等国家和地区的专家、学者,包括霍金斯、凯夫斯、托斯等专家以及美国密苏里州经济研究与信息中心等学术组织等,将创意产业定义为"是从个人的创造力、技能和天分中获取发展力,通过知识产权的开发和运用,创造潜在财富和就业机会的产业"。

2. 定义为"版权产业"。以美国为代表,包括澳大利亚、加拿大等。这一概念包含所有与知识产权有关的产业,更侧重创意产业的知识内容和市场权益,高度关注知识产权的属性。关注焦点则更集中在具有知识产权的创意经济上。

3. 定义为"文化产业"。主要有中国、韩国、芬兰等。提出文化产业具有产业的共性,即像其他一般产业一样,与工业化和社会化大生产相联系,可以批量生产并产生规模效益。

4. 定义为"文化创意产业"。我国的台湾、北京等地区和城市及丹麦等。它集合了文化产业和创意产业两个概念于一身,也弥补了文化产业概念的不足。此外,还有内容产业、体验经济、现代服务业等其他若干概念。

---

① 张京成:《中国创意产业发展报告》(2007),中国经济出版社,2007 年 3 月,90 页。
② 张京成:《中国创意产业发展报告》(2007),中国经济出版社,2007 年 3 月,91 页。

根据国内外专家学者的研究成果，我们将创意产业定义为：创意产业是基于智力资本、源于创意者阶层个人才能、以知识产权为保障，以创意思维、技巧和艺术等手段对资源整合、创新为途径，来创造价值和财富，以满足人们精神和物质需求，为经济可持续发展注入动力并提供就业机会的新兴产业。

创意产业的核心要素是创意，是科技和艺术结合的创造是技术创新和人文创新的集成，是一种新兴的产业。因此，创意产业具有双重特征和属性，具有一般产业的一般特征。主要包括：创意的可生产性和商品性；高度融合性；超强的渗透性；高度依赖保护性；资本的无形性；管理的耗散性和宽容性及高风险与高收益性。

（三）创意产业的产生是知识经济发展和社会进步的必然

创意产业是在全球产业结构调整和升级的背景下发展起来的，是衡量一个国家或地区产业结构、经济活力、城市功能和消费水平的重要标志之一。

随着知识经济时代的到来，推动经济社会发展的核心经济要素由农业经济和工业经济时代的土地和资本转变为知识和智力资本，这就为创意产业成长为一种新的产业形态提供了条件。知识经济条件下，创造社会财富不再依靠一定技术条件下的无差别的人类劳动，而是倚重蕴藏在无差别人类中的创意和产业的知识含量，经济增长是以知识的生产、创意的激发为主要源泉。知识经济为创意产业的诞生提供了可能性，并不断推动其壮大。

从国际经验发展实践看，人均 GDP 超过 3000 美元后，人们对于文化创意型产品与服务的需求将开始加速增长。发达国家经过高度工业化后，以生产为主的经济类型转变为以消费为主的经济类型。进入了消费社会，产生了一批超出维持社会生活水准的消费者，他们不但消费物质产品，而且消费时装、影像、电视、品牌、旅行、欲望，甚至消费符号，消费模糊了物质和精神的界限。这种价值观的产生，客观上呼唤社会经济组织以产业方式，批量生产适合于消费者的创意产品和服务。消费社会为创意产业的诞生提供了必然性，且继续支撑其发展。

（四）发展创意产业对辽宁的现实意义

以创新创意为核心的诚意产业的迅速成长，已经成长为许多国家和地区产业发展的普遍趋势。认真研究创意产业发展规律，分析我省现状，提出发展创意产业思路与对策，对于促进辽宁老工业基地振兴具有重大意义。

1. 发展创意产业是辽宁老产业升级的必然选择。辽宁是工业大省，原材料工业和装备制造业占较大比重，对土地、资源有着巨大消耗和需求，创意产业以智力为资本，知识密集，附加值高，能够不受土地、资源等制约，具有可持续发展优势。创意产业的融合性强，能够将技术、商业、创造和文化融为一体，使制造业特别是装备制造业得以延伸，有利于拓展辽宁"两大基地"的发展空间，有利于推动辽宁老工业基地的产业升级。

2. 发展创意产业是转变经济增长方式的有效路径。从产业链结构分析，我省装备制造业主要集中在附加值较低的中下游产业，劳动密集，科技含量低，附加值不高。把创意产业作为装备制造业发展的引擎，将推动我省经济增长由投资拉动型向创新驱动型转变，由粗放外延型向集约内涵型转变。

3. 发展创意产业是实施自主创新战略的有效载体。创意产业推崇创新和个人创造力价值张扬，特别注重对原创知识产权的尊重和保护，这与实施的自主创新，尊重创造力，追求以拥有自主知识产权的"辽宁创造"提升"辽宁制造"的创新战略相一致。通过大力发展创意产业，可以实现辽宁由制造大省向创造大省转变，由品牌大省向名牌大省转变，提升辽宁省的综合竞争力。

4. 发展创意产业是增强我省综合竞争力和软实力的迫切需要。目前，决定城市综合竞争力和软实力的主导因素正由资本、资源的优势转向人才、文化、创新的优势。大力发展创意产业是提升我省"软实力"及综合竞争力的战略措施，也是落实科学发展观、实现产业结构高级化、建设和谐辽宁的必由之路。

5. 发展创意产业是促进高级服务业发展、满足人们日益增长的文化消费的内在要求。发达国家的经验表明，当人均 GDP 超过 3000 美元、第三产业占 GDP 的 40％左右时，人们对文化消费需求进入旺盛期，创意产业发展也进入黄金期。2006 年，我省人均 GDP 已接近 3000 美元，第三产业占 GDP 比重接近 40％，正处于文化消费需求旺盛期和创意产业发展的黄金期。随着人们对创意产品和服务的需求的日益旺盛，将拉动我省文化及创意产业市场的繁荣，同时也促进人们的创意产品消费朝着多元化、多样性和自主选择性方向发展，这又进一步激发了创意产业的潜在市场和巨大的需求空间。

二、我省创意产业现状与外省的比较分析

（一）我省创意产业稳态发展，初具规模

2005 年，我省从业于创意产业的企业总数约为 43224 户，占全省企业总数约为 2.53％；从业人员 159 万人，占全省 2398 万从业人员的 6.6％。据国家文化产业统计研究课题组提供的数据，我省 2004 年有文化产业法人单位 12000 个，从业人员 28.25 万人，资产总计 551.03 亿元，全年营业收入 406.33 亿元，增加值 89.56 亿元，增加值占 GDP 的 1.34％，低于全国平均水平 2.15％的 0.81 个百分点。据对 2005 年辽宁省创意产业估计，总产值约占全省 GDP 比重 2.93％，2006 年约占 3％～4％左右。我省创意产业有以下几个特点：

1. 创意产业增长速度普遍高于传统产业，而且呈加速度发展态势。2006 年，我省创意产业的各行业门类增长速度在 15％以上。其中，增幅最高的是广播影视业。2005 年营业额比上年增长 51.8％，服装增长 41％，软件产业增长 35.3％。截至 2007 年底，文化创意产业实现文化产业增加值 61.5 亿元，比上年增加 20.1％，高于上年同期 5.6 个百分点。广告业发展速度呈加速度态势。广告经营额从 2 亿元到 10 亿元，用了 6 年；从 10 亿元到 20 亿元用了 4 年；从 20 亿到近 30 亿元用了 3 年；从 2004 年到 2006 年，全省广告销售额每年增加 10 亿元。

2. 在文化企业中内资企业是主体[①]，外资企业投资文化产业的较

---

① 《辽宁文化事业统计年鉴 2005》，2006 年 10 月，第 24 页。

少。从全省文化产业和建筑产业资本来源渠道看，内资占有主导优势。目前，全省有内资机构 20834 个，从业人数 76369 人，分别占企业机构数的 99.82％和 99.22％。到 2005 年底，港澳台商投资企业和外商投资企业共 37 家，从业人数为 501 人，只占企业数的 0.25％和 0.2％。

3. 民营文化企业占绝对优势，部分集体企业仍在艰难发展。据对全省文化创意产业统计，全省文化产业单位 3.4 万个，其中民营文化企业 3.2 万个，从业人员为 31.2 万人，其中民营企业文化人员 28.6 万人。从企业数量上看，分别占企业总数的 47.7％和 43.92％。在私营机构中，大连、鞍山、铁岭三个市占全省私营文化企业的 51.65％。其他 11 个市占 48.35％。其他经济成分机构数 9869 个，占 47.3％。国有机构数为 2114 个，从业人数 19734 人，分别占 10％和 33.67％；集体 334 个，人数 1174 人，分别占 1.89％和 2％。

4. 创意产业主要集中在大中城市，有品牌特色和文化底蕴的城市具有明显优势。以旅游业为例，2005 年接待入境旅游人数前 5 名的城市：大连市接待 60 万人次；沈阳市接待 32.65 万人次；丹东市接待 10.35 万人次；鞍山市接待 6.84 万人次；锦州市接待 5.5 万人次。2005 年接待入境旅游外汇收入前 5 名的城市：大连市 4 亿美元，沈阳市 1.72 亿美元，鞍山市 4945.06 万美元，丹东市 3679.55 万美元，锦州 1840.71 万美元。

（二）我省创意产业发展中存在的主要问题

1. 地区发展不平衡，对创意产业的认知度仍需提高。由于受长期计划经济和重化工业观念影响，缺乏对创意产业认同、重视和战略眼光，因而，没有将创意产业纳入主导产业范畴。沈阳、大连等中心城市对创意产业高度重视，发展较快，但在一些中小城市，创意产业还没有摆上领导的工作日程

2. 创意产业单位规模不大，人均经济效能不高。据对全省 20871 个文化文物产业机构分析，平均每户企业 3～4 人。另一方面产出效能较低。2005 年，全省艺术表演团体总产出 1.6 亿元，人均 2.4 万元。盈余相抵为零。

3. 人才数量不多，集体企业及中小城市人才匮乏。从人员及技术

职称构成情况分,在全省文化文物产业机构的 76970 人员中,具有高级职称的 1323 人,占总数的 1.72%;在 334 个集体机构中的 1039 人中,高级职称为零,中级职称的为 0.58%。从各市的职称构成情况看,高级职称超过 100 人以上的市有两个,超过 50 人以上的有 4 个市。在集体企业中,高级职称为零;在中级职称中,除锦州和盘锦各有 3 名中级职称外,其他 14 个市均为零。

4. 缺乏对"金牌"的经营,具有影响的市场名牌较少。突出表现在文化体育事业上。我省是体育金牌大省,获得金牌颇多,但是经济效益不明显。

(三) 我省创意产业与外省市的比较分析

我省创意产业虽然取得了一定成绩,具有明显特色,但是在一些创意产业领域比较薄弱,远远落后与发达省市。

1. 规划比较。我省还没有将创意产业列入发展规划和支柱产业。从 2006 年北京首届创意产业论坛获悉,目前,我国已有 26 个省市将发展创意产业列为支柱产业。制定并出台了"十一五"发展规划和一系列政策措施,并提出了明确的战略目标。例如,北京提出:把北京建设成为中国文化创意之都。上海市的目标是:把上海建设成为充满活力的创意产业之都;争取用 10 年左右的时间,把上海建成亚洲最有影响的创意产业中心之一;用 20 年左右的时间,建成全球最有影响的创意产业中心之一。

2. 总量比较。我省创意产业与发达省市之间差距加大。2006 年,北京文化创意产业产值达到 630 多亿,占全市 GDP 总值的 8.8%;占税收的 17.82%。到 2010 年,预计产值将达到 1 千亿元,GDP 将达到 10%,成为名副其实的支柱产业。上海在 2007 年上半年已形成 75 个创意产业园区,3000 多家创意企业,2.5 万名从业人员。创意产业增加值预计总量将超过 650 亿元,占全市 GDP 的比例 6%。

据对我省创意产业估计,2006 年产值占 GDP 比重约在 3%～4% 左右。我省创意产业园区数量不足。

3. 人才比较。我省创意产业从业人员较少,复合型、高层次的领军人才严重短缺。从全国各省市看,文化产业从业人员,广东拥有 231

万人、浙江 79 万人、山东 75 万人、江苏 72 万人、北京 56 万人和上海 50 万人，六省市合计占全国文化产业从业人员的 56%。到 2007 年，我省文化产业从业人员为 32 万人，广东省是我省的 100 多倍，浙江是我省的 4 倍。特别是既通晓创意产业内容又擅长经营策划、管理和灵感迸发、创意迭出的复合型人才极缺，这将是未来创意产业竞争的焦点。

4. 产业政策比较。我省尚未出台创意产业的相关优惠政策。2006 年 10 月，北京正式公布《北京市文化创意产业投资指导目录》，将文化创意产业分成为鼓励、允许、限制和禁止等类别，实施倾斜和限制政策；北京市《北京市促进文化创意产业的若干政策》，共出台了 8 个方面的鼓励政策。上海市 2006 年 7 月编制了《上海城市创意指数》、《上海创意产业发展重点指南》等，完善了发展创意产业发展的机制和制度，营造了良好的创意产业发展平台和氛围。目前，我省还没有将创意产业列为支柱产业的明确目标，没有具体的政策支持措施。

5. 组织比较。目前，我省创意产业的组织领导体系尚处于发展过程中，统一的行政组织领导体系和产业组织体系尚未形成。

三、辽宁发展创意产业的有利条件

面对全球创意产业蓬勃兴起的历史机遇，作为经济较为发达的省份，辽宁在加快发展创意产业上具有多种有利条件：

（一）辽宁发展创意产业的优势与机遇分析

1. 拥有密集的城市群体。城市功能是创意产业发展的重要平台。我省城市化水平较高，拥有密集的城市群，城市人口占 50% 以上，这在全国也不多见。近年来，城市建设发生了巨大变化，多个城市获得文明城市、环保模范城市、森林城市等荣誉，显现了良好的环境形象。随着经济的快速发展，沈阳、大连、鞍山等城市人均 GDP 已接近或达到 4000 美元。人们对精神型、心理型、艺术型、休闲型、娱乐型的需求越来越多，具备了创意产业形成与发展的市场环境基础。

2. 拥有雄厚的产业基础。我省建立了以重化工业为主体，门类比较齐全，基础比较雄厚的工业体系，石化、冶金、电子信息、机械工业产品在全国占有较大比重，成为我国重要的装备制造业和原材料工业基地。近 10 年来，服务业呈现快速发展态势，占 GDP 比重由 1995 年的 35.9％上升到 2006 年的 38.4％。随着一大批工业企业退出中心城区，为服务业特别是创意产业加快发展开辟了巨大空间。创意产业成为新的经济增长点。文艺演出、艺术培训、文化娱乐、信息音像、图书出版、文博旅游居全国前列。

3. 拥有深厚的文化底蕴。辽宁历史悠久，文化璀璨，红山文化，辽金文化，少数民族文化各具特色，"一宫三陵"、五女山山城、九门口明长城等 6 处世界文化遗产地在海内外颇具影响。具有积淀深厚的钢都、煤都、石油城、化纤城等现代工业文明。形成了领军全国的芭蕾舞、歌剧、话剧和杂技艺术以及特色地方剧目。打造了一批如歌剧《苍原》、话剧《父亲》、《凌河影人》、芭蕾舞剧《二泉映月》、连续四次获得国家舞台艺术十大精品剧目，成为全国获此殊荣最多的省份，五次获得文化部文华大奖，十次获中宣部"五个一"大奖。我省的艺术精品创作在全国处于领先地位。

4. 拥有完备的教育、科研、人才优势。辽宁是全国高等教育和研究机构最为集中的地区之一。集中了东北大学、辽宁大学、鲁迅美术学院等众多知名高等院校和中科院生态所、化物所、金属所等为代表的众多著名科研单位，机器人、纳米技术等众多的顶级科研成果。拥有辽宁人民艺术剧院、辽宁歌剧院、辽宁歌舞团、辽宁芭蕾舞团、沈阳京剧院、沈阳杂技团等多个著名艺术团体。涌现了一大批科技、文化领域的领军人物。人口文化素质不断提高，不仅为创意产业的发展提供了知识储备和人才支撑，也为思想观念更新和产业意识增强创造了条件。

5. 拥有较好的创意产业基础。软件业形成了一定优势。大连软件园已构成相当规模的创意产业园区；沈阳市现有各类软件开发企业近 400 家，软件开发人员两万余人，软件学院 5 所，培训学校 100 余所，软件产业销售收入近 100 亿元。动漫业开始起步。大连被国家批准建立国家动画产业基地和筹建国家动漫游戏产业振兴基地，已吸引了国内 30 多家企业；沈阳数字娱乐软件产业基地已集聚企业 20 多家，产值规模达两亿元。新闻出版业进入全国前列。2003 年，正版音像制品总量就已升到全国前 5 名。岫岩玉石、阜新玛瑙业具有了产业规模，形成了特色产业文化。

（二）我省发展创意产业面临的机遇

1. "软实力"建设成为国家发展战略的重要组成部分。随着社会主义市场经济的发展和全球经济一体化的演进进程，以文化为载体的软实力建设越来越受到党中央的高度重视。党的十五届五中全会通过的《中共中央关于制定国民经济和社会发展第十个五年计划的建议》中第一次以中央"建议"的名义明确提出了"文化产业"这一新概念。党的十六大报告将积极发展文化产业作为全面建设小康社会中文化建设的一重要内容，提出要"完善文化产业政策，支持文化产业发展，增强我国文化产业的整体实力和竞争力"。党的十七大第七部分以"推动社会主义文化大发展大繁荣"为题，明确提出了当前文化建设的总的战略中心和战略思路，明确了当期文化建设的主要任务，并从建设国家软实力的高度，号召要兴起社会主义文化建设的新高潮。党和国家的号召和政策支持必将极大地促进我国文化产业的发展，也为辽宁创意产业的发展带来新的机遇。

2. 经济全球化带来的国际机遇。首先是经济全球化将发达国家发起的、在知识经济推动下的经济与文化一体化的浪潮带入中国。作为这两股潮流的产物——创意产业必将获得更快的发展，从而为辽宁创意产业的发展带来巨大的发展机遇。其次，随着外资企业和人才的进入，将可以为我省企业带来先进的文化产业经营管理理念、经营管理方法和管理制度，从而加速我省创意产业的产业化步伐。再次，巨大的国际市场需求将克服中国文化市场暂时需求不足的困扰。如果能够确立全球化导向的发展战略，借助国际市场发展本土创意产业将是一条有效的途径。

3. 居民文化需求日益提高。2005 年，我省城镇居民人均可支配收入 9107.6 元（列第 15 位），农村居民人均纯收入也达到了 3690.2（第 9 位）；2006 年，辽宁省人均 GDP 达到 21788 人民币，已接近 3000 美元，城市居民可支配人均收入达到 10369.61 元人民币，农民人均纯收入也达到 4094.4 元。随着我省经济持续稳步发展，在未来的几年收入将进一步提高，人们对文化创业产品的需求将呈不断增长的趋势。

另外，随着辽宁省城市化建设步伐的加快，以沈阳、大连等国际化大都市为中心的城市群的迅速崛起，进一步加速了辽宁省城市化的步伐，特别是"五点一线"发展战略的实施，一批新型城市群将逐步形成，这为辽宁创意产业发展和改革开放创造了历史机遇和新的发展空间。

四、发展我省创意产业的对策建议

（一）加强组织领导

1. 成立省创意产业发展领导小组，全面领导全省创意产业发展。领导小组下设综合办公室，负责创意产业发展规划、政策制定、综合协调、环境营造等工作。同时，成立若干专业机构和行业组织，负责各个行业管理和协调工作，制定产业政策，发布创意产业指南，引导规范我省创意产业健康发展。同时，将发展创意产业纳入政府工作日程，推动文化产业发展。

2. 组建新型职能部门。为全面实现创意产业振兴，可大胆借鉴韩国设立专门文化主管部门和各种协调机构的做法。首先要建立政府主管职能机构。例如，韩国建立文化观光部，负责制定创意产业发展基本政策以及与版权、图书馆及博物馆业务有关的政策；下设文化政策局，负责支持文化艺术创作活动，维护国民的文化艺术享受权并制定相关的艺术政策；艺术局，负责电影、影像、游戏、音乐、出版、动画片、广播、广告等各个方面的基础设施建设，文化产业局，负责专业人才的培养，高附加值文化产品的开发以及国际市场的开发等。

3. 建立协调机构。例如，韩国建立游戏产业振兴中心、影音分轨公司，这是政府特别成立的经营性公司，对创意产业产品翻译为外语和制作的费用给予定额或全额补助。我省可建立相应的协调机构和中介机构，对创意产业发展给予支持。

4. 建立研发机构。例如，韩国建立文化产业振兴院。其宗旨是贯彻韩国发展文化产业的政策措施，构筑韩国文化产业创作基地，培养文化产业人才，促进韩国文化产品的开发制作、流通、市场营销以及国外市场的开拓。其日常工作主要是发掘各种文化内容；为文化产品的策划、制作、流通、吸引投资、促进出口等提供全面服务；对文化产业整体发展进行系统化管理。

5. 建立政府职能部门服务制度。政府其他相关部门对韩国文化产业的发展也大力提供支持，如产业资源部提供进军海外和产业界的资金支援，科学技术部提供文化技术开发支援，情报通信部提供 IT 基础环境支持和基层技术支持，教育部提供文化产业人才培育支持，财务经济部提供税收优惠方面的支持，统计部提供文化产业发展状况的数据支持等。此外，大学（人才培养/研究开发）、行业协会（行业自律/支持开发）和市民团体及消费者群体（参与文化活动/形成文化自律社区）也都积极参与韩国文化产业的振兴与发展。这一系列机构共同形成韩国文化产业的管理机制。

6. 发挥政府采购政策的带动作用。建立政府对战略性原创产品采购制度。把具有自主知识产权的创意产品纳入政府采购自主创新产品目录，给予自主创新产品优先待遇，用购买制度来支持战略主导产业的发展。每年投入的资金要列入财政预算，作为经济增长点进行投入。我省可以参考以上做法，结合实际来选择决策并实施。

（二）制定创意产业发展规划

建议责成规划部门迅速开展调研，制定辽宁创意产业发展"十五"发展规划。明确发展目标，把辽宁建设成为中国创意产业领先省之一，把沈阳、大连等中心城市建成东北创意产业中心。重点支持沈阳、大连、鞍山等条件优越、产业基础好的城市，以建设创意产业集聚园区为载体，培育创意产业品牌，拉长产业链。同时鼓励其他中小城镇发展特色创意产业。

（三）健全创意产业法规、政策体系

1. 出台产业政策文件。出台《发展创意产业行动方案》、《加快创意产业发展指导意见》、《创意产业基地（或集聚区）发展规划》、《创意产业基地（或集聚区）建设标准》和《创意企业（机构）认定办法》等，以及配套产业发展规划及指导意见，如《文化产业发展规划》、《动漫和互联网游戏产业发展规划》、《加快动漫和互联网游戏产业发展指导意见》、《知识产权战略纲要》、《创意产业投资指导目录》等。

2. 提供具体扶持政策。放宽市场准入，提供减免税收、提供贷款支持、加大政府扶持力度等。

3. 实施多元支持措施。由财政出资设立产业发展专项（指导）基金或风险投资（或创业孵化）基金，鼓励符合条件的企业进入资本市场，建立创意产业项目开发政策性贷款平台。给予创意企业高新技术（软件）企业认定，享受国家相关优惠政策；按照相关规定及时足额返还所得税和增值税；奖励原创作品、国际（国家）获奖作品和"优秀创意产业项目"。

（四）搭建创意产业加速发展平台

1. 创业孵化的硬件平台。强化创意产业园管理和软环境建设，为入驻企业创造适宜、整洁、安静的环境。

2. 增值服务的软件平台。提供人力资源规划、公共关系策划、财务体系设置、法律事务咨询、战略发展计划、信息技术支持、办公后勤保障、融资模型设计、市场业务拓展等专业咨询服务。

3. 风险投资的网络平台。帮助投资者和企业与政府资金、海外资金等渠道搭建对接平台，与风险投资机构建立紧密的战略合作关系。

4. 公共技术平台。建设工业设计中心、技术研究中心、企业创新中心和企业孵化中心等科技创新平台，提高行业技术水平和技术储备。

5. 公共信息平台。建立信息交流平台和公共数据库，实现资源共享。

6. 版权交易平台。建立集产权登记、展示、发布、保护、策划、交易、服务于一身的版权中心，促进具有辽宁特色的优秀创意产品在国内外推广和传播。

7. 人才交流平台和培训基地。促进业内人才交流和结构的合理调整。积极开展与著名大学的人才培训合作，吸引相关专业毕业生在创意园发展，鼓励大学博士后流动站与企业对接。创办创意学院、创意专业等，培养人才。

（五）创新管理制度，推行"产、官、学"结合管理模式

借鉴日本、韩国经济界形成的"产、官、学"的发展模式，即企业通过与政府及研究机构的合作来谋求发展，政府负责提供政策支持、研究机构负责提供市场预测、发展前景等信息支持，企业则利用此优势充分发展。

另外，要努力营造大力发展创意产业的议论氛围。在全省开展发展创意产业的主题活动；充分利用新闻宣传等多种渠道传播"创意"，将创意的理念推向社会，激发全社会创意热情；充分利用中国东北文化产业博览会、"制博会"等活动平台，广泛开展创意项目招商引资、产品交易、作品展演展示、主题论坛活动。吸引全国乃至全世界的设计名家落户辽宁。

课题组成员：辽宁省发展和改革委员会　胡建阳
　　　　　　辽宁省振兴办产业组　赵小曼
　　　　　　辽宁经济管理干部学院　丁立义
　　　　　　沈阳航空工业学院　张　强
　　　　　　国务院振兴东北办　彭会军

振兴沈阳老工业基地实践分析与模式选择

一、沈阳老工业基地振兴发展目标与产业定位实践模式分析

（一）地区功能目标与产业定位的关系

经济区的功能目标是产业定位的依据，产业定位服务于功能目标的有效实现。区域内的产业类型一般具有相关性和多样性两种特征，这两种特征的有效发挥都将对地区功能目标的实现产生有利影响。

1. 产业定位的相关性，丰富和完善了城市功能目标的内容，增强了目标实现的科学性。产业定位的相关性，是指同一产业的若干企业以及该产业的相关产业和支持性产业的企业，基于地缘关系，在形成产业技术链、价值链和供应链的基础上，既竞争又合作，既相互学习又相互保密，在地缘上相互靠近的产业群落。例如，沈阳经济区要成为装备制造业基地，必须建立起与之相配套的装备制造业研发中心、零部件生产基地、重要的物流中心等相关产业。现代服务业的发展则需要辅之以知识产业（广告、教育、设计、媒体、中介等行业）、信息（IT）产业和研发产业等相关产业的发展。

产业集群实际一上是把产业发展与区域经济通过专业化分工和便利的交易有效地结合起来，从而形成一种新的生产组织方式。纵观国际上的经验，产业集群对国家和区域发展具有多方面积极影响，成为提高国家国际竞争力，促进城市和区域经济增长的源泉。事实证明，改革开放

以来，广东的东莞、江苏的苏州、浙江的绍兴等产业集群集中的城市，经济发展大都以 20％ 的速度迅猛增长。产业集群可以带动新兴工业化和产业结构的升级换代，有利于缩小区域差距，实现区域经济的协调发展，产业集群还有利于促进循环经济的发展，节约能源，实现污染的集中治理。此外，产业集群有利于构建区域创新系统、促进企业技术创新，不断提高生产力。产业集群促进了交流也强化了竞争，因而为创新创造了条件，也创造了需求。事实上，几乎所有的产业集群都处于技术创新的中心，带动了一定范围内的技术进步。

2. 产业定位的多样性，增强了实现区域功能目标的稳定性。一个具有区域发展中心地位的城市，它的功能目标应该是具有整体性的，决定了这个城市产业定位的多样性。如果一个城市的发展路径过于单一，随着这种单一资源的枯竭或者科学技术的发展，这种路径极有可能失去竞争力而导致城市经济发展的滞后，这种现象对于一个地区的经济发展中心城市来说，在进行产业定位时尤其需要避免和克服。在进行产业定位时既要设定若干反映地区发展特色的主导产业，也要设定与地区主导产业具有一定关联性、具备相当发展潜力的支撑性产业。只有在突出重点的基础上，实现了产业定位的多样性，才能不断完美城市发展的血脉，壮大城市发展的动力，增强实现城市功能目标的稳定性。

以上海为例，在改革开放之前，作为一个大型工商业城市，上海的制造业具有良好基础，成为许多进口替代项目的发展基地。随着改革开放以后城市功能的不断转换，现代服务业逐渐成为上海的城市主导功能。与此同时，随着外资的大量注入，上海原有的制造业产业结构逐渐优化，产品的技术含量不断上升。上海逐渐形成了以信息、金融、贸易、汽车制造、大型成套设备制造、房地产业为 6 大支柱产业，以生物制药、新材料、环保、现代物流业为 4 大新兴产业，以石化、钢铁为 2 大基础产业的国际大都市产业体系。这一产业体系体现了以现代服务业为支柱、新兴产业为前瞻、基础产业为配套的产业群，从而使上海的功能目标稳定地构筑在多样性的价值体系基础之上。

上海多样化的城市功能定位为沈阳经济区的产业定位和发展提供了一定的借鉴意义。目前沈阳市政府制定的沈阳经济区整体发展目标是：

做强五大产业，建设四位一体城市。具体内容包括：在不断完善老工业基地调整改造的基础上，集中做强汽车及零部件、装备制造、电子信息、化工医药和农产品加工五大产业，积极推进新型工业城市、先进文化城市、模范生态城市、法治诚信城市等"四位一体"的城市建设，把沈阳建成全国装备制造业中心、东北地区商贸物流和金融中心，成为带动辽宁乃至东北地区实现全面振兴的重要增长极（中国城市年度报告2005年）。可以看出，相比较上海的城市功能定位，沈阳经济区目前的功能定位还略显笼统。在五大产业中，哪些是应该重点优先发展的支柱产业？哪些产业可以成为与支柱性产业配套的支撑性产业？传统的冶炼、石化等产业如何与新兴产业相协调？这些问题都有待在详细调研和科学分析的基础上做出更为具体的阐述和定位。

（二）沈阳老工业基地经济社会发展现状评价

1. 地区生产总值（GDP）及三次产业所占比例。近几年，沈阳第一产业的比例逐年下降，第二产业的比例逐年上升，第三产业则是先升后降。第一产业的比例下降是符合经济发展规律，随着工业化程度的加深，第一产业的整个地区生产总值的比例将继续逐年下降。第二产业的逐年上升和第三产业的先升后降是沈阳实施工业立市战略的具体体现。

2. 人口规模及就业状况。近几年，沈阳市第一、二产业就业比例逐年下降，第三产业就业比例不断增高。2003年沈阳全市开发就业岗位12.2万个，实现就业和再就业21.4万人，其中失业人员实现再就业9.9万人，下岗职工实现再就业11.5万人。

3. 交通状况。沈阳铁路枢纽是全国较大的铁路枢纽之一，四通八达的铁路是沈阳对外联系的重要桥梁和纽带。

4. 商贸物流产业运行状况。截止到目前，沈阳已初步形成不同所有制形式、不同经营模式和不同经营规模的专业物流企业共同发展的格局。与此同时，东北区域物流中心发展框架正在形成，围绕支柱行业和主导产业，初步形成了东北区域、辽宁省域、沈阳周边城市群和城乡四个层次圈的物流体系。

5. 城市竞争力状况。根据2005年中国城市竞争力蓝皮书的报告，在全国50个城市中，沈阳的综合竞争力处于中等水平，排在第23位。

综合生产率与综合经济增长率比较高，但综合收入水平、综合市场占有率水平较低，综合就业增长率也居于下游之列。该报告认为，作为一个人口众多的老工业城市，沈阳要保持和不断提升竞争力优势还具有相当大的难度。

（三）沈阳经济社会发展现状同城市定位之间的差距

1. 产业结构水平与生产力水平不相适应，第二产业发展相对滞后。一定的产业结构是建立在一定的生产力发展水平之上的，生产力发展水平决定产业结构发展水平，产业结构的水平体现并影响生产力的发展。著名发展经济学家塞尔奎因和钱纳里对多国发展模型的实证研究表明，代表生产力发展水平的人均 GDP 与三次产业增加值构成之间存在着某种相互关联的规律性关系。

2. 产业发展的规模效益较低，对内凝聚力和对外辐射力不强。要将沈阳打造成东北地区的经济中心城市，大力发展五大产业，必须尽快形成若干产业集群，获取规模效益，提高产业竞争力，增强产业的对内凝聚力和对外辐射力。

3. 新兴产业与传统产业的衔接不紧密。沈阳要成为中国的装备制造业基地，必须在对传统技术更新改造的基础上，依托现代科技，增加研发投入，加大自主产权的占有量，将传统产业赋予新的生命。

4. 人才流失现象严重，制造业人才短缺。沈阳只有充分利用东北振兴的大好机遇，调整提升人才市场机制和整体就业环境，吸引"南飞"的人才"北归"，才能凭借雄厚的人才和技术实力，将沈阳打造成当之无愧的装备制造业基地。同时通过就业环境的改善，带动相关支柱产业的发展，促进城市功能目标的实现。

（四）产业结构调整升级应遵循的原则及调整方向

1. 产业结构调整升级应遵循的原则。经济全球化和中国加入世界贸易组织的大背景，对中国产业结构的调整升级提出了新的要求，这种要求适应于各个层次、各个区域的产业结构调整。

（1）以信息化带动工业化，强化产业的整体竞争力。以信息化带动工业化，造就了中国 21 世纪的产业发展序列：排在第一位的是"战略性基础设施产业"，包括信息基础设施和部分经过选择的工业化时代的基础设施，这类产业可以为所有产业成长和升级提供强大的物质基础。其次是"先导性高新技术战略产业"，主要指信息技术、生物技术产业等。这类产业既可以成为未来处于世界领先地位的本国支柱产业或主导产业，又可以为现今支柱产业和劳动密集型传统产业融入新的技术和装备，通过技术改造，促使其向更高形态转换，向技术集约型方向发展。排在第三、第四位的分别是现今主导或支柱产业以及有比较优势和一定竞争力的劳动密集型传统产业。这项原则对于沈阳改造传统产业具有极强的针对性。沈阳要提高竞争力必须运用高科技、信息化改造传统的优势产业，同时利用技术潜力积极培育能成为先导性的高新技术产业，以及具有发展优势的劳动密集型产业，从而形成多层次的、序列性的产业发展结构。

（2）充分利用外资、外贸推动产业结构调整。要充分认识到目前发达国家正在动用高技术改造劳动密集型产业的事实，把发达国家技术先进的劳动密集型产业，包括高技术产业中的劳动密集型环节转移到国内，同时杜绝那种过度依赖自然资源或是对环境污染严重的产业转移，保障产业结构升级过程中对国内能源矿产资源的节约利用和对环境的保护。

（3）以企业为主体实施国家产业政策。必须充分发挥市场对资源配置的基础性作用，以企业为主体，由企业按照国内外市场需求结构的变化而不是国家计划来进行自主性的生产结构调整。目前沈阳的制度竞争力在全国 50 个城市中的排名靠后，要促进产业结构的调整升级，实现城市功能，政府如何从制度性创新上提供有利因素，成为摆在我们面前的一个严峻课题。

2. 产业结构调整方向。根据产业结构调整升级的基本原则，结合沈阳地区的产业特色，我们将今后沈阳产业结构的调整方向确定如下：

（1）正确定位经济发展阶段，提高第二次产业水平。沈阳市近三年人均 GDP 约为 2500 美元，按照钱纳里的划分正好处于工业化中期阶段。这一阶段是工业发展的加速阶段，这个时期产业结构的特点之一就是第二产业比重高于第三产业，根据这个标准，目前沈阳第二产业（主要指工业）比重明显偏低，因此继续完成工业化进程应该是沈阳市今后相当长一段时间的最主要的任务。

（2）追求规模效益，以产业集群带动传统产业的重构和空间转移。沈阳经济区应当充分利用辽宁中部 7 城市联合的有利契机，综合规划产业集群发展战略，从更大的空间确定沈阳产业的发展重点及地位。其次，工业产品结构的调整要从市场需求出发，考虑城市与乡村对产品需求的差异，对产业的空间布局进行适当调整。核心区应重点以技术密集型的高技术产业及少量无污染的劳动密集型传统产业为主，边缘区则以劳动密集型的传统产业为主。同时，边缘区在接纳来自核心区的产业转移之时，要运用高科技对传统产业的技术进行改造，降低产业的能耗与物耗，提高产品附加值，从而优化区域经济结构，实现最大经济效益。

（五）沈阳经济发展产业定位及发展重点

根据以上分析我们认为，目前沈阳市的宏观产业政策应当是稳定深化第一产业，大力振兴第二产业，优先发展第三产业。

1. 需要继续大力发展的产业

（1）装备制造业：在需要继续大力发展的产业中，首先是装备制造业。装备制造业包括的范围很广，根据沈阳市的产业比较优势和所处的工业化阶段，资本密集型的高加工度行业应当成为这一阶段的主导产业，因此机械、交通运输设备、电子及通信设备应该成为沈阳市制造业发展的主导。目前，沈阳在重型机械、铁路运输车辆、船舶、飞机、数控机床、军事装备及机车配件等领域仍然具有很高的市场份额，今后装备制造业的发展应该集中在这些优势领域。

（2）汽车零部件产业：由于受到广东、海南、重庆、福建、浙江、江苏、安徽、山东等后起地区的威胁，因此，沈阳应当充分利用其机械生产优势将产业发展重点集中在汽车零部件的生产制造方面。通过推进企业合资合作和知识产权转化，尽快缩短同先进汽车零部件企业的差距。实施异地搬迁改造，调整企业布局，逐步建立一个地域相对集中，管理相对独立的高起点、高水平、机制新的现代化汽车零部件制造基地。

（3）医药化工产业：沈阳的医药化工产业具有相当完整的工业体系和强大的工业基础。目前，沈阳化学原料有近 10 个在全球排名前三位的产品群，生物制药处于国际先进水平。沈阳全钢丝子午线轮胎在国内轮胎行业居主导地位，各种高档汽车漆处于国际领先水平，聚氯乙烯糊树脂、气相法白炭黑、子午线轮胎活络模具、高压钢丝编织胶管等系列产品均属国际先进、国内领先水平，产量和生产能力居国内第一。目前，沈阳医药化工企业的生产规模和效益与国外大公司还具有一定的差距，今后要以产业集群的方式带动整体竞争力的提高。通过规划尽快形成以石油化工、氯碱化工、精细化工和特种橡胶制品为重点的大型化工生产基地。沈阳的医药产业要突出两个重点：一是医疗器械，二是制药产业，开发具有独立知识产权的新技术和新产品。要依托现有的医药化工新产品研发资源，围绕化工医药中间体、新型化工原料及高档工业添加剂、高性能橡胶制品等，不断推出拥有自主知识产权的产品、技术和服务。

（4）电子信息产业：电子信息产业作为高兴技术产业，为经济发展注入了巨大活力。沈阳最早依托高校的研发势力发展了地区电子信息产业，并取得了骄人的成绩。但是由于目前沈阳市的电子信息产品还没有形成规模生产能力，经济效益尚未完全显现，作为国民经济支柱产业的作用尚不突出。同时由于核心技术仍严重依赖进口，成本费用过高，导致盈利能力不足，总体产业规模还比较小，缺少实力强大的龙头企业。沈阳市电子信息产业在发展传统产品的同时，应当结合地区特点和优势，大力提高为装备制造业服务的电子信息产品，增强自己独特的竞争优势。

（5）农产品加工业：沈阳市地处东北平原，具有悠久的农业发展历史以及适宜的地理条件，农业发展基础较好。沈阳应继续发挥这种产业优势，在农产品品种和技术上多下工夫，不断提高产品技术含量，避免出现产品雷同现象，提高市场竞争力。例如，目前鞍山地区已形成较具规模的蔬菜生产基地，并已大量进入沈阳市场，沈阳地区的农业发展尤其是蔬菜发展企业应当有针对性地探索自己的特色产品，形成产品品种、价位的多样性和层次化。此外，养殖业是农业发展的重中之重，应该继续大力发展。

2. 需要积极调整的产业

产业结构调整必须兼顾产业对当前经济发展和财政、就业的贡献，必须考虑长期增长潜力和竞争力以及大城市的环境承载力。为此，对于那些技术水平不高、发展空间不大，长期亏损、重污染高消耗以及市场占有率低的行业，如煤炭、黑色和有色金属冶炼、纺织、水泥及其他初加工产业应考虑向周边地区扩散和转移，对部分污染严重的化工产业，印染企业也应及时进行控制和转移。对于沈阳的一些传统产业，诸如啤酒、饮料、纺织、服装等产业要积极进行产业调整，提高产品竞争力。

3. 需要大力扶持与培育的产业

正如前面所论述的那样，一个地区的产业结构应该是层次化的，必须有支柱产业，也必须有接续产业。沈阳作为东北地区的一个多功能的综合性中心城市，都市型产业应当成为今后的发展重点而予以扶持和培育。都市型产业主要包括金融服务业、餐饮商贸业、旅游业、会展业、文化艺术、社区服务以及污染少的劳动密集型及劳动知识密集型产业。都市型产业的大力发展不仅能够繁荣城市经济、增加群众就业，而且能够提高城市的吸引力和对外辐射能力，并为传统产业的发展提供接续力量。此外，环保、生物工程以及信息咨询、中介服务等产业也是需要大力扶持与培育的产业。

四、振兴沈阳老工业基地改善政策环境支持体系对策

（一）改善政策环境存在的主要问题

1. 以行政性审批为核心的投融资管理体制是影响社会性投资的一大障碍。近年来，沈阳市招商引资工作正面临前所未有的大好形势，一方面是在全球制造业加速向中国转移的背景下，沈阳市的区位优势、人才优势、基础设施优势，以及装备制造业和原材料工业的产业基础优势正逐渐显现，另一方面是省内外一批民营企业快速成长，具备了在沈阳市投资大项目的资金和技术实力。然而，现行的投融资体制已不适应形势发展的需要。按投资额划定的分级审批制过于严格，限制了一批大型外商投资项目的投资建设；审批环节手续复杂，周期过长，无形中也加

大了竞争性项目的投资风险。

2. 沉重的"历史包袱"和较高的金融风险极大地限制了本地和域外资本的进入。东北地区国有经济比重大，"历史包袱"沉重，表现为"几多"：老企业和大企业多，中央企业多，离退休职工和富余人员多，国企内部嵌套的"大集体"职工多，银行负债多，企业社会职能多，社会保障欠费多。此外，省内商业银行长期居高不下的不良贷款比率影响了战略投资者的投资信心和正常的金融活动。而彻底解决居高不下的不良贷款比率，降低金融风险，单凭一省之力是不够的。

3. 不同所有制企业面对不平等的政策环境。政策不平等问题则主要集中反映在国债项目、债转股、下岗分流补贴、企业破产政策、进出口权、税收政策和税务稽查活动、技术改造项目融资和财政贴息、国家工程研究中心认定等方面，相对于国有企业而言，民营企业总处于"被政策遗忘的角落"。关于"内外有别"的政策问题，内资企业普遍呼吁国家应对外资企业一视同仁。

4. 贸易政策与通关环境。企业界代表普遍反映国家有关贸易政策需要进一步完善和调整，如东软集团反映在数字医疗设备和核磁共振设备等高端产品领域，目前进口政策呈现出零部件和产成品"关税倒挂"的现象，不利于国内企业零部件生产的本地化和进口替代。出口退税难也是出口企业反映比较集中的问题。开发区的两家日资企业代表特别谈到了国家关于二手进口设备控制过于严格，不利于日本企业向中国内地的产业转移。

5. 工业用地和人才引进问题。据有关部门和企业代表反映，与东南沿海其他地区相比，辽宁省的工业用地指标控制偏严，在一定程度上制约了沈阳市新增投资和改造项目。目前，全省采煤沉陷地区的用地指标问题已经基本解决，但老企业的搬迁改造用地却很难解决。企业还普遍反映，目前企业急需的高技术人才引进还需要政府在一系列配套政策上予以倾斜，如个人收入所得税政策、家属就业、子女就学、搬家安置、购买住房、汽车等大件消费品的消费税政策等需要进行调整。

6. 开发区与老工业基地的投资环境不配套问题。从投资环境特别是产业环境上看，沈阳开发区与长三角、珠三角等地区的开发区相比还存在较大差距，这集中体现在产业集群发展水平、产业配套体系、技术环境、物流体系等方面。大连经济技术开发区的主要产品与老工业基地很难配套，特别是对于开发区内的高新技术产品，难以形成"以整机带动配套，以配套促进整机生产"的"产业生态环境"，以至于开发区内生产的零部件产品也主要是为南方企业来配套。

7. 行政效率和规范性、政策透明度和可预见性问题。企业代表普遍反映，政府（中央政府和地方政府）在改善投资环境方面，除了要放松投资领域的市场准入限制外，还应该简化行政程序，提高行政效率，特别是对于中央直属企业，受条块分割体制的影响，"婆婆"太多，职能交叉，程序繁杂，办事效率不高。此外，政府还应该增强政策的透明度和可预见性。如政府在调整产业政策和贸易政策时，应该为企业留有一定的调整时间，同时，应该通过多种形式和渠道，如通过行业协会等中介组织及时向有关企业传达和讲解。

（二）改善政策环境的若干对策建议

1. 加强法制建设，依法行政，提高政府行政行为的合法性、规范性和科学性。改善投资环境，转变政府职能，说到底是一个如何规范、约束政府行为，使政府决策更加规范化、科学化和民主化的过程。在成熟市场经济社会，法律是规范和约束政府行为的最可靠的制度安排。加大地方性法规、规章以及各级政府及其职能部门的规范性文件的备案审查力度，重点解决违反法律、行政法规的规定设定行政许可、行政收费、行政处罚和行政强制措施。

2. 简化行政程序，提高行政效率，增强政策统一性和透明度，加强监督，塑造"亲商、亲民"的服务型诚信政府。行政效率的高低直接反映一个地区的政府形象和制度环境，是商业投资环境的"窗口"。提高政府（包括中央政府和地方政府）行政效率，简化行政程序是改善投资环境和转变政府职能的头等要务。从根本上解决目前在行政性放权过程中存在的"放小不放大"、"放轻不放重"和"放虚不放实"的问题，政府应通过多种渠道及时向行政相对人公布有关法律、法规和规范性文件，提高政策透明度，并适时召开社会各界参加的沟通座谈会，倾听行政相对人的意见，接受社会监督和问责。要改变"重管理、轻服务"的政府形象，塑造一个"亲商、亲民和诚信"的"服务型政府"形象，为社会投资者营造宽松良好的投资环境。

3. 进行投融资体制改革试点，放松市场进入限制，为老工业基地充分发挥装备制造业和原材料制造业的基础优势创造宽松的条件。在投资领域方面，不仅要充分放开竞争性领域的投资准入限制，而且在一些重要的城市基础设施（道路、桥梁、城市轨道交通等）和公用事业（如供水、供电、供气等）领域，也应逐步向社会性投资放开。但对于具有一定自然垄断特征的投资领域，政府应加强价格和市场行为的监管，以维护正常和公平的市场竞争秩序。政府投资主要集中在公益性和外部性强的领域，严格限制财政性投资进入竞争性领域。政府的公共投资要实行严格的招投标制度，充分利用社会中介组织（如国际知名的会计、咨询、法律等机构）对项目的可行性进行公开和充分论证和审查，接受社会监督。完善多渠道的、开放的融资体系，允许民营和外资企业利用股票、债券、基金等多种金融工具进行项目融资，对于一些重要基础设施项目，允许地方政府发行长期建设债券进行项目融资。政府审批内容主要集中在公益性和外部性强的领域。

4. 尽快解决老工业基地的沉重"历史包袱"问题，开展"降低金融风险改革试点"工作。沈阳老工业基地的振兴离不开原有装备工业和原材料工业基础，而这又涉及到存量资本的"历史包袱"问题。长期积累下来的不良债务、富余人员安置和社会保障体系的资金缺口、解除"企业办社会"的资金缺口、资源型城市发展持续产业的资金缺口和环境保护的资金缺口等"历史包袱"，特别是高负债率造成的金融风险必须尽快加以解决。建议在分清中央政府和地方政府的职责前提下，制定并实施一个整体规划的、资金来源多渠道的、分阶段实施的解决方案。可以先确定一个试点地区（如大型重工业企业相对集中的沈阳市铁西区），通过增加核拨"核呆指标"、债转股、破产、拍卖变现、债权交易、出让土地使用权、发行专项债券等多种形式，集中解决多年遗留的不良债务问题。

5. 为各类企业特别是民营企业和科技型中小企业创造公平的竞争环境。民营经济发展迟缓是东北地区与其他发达地区存在较大差距的一个重要原因。从长期来看，无论是培育新增长点还是利用民间资本来改造国有企业，都需要在政策上为民营资本营造宽松的环境，这样的政策环境包括竞争性领域的市场准入、城市基础设施建设、政策性和商业性融资、国债项目、下岗分流补贴、发行企业债券和股票并上市交易、兼并破产政策等等领域。对于科技型中小企业，政府应该积极予以政策引导和财政扶持。特别是在先进适用型技术的研发、高新技术改造传统制造技术领域，政府应该在研发投入、人才待遇、土地使用、企业孵化、风险投资、产业化融资和所得税等方面予以扶持，并充分利用园区经济的作用，积极引导中小型科技企业形成集聚式发展格局。允许合格的民营科技型企业被认定为国家工程研究中心并享受相应的扶持政策。放宽中小型科技企业的无形资产入股和对外投资的限制性条件。

6. 加快地方国有资产管理体制改革。借鉴珠海国有资产管理体制改革的成功经验，建立区域国有资产经营管理的一整套制度体系，依法解决产权管理、公司治理、经营管理、薪酬激励、监督约束、党建工作等国有资产管理体制改革中的一系列重点和难点问题，实现"管人、管事、管资产"的三结合和"政企、政事、政资"的三分开。实现国有资产管理机构的实体化运作，使之能够切实代表国家履行出资人职责，以解决国有资产所有者缺位问题。充分发挥市场机制的作用，实行国有企业职业经理人资格认定制度。完善国有资产监管体系。

五、沈阳老工业基地改造模式选择与评价指标体系

(一) 老工业基地改造模式选择

由于老工业基地的规模、产业结构、技术水平、资源条件等不尽相同，因此很难选择统一的改造模式。考察了目前老工业基地的现状和未来 15 年的发展趋势，可供选择的改造模式有以下几种：

(1) 综合型模式。这种模式有如下特征：第一，目标的综合性，不过分强调发展某一部分或领域，而是建立较为完整的经济体系。第二，以提高经济效益为中心，改造以提高经济效益为出发点和落脚点，其他方面诸如技术、结构调整等都是提高效益的手段和方法。第三，突出技

术进步，强调加快采用新技术、新工艺、新产品改造工业的作用。第四，既强调突出重点部门又要求各部门之间的协调发展。这一模式适用于特大型工业基地的改造。

（2）技术先导型模式。这一模式首先确定高新技术产业在老工业基地改造中的主导地位，努力提高基地的整体技术水平。它的基本内容是：第一，建立企业追求技术进步的动力机制，使企业通过采用先进技术，获得超额利润，增加经济效益，提高自我积累、自我改造、不断进行技术创新的能力和积极性。第二，坚持以技术引进为推动力，通过消化、吸收、创新，促进加工工业的深度化和结构合理化。对于制造业来说，主要通过对引进技术的消化、吸收和创新，实现引进设备的国产化，并以国产设备装备其他部门，缩短替代进口的时间。第三，加快高新技术的产业化进程，使老工业基地已存在的高新技术产品尽快形成较大生产规模，同时将高新技术全力渗透到传统工业中去，以高新技术改造工业。第四，发挥科研开发机构的作用，扩大工业与科研部门、大专院校的合作，使科学技术尽快转化为现实的生产力，逐步使工业技术进步转移到主要依靠自己研究开发上来。

（3）结构优化型模式。第一，以部门结构高度化为主的模式。这种模式是通过对老工业基地现状的详尽分析和对未来技术经济发展的预测，明确把技术进步快、劳动生产率高、经济效益好的部门（或行业）作为优先发展的对象，同时对技术进步慢、劳动生产率低、经济效益差的部门（或行业、产品）加以限制，以使工业发展产生重大倾斜，使工业结构发生迅速转换。第二，以社会生产组织优化为主的模式。针对工业生产组织的规模不经济和大而全、小而全的现状，通过技术改造、扩建、联合等途径，扩大企业规模和提高规模经济效益，并造就一批能够参与世界竞争的超大型企业；通过对大企业的零部件扩散和辅助、服务性生产的社会化，使大企业和众多的中小企业之间形成专业化协作关系。

（4）推老出新型模式。这种模式的内涵是：一面进行老企业、老工业区的改造，一面建设新的企业和新的工业区，借以构筑老工业基地中新的生长点。第一，通过引进技术或利用国内新技术，扶持和发展新兴行业，借以改造老行业。第二，利用新技术建立新企业或车间，改造老企业和车间。第三，在老工业基地内部建立新产业开发区，并以新区带动老工业区的全面改造。第四，借鉴沿海新兴工业城市的体制、运行机制，对老工业基地的软硬环境进行改造。

（二）老工业基地改造模式评价指标体系

建立评价指标体系是非常必要的。目前尚没有一套完整的评价指标体系，也没有进行过认真的、系统的评价，因而无法对迄今为止的老工业基地改造的效果给出定论。由于沈阳老工业基地改造是一个庞大的工程，因而反映其效果的指标也是十分复杂的，所以指标体系的建立有一定难度。

我们的出发点是：（1）并非建立一套反映城市总体经济活动的指标体系，尽管这些指标都与老工业基地改造效果相关。（2）我们把老工业基地改造看作是一种综合的投入产出活动，所选择的指标尽量直接的反映这一活动效果，尽量舍弃那些间接的评价指标。（3）采用相对值和人均指标，以便在各个老工业基地之间进行比较。（4）这一指标体系是动态的和可调的，不仅随时间变化，个别指标可变更，而且在进行评价时，也可根据实际情况加以调整。此外，还考虑到了统计的简易性和运作的可操作性。

评价指标体系及其权数如下。

（1）工业获利能力指标（15分）：

资产净利率＝税后净利润/平均资产总额（8分）；新增资产利润率＝税后净利润/年平均改造投资（4分）；成本利润率＝税后净利润/ 成本费用总额（3分）。

上述三个指标，分别说明了改造后工业资源配置效率、投资回报状况及投入产出水平，三者结合在一起能够比较合理地反映工业的获利能力。

（2）国有工业企业偿债能力指标（8分）：

资产负债率＝负债总额/资产总额（5分）；利息保障倍数＝（净收益＋利息费用＋所得税）/利息费用（3分）。

（3）工业发展能力指标（15分）：

全员劳动生产率＝年工业增加值/全部职工平均人数（7分）；销售收入增长率＝（本期销售收入－同期销售收入）/同期销售收入（4分）；技术进步经济效益＝年工业增加值的增长额/年总资产增长额（4分）。

（4）工业增长指标（15分）：

工业增加值增长速度（8分）；工业品销售总额增长速度（4分）；工业品外贸总额增长速度（3分）。

（5）改造投资效果指标（15分）：

投资利润率＝年平均利润额/年平均投资总额（6分）；投资收益率＝（年平均利税额＋年折旧额）/年平均投资总额（6分）；综合投资回收期＝总投资/年利税总额（3分）。

（6）技术进步指标（14分）：

生产设备年代系数（4分）；新产品产值率＝新产品产值/全部产品产值（5分）；技术进步对经济增长的贡献率＝技术进步速度/产出增长（5分）；

（7）结构指标（10分）：

新兴工业比重（4分）；制造业在工业中比重（3分）；专业化、协作系数（3分）；

（8）基础设施指标（8分）：

标准公路、铁路长度（3分）；人均水电占有水平（3分）；每百人拥有公交车辆、电话（2分）。

六、振兴沈阳老工业基地战略思路对策

（一）要从区域经济繁荣的角度出发，将沈阳老工业基地建成我国东北新的经济增长极。改革开放以来，沿海地区经济快速发展，形成了珠江三角洲、长江三角洲、京津唐地区等经济增长极。在21世纪头20年的战略机遇期，要实现全面建设小康社会的宏伟目标，经济必须继续保持快速稳定的增长。这既要继续依靠原有快速增长地区的支撑，又需

要新的地区带动。东北老工业基地自然条件较好，生态容量较大，工业基础雄厚，基础设施较为完善，科技实力较强，文化和教育水平较高，发展潜力较大。通过进一步加大改革力度，完善并有效实施老工业基地改造和振兴的扶持政策，沈阳地区有可能成为我国新的经济增长极。

（二）沈阳老工业基地改造振兴与全国经济布局战略性调整和地区协调发展有机结合。全国经济布局的战略性调整和地区协调发展是我国产业与区域政策的重要目标。过去形成的生产力布局和产业分工，在新的时期应该根据比较优势和市场条件的变化，以及全球范围内产业发展和转移的总趋势，以更加开放的思路，进行调整。另一方面，在新的发展阶段，为实现地区协调发展，必须既要重视东西差距问题，又要重视南北差距问题。促进东北地区经济的增长，是减弱南北差距扩大趋势的需要，因而也是地区协调发展的重要内容。

（三）通过积极参与东北亚地区合作和扩大对北开放，建立沈阳地区开放型经济体系。在全球跨区域经济合作日益加强的形势下，东北亚地区的合作显得日益紧迫，推动和加强这一地区合作已经由民间层面逐步上升到政府层面。东北地区是东北亚的地理中枢，是我国参与东北亚区域合作的前沿阵地。同时，东北地区与俄罗斯远东地区的经济结构具有很强的互补性，在石油、森林等资源的开发方面，具有广阔的合作前景。在中国全方位对外开放体系中，目前亟待形成向北开放的新战略。东北地区特殊的区位优势及其已经形成的产业基础，决定了在新的历史条件下，沈阳老工业基地的改造要在积极参与东北亚地区合作和扩大对北开放之中进行。

（四）充分利用现有的机械制造业基础，将沈阳老工业基地改造成为我国重要的装备制造基地。我国制造业基础比较薄弱，重要的机械制造产品很多依赖于进口，难以应对经济全球化背景下，国家间竞争日益加剧的挑战。发展装备制造业，直接关系到我国产业竞争力的建立和提高，关系到我国在世界"大棋局"中的地位，是国家战略意志实现的根本保证。同时，在新一轮经济增长和结构调整中，制造业产品尤其是装备制造业产品的国内需求将快速增长。沈阳地区老工业基地的装备制造业特别是重大装备制造业，现在仍具有较强的生产、科研和人才优势；

金属制品、普通机械制造、专用设备制造、交通运输设备制造、电气机械仪器制造、仪器仪表等行业具有很大产量和生产能力，主导产品的技术水平和生产规模在全国机械工业中居于领先地位。重铸东北制造业优势，使之成为我国重要的装备制造业基地，不仅是必要的，也是可能的。

（五）从促进社会发展、增加就业和提高居民生活水平和质量出发，推动沈阳老工业基地改造和振兴。从产出增长为中心向就业增长为中心转变促进就业增长为中心的新型经济成长模式是一个深刻的、复杂的系统工程，涉及政府的宏观政策体系，产业结构优化升级，三次产业的合理布局，传统产业和新兴产业结合等，目前我们现存的土地经营现状（土地利用效益低，原始的野蛮的"圈地"运动）；较之工业而言流通业的严重滞后（大量的外埠、洋品牌等业态的涌入占领了我们的基地，我们本处在发展强势和区位优势因没有打造自己的航母和品牌而几乎丧失）；人力资源由于"官本位"思想作祟而流失严重；中心城市的作用由于政治"恐高症"没能充分发挥等都是要我们深思的重大问题。

（六）要着眼于配套改革，推进沈阳老工业基地国有企业的改革和发展。沈阳老工业基地是我国国有企业最为集中，国有经济比重最高，民营经济发展相对缓慢的地区。在新的历史条件下，我国的市场化程度有了进一步提高，各领域进行配套改革的条件日益具备，全面配套地推进沈阳老工业基地国有企业改革恰逢其时。针对国企改制成本高的问题进行深入调查分析，制定和完善相关配套政策，为国企建立现代企业制度创造条件，进一步推动社会保障制度改革，着力提高参保率和社会保障覆盖面，完善多层系、多种资金来源的社会保障体系，对集团公司进行整顿，符合条件的予以支持，对功能不完善的加快改革和完善，对行政性的集团公司予以撤销，解决对企业多头管理问题，以减轻企业负担，组织现代企业制度有关改革政策和知识方面的培训，加快我市企业建立现代企业制度的步伐。

（七）营造沈阳老工业基地区域创新体系建设环境。大力推进市场改革力度，形成经济区内统一、规范、高效、有序的市场体系。加强创新要素市场建设，促进科技资源要素的有效配置，引入公开、公平、公正的市场竞争机制，培育统一、开放的技术、信息市场；大力吸引跨国公司建立研究开发机构，鼓励以合资、合作的方式组建研发机构、设立研发基金；积极探索吸收外资新渠道，引进关联企业和配套服务项目，延伸产业链，提高利用外资的质量和水平；完善投融资体制，建立风险投资机制，提高区域内创新主体抗风险能力。加快政府职能转变，弱化地区本位思想，建立与区域一体化要求相适应的政务环境。协调整合行政区与经济区之间的利益分配关系，尽快完成由行政区经济模式向政府间接调控下的经济区经济模式的转变；提高政府科技管理和经济管理部门的办事效率和服务质量，政府职能从直接组织实施科技创新项目转移到营造有利于创新的良好政策环境、建设创新基础设施等方面，建设企业型、服务型政府。建设完善统一、稳定、透明、可预见的政策环境。通过财政、税收、准入等一系列优惠、扶持、倾斜政策的制定，鼓励和推动创新活动的开展和创新产业的发展。

（八）大力发展循环经济，建设生态工业。按照生态学原理发展新兴工业区。重点在铁西新区、经济技术开发区、高新技术产业园区、西部工业走廊等新兴工业区域，建设生态工业园区，扩大提升经济总量的同时，降低重点区域的资源消耗及污染物排放。在全市工业企业大力推广清洁生产和按照"生态链条"组织生产，重点关注水资源、能源消耗，建设一批节水型、节能型工业企业，从而最大限度地提高工业资源能源利用率，重点关注物流较大、环境问题较突出的工业可再利用资源，如电石渣、粉煤灰等。建立促进工业企业发展循环经济的政策法规体系。制定工业企业发展循环经济的相关优惠政策，给予符合循环经济要求的生产者及其技术和产品以最大限度的政策支持，包括节能、节水产品的税收优惠政策，促进节能、节水的价格政策，实施生产者责任制的收费政策，完善再生资源回收利用的税收优惠政策等。

（九）开展国际科技合作，参与服务贸易竞争，实现沈阳老工业基地科学技术的跨越式发展。建立和完善全球化的国际科技合作渠道网络和国际科技合作中介体系，通过组织多种形式的重大国际科技交流，对接洽谈等活动，为我市老工业基地改造，振兴创造国际科技合作的交流平台，形成吸引人才，资金，项目等国际科技资源流向沈阳的优良环境；制定鼓励在沈设立中外合作研发机构的相关政策，制定鼓励跨国公司投资装备制造业和高新技术产业的相关政策，积极鼓励世界 500 强企业在我市建立多种合作模式的研发中心，并吸引其在我市投资兴业，通过合资合作，加强对引进技术的消化吸收，提高自主创新能力，促进技术跨越式发展；研究制定鼓励国外高层次，支持我市高新技术企业集团开拓国际市场，扩大技术与产品出口，加大派出力度，鼓励我市科技人员参与科学研究，技术培训等多种形式的国际科技合作。

（十）进一步发挥沈阳在辽宁中部城市群区域一体化中作用，强力推进沈阳经济区建设。辽宁中部城市群区域一体化进程的发展，很大程度上取决于中心城市的发展，取决于其能否为周边城市的发展提供更好的服务与支持。在这方面，沈阳应进一步发挥"龙头"作用或带动作用，这主要表现在两个方面：一是沈阳市应从加快辽宁中部城市群区域一体化的角度把自身做强做大，提高自己在辽宁中部城市群中的能级差，真正成为具有强大竞争力和区域认同感的现代化区域性中心城市；二是沈阳应从中心城市与城市群协调发展的角度，进一步强化作为区域性中心城市的使命感，通过加强对整个城市群的融入意识和服务功能，切实有益于辽宁中部城市群的协调发展。因此，应强化两个方面的服务：一方面要强化沈阳中心城市对辽宁中部城市群的功能性服务，在推进金融国际化、信息产业化和旅游一体化的同时，强化区域性金融中心、信息中心和旅游中心对辽宁中部城市群的服务功能。如为周边城市提供包括银行保险、资本市场在内的金融服务，提供便捷的信息服务，通过旅游联合体提供旅游业发展的良好条件等。在加快基础设施建设的同时，强化交通枢纽对辽宁中部城市群的服务功能。特别是在高速公路、城际铁路、轨道交通、地铁建设，以及航空港、电网、天然气网、分质供水网等的建设方面，加强与辽宁中部城市群各城市之间的合作。另一方面要强化沈阳中心城市对辽宁中部城市群的基础性服务。要增强沈阳作为区域性中心城市的集聚和辐射功能，发挥沈阳在辽宁中部城市群中的增长极作用，沈阳应成为辽宁率先实现现代化的先导性城市，成为辽宁中部城市群的要素配置中心、产业扩散中心、技术创新中心和信息流转中心。在区域开放方面，要主动减少对辽宁中部城市群某些不利于区域整合的行政限制，在人口管理、人才使用、交通管理等各个方面实行更加开放的政策，最终朝着人口流动自由化、人才使用同城化、交通管理一体化的方向发展。

　　　　课题组成员：沈阳市发展和改革委员会　彭　林　杨晨晓　罗　磊

　　　　　　　　　　沈阳理工大学　巴俊宇

　　　　　　　　　　辽宁省经济干部管理学院　杨　光

　　　　　　　　　　辽宁大学　杨志安

　　　　　　　　　　辽宁省政府研究室　杨　洋

沈阳分部经济发展的研究报告

"**十**一五"时期，沈阳要实现建设东北地区中心城市、经济总量进入全国副省级城市"第一集团"、老工业基地全面振兴"三大目标"。实现"三大目标"，必须拓展区域产业空间和城市发展空间，优化区域要素资源配置，推进区域产业结构优化和升级，做大做强城市经济，提升区域整体竞争力，同时还要增强中心城市辐射力和带动力，促进区域协调和可持续发展。

随着国内"总部经济"概念的提出，北京、上海、广州这些全国性的经济中心城市纷纷谋划总部经济的发展战略。武汉、苏州、无锡、青岛、厦门等城市及其中心城区也在制定吸纳跨国公司总部或分支机构的规划，以期在新一轮城市竞争中夺取制高点。在激烈的市场竞争中，沈阳如何选择？突出工业立市战略，还要不要强调都市型工业和软性产业？拓展工业发展空间，还要不要强化都市商贸区和中央商务区的作用？城市仅仅是强化总部经济导向，还是分部经济模式？我们的思路是：以分部经济为基点探索沈阳城市经济发展模式。

一、总部经济和分部经济概述

"总部经济"是近两三年才流行起来的概念。最早提出是北京的部分学者，如北京社科院的赵弘教授，最早在实践方面进行探索的是北京中关村高新技术产业园区，最早把总部经济写入政府文件的是北京市政府。

　　总部经济是指某区域由于特有的资源优势吸引企业将总部在该区域集群布局，将生产制造基地布局在具有比较优势的其他地区，而使企业价值链与区域资源实现最优空间耦合以及由此对该区域经济发展产生重要影响的一种经济形态。

　　总部经济具有如下特点：1. 知识性。企业的总部、分支机构集中了企业价值链中知识含量较高的区段，包括研发策划、市场营销、资本运作、战略管理等。2. 集约性。企业按照收益最大化原则布局产业空间结构，最大限度取得大城市或中心城市服务业发达、智力资源密集的优势，最大效率地利用生产基地土地、劳动力、能源等要素禀赋，形成产业配套体系，最大限度地降低经济运营成本。3. 层次性。总部经济模式在不同城市、不同区域，其产业、功能、规模都各不相同，从而形成不同城市、不同区域之间的合理分工与合作。4. 延展性。总部经济不但能够实现第二产业向第三产业的延展，而且能够实现知识型服务业向一般型服务业的延展以及大城市向小城市、中心城市向周边城市的延伸。5. 辐射性。通过"总部—加工基地"链条实现中心城市的信息、技术、人才等区域资源向周边区域辐射。6. 共赢性。总部经济模式改变了区域之间对同一产业在企业、项目上的要素竞争，实现具备不同资源优势的区域之间通过功能链不同区段的分工与合作，通过资源共享，实现优势互补、共赢发展。

　　分部经济是总部经济概念的延伸。像沈阳这样的区域性中心城市或中等城市在吸纳总部资源时，不应该将目光仅局限于世界 500 强企业总部及其派出机构，应当有更广泛的范围。因为，作为地区性的经济、政治、文化的中心，城市必然聚集一定数量的、与城市等级相对应的、不同领域的总部及分部。

　　所以，区域性中心城市应构建"总部—分部—加工基地"链条，选择分部经济的发展模式。把发展总部经济的重点，放在符合市情和地域特点的、与城市等级相对应的分部经济模式上。

二、沈阳发展分部经济的意义

北京、上海、香港具有多种多样的条件可以吸引一个地区、全国性或跨国公司的总部，全国其他一些城市特别是中小城市吸引小一些区域总部的到来也将会吸引全国性的总部、跨国公司的总部，但把总部经济作为首选模式，条件尚不成熟。这些城市在招商引资、谋划产业结构和区域布局结构调整时应当采取分部经济的思路。

范围大、人口多、城市化水平高、周边城市众多，是沈阳的重要特点，区域发展上的最大制约因素就是土地的集约型和空间的有限性，而最大的优势就是具有丰富的、潜在的经济、社会资源，广阔的相邻城市的福地资源。利用丰富资源在有限地理空间上高度集聚所产生的强大经济效益，可以突破空间有限性对发展的制约。从分部经济的一般性分析出发，立足国情、省情和市情，可以得出结论：发展分部经济是沈阳经济社会发展的战略选择。

（一）发展分部经济有利于促进沈阳知识型服务业和新型工业发展，为沈阳产业结构的优化与升级创造新的条件

产业结构优化升级是指产业结构向协调化和高度化方向演进。产业结构协调化是指在产业发展过程中要合理配置生产要素，协调各产业部门之间的比例关系，促进各种生产要素有效利用，为实现高质量的经济增长打下基础。产业结构高度化是指产业结构从较低水平状态向较高水平状态发展的动态过程，即产业结构向高技术化、高知识化、高资本密集化、高附加值化发展。发展分部经济能够充分发挥沈阳作为中心城市的资源优势，促进沈阳地区产业的协调发展；同时，分部经济具有知识性特点，有助于促进中心城市产业结构的高度化，进而推动沈阳城市经济结构优化升级。

（二）发展分部经济有助于沈阳区域中心城市战略地位的凸现和巩固，为沈阳完善整体功能提供了新的机遇

总部、分部企业聚集的城市一般具有基础设施完善、管理人才集中、信息交流通畅、商业体系发达、生活居住条件优越等特点，总部、分部经济为城市经济发展提供完善中心城市功能的新机遇。

（三）发展分部经济有利于促进辽宁中部城市群经济区一体化进程，为沈阳实现与城市群其他城市的经济合作提供了新的思路

辽宁中部城市群（沈阳）经济区具有很大的发展潜力。七城市山水相连，风俗相近，经济相系，在空间有积聚性、产业上有互补性，已形成以沈阳为中心的 1 小时交通圈，带动了七城市间人口、资金、物资、商品等要素的频繁流动。分部经济能够协调解决在区域合作中，各市仅仅从自身利益出发进行产业规划和招商引资问题，最终形成"总部—分部—加工基地"的新型合作模式，实现区域的共同发展。

（四）发展分部经济有助于加快沈阳中央商务区的建设进程，为沈阳打造中心城市形象开拓了新的境界

分部经济丰富了 CBD 的内涵，是商务经济形态的提升，它是与中央商务区的发展紧密相关的。CBD 是分部经济的空间形式，分部经济是 CBD 的功能要素和具体内容。分部经济实现了 CBD 经济的知识经济属性与具体产业的结合，使相对抽象的 CBD 经济更加具体化，更具有可操作性。从国际上看，总部经济、分部经济都存在于或聚集在 CBD。因为 CBD 不仅拥有齐全的服务功能，而且由健全的金融机构、中介组织，发达的基础设施、通畅的信息交流渠道，使 CBD 内部业态之间互为需求、互相融通，从而使人气指数上升、经营成本下降。这就注定了分部经济要素必然在 CBD 聚集。

分部经济的发展必然带动沈阳 CBD 区域新型服务业的快速发展，从而优化中央商务区的产业结构，提高产业竞争能力。当区域内的"洋凤凰"（世界 500 强、跨国公司的地区总部、分部）、"土凤凰"（中国土生土长的、初具规模并向境外进行扩张的企业集团总部、分部）、"小凤凰"（处于发展中、有潜力、有前景的高科技中小企业）形成聚集效应，就将极大地促进沈阳中央商务区的发展。

（五）发展分部经济有助于提高区域知名度和美誉度，为沈阳展示城市形象提供了新的窗口

随着分部经济概念的形成和分部经济规划的实施，将带动一大批行政部门和大企业、集团总部入驻，形成具有行政办公、金融贸易、会议

展示、文化娱乐、旅游服务等多种功能的城市新中心。建设总部基地、分部基地是沈阳对外开放程度和经济实力的象征，是现代化区域中心城市的重要标志，这对于建设区域中心城市、提升城市形象、带动辽宁中部城市群经济的繁荣等，都有着不可估量的影响。

三、沈阳分部经济发展的现状

沈阳市发展分部经济起步虽晚，但凭借得天独厚的区位优势，凭借丰厚的文化底蕴和产业基础，特别是招商引资力度的空前巨大。近年来，来沈设立分部的企业不断增多，正呈现着良好的发展态势。可以说，分部经济的雏形正在形成并逐渐走向成熟。

把企业行政、研发、销售等高级管理人员办事机构设在我市，在外市至少有1家以上分支机构的企业作为统计对象。截止2005年底，全市有各类企业总部、分部200多家。其中，母公司为世界500强企业的21家，中国500强企业的21家；营销总部97家、投资总部61家；注册资金在1000万元以上的135家。今年1月有关部门发布的统计数字显示，已有70多个国家和地区相继来沈投资兴办企业，外商直接投资86亿美元，世界500强企业中，已有33家在沈阳兴办40余个项目。其中包括：美国的通用汽车、通用电气，德国的巴斯夫、宝马，法国的米其林、家乐福，日本的东芝、三洋，韩国的LG等公司。沈阳机床等一批沈阳本土企业正陆续成长为总部在沈阳，加工在国内外的企业集团，一批外地企业集群正逐渐将总部或分部迁至沈阳，一批跨国公司正在考虑将中国地区总部、研发中心设在沈阳，以集团总部带动的经济增长正在形成规模。金融商贸开发区和南北金廊、东西银带作为总部、分部驻在地的主要载体，逐渐显现规模效应。

从行业分布来看，来沈公司分部主要集中于第三产业的商贸、金融、餐饮娱乐、商品零售和房地产等五个领域，尤其以金融业的发展势头最好。

沈阳市已有的分部经济基础将对企业总部、分部的聚集产生一定的示范效应。沈阳聚集了辽宁省各种类型的机关事业单位。除了它们本身的具有分部经济的特性外，还对发展分部经济发挥了一定的功能性作用。因为这类机构往往是经济发展的管理者、调控者和信息源。而企业临近此类机构布局，往往可以比较容易地获得经济发展所需要的资源，众多工商企业的聚集必然也会产生一种示范和"滚雪球"效应。

四、沈阳发展分部经济的条件

（一）独特的行政资源优势有利于分部经济发展

沈阳是辽宁省省会城市和政治、行政中心，历来又是东北重要的政治、经济、文化中心和重要的商贸中心。这种地位带来的基础设施的完善性、政策资源的可获得性、行政支持与政府公共服务的便捷性、社会秩序的可保障性有着明显的优势，有利于分部经济在沈阳的发展。由此形成的政府政策资源、信息资源是其他地区不可替代又无法比拟的。各类省、市党政机关、政法机关和军警机关虽然够不上纯粹经济意义上的"总部"，但对企业的集聚有一定的吸引作用。

（二）独特的中央商务区优势有利于分部经济发展

中央商务区（CBD）作为城市的中心区域，是金融商贸极为发达的地区，不仅汇聚了现代服务业的高级形态，而且集中了现代大都市的恢弘建筑。在经济全球化、区域经济一体化、知识经济快速发展的条件下，中央商务区有着以地区开放结点带动区域经济融入世界的作用，以知识密集产业带动生产加工业改造、提升和加快发展的作用，使之焕发了巨大的辐射带动作用。

几年来，沈河区依托沈阳金融商贸开发区，使 CBD 建设取得了长足进步，方圆大厦等标志性建筑已经投入使用，目前，韩国韩亚银行、中小企业银行和日本三菱银行代表处等 10 余家外资金融机构和非银行金融机构进驻了 CBD，中外金融机构总数已达到 30 余家，澳大利亚辉煌集团中国总部等各类楼宇项目 205 个。

（三）独特的金廊区位优势有利于分部经济发展

金廊即"中央都市走廊"。它北起北陵公园，经市政府，南跨浑河绿化带，到达南三环；东起黑龙江街－敬宾街－奉天街－五爱街－富民街，西至黄河大街—三经街—三好街，总面积 30 多平方公里，平均宽度 1—2 公里，全长 17 公里。建设金廊，可以为沈阳的金融贸易、文化、会展、跨国公司、管理控制机构提供发展空间。

（四）经济总量和产业结构优势有利于分部经济发展

沈阳市充分利用国家振兴东北老工业基地的有利时机，以"工业立市"为强大推动力，全面完成了"十五"计划所确定的各项经济发展目标。"十五"时期始终保持两位数增长，年均增长 13.8％。2005 年，实现地区生产总值 2240 亿元，比上年增长 16％，比 2000 年增长 90.5％。地方经济实力不断壮大，2005 年完成地方财政收入 181.5 亿元，比上年增长 30.1％，比 2000 年增长 2.8 倍，年均增长 30.8％，连续 5 年保持 30％以上的增速。

（五）对外开放优势有利于分部经济发展

通过"走出去"、"请进来"，沈阳的知名度和影响力不断提高，已经成为国内外投资者聚焦的城市。在沈阳经商的南方人已经超过 40 万，全市固定资产投资的 50％来自外埠企业。累计批准外资企业 1 万余家，世界 500 强企业有 46 户在沈投资设立 68 家企业。2005 年，全市实际利用外资达到 21.2 亿美元，按可比口径是 2000 年的 5 倍，占全省的 60％以上。对外开放不仅为沈阳的振兴注入了新的活力，而且推动了人们思想观念和社会结构的变化。

（六）总体的经济社会结构优势有利于分部经济发展

沈阳具有比较全面的经济结构和社会事业结构。产业涵盖工业、商业、金融等部门，具有包括教育、科技、文化、体育、卫生等在内的比较全面的社会事业结构。通过深化改革，近千户国有企业完成了产权结构调整，一大批骨干企业焕发了青春和活力，尤其是老工业基地最具代表性的铁西老工业区发生了巨大变化，探索出了一条振兴的新路子。同时，雄厚的教育、科研实力，能够为发展分部经济提供强大的智力支持，这对于发展分部经济也是必不可少的条件，为沈阳发展分部经济奠定了牢固的基础。

五、沈阳发展分部经济的总体思路

沈阳发展分部经济必须考虑国际和国内两个方面的发展态势。从国际经济发展的态势看，经济全球化趋势深入发展，科技进步日新月异，知识经济方兴未艾，生产要素流动和产业转移加快，外部环境整体上对沈阳加快发展有利，但同时也要看到沈阳在整体经济地位上与国际上发达城市比较仍有较大的差距。从国内经济发展的环境看，社会政治保持长期稳定，市场经济体制逐步完善，东北振兴的政策效应和沿海开放的市场效应开始显现，产业结构调整和城市化进程加快，区域发展格局正在发生深刻变化，这为沈阳拓展了新的发展空间提出新的要求，也对沈阳当前保持连续的大发展、快发展提出了更高的要求。而由于沈阳是老工业基地，城市的发展目标与城市功能地位、发展需求与资源环境的矛盾还比较突出；经济增长方式还没有根本转变；经济结构还有待优化；自主创新能力还不强，这是沈阳在发展分部经济中需要重点解决的全局性的战略问题。

(一) 发展分部经济的指导思想

以科学发展观为指导，以产业结构调整为重点，以产业布局、产业链建设和重点企业发展为突破，大力优化发展环境和政务服务手段，提升城市综合服务功能，努力促使一批国内外知名企业总部或分支机构扎根沈阳，充分发挥企业总部、分部集聚优势和辐射优势，增强区域综合竞争力和辐射带动力，逐步将沈阳建设成为立足辽宁、面向东北经济区和环渤海经济圈重要的分部经济集聚中心。

(二) 发展分部经济的目标

培育一批有利于增强经济发展后劲的总部、分部企业，把沈阳建设成为中国东北的区域性企业总部、分部集聚中心。

(三) 发展分部经济的原则

发展的原则就是要正确认识并处理好四个关系：

1. 在发展分部经济过程中，培育与引进的关系。既培育和留住本地企业，推动区域内规模企业、品牌企业、优势企业总部性质机构率先进入中心城市总部、分部集中区，又引进各类外埠企业，大力吸纳各类外埠、境外制造型、服务型企业来沈阳设立地区总部、分支机构或办事处。特别是做好区域分工，实现错位竞争，是需要深入研究的问题。

2. 在发展分部经济过程中，中心城区与 CBD 的关系。和平区、沈河区等中心城区面积不大但第三产业集中，这些地区又划分为几大商圈，金融商贸开发区是其中最富于特色。从目前情况看，沈河区 CBD、和平大街、三好街、浑南商圈等，也集聚了一批银行、证券、保险等金融机构及大型公司（集团）。在发展分部经济过程中，既要以中心城区整个区域为依托，来构筑分部经济发展平台；又要制定符合中心城区实际的产业发展规划，重点支撑 CBD 和重点分部经济基地地位，因为 CBD 具有总部、分部集聚相对性优势，在发展分部经济过程中可以发挥示范性、标志性作用。

3. 在发展分部经济过程中，总部、分部基地与其他区域的关系。沈阳市是区域性中心城市，是全国装备制造业基地、东北地区金融和物流商贸中心。基地和中心是产业性概念，更是功能性概念。作为装备制造业基地、金融中心、商贸物流中心这些功能，是就全市而言的，需要由全市各城区来分解、来承载。中央商务区与其他区域，同样面临着合作与竞争。各区域今后如何协调发展、良性竞争，须由市、区政府共同致力协调，形成互动关系。

4. 在发展分部经济过程中，沈阳与中部城市群的关系。沈阳地处辽宁中部城市群的核心，中部城市群各城市各有优势和特点，在吸引总部和企业分部入驻方面，将不可避免地对进入的总部企业和企业分部存在分流。要实行区域合作战略，进一步加强沈阳与周边各市的交流与合作，构建长效合作协调机制，构建分部经济链条。在兼顾双方利益的基础上，建立以总部经济、分部经济为纽带的城市之间的合作模式，使各市之间的主导产业形成差异定位，实现优势互补，促进辽宁中部城市群崛起。

（四）分部经济发展的途径

1. 分部基地的意义。分部经济发展有赖于分部基地。要使入驻分部基地的企业得到应有的发展，必须在改善区域软环境上下工夫，不断完善为企业提供配套服务，实现社区内企业家的信息交流和资源共享，使基地成为分部企业的真正家园。

分部基地是企业交流发展的平台，会产生巨大的总部效应并辐射周边地区甚至是全国。国内许多地区的经验证明总部、分部基地建设的意义重大。北京的总部基地经过三年多的发展，目前已建成总部楼303栋，聚集各类企业总部及总部职能机构200多家，总部基地的"造城"运动堪称精彩，不但创造了非凡的房地产开发成就，更提升了区域价值及文化氛围。

2. 分部基地的模式。目前国内总部、分部基地的建设主要分为两种模式：政府主导型与企业主导型。武汉的总部基地建设和发展模式值得借鉴。其分部经济已初具雏形。从国内其他地方的经验看，在总部、分部基地建设初期，政府主导型发展模式更有利于企业总部、分部基地的快速发展，但从长期看，为了减轻政府负担，降低吸引知名企业入驻过程中的"寻租"行为甚至腐败行为发生，未来沈阳分部基地的建设应该是以企业社区为主要方向，即利用民间企业资金，通过市场化运作建设沈阳分部基地。政府对企业社区型总部、分部基地建设给予一定政策支持。

3. 分部基地的定位。随着总部经济、分部经济日益成为我国各地区域经济发展的一个热点，各地对知名企业总部、分部的争夺日益激烈，沈阳要在激烈的竞争中脱颖而出，必须在发挥自身特色和优势，选择合适的切入点，避免在引进知名企业总部过程中，与北京、上海、天津等城市发生区域间冲突，要做好错位发展，建设沈阳自己的分部基地。

在重点区域定位上，无疑金廊是最佳的商务办公区和分部基地。以青年大街为中轴，在金廊地区发展以文化传媒、高档商厦、高级休闲、商业会展等现代服务业为特征的商务办公聚集区。目前，"金廊"在招商、建设和协调服务等诸方面，各相关区都有不凡的建树，取得了可嘉的成果，把20年的事业，用3年的时间就描绘出了一幅见轮见廓的图画。沈城"金廊"正在从招商向建设转移，从浑河北向浑河南扩展，大量商业、服务业企业将相继开业，呈现出喜人的态势。在金廊区内，重点开发北站金融中心区、五里河商贸区、三好地区、"银带"地区。依托北站广场、惠工广场和市府广场三大景观节点，建设中央商务区核心功能区，集中建设一批具有国际水准的标志性和功能性建筑，以此为依托，加快培育金融和商务功能，构建"世界办公"业态，打造立足辽宁、服务东北、辐射东北亚的金融高地和分部经济高地。

（五）发展分部经济的建议

1. 加强宏观指导。政府部门要切实提高对发展分部经济重要性的认识，在组织领导上，可借鉴外地成功经验，加强政府对分部经济发展的引导和协调工作。

2. 做好规划。结合城市总体规划调整，启动沈阳市分部经济发展总体规划和载体专项规划。依据各区的资源优势、产业基础以及未来5年的发展方向，对各区发展分部经济的目标进行差异化定位，合理规划分部企业聚集区，避免恶性竞争。本着循序渐进的原则，制定发展分部经济的中长期规划和实施方案，使各区、各部门在推进分部经济发展过程中真正能够有章可循。

3. 制定扶持政策。发展分部经济，需要相关配套政策措施的支撑。建议出台沈阳市大力推进分部经济发展决定和发展分部经济工作的实施意见，并对境内外企业到本市设立地区分部提出鼓励性政策，并使政策能够相互衔接、配套，发挥集成效应。

4. 完善基础设施。要立足当前，着眼长远，在做好分部经济发展专项规划和商务集中区专项规划设计的基础上，结合实施已确定的城市建设计划，加快推进公司分部区的基础设施建设。

5. 强化信息服务。充分利用政府信息资源，加强对分部经济的统计跟踪调查，清查总部、分部资源。对全市现有各类总部企业、分部企业以及可用于发展分部经济的存量资源进行有针对性的调查，摸清沈阳分部经济底数。进一步完善信息采集机制，构建区、街、社区、楼宇等多层面信息体系，为政府决策提供及时、准确的统计依据，为企业提供方便、快捷、全面的资讯服务。

6. 加大招商力度。要围绕我市的产业定位，依托工业园区、支柱产业和重点企业，进一步加大产业招商力度，重点引进一批产业带动作用强的企业总部、分部和国内外知名企业办事机构。

7. 做优生态环境。加大经费投入，着力改善人居环境。进一步搞好绿化、美化、亮化工程，发展城市休闲广场，建设优美的城市生态和城市景观，继续建设一批绿色社区，真正打造"模范生态城市"。

8. 鼓励自主创新。自主创新能力是经济社会发展战略的核心动力，要培育有利于企业自主创新能力提高的环境，在政策上保证企业逐步成为技术创新的决策、投资、开发和收益主体，解除企业增加 R&D 投入的多种障碍，加大政府对自主技术创新的投入。

9. 构筑人才高地。分部经济是一种知识经济，需要有丰富的智力资源的支撑。完善人才队伍建设发展规划，在全社会营造"尊重知识、尊重人才、尊重劳动、尊重创造"的舆论氛围，加快推进人才培养、引进、选拔、使用和管理等环节的市场化运作，提高人才资源的配置效率。

10. 完善行政服务。不断增强政府服务功能，加大对政府机构工作人员的监督，扩大政务公开促进工作作风转变，优化办事程序，建立企业绿色通道服务制度，提供便利的服务。

课题组成员：沈阳市发展和改革委员会　赵恒波　刘伟奇　倪庆东

张恩柱　李沈红　刁立松

辽宁省社会科学院　梁启东

实现沈阳与抚顺、铁岭、本溪、营口
"同城化"的对策研究

一、导言

振兴东北老工业基地、实现辽宁和沈阳社会经济发展的"十一五"战略目标，必须充分发挥以沈阳为核心的辽宁中部五城市整体功能和带动作用。通过加强沈阳与临近五城市之间的协调，提高城市间功能上的分工与合作，增强中部城市间的地区带动作用，是实现沈阳经济区区域一体化发展的必然选择。

二、临近城市间"同城化"的理论基础

（一）同城化的概念及其内涵

同城化就是区域城市群一体化，即中心城市与周边城市之间，为了降低生产和交易活动过程中的成本和费用，促进城市间商品和要素的自由流动，增强城市竞争力，依托共同的市场，将原有分散或单独的城市群整合成一个共同的利益群体的过程。同城化的内涵主要包括基础设施一体化、信息一体化、产业结构协调化、行政管理协商化、市场一体化等五个方面。

（二）临近城市间"同城化"形成的理论基础

城市圈理论的形成和发展是临近城市间"同城化"形成的理论基础。城市圈是城市和城市化发展的最高阶段和最高形式。根据国外城市

圈的理论和实践，我们认为，大力培育城市圈不仅可以促进城市化的发展，而且还可以促进城市圈范围内经济社会的协调发展。对于中国来说，发展城市圈将成为中国城市化的一种高级战略形式，以沈阳为中心临近五城市间同城化理论的提出便是对城市群理论的具体应用。

（三）临近城市间"同城化"形成的机制分析

1. 城市功能集聚与扩散的驱动。城市功能的集聚要求与之相适应的城市空间来适应，当原来的空间容量达到极限时，其功能会向城市的近远郊区和临近的城市扩散，即为城市功能的扩散。城市功能集聚与扩散导致了城市的发展、新城镇的出现乃至城镇密集区的形成。

2. 产业聚集与扩散的驱动。城市是人类进行各种活动的集中场所，通过各种运输、通信网络，使物流、人流、商流、资金流和信息流，不断从四面八方向城市流动，城市就是各种网络的结节点。

3. 城市间的竞争合作。我们发展同城化并不是要消灭这种竞争而是要正确地引导竞争，在各城市之间形成一种竞争合作的关系；正确引导和处理城市间内部的利益分配问题，从而形成互利共赢的局面。

三、辽宁中部五城市发展的现状及其趋势

（一）辽宁中部五城市发展的现状

辽宁中部的沈阳、抚顺、铁岭、本溪、营口五市共下辖 16 个县（市），地域面积 51045 平方公里，人口 1963 万，是中国主要的重工业发展基地之一，东北地区经济发展的重要地域和辽宁省的经济核心地带，五城市自然资源丰富，基础设施健全，但产业结构有待改善，市场化程度低。

（二）辽宁中部五城市与国内城市群"同城化"的比较分析

根据构建的同城化发展程度的指标体系，选择珠江三角洲都市圈作为参照，以此判断辽宁中部五城市同城化的发展阶段。我们可以得出辽宁中部五城市同城化经济发展程度低、经济体系发展程度滞后、经济相互作用程度弱、经济开放程度低、基础设施相对发达、制度支撑度欠佳等结论。

（三）国外都市圈"同城化"发展对辽宁中部五城市的经验启示

通过对国外著名都市经济圈的简要介绍，给我们对城市群的建设与规

划提供了新的启发。首先，同城化建设成功与否的关键在于能否选择合理的城市空间扩展方式，能否有机整合城市关系，恰当定位内部各城市间的空间关系及发挥城市之间的功能协作。其次，应强化不同城市之间的合作，使区域空间整体协调发展。第三，应加强同城化区域内的管理。

（四）辽宁中部五城市发展的趋势

辽宁中部五城市发展的趋势应该向经济一体化、产业现代化、城市国际化方向发展。

四、辽宁中部城市"同城化"所面临的问题及其原因

（一）辽宁中部五城市"同城化"发展所面临的问题

辽宁中部五城市在推进城市间"同城化"方面，主要面临整体实力不强、中心城市功能不突出，体制创新缺乏、市场一体化程度低，产业价值链薄弱，自然资源破坏严重，城市竞争过度，发展负外部性突出，发展资源短缺，自然环境状况堪忧等几方面突出问题。

（二）辽宁中部五城市"同城化"发展滞后的原因

1. 导致辽宁中部五市"同城化"发展滞后的直接原因

导致辽宁中部五市"同城化"发展滞后的直接原因包括行政分割严重、城市发展规划滞后、行政主导过度、城市发展理念保守、产业发展与创新不足等。

2. 导致辽宁中部五市"同城化"发展滞后的间接原因

导致辽宁中部五市"同城化"发展滞后的间接原因包括地方行政考核体系的不完善、市场机制作用的忽视、公众参与机制的缺失、三元经济的制约等。

五、实现辽宁中部五城市"同城化"的建议与对策

（一）辽宁中部五城市同城化建设的一般性意见

1. 加快城市行政管理体制的改革和创新

辽宁中部五城市在招商引资、土地批租、外贸出口、人才流动、技

术开发、信息共享等方面政策上都存在很大的差异，使得行政管理体制问题成为困扰辽宁老工业基地振兴的"瓶颈"，也成为辽宁中部五城市同城化建设发展的主要屏障。在这种情况下，辽宁中部五城市必须在就业、户籍、市场准入、教育、医疗、社会保障制度等方面加强协调和沟通，联手构建统一的制度框架和实施细则。依据国家、省社会经济发展的战略目标，制定统一的产业政策、相互开放政策、财政政策、招商引资政策、土地批租政策、外贸进出口政策等，营造一种区域经济共同发展的政策环境。首先，建立辽宁中部五市资源统一配置机制。其次，要建立统一的产业规划与产业结构调整创新机制。再次，要建立合理的投资管理机制和区域共同发展基金制度。第四，要创立充分凸显城乡功能特色和比较优势的城乡耦合联动发展机制。

2. 重视市场机制的主体地位

区域内各城市实现同城化的一个最基本的目标就是实现市场一体化，在构建经济区过程中，为培育具有竞争优势的区域产业群落，增强区域经济实力，必须构筑统一、规范和开放的市场体系，规范和优化有效竞争的市场环境。重点要培育一体化的消费品市场、资本市场、技术市场、劳动力市场、人才市场和产权市场，建立与国际接轨的市场运作机制，统一市场准入和市场退出机制，促进生产要素的自由有序流动，实现资源的合理配置。

3. 构建城市发展的利益协调机制

为推进地区间的经济协调发展，各城市间必须加强沟通和合作，协同制定整个地区规划，促进各城市发展思路的对接和发展规划的衔接，形成对经济区整个产业发展的共识，提高经济区的综合竞争力。为避免地方保护主义、行业垄断、地域经济的非贸易壁垒等体制性障碍带来的各种不利影响，促进市场经济更快发展，保证经济区经济目标更快的实现，设立超越市级行政单位的协调机构，协调辽宁中部城市群的发展。协调机构的主要职责是弥补市场机制配置资源的作用，调整经济区的产业布局，提高产业结构的素质和效益；消除不合理的行为干预，为要素的自由流动和商品的自由交易营造良好的外部环境；培育经济区的主导产业和支柱产业，形成布局合理、协作关系紧密的生产体系；促进经济区统一市场的形成、完善和发展；构建系统集成的技术创新体系，共同培育高新技术产业带；推动区域联合进行基础设施建设，形成一体化网络；协调区域联手进行环境整合，实现可持续发展。

4. 建立城市社会经济发展的公众参与机制

（1）就中部城市群经济区建设进一步召开不同范围、不同层次和不同方面的咨询论证、座谈讨论会，并将总的规划方案下发征求意见；

（2）经济区内各市应就经济区建设向人大和政协两会征求意见，请人民代表和政协委员讨论，经过"两会"讨论把经济区建设变成经济区内全体人民的共识；

（3）应通过新闻媒体广泛宣传，并开辟专栏请关心这项建设的人们积极参加讨论。

（二）辽中五城市同城化建设针对性建议

1. 制定辽宁中部五市同城化发展的战略

为打造"沈阳经济圈"，加快辽宁中部五城市的同城化进程，首先要制定同城化的发展战略，编制经济合作的发展规划，搞好经济区产业的整合，初步建立起经济区协调发展的整体构架。立足当前，着眼长远，本着互利、互补的整体性原则，把国家政策与本地区的具体要求有效地结合起来，认真分析各市的具体情况，综合各市的产业优势、资源优势、发展潜力及外部环境等因素，通过中心城市沈阳的辐射和带动作用，与周边地区形成良性互动的区域经济共同体。

构建以沈阳为中心的辽宁中部城市经济区，既要符合市场经济发展的新趋势，又要符合培育辽东半岛成为全国经济重要增长极的内在需要。应充分发挥经济区产业集中、技术力量雄厚、资源丰富、交通便利等有利因素，充分利用经济区城市化程度高、重化工业聚集、经济互补性强等特点，不断壮大区域经济整体实力，推动全省经济和社会快速发展。按照规划同筹、交通同网、信息同享、市场同体、产业同布、科教同兴、旅游同线、环境同治的"八同"思路以及"市场运作、统筹规划、资源共享、优势互补、互利共赢、共同发展"的原则，实现城市一体化、经济一体化、交通一体化和环保一体化的目标。

2. 整合以及构筑统一开放的区域市场

一是重点建设区域性的要素市场，大力推进金融创新，推进区域货币市场和票据市场建设，支持银行、证券、信托等金融机构的发展，积极发展产业投资基金、证券投资基金和中外合作基金，形成以沈阳为核心、辐射周边四个城市的区域性金融市场建设，为区域内经济建设和人民生活水平的提高提供强有力的资金支持和信用保障。

二是加快建设区域内产权交易市场，形成以沈阳产权交易中心为枢纽、覆盖周边地区的产权交易市场网络。

三是进一步完善商贸流通体系，加快发展现代物流业，强化区域内商品集散、物流配送、中介服务等功能，着力提升商品市场的规模和功能，建设成具有区域影响力的商品大市场。

四是充分利用沈阳雄厚的科技实力，大力推进区内高等院校科研的市场化、产业化，加快各市开发型科研院所转型的步伐，建设一体化的区域技术创新体系和技术市场，推动科技攻关和科技成果的顺利转化。

五是发挥丰富的人力资源优势，建设一体化的区域人才市场，逐步实现区域内各城市间劳动力市场的自由流动，构筑人力资源共享平台。

3. 促进产业集群，实现产业创新

从比较优势看，辽宁中部五城市应形成以装备制造业为主导的产业集群。沈阳作为该区域的中心城市，可以选择对区域整体经济意义大，对装备工业的振兴紧密相关、带动性强、市场前景好、增长潜力大的重型装备制造业、高加工度制造业和大规模成套设备制造业和专用设备制造业，如汽车、数控机床和大型成套专用设备等，作为城市重点产业来发展。在不断扩大企业生产规模的同时，应注意培育和发展具有自主知识产权和自主品牌的关键性设备，逐步向大型化、智能化、成套化方向发展，积极向高端市场推进。本溪可以选择具有比较优势的金属制品业、有色金属的冶炼以及有色金属的高加工、深加工业作为未来的主要产业，积极推动其发展。其他各市也应根据各市的地理区位及产业条件，形成各具特色的产业集群，发挥专业化生产的优势，积极推动辽宁中部五城市装备制造业产业链的形成和完善。除此之外，周边城市应注意研究与中心城市的关系，围绕沈阳交通运输设备制造业、通用设备制

造业和专用设备制造业的发展，积极发展与之相关的配套产业，延长产业链，提高产品零部件标准化与专业化生产的水平，积极推动整套产品设备技术上的突破与创新。

4. 调整产业结构，促进经济区健康协调发展

在以城市为单位的执行层面，沈阳应充分利用沈阳地区的科技优势、人才优势，整合目前较为分散的智力资源，以较低的成本建立起与世界先进水平接近的高新技术产业优势，培育具备国际竞争力的高技术产业群；在装备制造业方面，以主导机械（装备）产品为龙头，以市场化配置为手段，积极推进主导产品设备与跨地区辅助零部件生产部门的整合，形成以龙头企业为核心的产业链。抚顺也是辽宁重要的特种钢生产基地，其发展应以服务国防军工和国家经济建设的需求为主导，最大限度地弱化对大宗钢铁产品的生产。在石化产业领域，应以抚顺石化为龙头，构建石油化工、乙烯、催化剂及精细化工产业链条。本溪根据自身的资源条件，应重点发展高标号多品种的建筑水泥。铁岭应以开发粉煤灰制品、煤矸石制品、高档卫生陶瓷、高标号水泥、空心砌块、石材等建材为重点；在制药行业，以研发和生产化学原料药的东药企业以及以研发和生产中成药的本溪中药为龙头，构筑相应的产业链。

5. 明确中心城市功能，发挥城市群联动作用

作为辽宁中部城市群的中心城市沈阳，应充分发挥其在经济优势、产业基础、科技实力、管理水平、信息服务与创新能力等方面的优势，在同城化的建设中充分发挥"龙头老大"的带动作用，加强其作为区域核心城市的积聚与扩散功能，带动周边城市的协调发展。在培育支柱产业和高新技术产业的同时，不仅要分析自己能生产什么，而且要研究能给其他城市带来什么，亦即形成和壮大产业链条，带动辽宁中部城市群整体竞争力的提高，形成区域产业的合理布局。在发展商贸物流产业的同时，要注意与辽宁中部城市群其他城市的沟通与协调，为周边城市的发展提供有利的基础条件。在推进金融国际化、信息产业化和旅游一体化的同时，强化区域性金融中心、信息中心和旅游中心对辽宁中部城市群的服务功能。如为周边城市提供包括银行保险、资本市场在内的金融服务，提供便捷的信息服务，通过旅游联合体提供旅游业发展的良好条

件等。在加快基础设施建设的同时，强化交通枢纽对辽宁中部城市群的服务功能，特别是在高速公路、城际铁路、轨道交通、地铁建设以及航空港、电网、天然气网、分质供水网等建设方面，加强辽宁中部城市群各城市之间的合作，注意留好接口，为人流、物流等充分流动提供便利的条件。

6. 实现生态环境保护和环境综合治理一体化

良好的生态环境是区域经济一体化发展的基础条件，在强调人与自然协调发展的今天，保持和建设良好的区域生态环境，对于区域经济的可持续发展就显得更加重要了。在工业化与城市化推进的过程中，辽宁中部五城市在发展中产生了很大的负外部效应，主要表现为发展资源的短缺，自然资源的浪费以及生态环境的污染与破坏，对区域经济的可持续发展构成了极大的威胁。因此，在积极推进地区工业化发展的同时，应采取积极的措施，加强对地区生态环境的保护以及对自然环境综合治理的一体化。一是通过科学论证与规划，确定区域内特定的生态功能区，如水源保护地、防风固沙林带、湿地等；二是将生态功能区的生态保护、生态治理和生态建设作为公共物品，形成有效的公共物品供给机制；三是基于"谁受益、谁承担"，"谁污染，谁付费"的原则，将个人成本与社会成本的偏离降低到有限可控的范围内，通过在经济区内试行征收资源环境税、实行排污许可证以及水资源使用权交易，从而分解各城市在环境污染与治理方面（地区）所承担的责任和支付的高昂成本；四是建立适应循环经济发展需要的产业联系、产业链和产业集群，积极支持循环产业的发展及对环保企业的扶持；五是进行与经济区内居民的生态需求相适应的产品创新和服务创新。

课题组成员：沈阳市发展和改革委员会　郭向文
　　　　　　辽宁中部城市群建设工作协调办公室　梁洪杰
　　　　　　　　　　　　　　　　　　　　　　　段继阳
　　　　　　　　　　　　　　　　　　　　　　　郑　鹏

加快中心城市建设
推进辽宁中部城市群一体化发展

区域经济一体化是当今世界区域经济发展的主题，是区域提升国际竞争力和参与国际产业分工的核心内容。构建辽宁中部城市群经济区，通过中心城市的带动和辐射作用，加速推进区域经济一体化，对搞好辽宁区域经济发展和东北老工业基地振兴具有十分重大的战略意义。辽宁中部城市群经济区是中国主要的重工业发展基地之一，东北地区经济发展的重要地域和辽宁省的经济核心地带，包括沈阳、鞍山、抚顺、本溪、营口、辽阳、铁岭等7个城市，总面积64880平方公里，占全省的43.84%。辽宁中部具有大城市高度密集、产业关联紧密等多方面的优势，现实基础和未来发展都要求加快构建这样一个大的经济体，加速一体化进程，在辽宁隆起一块经济高地，进而带动整个地区经济快速发展。加强沈阳中心城市建设，拓展城市功能，全面推进辽宁中部城市群一体化发展是贯彻落实党的十七大精神和东北老工业基地振兴的客观要求。

一、辽宁中部城市群一体化建设取得显著成果

2007年，辽宁中部城市群（沈阳经济区）建设成果显著，区域经济一体化进程明显加快。

（一）召开联席会议，达成区域一体化新共识

2007年，辽宁中部城市群（沈阳经济区）建设向更高的层次迈进，

在区域经济一体化上七城市形成了新的共识。特别是 2007 辽宁中部城市群（沈阳经济区）书记、市长联席会议的成功召开，标志着区域经济一体化步入了新的阶段。本届联席会议以"创新区域合作，促进共同发展"为主题，以"建设辽宁中部城市群出海产业大道，深化沈阳与抚顺同城化合作，加速推进沈阳与本溪一体化建设，加强沈铁工业走廊的开发，加速推进辽宁中部城市群世界级先进装备制造业基地的建设，加强区域发展规划和产业发展空间整合，推进经济区内重大基础设施建设，深化区域金融领域合作"等内容为议题，在深入推进辽宁中部七城市合作与发展、加强沿海与腹地的良性互动等方面进行了富有成效的交流与探讨，大会还举行了新闻发布会和七城市市长座谈会。会议期间，沈阳市与鞍山、营口、辽阳等城市签订了《辽宁中部城市群经济区出海产业大道建设合作框架协议》，决定以沈西工业走廊为基础，向西南方向经过辽阳、鞍山市至营口市，共同修建一条与出海口相连接的产业大道，建设成为辽宁中部城市群腹地与"五点一线"沿海经济带的连接线，打造世界级先进装备制造业基地。沈阳市与本溪市本着"优势互补、资源共享、互利互惠、共同发展"的原则，签订了《沈本一体化建设合作框架协议》，重点在区域规划、基础设施建设、产业空间布局、新区建设、金融服务、信息通讯、社会事业、旅游资源和生态环境保护等方面深化区域合作，优化配置区域资源，特别是要加强沈本产业大道建设，实现本溪和沈阳在产业发展空间上的对接。本次会议的成功举办，对于加速推进辽宁中部城市群区域经济一体化和我省老工业基地振兴，增强沈阳中心城市的吸收辐射功能具有重要意义。

（二）编制区域规划，全面指导经济一体化发展

辽宁中部城市群经济区建设工作已全面纳入了国家东北振兴规划，规划中提出了经济区的发展方向。《辽宁中部城市群总体发展规划》和 8 个专项规划已基本完成。规划中确定了区域发展定位，提出了产业整合的思路，特别是规划出了产业链的构筑和产业集群的建设重点，这将对指导辽宁中部城市群区域发展具有十分重大的战略意义。《沈抚同城化连接带概念规划》、《沈本一体化发展规划》的编制工作也已经开始启动，完成了规划编制工作方案，确定了规划编制的重点和内容。这些规划的形成将全面指导辽宁中部城市群的区域经济一体化发展，实现资源在区域内合理、高效配置和各利益主体的共赢，促进辽宁中部城市群的协调、健康、快速发展。

（三）重大建设项目增多，为区域一体化发展奠定了良好基础

1. 区域基础设施建设项目快速推进

（1）交通运输项目全面启动。高速公路建设和城际轨道交通项目进展加快。环辽宁中部城市群高速公路全面启动，本辽段21.6公里及辽新段67.3公里正在加速推进路基土方工程建设，新民至铁岭段正在进行项目前期的准备工作，将建设成为世界最长的环形高速公路；沈康高速公路路线全长92.2公里，其中一期工程68.1公里，路基工程已完工；二期工程24.1公里，正在进行土地审批，将于2008年实现沈康高速公路全线通车；苏桃快速干道新建工程于2007年5月开工，线路全长13.4公里，建设标准为双向六车道一级路，目前已经竣工通车。

经济区城际轨道交通建设已完成了概念性规划方案和沈抚工程可行性研究报告初稿，并完成了沈抚铁路客流量的调查工作。沈抚城际轨道交通建设项目拟列入2008年城建计划，拟于2008年开工。辽宁省发改委已将《关于将辽宁中部五城市（沈抚本铁辽）城际铁路规划纳入国家中长期铁路网规划的请示》上报到了国家发改委。哈大铁路电气化客运专线已全面开工建设。

城际间快速通道建设项目全面推进，沈阳至抚顺、沈阳至铁岭、沈阳至本溪、沈阳至营口的国家级和省级的城际公路已全面改造完成。沈通线为沈抚两市连接的重要道路，2007年实施了沈通线植物园至抚顺界9.5公里的改建工程，建设标准为双向六车道一级路。沈抚大道5.8公里，双向十车道，连接沈阳浑南新区至沈抚高速，拉近了沈阳浑南新区与抚顺市的时空距离。北102国道，完成了蒲河北桥至铁岭界段八车道改建工程，实现与铁岭的无缝对接。省道沈营线为沈阳与辽南城市连接的一条重要道路，2007年实施了三环至辽阳界段22公里改扩建工程，改造标准为双向六车道一级路。

（2）环境整治项目落实较好。辽河、浑河流域环境整治建设进展较快。七城市正在加速推进《浑河流域环境综合整治规划》、《辽河、浑河流域七城市环境保护与生态建设规划》和《辽宁中部群水环境综合整治一体化合作框架协议》的落实，一批重大环境保护项目已开始启动。沈阳市全面推进污水处理厂建设工作和实施细河、蒲河和浑河北岸滩地综合整治工程。鞍山、抚顺、本溪、营口、辽阳和铁岭市也都结合实际，加速推进污水处理厂建设和环境保护项目的实施。

（3）信息资源项目积极推进。经济区在搭建统一信息平台，实现信息资源共享工作也有了较大进展。共同丰富完善了"东北投资网七城市频道"、"辽宁中部城市信息产业网"、"辽宁中部城市群网"等专业网络平台。沈阳市政府已多次专题研究 024 电信区号资源共享问题，已初步确立了下一步的工作重点。

2. 重大物流基地建设项目开始启动。沈阳市加速推进沈阳保税物流中心建设，将在桃仙航空港新城内建设东北地区最具规模的大型物流园区。目前，已完成土地利用规划和项目建设的部分前期工作，并正在编制专项规划。辽宁沈阳出口加工区已通过了国家验收，正式封关运作。沈阳近海物流港建设项目全面启动，营口港务集团参与了投资建设，标志着沈阳有了自己的进出海物流港口。沈阳近海物流港必将成为东北最具吸引力、影响力、竞争力的物流集散地和要塞枢纽，将全面促进辽宁中部城市群物流业的快速发展。

3. 资源整合和开发利用项目进展较快。为保障辽宁中部城市群的可持续发展，跨区域的资源整合利用项目开始启动。大伙房输水二期工程全面进入开工建设，旨在引用优质充沛的辽宁东部山区水源，主要供给辽宁中部城市群沈阳、抚顺、辽阳、鞍山、营口等城市，以解决辽宁中部城市群百年内用水问题。沈阳与抚顺签订了《扩大开发利用抚顺煤层气协议书》，计划在两至三年内，通过开发抚顺矿区煤层气资源，缓解沈城燃气紧张的问题。

（四）产业整合步伐加快，促进了区域经济一体化

1. 工业产业整合取得阶段性成果。辽宁中部城市群的大型企业集团正在加速推进整合步伐和加强企业间的分工合作。沈阳的大型装备制造企业与周边城市正在形成产业链条和良好的集群式空间发展格局；鞍山和本溪的钢铁产业发展迅速，鞍本集团整合步伐也进一步加快，正在全力打造中国的钢铁"航母",带动中部城市群钢铁产业发展;抚顺市加速推进重点企业及产品与辽宁中部城市群其他城市的协作配套,并培育出一批为中部城市群装备制造业配套的民营企业,特别是加强与沈阳装备制造等主导产业的链接;辽阳与沈阳在汽车及装备制造等相关产业开展了积极有效的项目对接,目前辽阳市装备制造业为经济区配套实现销售收入已超过 10 亿元。铁岭市加速推进沈铁工业走廊与沈北新区的产业整合,构筑合理的区域产业分工格局,并加强吸收中心城市沈阳梯度转移出去的相关工业企业。中部城市群各市城际间产业发展空间的整合也正在稳步推进。

2. 金融服务业整合步伐加快。经济区金融服务业发展较快。目前,沈阳商业银行已顺利完成改造重组工作,经国家银监会批准正式更名为盛京银行,在天津设立了第一家分行,并拟在沈阳辽中县及营口鲅鱼圈经济开发区也设立分行,为经济区的快速发展提供重要支撑。经济区各市不断加强银行业务联合和资本联合,在银行卡、票据、资金经营和人员培训等领域开展了全面合作与交流。

建设区域性产权交易市场取得重大进展。目前,沈阳联合产权交易所构建区域性初级资本市场工作全面启动,金融债权交易平台建设初具规模。沈阳联合产权交易所还在经济区各市设立了分所,并与辽宁各金融机构正在共同搭建金融债权平台。

3. 商贸流通业发展迅速。经济区各市正积极促进跨地区商业资源的开发利用,建设经济区统一的市场体系,逐步打破地区封锁和行业垄断。目前,七城市已签署了《辽宁中部城市群(沈阳经济区)商贸流通业合作协议》和《辽宁中部城市供销社协作体合作协议》,共同举办了"中国东北连锁经营及特许加盟展览会"、"中国东北商业地产及商铺投资交易会"等大型商贸活动,形成了良好的商贸流通合作氛围,促进了经济区商贸流通业的相互融合。

4. 旅游产业整合成果显著。目前,辽宁中部城市群旅游产业发展一体化格局初步形成,旅游产品的集群化趋势增强,景区(点)开发建设进一步加强,旅游产品形象的塑造取得实质性进展。七城市旅游部门正在加速推进不同主题、不同特色的旅游线路建设;联合开展宣传促销，打造经济区旅游品牌；联办和组团参加旅游展会，培育和挖掘共同的客源市场；加强旅游信息平台建设，实现信息网络的相互链接。七城市还共同创意策划举办旅游节庆活动和开发旅游活动产品，实现了节庆旅游资源的共享和拓展了旅游产品内涵，扩大了七城市的对外影响。特别是沈阳举办的"2007中国沈阳世界文化与自然遗产博览会"，经济区各市高度重视共同向外推介和宣传，取得了良好效果。经济区各市将进一步健全旅游合作工作机制，提高区域整体旅游竞争力，积极推进无障碍旅游建设和区域旅游教育培训一体化，全面促进辽宁中部城市群旅游产业整合步伐的加快。

（五）社会事业稳步发展，区域合作不断加深

1. 人力资源合作进一步深化。七城市共同签署了《辽宁中部城市群人才工作一体化框架协议》；制定了《辽宁中部七城市人才工作一体化委员会工作规则》、《辽宁中部七城市"十一五"期间人才队伍建设规划提纲》、《辽宁中部七城市"十一五"期间人才工作一体化工作规划》；共同举办了辽宁中部七城市人力资源与管理培训班，开通了"辽宁中部七城市人才工作网"，成立了辽宁中部七城市专家服务团。七城市共同举办的"辽宁中部城市群（沈阳经济区）大型人才招聘会"和"中国国际人才交流大会"取得了丰硕成果。

在劳务合作方面，建立了劳动市场合作与发展研讨会工作机制、供求信息共享机制、招聘洽谈会合作机制。特别是还建立了七城市就业服务同城化机制，在企业招聘方面，七城市内异地招聘，享受本市企业待遇，并提供与本企业相同的信息发布、资源查询、提供展位等就业服务；在推荐就业方面，求职人员持《失业证》在七城市间求职，具有在市内的同等效力，享受所在城市市民待遇，并提供与本市失业人员相同的求职登记、推荐介绍等就业服务；在就业扶持方面，七城市失业人员持《身份证》、《再就业优惠证》在就业所在城市享受创业指导、就业培训、项目推荐等一系列就业服务。

2. 科技合作不断加强。经济区七城市已共同签署了《辽宁中部城市群（沈阳经济区）科技合作框架协议》、《沈阳经济区知识产权合作框架协议》，确定了区域创新体系的组织机构和工作草案，通过了科技合作基本工作制度，为七城市开展科技交流合作奠定了坚实基础。七城市共同参与举办"东北亚高新技术博览会"，联合开展了科技论坛、成果发布、对外招商、项目签约等重大活动，极大地促进了七城市科技交流和科技合作。辽宁中部七城市还共同发表了《辽宁中部城市群创新合作宣言》，联合举办了"辽宁中部城市群区域创新研讨会"和"辽宁中部城市群科技创新成果展"。

3. 优质教育资源进一步共享。七城市教育部门成立了辽宁中部七城市教育协作联合体，并在职业教育领域进行合作办学，共享区域优质职业教育资源。2006年，沈阳市职业学校采用"1＋2"办学模式在经济区其他六城市共招生1000余人，沈阳市装备制造工程学校和沈阳市金融学校等一些职业教育院校也都在经济区各市进行了大范围招生。在基础教育领域，也正在推进教育资源的共享，沈阳东北育才高中每年都面向辽宁中部城市群的鞍山、抚顺、本溪、营口、辽阳、铁岭六市招收学生。七城市教育系统还共同加强合作培训和实训基地建设，加速推进优质教育资源的整合。

4. 群众文化事业合作进一步加强。七城市共同举办了"辽宁中部七城市群众文化事业发展论坛"，签署了《辽宁中部七城市群众文化交流合作协议》，全面促进了七城市群众文化事业合作向纵深发展。

（六）合作机制不断创新，逐步打破阻碍一体化发展的行政壁垒

目前，辽宁中部城市群建立了高层协调机制，每年召开一次辽宁中部城市群（沈阳经济区）书记、市长联席会议，确定深化区域合作的方向和重点，解决区域合作中遇到的重大问题。经济区各市不断加强组织机构建设，创新区域合作机制，沈阳市成立了"辽宁中部城市群（沈阳经济区）建设工作协调办公室"专门机构，负责辽宁中部城市群（沈阳经济区）合作发展的日常工作，同时，各市也相应设立了专门机构，相互协调、积极配合，形成了区域合作的网络体系。

经济区各市十分重视扩大合作领域和机制创新，努力消除行政壁垒和地方保护主义，在《辽宁中部城市群（沈阳经济区）合作协议》中确定的内容以外，达成了多项合作共识，形成了一批规范统一的专项协议。目前，七城市有关部门已签署了涉及交通运输、商贸流通、信息产业、科技创新、知识产权、旅游开发、文化教育、人才交流、产权交易、社会保障、就业服务、环境保护方面的合作协议达 50 余项。这些协议的签署和相关制度的建立，为经济区建设创造了平等、和谐的发展环境，加深了经济区城市间的交流与合作，加速推进了区域经济一体化的进程。

（七）联合举办大型活动，共同提升一体化发展形象

七城市在《辽宁中部城市群（沈阳经济区）合作协议》确定的内容基础上，区域合作领域进一步拓宽，内容更加务实。七城市每年共同举办 20 多项大型活动，涉及农业、工业、现代服务业等各个方面，这些重大活动的共同举办全面提升了经济区的影响力和竞争力，加速了产业整合步伐，使辽宁中部城市群一体化建设内容更加务实。特别是 2007 年沈抚同城化战略高峰论坛的成功举办对辽宁中部城市群经济一体化发展具有重要战略意义。沈抚同城化战略高峰论坛是辽宁中部城市群近年来举办的层次最高、影响最大、论题最新的一次论坛，将全面促进沈阳东北地区中心城市建设和深化辽宁中部城市群区域合作。"辽宁中部城市群政协论坛"的举办为经济区的发展提供了重要的理论支撑，全面指导了辽宁中部城市群的发展建设，加速推进了区域经济一体化进程，提升了辽宁中部城市群的区域形象。经济区各市还通过共同参与举办"沈阳韩国周"、"国际旅游节"、"制博会"、"消费品交易会"、"农业博览会"、"中欧经济峰会"、"东北亚高新技术博览会"和"世界生产力大会"等大型活动，来构筑招商引资平台，扩大招商成果。

（八）区域合作全面深化，双边同城化和一体化建设开始起步

沈抚同城化建设步伐进展较快，将在沈阳和抚顺连接地域打造一个"沈抚同城化连接带"，进行统一规划，共同定位。在两个城市中间地带将形成两个重要载体，一个是浑河北岸的生态区，一个是浑河南岸的产业区。辽宁省发改委正在编制沈抚连接带的概念性规划，沈抚两市正在积极推进接壤地区的基础设施建设，完善区域综合交通体系和沈抚同城化保障机制。目前，沈抚大道的建成通车、沈抚客运公交化的实现和浑河上游污染源治理工程的全面启动，标志着沈抚同城化战略开始进入了实质性的操作阶段，将对增进中心城市带动力，全面构筑沿海和腹地互

动发展新格局具有重要战略意义。

沈阳与本溪的一体化建设工作也已经全面启动，沈本两市围绕《沈本一体化建设合作框架协议》深化区域合作，将在交通基础设施建设、环境保护、区域规划、产业园区建设等10个方面重点推进。

（九）加强腹地和沿海互动发展，促进区域经济一体化

辽宁中部城市群加速推进与辽宁沿海"五点一线"经济带的区域合作，加强连接"五点一线"的交通基础设施建设，构筑经济合作大通道；加强区域间产业链和产业集群的建设，推进合理的区域产业分工的形成。经济区各市充分发挥区位优势，结合自身特点，共同打造腹地与沿海互动的发展格局。沈阳不断拓展中心城市的生产、服务、管理及创新功能，加速推进沈西工业走廊、大浑南、沈北新区、棋盘山风景旅游区等四大发展空间建设，形成开放式的产业布局，与各市的产业发展空间形成有效对接，构筑经济区的一体化产业空间发展格局，与"五点一线"在空间上形成一个完整的经济地域。沈阳围绕辽宁中部城市群与"五点一线"共同建设先进装备制造业基地的发展目标，积极探索发展装备制造业的新思路、新体制、新举措，形成了一批具有国际竞争力的大型装备制造企业集团，并初步形成了现代化装备制造业聚集区。特别是"铁西老工业基地调整改造暨装备制造业发展示范区"的建设为辽宁中部城市群与"五点一线"装备制造业产业集群发展奠定了基础。

二、未来五年加速推进辽宁中部城市群一体化建设战略思路

（一）加强重大项目建设，推进基础设施一体化

1. 综合交通建设思路

（1）将沈阳桃仙机场打造成区域性航空枢纽港

——扩建沈阳桃仙国际机场。扩建沈阳桃仙国际机场，使其成为服务辽宁中部城市群和东北地区的区域性航空枢纽港。近期完成桃仙国际机场三期扩建工程，启动四期扩建工程，新建航站楼和第二条跑道，并做好远期的扩建用地预留控制。

——完善包括沈阳市在内辽宁中部城市群到桃仙国际机场的综合交通体系。扩建机场高速路，适时延长沈阳地铁二号线到机场的轨道交通，新建到机场的第二条高速公路。继续完善到机场的其他道路，增强交通的可靠性。

——全面建设航空港城。以机场为依托，全面建设航空港城，重点建设空港物流园区。

——开辟以沈阳为中心的航空支线。以沈阳桃仙国际机场为枢纽，结合东北航空等的业务发展，建设支线机场，开辟辽宁中部城市群高速连接通道，如沈阳到鞍山、营口、铁岭支线。

（2）将营口港作为辽宁中部城市群的出海口

结合营口港的改扩建工程，建设沈阳到营口的快速公路，把营口港作为辽宁中部城市群的出海口。

（3）构建以沈阳为核心的辽宁中部城市群快速交通网

——加强高速铁路通道建设。以哈大客运专线建设为核心，配合沈山、沈丹高速铁路改造建设，构建辽宁中部城市群"一小时通勤圈"。改造完善辽宁中部城市群的铁路交通系统。外迁苏抚铁路和沈阳站货场及企业货运专线，构建沈阳铁路枢纽东北、东南环线复线工程，形成"外货内客"的铁路运输环状系统。

——加强以沈阳为中心的高速公路建设。继续建设沈阳核心向外放射的高速公路，形成"一环十一射"的高速公路网。新建或续建连接辽宁中部城市群的区域性环状高速公路网。

——加强城际轨道交通建设。将按照辽宁中部五城市（沈、抚、本、铁、辽）城际铁路规划实施序列，本着适当超前的原则，加快建设城际快速轨道交通。

——加强区域场站建设。在未来的3～5年，落实正在规划的六大综合换乘枢纽建设，完成多种客运交通方式零换乘的目标；结合辽宁中部城市群产业定位，建设各具特色和分工的物流基地与物流中心。力争于2012年建设一个面向全球、辐射整个东北地区、服务全省的综合物流中心。

——加强客、货运输市场建设。在"十一五"期间按照统一车型、统一管理、统一调度的方式，在辽宁中部七城市间逐步实现沈阳与其他城市公路客运的公交化运营，力争在区域内实现城市一卡通目标。

2. 区域统筹的市政基础设施建设思路

（1）建设大伙房引水二期工程

建设穿越沈阳市的输水管道，同时加快沈阳市东、西净水厂的建设，进行各相关配水厂及给水管网的改造建设。协作做好水源区保护和输水管道的保护工作。做好"北水南调"工程的准备工作，保证城市可持续发展的水资源量。

（2）加强治理辽河和浑河水系

治理污染源，建设污水处理厂，逐步达到各河流的水环境功能的目标要求，最终完成整个流域治理目标。沈阳市规划建设污水处理厂，进一步提高污水处理率，使浑河长大铁路桥下游水质得到进一步改善。与抚顺协调，加快抚顺的污水处理工程建设，使浑河进入沈阳段水体达到要求。

（3）建设区域危险品处理中心

建设沈阳市危险品处理厂，统一处理辽宁中部城市群的危险品。

（4）协调区域基础设施廊道建设

随着城市规模的扩大，有必要对区域的基础设施管线预留廊道，各城市沟通协调保证区域输水、输气、输油及电力高压走廊等的规划建设用地。

（5）加强信息设施共享

协调各城市信息资源，实现信息共享。对城市群内部的固定电话和移动通信通话采用更优惠的价格，方便、鼓励区域内的信息交流，有条件的地区争取早日共享 024 电信区号。

（6）统筹区域应急系统

建立起区域应急预案，提高应急系统的综合能力与效率。

（二）加速产业整合步伐，推进区域产业发展一体化

1. 将中部城市群建设成为世界级先进装备制造业基地

在区域发展中，装备制造业作为制造业的核心，是推动工业发展和整个经济增长的主要力量。目前，发达国家正在进行新一轮产业结构调整和产业转移，装备制造业将成为转移重点，尤其是在东北亚经济圈内，产业结构的梯度差异使得日韩两国更是加大对中国的产业转移。辽宁中部城市群是我国的老工业基地，拥有雄厚的工业基础和人才储备，加上城市群内发达的物流系统和良好的政策环境，所以世界装备制造业向城市群转移是全球经济一体化和我国经济改革的必然结果。辽宁中部城市群要抓住世界产业结构调整，充分利用区位优势、资源优势和产业优势，加大对外开放和先进产业的承接力度，建成拥有核心技术开发能力，重大装备成套能力和具有国际竞争力的世界级先进装备制造业基地。

2. 将中部城市群建设成为全国重要高加工度原材料基地

辽宁中部城市群具有优越的区位条件和丰富自然资源。新中国成立后，辽宁中部城市群是国家重点建设起来的原材料工业基地，现已形成了以冶金、石化、建材为主，较为完备的原材料工业体系。要进一步发挥辽宁中部城市群原材料工业基础优势，大力推进石化、冶金、建材等重点产业向集约化、高级化、系列化和深加工方向发展，提高产业技术装备水平、产品水平和经济效益，拉长产业链，提高精深加工度。要尽快实现我省由传统石化工业基地向高加工度石化工业基地的转变，将辽宁中部城市群建设成为我国重要的高加工度原材料工业基地。

3. 将中部城市群建设成为东北地区现代服务业中心

充分利用辽宁中部城市群地处东北亚地区区位中心优势，努力把辽宁中部城市群建设成为东北亚地区的物流中心、贸易金融中心、会展中心等生产性服务中心。依托以港口为门户，铁路为动脉，公路为骨架，民用航空、管道运输、海上运输等五种运输方式相配套的四通八达的综合立体交叉运输网，构建东北亚区域性物流中心。充分发挥地缘、产业和口岸优势，建设成为东北亚地区的贸易金融中心。以沈阳为中心、其他各城市联合，依托城市群产业特色，重点开展对外贸易洽谈会和体现地方产业特色的专业展览会，全力打造东北亚区域性国际会展中心。

4. 将中部城市群建设成为东北地区高新技术产业化示范区和农产品加工基地

从20世纪90年代始，辽宁中部城市群就积极发展高新技术产业，用高新技术改造传统产业，并取得了较大的成果。一批高新技术和产品在全国处于领先地位，如数字化医疗设备、应用软件、工业机器人等产品进入全国前 5 位，机器人制造技术、流程工业自动化技术、数控技术、纳米材料制备与处理技术等居全国领先地位。同时还拥有沈阳、鞍山两个国家级高新技术产业开发区和营口、辽阳两个省级高新技术产业开发区。因此，要将辽宁中部城市群建设成为东北地区高新技术产业化示范区。另外，辽宁中部城市群是全国发展玉米、大豆、甜菜等农产品的最佳区域，目前已经成为国家粮食主产区和河畜产品、水果、蔬菜及多种特产品重点产区。特别是农产品加工业发展迅猛，沈阳农业高新技术开发区农产品加工示范基地是国家农业部发布的第一批全国农产品加工业示范基地。因此，要以此为龙头将沈阳经济区打造成为东北地区重要的农产品生产加工基地。

为实现辽宁中部城市群的区域发展目标，就必须以区域优势骨干企业为依托，以各种类型开发区为载体，紧紧围绕优势产业及其核心产品，构建具有国际竞争力的五大优势产业集群。

——装备制造业产业集群。辽中城市群装备制造业，以沈阳为中心，其他各市接受沈阳辐射，依据自身优势发展各具特色的装备类产品和配套产品，形成装备制造业布局优化、协调发展的格局。将沈阳打造成城市群装备制造业研发集成总部，鞍山建设成冶金成套设备生产基地，辽阳建设成专用设备生产基地，营口建设成船舶生产基地，其他各城市建设成为装备制造配套加工基地。尤其强化沈阳装备制造企业大型成套设备生产研发能力，将零部件加工等辅助部门向周边城市辐射转移，构筑以汽车、飞机制造为核心的装备制造业产业集群。以沈阳金杯汽车及中顺汽车的研发和组装为依托，沈阳为中心，鞍山、抚顺、本溪、营口、辽阳和铁岭六市发展汽车基础部件、零部件——汽车弹簧、曲轴橡胶制品、内饰、轴承、工业用纸板，工程塑料、电子器件等，逐步形成北方规模较大，研发和集成能力较强，专业化水平较高的汽车组装、研发及汽车零部件加工产业集群。

——石油化工产业集群。以抚顺为核心，发展石油化工、乙烯、催化剂及精细化工产业，打造石油化工及精细化工产业基地。以辽阳为核

203

心，发展化纤、塑料、纺织业，打造石油化纤原料深加工产业基地。营口依托仙人岛油品码头建设，打造临港石化产业基地，构建石油化工及深加工集群和化纤原料及深加工集群两大产业集群。其中，营口充分利用港口优势，依靠进口国外原油，发展临港石化产业，新建大型油化一体化项目，为城市群石化原料提供保障。以抚顺石化总公司的乙烯、石蜡、洗涤原料等化工原料为依托，以属地抚顺为中心，以沈阳等六市开发区产业园区为载体，着力发展高附加值的合成橡胶、工程塑料、洗涤剂、涂料、燃料等深加工产品，打造石油化工及深加工产业集群。以辽阳化纤公司化纤产品为依托，以辽阳为中心，加大引进资金和技术力度，吸引境内外投资者，发展化纤原料精深加工，推进轻纺工业发展，打造石油化纤精深加工产业集群。沈阳重点发展精细化工、氯碱化工等产业，鞍山、本溪、铁岭利用煤气资源，重点发展煤化工产业。

——钢铁工业产业集群。世界钢铁正向着企业集团化，产品专业化方向发展。辽宁中部城市群以鞍钢、本钢为核心，营口新鞍钢、抚顺特钢、新抚钢、北钢等为支撑，打造沈阳经济区钢铁产业及钢铁产品精深加工产业集群。其中，鞍钢构建船板、汽车用板、重轨等专用板材和无缝管材为主导的产业链。本钢构建冷轧、热轧板材、中厚板和特种钢及冷轧带钢为主导的产业链。营口新鞍钢（在建）构建以宽厚板为主的产业链。抚顺特钢构建汽车用中小型特殊钢材、锻压模块、高合金特色产品等为主导的产业链。新抚钢、北钢构建以建筑用线材及型材为主导的产业链。产业空间布局应以鞍钢、本钢为依托，重点发展宽厚板、热轧薄板、冷轧薄板、涂镀层板，建设精品板材基地；以东北特钢集团为依托，建设优质特殊钢生产基地；以北台、新抚钢为依托，重点发展优质棒线材、热轧 H 型钢，建设新型建筑钢材基地；加速钢铁产业向临港地区转移。此外，发展建筑钢结构、工程焊管、冷弯型钢、涂镀层薄板、精密带钢、预应力棒线材等，建筑钢材深加工产业基地。

——新材料产业集群。辽中城市群新材料已有一定的基础，并在部分领域形成优势，如纳米材料、高档氟涂料等开发研究已达到全国领先水平。构建区域新材料产业集群主要有：沈阳构建以纳米技术为核心的产业链；鞍山、本溪构建新型钢铁材料产业链；抚顺构建新型合成材料，新型涂料及洗涤材料，精细化工及耐高温强度合金材料等产业链；辽阳构建新型工程塑料及合成纤维材料等产业链；营口构建新型催化剂和新型镁制品材料等产业链。特别是建材工业，可以依托新材料、化工产业、冶金产业，以营口为中心，围绕营口、鞍山、沈阳布局，各地错位发展。沈阳主要发展挡风玻璃、平板玻璃、玻璃钢制品、耐火材料、塑钢复合材料，鞍山发展特种专业水泥，本溪发展高标号多种品种建筑水泥，抚顺发展铝型材系列、塑料型材系列、水泥系列、非金属矿产品及防水系列、新型墙体建材，辽阳发展水泥熟料、新型干法水泥、塑料型材营口门窗、轻钢结构、石材、铁岭发展新型建材、新型墙体材料、新型干法水泥、配套建材等。

——制药产业集群。辽中城市群制药已经形成从研发到生产的医药产业体系。其发展以沈阳为化学、生物医药中心，医药研发核心区；本溪为中药研发生产中心；抚顺、铁岭为化学药物、中医药生产中心。

（三）打破行政壁垒，推进区域人才开发和劳动力市场一体化

1. 区域人才开发一体化

——人才开发一体化目标。辽宁中部城市群通过辽宁中部城市群人才开发一体化的推进工作，到 2012 年，辽宁中部城市群形成统一的人力资源市场体系，使人才在辽宁中部城市群区域内能自由流动，人才资源得到优化配置，人才与其他生产要素得到有效组合，人才的创造潜能和创新才能得以较好地开掘和施展，人才的社会价值得以较好地实现，从而促进辽宁中部城市群地区综合竞争力得以较大幅度地提升，带动辽宁乃至东北三省经济和社会的可持续发展。

——人才开发一体化思路。首先，进一步强化辽宁中部城市群人才开发的整体性观念，制定统一的辽宁中部城市群人才发展规划，七城市人才规划与总体人才发展规划相互衔接；其次，以辽宁中部城市群经济开发一体化推进人才开发一体化。通过跨区域产业链的形成、建设和强化，通过跨区域企业联盟组建，来解决目前辽宁中部城市群经济产业结构的同构问题，从而促进区域人才开发一体化；第三，以构筑人才市场一体化为核心，推进辽宁中部城市群人才开发一体化。人才开发一体化的推进工作重点，应放在构筑人才市场一体化上，采取措施解决人才市场一体化的障碍，打造人才市场一体化品牌（包括引才品牌、育才品牌、服务品牌）项目，来积极推进人才市场一体化。制定和健全区域内各地区均认可的统一的人才市场制度法规，为人才市场一体化创造良好的城市体系，基础设施、信息平台等市场一体化条件；第四，组建和实施各地区认可的跨地区一体化协调机构和协调机制。随着"一体化"的深化，涉及全区域人才开发的重要事项，如制定全区域人才开发一体化法规和制定统一的人才市场制度等，应由跨市权威机构来承担，以便其有效地协调。

——人才开发一体化措施。编制区域人才资源开发的整体规划，并将其纳入辽宁中部城市群的总体发展规划，统筹好人才开发与经济发展的关系，实现人才发展规划与经济社会发展规划同步实施。进一步完善人才开发一体化联席会议制度。联席会议作为一种跨地区的权威机构，地位和作用得到各市政府接受认可，进一步加强全区域人才开发重要事项的协调力度，实行灵活的双边或多边协商制度。推进七城市人事制度与政策的协调统一。在区域内人才市场准入标准、人才统计标准、人事制度改革、处理人事争议等方面协调政策和行动，推进和实行区域内人才流动政策、吸引政策、培训政策、人才评价、薪酬待遇与社会保障制度等方面一体化的政策框架，降低区域内人才流动和开发成本，促进人才自主、自由的流动。构建充分共享的人才信息平台。形成区域人才信息网，构筑畅通、快捷的人才信息平台，不定期举办多种形式的网上人才交流招聘活动；轮流或联合举办跨区域的人才交流和技术、项目洽谈活动；健全人才信息交换和发布机制，建立区域内高层次人才信息库，定期交流各市项目、技术、人才方面的需求信息。推进资格证书的互认或衔接，实现教育、培训、考试的资源互通、共享及在服务标准上的统一。以互设分支机构，互派学者、科研专家交流等多种形式，共同培养各地的紧缺、急需人才，逐步形成人才共育、共享的全新格局。共同探索建立辽宁中部城市群公务员能力建设框架，开发和运用区域内公务员测评、考试、录用、培训等方面的技术资源，建立区域内公务员之间的挂职交流制度，相互学习行政管理和公共服务方面的先进经验，提高公务员整体能力水平。拓展人事人才服务领域和内容，适应区域内企事业单位和各类人才的不同需要，通过互相的异地人事代理等人才服务项目，搭建区域内共通的人才服务框架，形成区域内统一的公共人事服务体系。

2. 区域劳动力市场一体化

——统一政策。辽宁中部七城市要打破区域地方性政策界线，实行就业再就业政策落实一体化，以市场需求为导向，在确保《再就业优惠证》通用的基础上，在国家和省大的政策允许的前提下逐步实现税费减免和社会保险补贴、岗位补贴、就业援助、小额担保贷款、培训补贴、职介补贴等项政策的共享。各市在研究制定就业培训有关政策时，要从实现就业培训工作一体化的战略高度出发，在充分考虑各自特点的基础上，加强沟通联系，力求七城市就业培训政策相互照应、互通相容，逐步减少直至消除差异和壁垒。

——统一规划。辽宁中部七城市劳务合作等项工作应研究制定劳务合作的规划蓝图，按蓝图分步实施，并纳入各市就业再就业工作目标的考核体系，确保各项工作扎实有效的开展，并开展定期研讨。七城市共同规划，建立市场化的培训机制，优化整合资源，形成合力，形成城市间培训机构优势互补的全省统筹的大培训市场格局。

——统一服务。充分利用各市现有资源，发挥各自优势，区域内分工明确、建立一个以中国沈阳人力资源为牵动，以六城市人力资源市场为依托，逐步形成具有集群优势的网络。开通区域性交流的"绿色通道"，联合调剂区域内资源余缺，实现城际间无障碍交流；依托七城市装备制造业基础雄厚的优势，打造高技能人才培训品牌；逐步搭建培训资源交流一体化的联动平台，实现区域内培训资源科学配置和合理利用。充分利用网络技术，构建辽宁中部七城市培训信息系统，健全培训信息交换和发布机制，逐步实现区域内培训信息联网，构筑畅通、快捷的培训信息平台。

——统一信息。在信息共享与利用方面，七城市建立共享就业服务网络，发布岗位信息和人力资源供给信息，充分利用就业信息网和劳动力市场报，设置专版和专页，在满足本地区需求后，将本地区专业技能人才提供给合作城市。

——统一维权。完善输入企业考察机制，建立输入企业考察评级制度和评级标准。七城市将联手打击非法职业介绍机构和非法职业介绍活动，有效维护劳务人员的工资、保险、工伤等权益，建立七城市劳务合作的维权协调机制。在七市中的任何一个城市打工出现劳务纠纷，都将得到快速、有效的解决。

（四）加速空间资源整合，推进区域空间发展一体化

重点推进沈抚同城化、沈本一体化和沈铁工业走廊的发展建设，打造东北大都市区和增长极。继续深化沈阳与抚顺同城化合作，共同建设"沈抚同城化连接带"（两区一带）。两市要统一规划，共同定位，进一步建设浑河北岸生态区、浑河南岸产业区和浑河景观带。要加速推进接壤地区的基础设施建设，完善区域综合交通体系和其他基础设施体系，并建立健全沈抚同城化保障机制；加速推进沈本一体化进程，建设沈本产业大道，实现两市在区域规划、基础设施建设、产业空间布局、新区开发、金融服务、信息通讯、社会事业、旅游资源和生态环境保护等方面深化区域合作，优化配置区域资源。加大沈铁工业走廊的开发建设力度，沈铁工业走廊要与沈西工业走廊共同形成一条与"五点一线"经济带互动发展的工业长廊，成为辽宁中部城市群发展的主轴线。

（五）加强区域环境整治，支撑经济一体化发展

加强七城市之间区域环境质量联合监测，实现区域环境质量的改善。成立以沈阳市环境监测站为中心的七城市环境监测联合体，共享环境质量监测数据、实验室软硬件资源和环境监测科研成果，实现大区环境质量监测一体化。加强经济区内水流域的综合整治工作，搬迁整改后环保不达标企业。加强辽宁中部城市群机动车排气污染管理工作，建立七城市之间机动车排气污染互联互通一体化的管理网络，逐渐控制本地区机动车排气污染情况，开展七城市机动车尾气联合稽查工作。进一步修订完善区域环境规划，根据七城市的环境质量状况及各市存在的环境问题，在原有七城市辽河、浑河生态环境恢复规划的基础上，制定七城市区域发展规划，形成整个辽宁七城市的区域环境发展规划。

（六）加速旅游资源整合，推进一体化发展

科学合理规划布局，提高区域整体旅游竞争力。建立协调职能机构，健全七城市旅游合作工作机制，建立七城市旅游协调委员会，吸纳各市旅游局及有关部门参加，共同研究和解决七城市在实现区域旅游合作过程中出现的各种问题。完善辽宁中部城市群旅游发展规划，坚持保护资源环境和可持续开发利用的理念，有序、分层次地开发利用现有旅游资源和新的旅游资源，明确重点开发的方向，科学整合区域旅游要素，构建食、住、行、游、购、娱旅游产业链，打造功能齐全的区域旅游目的地。整合产品，做好区域宣传定位，在"游辽宁名胜，览七市美景"总体形象定位的基础上，按照产品进行细化定位，提高区域宣传的针对性和实效性，提高区域产品的整体竞争力，叫响沈阳经济区旅游圈品牌。加速推进区域旅游的一体化进程，开放旅游市场，支持区域内旅行社按有关法规在旅游圈内其他城市开办分支机构，消除旅游服务障碍，允许外市旅行社组团、景点导游、接待一条龙服务。建立区域旅游投诉一体化机制，保证七城市游客在旅游圈内任何一个城市发生旅游投诉时可以在当地得到妥善处理。

（七）促进区域文化合作，构建大沈阳文化圈

按照"优势互补、资源共享、互惠互利、共同发展"的思路，以建设和谐文化为中心，深化体制机制改革，加强七城市的文化交流与合作，构建以沈阳为中心，以鞍山、抚顺、本溪、营口、辽阳和铁岭为主体的大沈阳文化圈。加强七城市间媒体合作，营造良好的舆论氛围，推动中部城市群一体化理念，充分利用沈报集团、沈阳电视台、沈阳网和七城市广播电台等媒体，扩大经济区新闻承载量，实现七城市间新闻稿件互换，打造辽宁中部城市群的"城市合作的舆论平台"和"政策信息的交流平台"，集中展示大沈阳建设所取得的新成就、新经验。加强专业艺术演出交流，推动群众文化合作发展，加大经典剧目巡回演出的力度，发挥沈阳京剧、评剧在国内的领军优势，在中部城市扩大演出，为广大群众提供更好的精神享受，举办辽宁中部七城市优秀民间广场舞蹈展演和辽宁中部七城市"群众文化事业发展论坛"。构建"公共文化"体系，形成一体化文化合作服务网络，加大沈阳文化艺术中心、博物馆、美术馆、音乐厅等大型公共文化设施建设力度，免费开放具有代表性的公共文化设施和场所，积极树立中心文化城市的服务形象，不断提

升"公共文化"在中心城市的吸引力、感召力,形成一体化文化合作服务中心。加大对"东北文博会"、"印刷包装博览会"两大交易平台的宣传和包装,邀请东北亚各城市办展参会,不断提升"两大平台"在经济区内的影响力、带动力,形成一体化文化合作交易中心。

三、2008 年推进辽宁中部城市群建设的工作任务和措施

继续保持经济区建设和发展的良好势头,不断深化区域经济合作,巩固和扩大合作成果,加速推进经济一体化进程。重点围绕七个方面开展工作。

(一)筹备召开 2008 年辽宁中部城市群(沈阳经济区)书记市长联席会议,促进区域经济一体化步入新阶段

确定 2008 年的"辽宁中部城市群(沈阳经济区)书记市长联席会议"于二、三季度在沈阳召开。围绕加速推进区域经济一体化,在广泛征求各市及专家意见的基础上,明确会议主题,做好会议的有关筹备工作。会议将对辽宁中部城市群(沈阳经济区)建设进展情况进行通报,研究区域合作重大事宜,确定经济区发展建设重大事项,围绕联席会议主题达成新的广泛共识,并发表宣言,促进区域经济一体化步入新阶段。

(二)做好《辽宁中部城市群经济区规划》及各专项规划的组织实施,保障区域经济一体化稳步推进

按照省政府制定的《辽宁中部城市群经济区规划》及各专项规划确定的主要任务和发展目标,落实具体措施,严格组织实施,确保主要任务和目标的如期实现。同时,2008 年将完成《沈抚同城化连接带概念性规划》、《辽宁中部城市群经济区出海产业大道发展规划》、《沈本一体化发展规划》、《沈本产业大道经济带发展规划》等规划的编制工作,全面保障区域经济一体化稳步推进。

（三）加速推进重大建设项目的规划和启动实施工作，构筑区域基础设施一体化

加速推进沈抚新线新建工程（中央大道、东部开发大道）和沈本一体化产业大道新建工程开发建设。积极与铁岭、本溪市沟通协调，力争明年开通沈阳至铁岭、沈阳至本溪的城际客运公交化线路。加速推进沈抚连接带建设项目，特别是南部产业区基础设施建设项目、浑河生态景观带建设项目、浑北生态区建设项目、沈抚城际轨道交通建设项目。

（四）深化区域合作，促进人才和劳动力市场一体化建设

2008年，人才开发一体化的主要任务。一是启动《辽宁中部城市群2008－2012年区域人才发展规划》。二是推进人才市场一体化进程。三是推进辽宁中部城市群人才招聘工作的一体化。四是推进项目合作。五是推进信息资源和智力资源的共享。六是推进人事人才服务的一体化。

创新工作机制，实现辽宁中部七城市间人力资源跨地区的有效配置。一是建立七城市劳动力供求信息共享机制，实现内网互联数据共享的信息协作平台。二是建立人力资源市场招聘洽谈会合作机制，由七城市轮流举办专场招聘会，七城市相互间的招聘会。三是建立辽宁中部七城市就业服务同城化机制。四是七城市将共同开发就业培训资源，积极开展订单培训、定向培训、委托培训、创业培训等合作。五是定期召开劳务合作联席会议，建立各方互访和磋商机制，加深各市劳动部门间密切协作。

（五）加强文化交流与合作，促进文化一体化发展

深入贯彻党的十七大精神，加强与中部七城市的文化交流与合作，促进文化一体化发展。一是加强与媒体合作。加强宣传工作的沟通与协调，共同为本区域的开放开发大造声势、营造良好的舆论氛围。二是加强专业艺术演出交流，推动群众文化合作发展。三是构建"公共文化"体系，形成一体化文化合作服务网络。四是发挥"两大平台"作用，形成一体化文化合作交易网络。五是整合"三大文化（演艺、电影、文博旅游）"资源，形成一体化文化合作共享网络。六是培育"三好街电子音像"、"五爱文化用品"、"太原街书报刊""中街与鲁园古玩工艺品"

四大文化产品市场，形成一体化文化合作辐射网络。

（六）加强生态建设和环境保护，营造区域一体化发展创造良好环境

加快实施的步伐，推进浑河、辽河流域生态环境的改善和恢复，同时将按照《辽宁七城市环保工作实施方案》，尽快开展落实十项环境合作项目，逐步建立互联互通一体化的管理网络。一是编制辽宁中部城市群环境保护管理办法；二是开展七城市区域环境质量联合监控；三是加强辖区内水流域的综合整治工作；四是加强辽宁中部城市群机动车排气污染管理工作；五是形成信息通报渠道，建立信息交流平台；六是七城市之间建立科研项目共同合作，技术对接的互动机制；七是进一步修订完善区域环境规划，加快规划实施的步伐；八是形成环境评价组织协调指导体制，达到互惠互利；九是召开七城市环境保护工作联席会议确定合作协议；十是辽宁中部七城市危险废物的集中处理。

（七）抓好《辽宁中部城市群（沈阳经济区）合作协议》落实工作，提高经济区要素整合和优化程度

继续加大工作力度，加强与各市的协商与对接，全面推进《合作协议》中确定的十一个方面合作内容的落实。在此基础上，扩展和延伸合作条款的内涵，结合各市实际，不断充实新的合作内容，拓展新的合作领域。继续加强区域双边合作，重点在空间布局规划、基础设施建设、资源开发利用、经济园区发展、整合产业优势等方面深化双边合作，促进经济区建设形成一个有机的整体。

（八）加强辽宁中部城市群经济一体化重大问题研究，指导区域健康发展

从宏观上把握辽宁中部城市群经济一体化的战略重点，充分发挥中心城市的辐射作用，促进中部城市群与辽东半岛、辽西沿海两大板块及沿海"五点一线"协调并进和互动发展；加强中部城市群参与国际分工和战略发展的研究，探索辽宁中部城市群实现区域资源合理配置、生产要素优化组合、尽快形成统一开放、竞争有序大市场的有效途径；充分发挥政协组织、专家学者的作用，围绕经济区建设和发展主题，开展高层论坛、建言献策活动。

（九）建立和完善合作协调机制，全面推进区域经济一体化进程

鼓励和支持经济区内部门、行业间开展有效的合作与对接活动，逐步消除地区封闭、体制和机制上的障碍，达成一批新的合作协议和规则；建立和完善经济区合作协调机制，加强经济区城市间的工作联系和交流，建立工作机构，明确工作思路，统一工作部署；完善不同层次的联系会议制度，相互通报政务信息。同时，继续加大经济区对外宣传力度，营造合作共赢的舆论氛围，全面推进区域经济一体化进程。

课题组成员：沈阳市发展和改革委员会

　　　　　　梁洪杰　段继阳　郑　鹏　刘贵福　赵启友

推进大连市生产性服务业发展的对策建议

一、国际性城市生产性服务业发展对大连的启示

比较分析大连市与伦敦、东京、中国香港、新加坡等国际性城市生产性服务业的发展历程，有以下三个方面的启示：

第一，大连处于生产性服务业快速发展阶段。纵观国际化城市生产性服务业的发展历程，大连正处于工业化中期阶段，这个时期正是国际性城市生产性服务业开始快速发展时期。因此，大连市应该抓住这个经济发展机遇，大力发展生产性服务业。世界各国的经验表明，在经济发展过程中，人均 GDP 水平和服务业的发展多成密切的相关关系。大连目前的人均 GDP 相当于上海 20 世纪 90 年代末期、中国香港和新加坡70 年代末 80 年代初的水平，但是大连市的服务业发展呈现滞后于经济发展的状态。从这点上看，目前大连服务业没能达到发达城市同期服务业应有的发展水平，大连的服务业发展正好与各个城市服务业快速发展阶段前期相吻合，处于快速发展时期，存在很大的发展空间。

第二，国际性城市生产性服务业对经济贡献大。香港、东京、伦敦、纽约、新加坡等国际性城市，其生产性服务业占 GDP 的比重均超过 50％。可见，生产性服务业的主导作用是国际性城市的共同特征。而 2000—2004 年大连金融保险、物流服务、科技研发服务业等主要生产性服务业占 GDP 的比重之和几乎都在 13％左右徘徊，发展缓慢，与国际性城市差距很大。伦敦、东京在 1980 年代的生产性服务业发展水

平与规模与大连目前的发展阶段比较相近，但在近30年取得了长足的发展，并已经成为现阶段经济增长的主导产业。因此，作为国际性城市的伦敦与东京，其生产性服务业的发展对于其城市整体发展起到了举足轻重的作用。生产性服务业是一个城市服务经济发展水平及城市经济发展水平的重要部分，大连通过大力发展生产性服务业来推进城市的国际化进程。

第三，生产性服务业是完善航运中心职能的重要手段。对比国际性城市的发展，伦敦、东京、中国香港、新加坡其港口经济发达的背后都具有发达的生产性服务业作为支撑；中国上海也是通过优先发展生产性服务业来推进其航运中心的建设。建设航运中心需要各个行业的支撑，金融、保险、物流、商务服务、信息咨询等行业是其主要的支撑，这些行业正是生产性服务业的主要组成部分，因此，大连要建设和完善航运中心首先应该发展生产性服务业。

二、大连市发展生产性服务业的必然性

大连市城市的上升空间较大，但在城市竞争力方面与上海、北京等国际性城市相比还存在着较大的差距。在全国15个副省级城市中，大连市的竞争力排在第5名左右，与深圳、广州、厦门、沈阳还有一定的差距。而大连城市缺乏竞争力主要表现在城市功能、产业结构、区域龙头作用、经济增长方式等，而这些方面的提升都与生产性服务业息息相关，因此，大力发展生产性服务业是大连提高城市竞争力的必然选择。

1. 提升大连的城市功能。纵观发达城市的发展历程，城市的生产功能将逐步弱化，服务功能将强化为主导功能，特别是生产性服务业成为城市的核心功能。大连提出建设东北亚重要国际航运中心，未来将发展成为东北地区的金融中心、商务中心、贸易中心，这些中心的定位中，航运、贸易、金融均属于生产性服务业。因此，加快生产性服务业发展城市实现大连城市功能转变的前提条件，也是大连市提升城市竞争力和服务水平的重要保障。

2. 促进产业结构升级。从发达国家（地区）的国际大都市的产业

结构演变趋势看，已呈现出服务业占绝对主体地位的格局。而从服务业内部构成来看，面向企业的生产性服务业多年来一直处于上升的态势中，成为产业结构向更高层次演化的一个共同特点和发展趋势。随着大连经济发展水平的不断提升，产业结构也会向这些先进城市靠拢，尽管在产业具体比例构成上会存在差别，但在一定时期内生产性服务业不断增长的格局是可以预期的。大连市都应该把生产性服务业作为其产业结构调整的动力源，通过生产性服务业的发展，为制造业提供商务服务、科技研发、物流等方面的支撑，进而提升制造业的竞争力。

3. 发挥在东北地区的龙头作用。东北地区存在重工业比重过重、经济增长乏力、资源面临枯竭等经济现象，这就决定了东北地区必须要改变经济增长方式。在服务经济时代下，服务经济增长模式是较适宜的选择。大连与东北区其他城市相比，在产业基础、城市区位、港口经济、对外开放等方面有比较优势，在振兴东北老工业基地的进程中历史赋予了大连优先发展生产性服务业的特殊使命。加速大连市生产性服务业的发展，不仅有利于将大连建设成国际化、知识化、信息化的生产性服务中心；而且可能通过生产性服务链的延伸，加快东北老工业基地的振兴。

4. 抢占政策先机，实施赶超战略。党的"十七大"报告中明确提出了促进国民经济又好又快发展的任务，预示着我国的经济增长方式将发生重大转变，大力发展服务业特别是生产性服务业是必然的趋势。但是近几年来，大连的重化工业比重有上升的势头，这在一定程度上与大连城市功能错位，是大连市产业结构的逆向调整。因此，无论是为了优化产业结构还是为了进一步落实科学发展观，大连都必须抢抓发展先机，竞争服务市场，把经济总量的提高从依赖发展重化工业逐步转移到依赖发展服务业特别是生产性服务业上来。大连要想缩短与发达城市的差距，提高城市竞争力，必须尽早融入国家政策的大趋势，依靠发展生产性服务业来实施赶超战略。

三、大连市生产性服务业的特点与主要问题

(一) 发展特点

(1) 发展规模逐步扩大,增长速度快。近几年来,大连市的生产性服务业已具有一定的规模,并有逐年递增的趋势。其中几大主要行业产值已达到300亿元,占第三产业产值比重超过三分之一,金融服务业和物流服务业在第三产业中所占比重均达到约10%的水平。2004年金融服务业、物流服务业、科技研发与职业教育均比2003年增长了12%以上,呈现出良好的发展势头。因此,无论从大的经济发展环境上看,还是从生产性服务业自身发展条件上看,都为大连生产性服务业未来的发展提供了良好的发展基础。

(2) 生产性服务业内部结构不断完善。从大连生产性服务业各行业的企业数上来看。2005年,大连生产性服务业企业总数达到2173个,其中以商务服务、金融服务、物流服务类企业为主,商务服务业企业达到1054家、金融服务业企业达到408家、物流服务业企业达到364家,可以看出大连主要的生产性服务行业的企业均具有一定的规模,这三类企业个数占生产性服务业企业总数的84%;从事信息服务、创意服务的企业也发展迅速,分别达到65家和45家,未来的发展空间巨大。大连的生产性服务业也从传统服务企业为主逐步过渡到传统服务企业与新兴服务企业共同发展的阶段。

(3) 空间聚集呈现"3+1"模式。通过考察大连市生产性服务业企业密度分布,可以看出大部分企业都集中分布在城区,其中以中山区、沙河口区、西岗区更为集中,聚集的效应体现得比较明显。大连开发区作为新的发展区域,各类企业落户使开发区的经济活动日益活跃,逐渐体现出生产性服务业在该区域的逐步聚集的趋势。由此,与以上三个主要市区构成"3+1"的聚集现象。

(4) 行业聚集已成趋势。通过计算大连市生产性服务业在各个区的分布区位商,量化直观地反映各个行业与各区域的相互对应关系。中山区物流服务业集聚度最高,达2.96,在金融服务业方面,西岗区、中

山区和沙河口区的集聚度比较高，分别达到 3.05、2.62 和 2.43。科技研发服务业沙河口区最高，达到 3.65。可见，各个行业最高的聚集区域分别分布在不同的市区，并非是某一个区囊括了聚集度最高的所有行业。

（二）存在的主要问题

一是总体发展规模偏小。首先从绝对规模来看，与世界发达城市差距很大。与中国香港和新加坡相比，2003 年，新加坡服务业增加值为 645 亿美元，为大连的 7 倍，香港的服务业增加值为 1334 亿美元，为大连的 15 倍。其次，从三产比重发展来看，大连有望在近几年内突破 50％大关。但与国际发达城市三产比重平均 70％的水平仍有不小的差距。大连第三产业在发展水平和规模上都相对偏低，这与城市经济发展水平不相匹配。

二是发展相对滞后。大连目前生产性服务业发展水平与规模与上世纪七八十年代的伦敦、东京的发展阶段比较相近。目前东京、伦敦、纽约、新加坡等国际化城市，其生产性服务业占 GDP 的比重也均超过 50％。其中伦敦、纽约等生产性服务业对服务业的贡献率达 80％以上。而大连金融服务业、物流服务业、科技研发服务业等主要生产性服务业之和占 GDP 的比重，在 2000～2004 年的几年中几乎都在 13％左右徘徊，发展缓慢。即使是大连是生产性服务业对第三产业内部而言，其比重仅仅徘徊在 29－30％之间，与国际化城市差距很大。从绝对总量来看，大连与上海等国际化城市的差距仍在拉大，从 1990 年到 1995 年，差距迅速拉大，物流服务业由原来的 1：3 发展到 1：9，金融服务业由 1：4 到 1：25。

三是各行业发展不均衡。生产性服务业内各个行业间的发展不均衡，科技研发服务业比重明显偏小，没有发挥其刺激经济快速增长的催化作用。虽然金融服务业所占比重相对是最高的，但与发达城市相对比金融服务业的比重明显偏低，还有很大的发展空间。目前大连市生产性服务业内某些部门的发展远远落后于大连整体经济的发展，政府应在这些方面给予适当的政策考虑，从而使各个行业的发展达到一个适当的比重模式，提升完善生产性服务业内部结构。

四是行业空间集聚程度低，未形成专业化区域。大连的生产性服务业在市中心区域，基本形成了以中心向外辐射的集聚分布方式，主要的分布区域集中在中山区、西岗区和沙河口区，但相对于发达城市的生产性服务业聚集程度而言，大连的聚集程度不高，仍有很大的聚集发展空间，聚集所带来的积极效应仍没有发挥出来。虽然并非越聚集越有利于经济发展，但在一定聚集的域值下，聚集所带来的作用是积极的，大连在这点上仍有不少的发展空间。

通过以上的分析，我们可以发现生产性服务业各个行业的增长较快，大连生产性服务业目前处于发展条件优越，发展空间广阔的经济环境中。但与此同时，大连市的生产性服务业也存在诸多问题。在大连市向国际性城市发展的道路上，生产性服务业的发展应作为一个重要的问题进行研究，并通过政府制定一系列的扶植政策使生产性服务业的发展走在前列，使其成为带动大连经济整体向前发展的新生力量。

四、市场需求潜力分析与重点发展领域的确定

（一）市场需求潜力分析

1. 对生产性服务业的需求分析。大连市生产性服务业的发展前景如何？应该制定一些什么相关政策？首先取决于大连生产性产业及服务业提出的需求是什么。其次是如何为东北区振兴提供生产性服务。因此，我们对大连生产性服务业需求是在这两个区域层面展开的。

大连及东北地区的工业发展对生产性服务业的需求巨大。通过筛选可以确定出大连市及东北地区的主要工业部门包括石化工业、机械制造业、造船工业、电力能源业，电子信息业和高新技术产业等，这些工业部门也就是大连生产性服务业的主要服务对象。针对这些工业部门分析其对生产性服务业的市场需求情况。

2. 服务业对生产性服务业的需求分析。不同的服务业类型之间是正相关的，它们之间彼此存在强烈的关联需求。比如说，一个国家如果在工商服务业上具有比较优势，那么其在发展金融业上也会相对容易地培育出竞争优势。但不同服务业类型对生产性服务业的需求也存在较大

的差别，金融业是生产性服务业的最大用户，其次是房地产和工商服务业及批发零售业，而运输仓储业、社区、社会和个人服务业对生产性服务业的需求程度相对较小。从服务业的发展阶段来看，发达国家和地区已经进入生产性服务业占主导地位的阶段，而大连的服务业结构中金融、房地产等传统的服务业仍占很大比重，这些行业本身的发展对生产性服务业的需求都很大。因此，无论从扩大服务业规模的角度，还是从促进服务业升级的角度而言，大连都必须大力发展生产性服务业。

（二）大连市生产性服务业发展重点的确定

综合考虑生产性服务业体系中各行业的现有基础以及大连及东北产业的需求情况，运用层次分析法对 8 大类、31 小类生产性服务业的重要性进行判断。通过权重的计算，对各类别进行排序，从而确定大连市近期应优先发展的部门依次是：金融服务业、物流服务业、科技研发服务业、信息服务业、会展业、创意设计产业。而对于大连生产性服务业内部各行业的优先发展次序如下图：

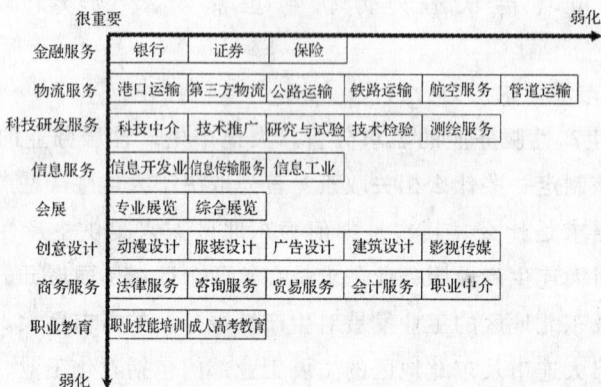

图　生产性服务业中各行业的重要性排序

五、生产性服务业重点领域的战略与建议

（一）金融服务业

1.发展现状及存在的主要问题。大连市金融服务业稳健发展，形

成了银行、保险、证券、期货、信托行业齐全并举，中外机构并存，功能完备、运行稳健的金融体系。先后引进中外资银行、保险机构22家。建立了合资法人寿险公司和独资法人公司。与150多个国家和地区近4000家银行建立了业务代理关系。期货成交量占全国期货市场总成交量61%，占全国期货总成交额35%。

但是大连市的金融业与国际性城市相比仍存在很大的差距，其发展的制约因素主要表现在：腹地经济发展相对缓慢；金融人才不能满足地区发展的需要；金融知识推广普及力度不强，社会各界对金融的认识以及居民的金融意识有待提高；我市金融机构总部比较少，设立外资银行的国家比较单一，对外辐射功能有限；融资渠道单一，直接融资和间接融资比例失调。

2. 战略与建议。针对大连市金融服务业存在的制约因素及结合大连市自身的优势，提出了大连市金融服务业发展的战略与建议：大连市的金融机构应努力提高自身的服务意识，转变服务理念，积极发挥自身的金融信息优势，主动服务于企业，形成自上而下的金融服务模式，成为与企业共同发展的伙伴，加快与国际金融机构服务水平的接轨，提高自身的竞争力。同时，也要在政府的宏观引导下：逐渐完善大连市金融环境，包括星海湾商务区的建设、推广财经知识等；促进本地金融机构的跨区域经营；吸引金融机构入驻；发展总部经济，拓展国内外业务空间，着力提高对东北乃至东北亚区域辐射能力；做大做强大连市的商品交易所；组建金融控股集团。

（二）物流服务业

1. 发展现状及存在的主要问题。2000年以来，大连物流业占GDP的比重以10—17%（平均每年15%）的增长率稳步增长。多年来，其在生产性服务业中的地位仅次于金融保险，居于第二位，对生产性服务业的GDP具有重要贡献。大连市物流服务业快速发展，目前已经成为我国北方最大的粮食中转港、石油液体化工品港、国际贸易港和重要的集装箱枢纽港。一批本地大型企业的自营物流、专业化和社会化大型配送中心、外包业务、国内外著名物流企业进入。随着一系列工程的建设及信息平台的启用，推动物流业基础设施和服务功能逐渐完善。

但是大连市的物流服务业还存在一些制约因素：大连市经济总量不够大，大连市物流业占 GDP 的比重约 4％的水平远远低于上海市的 13％；物流业内部结构需要优化升级，物流业中传统物流部门占 60％左右，新兴物流行业还没有达到 40％；产品（服务）代理制和物流外包制发展滞后；行业、部门、企业之间缺少配合协作；现代物流业人才不足，大连未来 10 年需要各类现代物流人才近 8 万人。

2. 战略与建议。为了克服大连市物流服务业的制约因素，今后要进一步发挥大连市海空港口岸区位优势，完善物流服务的软硬环境（构建物流信息平台、投融资战略、物流人才培养、建设行业协会），促进国际航运中心的建设。同时也要扭转传统物流占主体的局面，深度挖掘需求，大力发展第三方物流。

（三）科技研发服务业

1. 发展现状及存在的主要问题。大连市科技服务业优势明显，自主创新和研发能力不断增强。先后创建了中小企业科技服务中心、创业投资公司、科技担保公司、俄罗斯技术转化中心及技术交易机构。在重大项目和关键技术领域通过引进消化再创新，研制出永磁悬浮技术等技术和产品。2005 年，全市科技研发服务业企业达到 1357 家，全社会研发经费支出达到 35 亿元，各类科技企业孵化器 28 家，在孵企业达到 1800 个，孵化器规模位居全国前列。

但是大连市科技研发服务业仍存在一系列问题：科研技术服务业的发展水平不能满足制造业的需求，大连市的科术研发业占第三产业总产值仅为 2％，比重略显偏低；企业科技投入较低，大连市全社会 R&D 投入在全国 43 个大中城市中仅排名第 28 位；缺少引导自主研发的龙头企业，具有规模优势的产业的创新优势不明显；技术引进与消化吸收之间的矛盾加深，而在引进先进技术后，往往缺乏进一步投入资源根据自身特色再创新，所以无法真正实现自主研发；科研成果的畸形过剩与科研成果的现实需求无法满足的矛盾，大连市每年获得的各种科研成果超过 150 项，但能进一步实现产业化的比例非常低。

2. 战略与建议。为解决大连市科技研发服务业存在的问题，针对其发展优势及需求，提出了以下建议：扶持重点领域的科技研发服务；

建设公共检测平台、技术产权交易平台、公共研发和技术平台；相关政策支持（对高技术产业实行税收优惠政策、大力扶持中小企业科技研发、完善产学研合作机制、构建大连科技研发投入支持体系、优化科技人才结构、完善社会服务体系）。

（四）信息服务业

1. 发展现状及存在的主要问题。大连市信息服务业发展迅速，成为新的经济增长亮点。大连是全国唯一的"软件产业国际化示范城市"，基本确立了"东北亚软件及信息服务中心"地位。2005 年全市信息服务企业达 520 家，咨询外包服务快速上升，占软件服务总量的 1/3。

但是与发达城市相比，大连市的信息服务业还存在着一定的差距：政府职能发挥不充分；信息产业园区分工不明确；企业信息化建设发展不平衡；信息资源开发与维护不协调；缺乏高层次人才，人才外流严重；技术创新能力不足，核心技术乏力，技术自主化程度不高；信息企业规模小、竞争力不强。

2. 战略与建议。进一步发挥大连市软件业的突出优势，从信息技术的引进逐渐向信息技术自主开发过渡。重点从两个方面对大连市信息服务业进行提升，一是将信息产业化：明确园区分工，发展高附加值的产业群；建立"产、学、研"机制；加快行业协会的建设步伐；发挥政府的主导、企业配合、市场带动三方面的作用。二是将产业信息化：改变企业信息系统与管理的理念；加强社会对信息产业的认识。

（五）会展业

1. 发展现状及存在的主要问题。自 1996 年大连星海会展中心落成以来，会展业呈现出蓬勃发展的局面，在国内外已具有一定的影响力。大连会展项目和展会贸易成交额逐年增加，展会质量稳步提高，并形成了一定数量的品牌展会。但是与国际发达城市相比，大连市的会展业还存在很大的差距，表现在：大连展会规模小且综合服务水平不高；会展企业缺乏市场经验，对展会运营能力欠佳；缺乏专业人才，从业人员素质不高。

2. 战略与建议。大连市会展业还有很大的提升空间，可以从以下几个方面着手：发挥行业协会功能，加强行业管理，增加行业自律；依托优势产业，从专业角度强力打造品牌展会；加速引进和培养高级会展人才；坚持国际化办展方向；实现以会"兴"展，以展"促"会。

（六）创意产业

1. 发展现状及存在的主要问题。大连市目前的创意产业刚刚起步，在 GDP 中所占比例较低，与国际 7％的比例相比，发展空间很大。重点创意产业已经表现出良好的发展势头：动漫产业发展势头迅猛；广告与传媒行业仍处于摸索阶段；服装创意产业园建设之中。同时，大连市的创意产业还存在着诸多限制因素：市场化程度较低，创意产业缺乏发展动力；创意产业融资能力较为薄弱；创意产业专业人才匮乏；针对创意产业的法律保障体系还不完善；布局分散，没有形成集聚优势。

2. 战略与建议。根据国内外发达城市的发展经验可以看出，大连市创意产业拥有广阔的发展前景。根据自身的发展优势及市场需求，大连市创意产业的推进应从以下几个方面着手：继续发挥大连市在动漫设计和服装设计等方面的优势，积极发展一批有产业基础的工业设计、出版和广告等产业，建设创新型创意产业体系；培育竞争力强的产品体系；以市场机制为主，政府大力扶持为辅是获得产业竞争优势的保障；打造民族文化品牌；加快创意专业人才的培养；扶持建立创意行业协会，健全行业自律机制；优化布局，推进产业集聚发展。

六、推进大连市生产性服务业的具体建议

（一）提升生产性服务业的战略地位，制定合理规划

1. 构建服务于东北老工业基地的生产性服务业体系。要构建立足服务于东北振兴，构建大连市生产性服务业完善体系。对东北地区的工业企业部门特别是制造业的部门提供更多的专门性服务，提高生产效率，实现经济效益，最终起到服务制造业，振兴老基地的作用。

2. 发挥生产性服务业的经济引擎作用，完善城市综合服务功能。大力发挥大连生产性服务业引擎作用，提升服务业的地位，促进大连市产业结构的高级化进程，促进大连市城市国际化进程。依据波特的价值链分析和施振荣的微笑曲线原理，重视生产性服务业的发展，使目前大

连市制造业摆脱单纯依靠劳动密集型成本的数量和成本优势参与国际竞争的局面，取得高层次的发展；使制造业企业应减少或放弃发展潜力小、附加值较低的行业部门，逐步向附加值高的微笑曲线的两端发展，获取企业更高层次的竞争优势；另外，配合大连市作为东北地区对外开放的窗口和龙头以及东北腹地商品物资走向东南沿海和国际市场的主要通道和重要枢纽的地位，结合大连建设成为东北亚重要的国际航运中心的目标，建立配套的生产性服务业，作为大连向国际性城市迈进的一个坚实的基础和依托。

3. 科学论证，制定生产性服务业长远发展规划。针对目前大连生产性服务业的发展不是十分有序，没有相应的发展规划，要走"规划先行，长远发展"的道路，大连生产性服务业的发展并不是一蹴而就，要深入研究生产性服务业的发展规律，深入研究制造业对于生产性服务业需求的状况，制定系统、详细的生产性服务业发展的战略与规划。可聘请此领域的专家系统地制定大连市生产性服务业未来发展规划和发展目标，并以 5 年为周期调整拟定生产性服务业规划和总体发展目标。从目前大连及东北地区的产业发展需求出发，在重点建设"四大基地"的同时，应尽快制定围绕"四大基地"建设的生产性服务业发展规划，促进大连市二、三产业的协调、共进发展。同时将生产性服务业列入城市规划体系中。

（二）建立完善的组织机构，协调各主体间的关系

1. 建立大连生产性服务业发展推进机构。要吸取推进"一区一品"工作的教训，建议成立大连生产性服务业发展领导小组及办公室，指导、协调大连各区县尤其是中心城区生产性服务业的发展。办公室可下设政策处、产业处、区县协调处、项目处、资源整合处等，专司生产性服务业推进之职。其职责：一是按照规划，对大连尤其是中心城区生产性服务业发展布局、项目建设及时间节点进行统筹协调；二是指导大连生产性服务业资源的合理配置，避免功能相似、项目重复；三是推进大连生产性服务业资源的优化整合；四是对符合政策支持的生产性服务业项目进行认定。

2. 成立大连生产性服务业协会。政府是大连生产性服务业发展的

规划、推进主体，而企业是生产性服务业发展的运作主体。由于生产性服务业项目除了落在各区县和大集团之外，还有许多功能性的、公益性的和资源整合性的项目难以操作，生产性服务业所涉及的众多行业需要一个合作交流的平台。建议成立大连生产性服务业协会，使之成为功能性市场主体，从行业的角度为大连生产性服务业的发展建言献策。地方政府要引导生产性服务企业在自愿的基础上建立行业协会，在市场准入、信息咨询、规范经营行为、实施国家和行业标准、价格协调、调节利益纠纷、行业损害调查等方面发挥自律作用，切实维护和保障行业内企业的合法权益。其职责：一是通过市场化手段，协调和推进大连各区县尤其是中心城区生产性服务业的资源整合、项目开发；二是对大连生产性服务业重大项目进行策划、组合、包装和投资建设；三是在全市范围内梳理和推进生产性服务业项目建设。

（三）构建生产性服务业的政策和法制保障

1. 降低准入门槛。大连市应逐步解除对生产性服务业的各种行政管制，特别是对特殊行业的经营许可放宽、简化工商行政登记注册手续，建设有利于生产性服务业发展的体制机制。同时改变部分生产性服务业的垄断经营，进一步加大垄断性生产性服务业管理体制的改革，分离行政管理职能，放宽市场准入，鼓励非国有经济在更广泛的领域参与生产性服务业发展，参与市场竞争。欢迎外地企业参与到本地市场中来，活跃和刺激本地市场。降低国际市场准入标准，促进产业国际化，允许外商、跨国公司率先进入我市服务业，以长期处于行业垄断地位和缺乏有效市场机制的金融业、电信业以及开放度较低的分销服务业、中介服务业为重点。

2. 加快体制改革。《东北振兴规划》中明确提出增强企业发展活力，推进体制改革。大连市生产性服务业的国有企业占有一定比重，必须要进行改制重组。对大连生产性服务业国有企业改制重组，按照不同情况，予以享受本市国有企业重大资产重组、大连国有中小企业改制重组、外资并购大连国有企业等相关政策。外资、民资在参与生产性服务业企业的资产重组过程中，对整体转让企业资产、债权、债务和劳动力以及实施关闭、破产等的，可按照国家有关规定，予以享受企业税收优惠政策。在参与生产性服务业国有经济改制过程中，相关的产权交易费、房地产交易和变更手续费等相关收费项目，按规定实行减免政策。

3. 加大对技术创新的政策支持力度。鼓励设计、创意、科技服务等服务业企业、研发机构以及产学研联合体开展技术创新活动，对其成果转化项目，按照一定的标准，予以享受有关优惠政策。支持服务产品研发，企业发生的技术开发费可按实计入管理费用，技术开发费比上年实际增长 10％以上的，可按照规定再按其实际发生额的 50％抵扣当年应纳税所得额。对符合科教兴市重大产业科技攻关项目要求的生产性服务业领域的技术创新项目，可通过科教兴市重大产业科技攻关项目专项资金给予一定支持，加速其产业化进程。

4. 制定重点行业优惠政策。发展金融服务业。对在本市新设立的金融机构总部，经认定符合条件的，可给予支持。支持和鼓励金融创新，对金融业务和金融产品创新有突出贡献的机构和个人，可按照规定给予适当的奖励。新增金融机构购买自用办公用房的，给予交易手续费减征等优惠；购地建设自用办公用房，经市政府批准，可给予一定的补贴。

支持现代物流发展。合理确定物流企业营业税计征基数，对符合条件的物流企业，其将承揽的业务外包给运输、仓储等其他单位并由其统一收取价款的，以其全部收入减去国家规定的扣除项目金额后的余额，作为营业税计税基数。允许符合条件的、跨区域设立分支机构的物流企业，按照规定统一缴纳企业所得税。

促进创意产业发展。对政府鼓励的新办文化创意企业，自工商注册登记之日起，免征 3 年企业所得税。根据国家有关规定，允许投资人以商标、品牌、技术、科研成果等无形资产的所有权评估作价出资，组建文化创意企业，作价入股占注册资本的比例可达到 40％。制订本市文化创意产业发展专项资金使用和管理办法，采取贴息、补助等方式，支持文化创意产业发展。对物流、研发、设计等生产性服务业项目的用地优先供应，确保项目落地。

5. 建立和健全相关法规体系。经济结构的改变、生产性服务业的发展，都有赖于健全的法律法规。而生产性服务业各项法规的建立与完善，需依靠政府的全力支持和推动。首先，要切实贯彻执行国家制定的有关知识产权保护、合同执行等方面的法律法规。其次，全面建立和健全各种与生产性服务产业发展密切相关的法律，规范科技研发、设计创意、职业教育、会展业及计算机信息和软件应用服务等新型产业等行业的发展。而且要加强监管和执法力度，使行业标准、法律法规能够在产业发展中起到应有的作用。第三，完善与生产性服务企业经营相关的法律法规，如公司法、会计法、专利法、商标法、贸易法、期货法、证券投资基本法、人才使用和管理等，维护市场秩序，提高行政管理效率。第四，完善信息法规，促进信息资源共享和国际信息交流。此外，要仔细研究现有的法律、法规，避免法律之间相互冲突而难以执行。

（四）营造健康有序的市场环境，扩大市场需求

1. 营造生产性服务业的市场环境。建立保证市场竞争有序进行的保障体制，推进行业的资源配置由政府为主向市场为主转变。改革由原来部委行使管制者职能的管制模式，尽快建立独立的监管机构。在此基础上，完善政府管制立法，建立健全公平竞争的法律和规则。对于扰乱市场秩序、企图恶意竞争的行业或企业采取相应的法律制裁。在公平有序的竞争中，引导生产性服务业向高层次专业化方向发展。

作为生产性服务业发展重要的监管主体，政府要对企业和个人的信用水平进行严格监管，建立失信惩戒和守信激励机制，培育信用市场。加强社会诚信体系建设，推动政府部门在就业、社会保障、市场监管、政府采购等公共服务中应用信用信息，引导和培育征信产品市场，促进和规范信用服务行业的有序发展，进一步完善个人和企业联合征信服务系统，加快信用制度建设。建立社会信用评估体系，研究制定大连市生产性服务企业及其法人代表征信数据格式、数据库建设规范和系统技术规范等信用标准体系。

2. 扩大生产性服务业的市场需求。一是加快服务外包，重点推进制造业服务外包。企业要充分发挥核心竞争力，就必须把自己不擅长的那部分业务外包出去，更加聚焦于自己的核心业务，而相关的生产性服务企业也能够提供更加专业、优良的服务，降低企业成本，提高生产效率，从而达到双赢的局面。因此企业应将其核心竞争力之外的附属服务剥离为社会化的专业服务，扩大生产性服务业的市场需求。当前政府应该利用舆论渠道、举办外包论坛等方式加强外包宣传，使企业对外包战略的制定、外包模式的选择、包项目的管理、外包优势、外包的层次和类型，以及外包的风险与控制等逐渐形成认同。按照加快发展现代制造服务业的理念，充分借鉴工业发达国家的经验和做法，一方面加速制造业企业物流服务与生产环节剥离，促进生产性服务业向专业化、市场化、社会化发展，进一步壮大服务规模和实力；另一方面，支持企业充分利用社会技术和人力资源，加快推进企业技术研发、信息化建设等专业技术服务外包。二是实现生产性服务业与制造业融合发展。产业融合是指不同的产业或同一产业内的不同行业通过相互渗透、相互叠加、相互交叉，最终融为一体，产生更高的生产效率和经济效益，逐步形成新的产业形态的动态发展过程。基于对生产性服务业的特性和大连市目前经济发展阶段的考虑，生产性服务业的发展不能走脱离制造业，进行产业内自我循环发展的路径，而是必须走产业融合发展的路子。当前大连市正处于工业化发展的中后期，工业化进程尚未结束，不能脱离功业而单纯地发展服务业，要选择适应现有产业结构与资源要素水平的转型之路，要在全面提升经济服务化的基础上寻求向整个经济系统渗透的发散型发展，特别是与制造业的融合中找到新的增长点，大力发展生产性服务业。为此，应加快发展与制造业直接相关联的配套服务业，如工程装备配套服务和工业信息服务，以及公共性服务业，如技术服务、现代物流、工业咨询服以及其他工业服务。三是推进生产性服务企业的"走出去"战略，拓展海外市场。国际化是大连增强城市综合竞争力的突破口之一，而发展生产性服务业正是对国际化的深化。大连生产性服务业要变"自我服务型"为"区域服务型"，以国际性的服务业冲破目前的区域分割和行政体制。实施"走出去"战略，对于大连市生产性服务业当中具有专业特色和比较优势的技术、资金等生产要素，要鼓励其向发展，使其在更广阔的市场领域发挥作用。

政府可从以下几个方面加大扶持力度：加大本市的政策支持力度，鼓励本市有实力的各种所有制的服务企业积极参与国际经济贸易合作，开展境外直接投资，并根据有关规定，给予适当的项目贷款贴息。调整优化本市地方外贸扶持专项资金支出结构，重点鼓励和支持服务贸易重大项目。对缴纳增值税的服务贸易出口企业，货物出口后可按规定予以享受出口退税政策。鼓励各类企业开展服务外包出口，对承接国际服务业外包的服务外包出口企业，符合国家有关规定的，可予以享受有关扶持出口型企业研发资金和中小企业开拓国际市场资金等优惠政策。鼓励物流、金融、中介等生产性服务业企业与工商企业联合在境外投资。鼓励龙头企业和具有比较优势的生产性服务业企业在境外设立连锁经营机构。赋予企业更大的海外投资决策和经营管理自主权，对于非国有企业和改革到位、内部监控机制良好的国有企业的海外投资，要简化审批手续，完善登记制度，放宽限制条件。通过生产性服务贸易出口，有助于减少大连服务贸易逆差，提高大连生产性服务业的水平和第三产业在地区经济中的比重。

3. 实施生产性服务业的品牌战略。在推进大连市生产性服务业发展的过程中，要注意培育和树立服务品牌。对新确认的国家驰名商标、中国名牌产品、大连市著名商标、大连市名牌产品和出口名牌服务企业，按《大连市名牌产品管理办法》的规定分别由市、区县给予奖励。对企业开展自主品牌建设、培育发展出口名牌，符合国家有关规定的，可予以享受外贸发展基金中安排的出口品牌发展资金的优惠政策。对符合规定的名牌出口企业，质检部门优先予以免检，海关积极提供通关便利措施。鼓励服务企业以商标、专利等知识产权为纽带，通过知识产权质押融资，进行跨地区、跨行业兼并和重组；支持符合条件的服务业企业进入资本市场融资。

（五）优化组合生产要素，提升生产性服务业竞争力

1. 搭建信息平台。一是信息和统计先行，及时反映产业近况。近年来，生产性服务业发展变化很大，在过去的计划经济时代，中国的统计体系较注重物质生产部门的统计，而面对今天市场经济的发展，我们的统计体系还不能全面覆盖服务业的所有方面。在现有手段下，我们掌握的方法难以真实、全面反映从第三产业分离出来的生产性服务业的实际情况。因此应建立能切实反映大连生产性服务业发展特点和水平的统计指标体系；改进调查方法，建立健全对生产性服务业发展的监测体

系，及时反映最新动态和发展趋势。二是搭建服务于各行业的信息平台。信息交易平台可以有效整合各行业的信息资源和社会资源，提高社会大量闲置资源的利用率，起到调整、调配社会资源、优化社会经济结构的重要作用。生产性服务业内部行业部门的特点各异，应有针对性对对不同产业部门搭建适合其发展和经营的信息平台。具体做法：大力推进金融电子化，积极发展网上银行、网上证券和网上保险，加快建设社会信用信息系统，建立方便、安全的网上支付系统；完善电子商务认证体系；构建国际经贸交易、通关和物流信息的统一平台；积极开展第三方物流信息服务，培育若干大型的物流配送中心，以行业供应链为纽带，建设一批行业的网上交易平台；建设面向中小企业的电子商务综合服务平台，形成城市大商业、大流通、大市场的格局。三是各行业自建交流平台。除了政府部门为生产性服务业搭建信息平台，各个行业或各个企业也可以自行建立信息平台，发挥其多样化、灵活化的特点。如建立金融信息网络体系，物流信息网络，电子商务网络等，一方面可以根据行业本身的特点搜集所需要的相关信息，或对外发布行业或企业目前的需求状况，扩大信息来源，掌握更多及时、有效的信息为行业发展和经营提供重要的参考；另一方面网络平台的建设也可起到对外宣传和扩大生产性服务行业影响的作用。此外，行业内部或相关行业之间也可通过信息网络体系的建立，进行内部和行业之间的信息交流，共享社会资源，从而提高利用效率。

2. 构建"三螺旋"模式，促进生产性服务业技术创新。三螺旋是指高校、企业、政府三者进入一种彼此互惠关系，每一个机构范围都试图增强其他机构范围的性能，通过三螺旋相互作用被确认的知识产业化正在成为经济与社会发展战略的基础。由于生产性服务业的特殊性，通过三螺旋相互作用将推进其迅速发展。

首先，政府要引导大学及科研机构向企业转移。针对市场导向型的生产性服务企业，政府可加大对其资金方面的扶持力度，重点鼓励他们从事研究以改进他们的产品，大幅度增加技术研发的经费投入，以提高服务产品的技术含量，增强服务产品的竞争力。对于研究导向型的生产性服务企业，支持他们同大学及科研机构形成产业联合，建立各方优势互补、利益共享、风险共担、共同发展的机制。在大学周围形成产业气氛，引导一些生产性服务企业建立在大学城里或在大学周围，特别是发展建立在大学研究基础上的企业，利用大学的文化氛围、大学活动形式以及学科基础。同时，政府还应鼓励企业为他们的研究成果寻找市场。

其次，政府搭建与企业之间的平台。技术与咨询服务系统是发挥创新能力作用，促进研究成果产业化的重要通道和平台。为此需加快建立技术与咨询中介服务体系，有重点的建设技术交易中心，完善技术交易手段，推动创新成果进入技术交易市场，努力使之成为项目丰富、中介活跃、交易手段先进、创新成果与创业资本直接连通的交易平台；建成完善的知识产权服务体系，规范与扩大现有会计、律师、评估、保险等服务机构，提高综合服务能力。建立信息、交流服务系统，加强科技创新服务平台建设。

3. 构筑人才高地。生产性服务业以知识输出为主，对人才的素质提出的要求更高，如果没有大量高素质的人才做后盾，生产性服务业的发展就会成为纸上谈兵。因此，生产性服务业的人才发展战略就是要从以下几方面入手开展工作：一是制定吸引人才的优惠政策。对文化创意、金融、物流、港航、信息服务、会展等服务业领域，引进高层次、国际化和紧缺急需人才的，在申请办理《大连市居住证》时，可按照要素计分办法，增加产业导向分值。各区县对新引进的国际、国内知名的跨国公司总部、研发机构、金融机构、投资公司、专业服务机构等生产性服务业领域的高层管理人员，可视情给予一次性安家补贴；以优惠价格出租公寓，给引进的人员周转使用；做好引进人员的社会保障工作，帮助解决其子女就学等。二是健全培养体系，加快高技能人才成长步伐。可以通过学校培养、岗位培训和基地培训等途径，多形式、多层次地快速培养各类高技能人才。要加强企业岗位职业培训和大专院校的专业培养，逐步建设高素质的人才队伍，为生产性服务业的发展和服务水平的提高不断注入新的活力。实施"政府购买培训成果"机制，每年推出若干个生产性服务业紧缺急需的职业培训项目和专业能力水平认证项目，对参加培训及考试的人员，经认定，可视情给予适当政府补贴。三是建立评价体系，推行职业资格证书制度。要按照市场经济的要求，不断完善技能人才评价体系，采用科学、规范的评价手段，对技能人才的技术水平进行科学评价，并使之规范化、制度化。打破强调学历、资历，忽视技能、业绩的做法，实行以"政府考核、专家同行评议、社会评价"的技能人才评价方法，逐步建立起以职业能力为导向，以工作业绩为重点，有利于技能人才成长创新和不断进取的科学评价体系。四是建立激励机制，发挥技能人才作用。建立生产性服务业技能人才激励机制，落实生产性服务业技能人才的各项待遇，是鼓励生产性服务业技能人才干事创业的有力保证。对被评选为突出贡献的高级技师、突出贡献的技师和杰出技术能手，授予荣誉称号、颁发证书，大力提高技能人才的社会地位。同时，财政部门每年拿出一部分资金作为政府津贴，专门用于表彰奖励有突出贡献的高技能服务人才，对被评为有突出贡献的高技能服务人才分别给予一定数额的技能人才政府津贴。

4. 建立多元投入体系，为企业提供资金保障。一是发挥政府投资的引导作用。对有广阔市场前景的支柱性企业，特别是能参与国际市场外包如大型软件业企业和物流企业，政府应注重发挥这些企业的市场导向作用和带动作用，在投融资上给与资金支持，如设立相应的服务业发展引导资金。针对中小企业融资难的问题，政府应该组织相关部门进行协调，缓解这些企业的资金流动性不足，对经批准的纳入全国中小企业信用担保体系的担保机构按照国家规定标准收取的担保业务收入，可按照规定免征营业税；更多地吸引社会民间资本投入，切实发挥引导资金四两拨千斤的作用；建议以每年地方财政增量的10%作为大连市生产性服务业发展基金，主要用于国家引导资金的配套，以及支持本市生产性服务业集聚区、信息化改造传统服务业、服务业发展的公共平台、关键领域和薄弱环节等重点项目建设和贷款贴息，以吸引社会各类资金投入生产性服务业。二是开辟多元化的融资渠道。鼓励有条件的生产性服务企业通过发行股票、企业债券募集资金，或通过项目融资及进入投资基金市场、金融期货市场、企业产权交易市场等筹措资金。扩大生产性服务业企业利用外资规模，积极引导外资向国家鼓励的服务领域投资。鼓励各类风险投资基金向生产性服务业领域投资。

5. 引进国外先进的生产要素。通过各种途径吸引国内外生产性服务企业落户大连，参与服务大连市"四大产业"基地及振兴东北老工业基地的建设，以此为平台引进域外先进的服务技术、管理经验和行业标准，提高大连市生产性服务业的整体服务水平。重点引进高知识含量、高技术密集度和高附加值的生产性服务业项目，包括技术服务、信息服务、金融服务、法律服务、国际商务服务项目；引进国外先进的行业标准，健全各行业的管理规范，促进行业健康有序发展；开辟国际化的融资渠道，引导外资投向服务领域的基础设施和高息技术服务业。对各区县引进的国内外著名服务业企业总部、地区总部、采购中心、研发中心等，经认定对其购地建设、购买或租赁自用办公用房给予相应的地价、房价或租金补贴。

（六）依托"四大基地"建设，培育产业集群

生产性服务业是以生产企业为服务对象，发展生产性服务业必须以其服务的生产企业为依托。目前，大连市正在建设以石化、电子信息产品和软件、先进装备制造业和船舶制造等为主的"四大"产业基地，以此来带动全市工业的发展。"四大"产业基地建设必然需要金融、会计、咨询、中介、产品设计与技术服务等相关服务行业的支持，这为大连市发展生产性服务业提供了难得的良机，因此，大连生产性服务业首先应以四大产业为依托，率先发展服务本地特色企业（如造船、装备制造）的行业并能逐渐发展壮大，培育一批具有国际竞争力、有信用的知名品牌企业，而后以这些知名企业为依托，衍生出更多的小型生产性服务企业，壮大大连市生产性服务业的整体规划和综合服务功能。

在依托"四大"产业基地发展大连市生产性服务业的同时，还应发挥生产性服务业较强的集聚效应和规模效应，依据"四大"产业基地的布局情况进行生产性服务业的集群建设。在七贤岭高新园区和软件园，集聚那些服务于电子信息产品和软件的服务业，形成以知识和信息传递为特色的生产性服务业产业集群；在大连湾北岸和大窑湾，集聚那些服务于汽车和大型装备制造的服务业，形成以零部件生产和技术服务为特色的生产性服务业产业集群；在渤海深水岸线一侧，集聚那些服务于船舶建造和海洋工程的服务业，形成以产业链条紧密和产品标准化为特色的生产性服务业产业集群。

（七）发挥大连的龙头作用，促进生产性服务业的区域一体化

区域经济一体化是世界经济全球化和地区经济合作发展的重要特征。作为东北经济区的重要门户，大连市应该从服务于区域整体的战略高度出发，在立足自身"四大产业"的基础上，适时顺势推进现代生产性服务业的区域一体化发展的进程，一来可以扩展产业的服务空间，二来可以避免生产性服务业因城市产业的再次转换而被锁定。首先，转变产业发展的本地化观念，将生产性服务业纳入东北地区的整体产业规划中去。充分利用生产性服务业合作大于竞争的特殊优势，加快与东北地区融合互动，从整个经济区的产业总体部署出发，与沈阳、长春、哈尔滨等东北主要城市形成鲜明的产业分工与优势互补，既要突出大连市现代生产性服务业的个性发展，又要服务于东北经济区的整体需要。其次，组建跨地区生产性服务业行业协会。跨地区行业协会具有不受行政区划限制的特点，突破行政藩篱，打破行政封锁，建立和维护区域市场秩序的力量，在贴近企业、服务企业的过程中发挥作用，填补现行行政管理体制无法覆盖的巨大管理空白。加强与东北地区融合互动，就要加快跨地区行业联盟的建设，共同制定区域行业发展规划和市场规则，建立区域市场秩序，探索区域各类市场资源的联结和整合。最后，营造一体化发展的区域政策环境。在推进以东北经济区为范围的生产性服务业区域一体化发展进程中，应在振兴东北老工业基地办公室（国务院振兴东北办）的综合协调下，在辽、吉、黑三省和内蒙古东部四盟之间形成统一的生产性服务业发展政策和行业标准，在企业进入、工商登记、税收等方面要一视同仁，跨越各地的人为障碍和制度。

课题组成员：大连市振兴老工业基地办公室　赵永勃　殷永江
　　　　　　　　　　　　　　　　　　刘　颖　赵柏慧
　　大连海事大学　栾维新　赵冰茹　陈　航
　　辽宁师范大学城市与环境学院　程海燕
　　国家开发银行大连市分行　张　欣　李文军

鞍山市与省内主要城市竞争力对比研究

随着我国城市化进程的加速和城市化战略的实施，城市在经济社会活动中的地位日益重要，城市之间的竞争也日趋激烈。"十一五"期间，各地政府均致力于推进城市化进程，不断提高城市竞争力。特别是新经济和全球化使城市之间的竞争空前激烈而广泛，为应对新经济和全球化带来的机遇、挑战和竞争，提升城市竞争力成为共识。客观地测度我省主要城市竞争力并进行分析和比较，明确鞍山所处的环境和地位、优势和劣势，跳出鞍山看鞍山，对照先进找差距，抓住机遇赶先进，可为科学地制定鞍山经济社会发展战略提供依据。鞍山市"十一五"规划明确提出"总量倍增，位次前移，追赶沈大，殷实和谐"的奋斗目标，唯有尽快跨入省内以沈阳、大连为核心的第一集团，鞍山才能拉开与省内第三集团的距离，在我省的城市竞争中处于主动地位，进而改变目前"前有标兵，后有追兵"的严峻局面，促进鞍山市经济社会又好又快发展。本课题运用定性与定量分析相结合的方法，通过构建辽宁省主要城市竞争力评价指标体系，对沈阳、大连、鞍山、营口等四座城市竞争力进行了评价和分析，并提出了若干增强鞍山城市竞争力的对策和措施。

一、国内外城市竞争力及其评价指标体系的研究现状

竞争力的概念最早来源于企业管理研究。目前，竞争力已被引入区域和城市研究领域中，城市竞争力不同于企业竞争力和国家竞争力，主要表现为城市发展能力和创新能力的强弱，其本质是城市为发展而进行

资源优化配置的能力，其战略目标是促进城市及其所在区域经济社会的高效运行和持续发展，其最终目的是创造最适宜于人类生活的栖居地。

20 世纪 80 年代以来，对于城市竞争力及城市竞争力评价指标体系的研究不仅受到国外经济学、地理学、城市规划相关学者的日益关注，同时也受到各级政策决策者的日益关注。学者们从各个不同层面对城市竞争力进行了研究，比较著名的是波特从产业角度研究竞争，他认为生产因素、市场需求、相关与辅助产业、企业的策略、结构与竞争对手、机遇、政府是影响各国产业国际竞争力的六大因素，并构建了"钻石模型"。世界经济论坛（WEF）和瑞士国际管理与发展研究所（IMD）在国际竞争力评价研究过程中形成了国家国际竞争力的评价原则、方法和指标体系并逐渐得到认可，其公布的《世界竞争力》报告在国际社会产生了很大影响。目前，国外城市竞争力研究主要围绕新背景下城市竞争机制、城市竞争力影响因素以及城市竞争力评价、城市竞争力提升战略等 4 个方面展开。总体上来讲，国外城市竞争力评价主要有三套评价体系：一是借鉴了波特的国家竞争力评价的"钻石体系"和"价值链"理论；二是在城市综合评价或者说是在城市竞争资本评价的基础上，结合部分其他影响城市竞争的其他因素来进行城市竞争力的评价；三是结合城市发展新的背景，关注竞争环境（或者竞争过程）与城市竞争力的关系。

国内学者们也从各个不同层面对城市竞争力进行了研究。不少学者纷纷对不同地域范围内城市之间的竞争力展开了研究，构建不同的评价模型，采用定量与定性相结合的研究方法。这些研究中最多的是省域范围内的城市竞争力，以期为城市发展战略提供决策依据。如从综合经济实力、资金、开放程度、人才及科技水平、基础设施 5 个方面构建评价指标体系对江苏省各主要城市市区竞争力进行了评价等等。

综观国内外研究，国际竞争主体的关注从国家竞争力、产业、企业竞争力研究转到城市竞争力，主要是因为城市本身重要性的突现。一个有竞争力的城市，无论对所处的国家，还是所载含的企业的竞争力，都有至关重要的作用。国与国、企业与企业之间的竞争成败都取决于城市竞争力。

二、辽宁省主要城市竞争力评价指标体系的构建

本课题采用多指标组合方法和多指标合成法进行研究，即在对城市复合系统进行多指标分析的基础上，较为全面地测度城市竞争力。多指标组合法虽然借助不同的指标来揭示复合系统不同侧面的差异，但是不把多个指标综合成一个统一的指标。多指标合成法则要通过一定的数据处理把整个指标体系反映的差异综合成一个指标，综合后的指标用以反映城市之间的竞争力差异及影响因素。

关于辽宁省主要城市竞争力评价指标体系的构建，我们认为应该遵循针对性、系统性、可比性、可操作性及可能最少原则。（1）针对性原则。城市竞争力是由一系列既相互独立又相互关联的指标所构成的有机整体，其指标的选取应该反映城市竞争力的主要内涵，不仅要着眼于目前辽宁省各主要城市的综合实力，更要着眼于今后城市发展的动态和后劲。（2）系统性原则。城市是一个复杂系统，其内部又可分为若干子系统，如自然子系统、经济子系统、社会子系统，系统性原则要求所建立的评价指标体系涵盖城市发展的各个侧面，既突出重点，又不以偏概全。（3）可比性原则。所建立的评价指标体系要能用于辽宁省不同城市之间的横向比较，以便找出不同城市之间竞争力差别及其原因。（4）可操作性原则。指标数据易于收集和计算，避免主观臆断的误差，指标在实际应用中，易于使用者掌握，从而为制定科学的决策提供依据。（5）可能的最少原则。要避免含义相同或相近的指标重复出现，要突出指标的典型性和代表性，在保证科学性原则的前提下，确定可能的最少数目。

遵循上述原则，在吸收国内外已有的研究成果的基础上，我们尝试建立了由地区经济实力、区域经济外向力、基础设施保障力、社会公共服务力、生态环境承载力等5大因素，地区生产总值、进出口总额、人均铺装道路面积、社会保障补助、建成区绿化覆盖率等25项指标组成的辽宁省主要城市竞争力评价指标体系（见表1）。

三、辽宁省主要城市竞争力评价结果

（一）辽宁省主要城市竞争力分值的测算步骤与计算方法

基于加法合成原理的城市综合竞争力和单项竞争力分值的定量测算步骤及计算方法如下：

1. 主要城市的选择。本课题选取了省内与我们鞍山有较强对比性的沈阳和大连市以及在可遇见的未来最有可能赶超我们鞍山的营口市等4座城市进行对比评价。

2. 从理论上进行分析，该竞争力评价指标体系中的25个指标对于城市单项竞争力和整体竞争力影响的权重是有可能不同的，但本课题基于便于计算和使用的原则，化繁为简，假定各项指标的权重相同。

3. 建立指标体系和原始数据库：原始数据来源于《辽宁统计年鉴（2006年）》。

4. 加工整理原始数据，得"表2"。

5. 指标设置和评分方法。该竞争力评价指标体系共选用了25项指标，每项指标按该指标在省内4座城市对比中的排名次序评分，排第一名得4分、第二名得3分、第三名得2分、第四名得1分，满分100分，最低25分。

6. 基于加法合成原理计算出来的城市综合竞争力和单项竞争力分值（见表3）。

表 1　　　　　　　　辽宁省主要城市竞争力评价指标体系

一级指标	二级指标	三级指标
城市竞争力	（一）地区经济实力	1. 地区生产总值（亿元）；
		2. 人均地区生产总值（元）；
		3. 地区生产总值增长率（%）；
		4. 第三产业产值占地区生产总值比重（%）；
		5. 固定资产投资总额（亿元）；
		6. 城乡居民年末储蓄余额（亿元）；
	（二）区域经济外向力	7. 当年实际外商直接投资额（亿美元）；
		8. 进出口总额（亿美元）；
		9. 国际互联网用户数（户）；
	（三）基础设施保障力	10. 人均城市建设用地面积（平方米）；
		11. 人均日生活用水量（立方米）；
		12. 人均铺装道路面积（平方米）；
		13. 每万人拥有公共交通车辆（标台）；
		14. 人均城市环境设施投资总额（元）；
	（四）社会公共服务力	15. 第三产业从业人员比重（%）；
		16. 人均社会消费品零售总额（元）；
		17. 人均教育医疗卫生支出（元）；
		18. 每万人拥有公共图书馆（个）；
		19. 社会保障补助（亿元）；
	（五）生态环境承载力	20. 人均绿地面积（平方米）；
		21. 工业废水排放量（万吨）；
		22. 建成区绿化覆盖率（%）；
		23. 工业固体废物综合利用率（%）；
		24. 工业废水排放达标率（%）；
		25. 水冲公厕比例（%）。

表 2

辽宁省主要城市竞争力指标对比表

一级指标	二级指标	三级指标	沈阳 实际值	沈阳 排序	沈阳 得分	大连 实际值	大连 排序	大连 得分	鞍山 实际值	鞍山 排序	鞍山 得分	营口 实际值	营口 排序	营口 得分
城市竞争力	(一)地区经济实力	X1——地区生产总值(亿元);	2084.13	2	3	2152.23	1	4	1018.01	3	2	379.59	4	1
		X2——人均地区生产总值(元);	29935	2	3	38196	1	4	29938	3	2	16487	4	1
		X3——地区生产总值增长率(%);	16	3	2	14.2	4	1	16.2	2	3	20.4	1	4
		X4——第三产业产值占地区生产总值比重(%);	50.5	1	4	45.2	2	3	39.5	3	2	37.8	4	1
		X5——固定资产投资总额(亿元);	1363.22	1	4	1110.49	2	3	314.53	3	2	221.2	4	1
		X6——城乡居民年末储蓄余额(亿元);	1742.58	1	4	1532.6	2	3	624.12	3	2	294.52	4	1
	得分小计				20			18			13			9
	(二)区域经济外向力	X7——当年实际外商直接投资额(亿美元);	21.23	1	4	10.02	2	3	0.69	4	1	0.78	3	2
		X8——国际互联网用户数(户);	88.9	2	3	94.6	1	3	23.3	3	2	12	4	1
		X9——进出口总额(亿美元);	45.4	2	3	255.91	2	3	21.59	3	2	14.61	4	1
	得分小计				10			11			5			4
	(三)基础设施保障力	X10——人均城市建设用地面积(平方米);	0.4437	1	4	0.4387	2	3	0.3924	4	1	0.4026	3	2
		X11——人均日生活用水量(升);	143.4	2	3	254.3	1	4	178.9	3	2	101.1	4	1
		X12——人均铺装道路面积(平方米);	9.32	1	4	7.88	3	2	8.75	2	3	6.40	4	1
		X13——每万人拥有公共交通车辆(标台);	10.93	2	3	18.14	1	4	9.73	3	2	5.18	4	1
		X14——人均城市环境设施投资总额(元);	9.82	3	2	406.15	1	4	165.98	2	3	0.21	4	1
	得分小计				16			17			11			6

续表

一级指标	二级指标	三级指标	沈阳 实际值	沈阳 排序	沈阳 得分	大连 实际值	大连 排序	大连 得分	鞍山 实际值	鞍山 排序	鞍山 得分	营口 实际值	营口 排序	营口 得分
城市竞争力	(四)社会公共服务力	X15——第三产业从业人员比重(%);	46.43	2	3	47.10	1	4	33.72	4	1	36.37	3	2
		X16——人均社会消费品零售总额(元);	13099	1	4	12949	2	3	6371	3	2	4643	4	1
		子项:年底总人口(万人)	698.6		698.6	565.3		565.3	347.6		347.6	230.5		230.5
		X17——人均教育医疗卫生支出(元);	501.49	1	4	462.50	2	3	328.55	3	2	271.43	4	1
		母项:年底总人口(万人)	698.6			565.3			347.6			230.5		
		X18——每万人拥有公共图书馆(个);	0.0286	2	3	0.0212	4	1	0.0259	3	2	0.0347	1	4
		X19——社会保障补助(万元);	373961	1	4	172851	2	3	121427	3	2	60441	4	1
	得分小计				18			14			14			9
	(五)社会环境承载力	X20——人均绿地面积(平方米);	8.86	2	3	8.68	3	2	7.76	4	1	8.88	1	4
		X21——工业废水排放量(万吨);	6306.76	3	2	42769.4	4	1	5230.55	1	4	5399.5	2	3
		X22——建成区绿化覆盖率(%);	66.46	1	4	45.38	3	4	35.54	3	2	29.30	4	2
		子项:城市园林绿地面积(公顷)	20604			11253			4847			2719		
		X23——工业固体废物综合利用率(%);	69.4	3	2	74.91	2	2	24.3	4	1	98.83	1	4
		X24——工业废水排放达标率(%);	95.82	2	3	97.81	1	3	95.04	3	4	91.62	4	1
		X25——水冲公厕比例(%);	21.85	3	2	95.81	1	2	100	1	3	4.93	4	1
	得分小计				16			16			16			14
	得分合计				80			76			52			42

表3　　　　　　　辽宁省主要城市综合竞争力和单项竞争力分值

城市	城市竞争力	（一）地区经济实力	（二）区域经济外向力	（三）基础设施保障力	（四）社会公共服务力	（五）社会环境承载力
沈阳市	80	20	10	16	18	16
大连市	76	18	11	17	14	16
鞍山市	52	13	5	11	9	14
营口市	42	9	4	6	9	14

（二）辽宁省主要城市竞争力的评价

我们对辽宁省各主要城市的单项竞争力和综合竞争力分别加以评价，以查找鞍山市在省内主要城市竞争中的优劣势因素，并提出增强鞍山市竞争力的对策措施。

1. 单项竞争力评价

（1）地区经济实力。地区经济实力代表了一个城市发展的基础和竞争力的现状。因此，对比地区经济实力，我们选取了地区生产总值、人均地区生产总值、地区生产总值增长率、第三产业产值占地区生产总值比重、固定资产投资总额以及城乡居民年末储蓄余额等6项指标，满分24分，最低6分。从表2及表3可以看出，辽宁4座主要城市就地区经济实力而言，沈阳经济实力最强，得分最高为20分，大连经济实力次之得18分，经济实力排第三的是鞍山得13分，营口经济实力最弱，只得9分。

沈阳在衡量地区经济实力的6项指标中，固定资产投资总额、第三产业产值占地区生产总值比重和城乡居民年末储蓄余额3项指标排名第一。特别是沈阳固定资产投资总额达到1363亿元，比第二名大连多253亿元，是第三名鞍山的4.3倍、第四名营口的6.2倍，发展后劲突出。地区生产总值、人均地区生产总值2项指标排名第二，只有地区生产总值增长率低于营口和鞍山，排名第三。沈阳是我省政治、经济、文化中心和省会城市，总得分20分，在我省主要城市经济实力的对比中力拔头筹。

大连在衡量地区经济实力的 6 项指标中，地区生产总值、人均地区生产总值 2 项指标排名第一。尤其是地区生产总值达到 2152 亿元，比第二名沈阳多 68 亿元，是第三名鞍山的 2.1 倍、第四名营口的 5.7 倍。固定资产投资总额、第三产业产值占地区生产总值比重和城乡居民年末储蓄余额 3 项指标排名第二，而地区生产总值增长率由于基数较大而处于最末一名。大连作为国家计划单列城市和我省主要经济增长极之一，总得分 18 分，只比沈阳低 2 分，在我省主要城市经济实力的对比中排第二名。

鞍山在衡量地区经济实力的 6 项指标中，只有地区生产总值增长率排名第二，地区生产总值、人均地区生产总值、固定资产投资总额、城乡居民年末储蓄余额和第三产业产值占地区生产总值比重 5 项指标排名都是第三名，总得分 13 分，比沈阳低 7 分，比大连低 5 分，比营口高 4 分。鞍山作为我省经济实力第二集团的唯一成员，与沈阳、大连有一定差距，对比营口却有较大优势。

营口在衡量地区经济实力的 6 项指标中，只有地区生产总值增长率排名第一，地区生产总值、人均地区生产总值、固定资产投资总额、城乡居民年末储蓄余额和第三产业产值占地区生产总值比重 5 项指标排名都是第四名。总得分 9 分，比沈阳低 11 分，比大连低 9 分，比鞍山低 4 分。尽管营口在经济实力上与沈阳、大连、鞍山有较大差距，但营口具有海港的区位优势，又是我省实施"五点一线"沿海开放的前沿和重要节点，发展后劲不可轻视。

（2）区域经济外向力。区域经济外向力主要表征了区域经济国际化程度，反映了一个城市开拓国内外市场的能力及参与广泛范围内资源配置的能力。对比地区经济实力，我们选取了当年实际外商直接投资额、国际互联网户数、进出口总额 3 个指标，满分 12 分，最低 3 分。从表 2 和表 3 可以看出，辽宁 4 座主要城市就区域经济外向力而言，大连实力最强得分最高为 11 分，其次是沈阳得 10 分，而鞍山、营口实力稍逊，分别得 5 分和 4 分，基本上居于第二集团，且与第一集团的沈阳、大连差距较大。

沈阳在衡量区域经济外向力的 3 项指标中，当年实际外商直接投资额列第一位，国际互联网户数、进出口总额 2 项指标排名第二。总得分 10 分，仅比大连低 1 分，差 2 分满分。作为全省经济的主要增长极和省会城市沈阳尽管地处内陆但经济外向度比较高。

大连在衡量区域经济外向力的 3 项指标中，国际互联网户数、进出口总额 2 项指标排名第一。由于大连是辽宁乃至东北最重要的港口和对外开放的窗口，因而大连的进出口总额高达 256 亿美元，是第二名沈阳的 5.8 倍、第三名鞍山的 11.6 倍、第四名营口的 17 倍，外贸优势突出。当年实际外商直接投资额列第二位，总得分 11 分，排名第一，差 1 分满分。大连作为东北亚国际航运中心，又是"五点一线"开放城市和著名的旅游胜地，经济国际化进程明显加快、外向度比较高，区域经济外向力实力最强。

鞍山在衡量区域经济外向力的 3 项指标中，国际互联网户数、进出口总额 2 项指标排名第三。当年实际外商直接投资额略低于营口列第四位，总得分 5 分，全省排名第三。鞍山作为辽宁中南部重要经济中心及沈大经济带的重要支撑点，充分利用资源和产业优势，紧紧抓住辽宁中部城市群区域经济合作和"五点一线"对外开放的机遇，努力扩大对外开放，经济外向度不断提高，但也面临着与沈阳、大连差距拉大和营口紧追在后的严峻局面。

营口在衡量区域经济外向力的 3 项指标中，当年实际外商直接投资额超过鞍山排名第三，国际互联网户数、进出口总额 2 项指标列第四位，总得分 4 分，全省排名第四，比第一名大连低 7 分，比第二名沈阳低 6 分，比第三名鞍山低 1 分。尽管营口经济外向度名列辽宁主要城市之末，但由于营口既有港口区位优势又是"五点一线"对外开放的重要节点，未来经济外向度有逐步赶超鞍山的趋势。

（3）基础设施保障力。城市基础设施是城市经济社会活动的基本承载，交通设施在促进人流、物流方面具有重要意义，生活设施对于创造良好的人居环境及吸引人才具有重要的作用。因此，城市基础设施保障力对提高城市竞争力具有重要的作用。对比城市基础设施保障力，我们选取了人均城市建设用地面积、人均日生活用水量、人均铺装道路面积、每万人拥有公共交通车辆、人均城市环境设施投资总额 5 项指标，满分 20 分，最低 5 分。从表 2 和表 3 可以看出，辽宁 4 座主要城市就城市基础设施保障力而言，大连最强得分最高为 17 分，其次是沈阳得16 分，鞍山城市基础设施保障力排名第三只得 11 分，低于第一名大连6 分、第二名沈阳 5 分，高于第四名营口 5 分，营口城市基础设施保障力最差仅得 6 分，可见营口与其他城市相比城市基础设施保障力差距较大。

沈阳在衡量城市基础设施保障力的 5 项指标中，人均城市建设用地面积、人均铺装道路面积 2 项指标列第一位，人均日生活用水量、每万人拥有公共交通车辆 2 项指标列第 2 位，人均城市环境设施投资总额列第三位。总得分 16 分，仅比第一名大连低 1 分。沈阳作为辽宁甚至东北地区重要的交通枢纽，在对外交通的带动下，市域范围内的交通设施也比较发达，人均铺装道路面积、每万人拥有公共交通车辆均居全省前列，就生活方面设施来看，人均家庭生活用水量在全省主要城市中也比较高。

大连在衡量城市基础设施保障力的 5 项指标中，人均日生活用水量、每万人拥有公共交通车辆、人均城市环境设施投资总额 3 项指标列第一位，人均城市建设用地面积列第二位，人均铺装道路面积位列第三位。总得分 17 分，名列城市基础设施保障力第一名。大连作为辽宁省的两个主要经济增长极之一，具有东北亚国际航运中心、国家计划单列市和"五点一线"对外开放等优势，基础设施建设力度较大，基础设施保障实力最强。

鞍山在衡量城市基础设施保障力的 5 项指标中，人均铺装道路面积、人均城市环境设施投资总额列第二位，人均日生活用水量、每万人拥有公共交通车辆 2 项指标列第三位，人均城市建设用地面积列第四位。总得分 11 分，比第一名大连低 6 分、第二名沈阳低 5 分，比第四名营口高 5 分。鞍山作为辽宁省第三大城市，城市基础设施较为完备，这些年建设力度也比较大，成效显著。

营口在衡量城市基础设施保障力的 5 项指标中，只有人均城市建设用地面积列第三位，其余人均铺装道路面积、人均城市环境设施投资总额、人均日生活用水量、每万人拥有公共交通车辆等 4 项指标列第四位，总得分 6 分。营口作为后发优势明显的城市，尽管城市基础设施保障力各项指标与省内先进城市相比有较大差距，但未来发展势头强劲。

（4）社会公共服务力。社会公共服务力反映了第三产业发展态势及科技文化、社会保障发展现状及潜力，在全面推进小康社会及构建和谐社会进程中具有重要的作用。对比社会公共服务力，我们选取了第三产业从业人员比重、人均社会消费品零售总额、人均教育医疗卫生支出、每万人拥有公共图书馆、社会保障补助 5 项指标，满分 20 分，最低 5 分。从表 2 和表 3 可以看出，辽宁 4 座主要城市就社会公共服务力而言，沈阳社会公共服务最为完善得分最高为 18 分，其次大连得 14 分，而鞍山得 9 分，低于第一名沈阳 9 分、第二名大连 5 分，与营口并列社会公共服务力第三名。可见，除了沈阳社会公共服务力优势明显外，大连、鞍山、营口的社会公共服务力都有待提高。

沈阳在衡量社会公共服务力的 5 项指标中，人均社会消费品零售总额、人均教育医疗卫生支出、社会保障补助 3 项指标列第一位，第三产业从业人员比重、每万人拥有公共图书馆 2 项指标列第 2 位。总得分 18 分，社会公共服务力得分位列第一名。沈阳作为全省的科教、文化、商业中心，社会服务业发达完善。

大连在衡量社会公共服务力的 5 项指标中，只有第三产业从业人员比重列第一位，人均社会消费品零售总额、人均教育医疗卫生支出、社会保障补助列第 2 位，而每万人拥有公共图书馆列第四位。总得分 14 分，比第一名沈阳低 4 分，比第三名鞍山高 5 分。大连作为全省主要科教、文化中心之一，社会服务业较为发达。

鞍山在衡量社会公共服务力的 5 项指标中，人均社会消费品零售总额、人均教育医疗卫生支出、社会保障补助、每万人拥有公共图书馆 4 项指标列第 3 位，第三产业从业人员比重列第 4 位。由于鞍山经济结构中第二产业比例较高，城市发展方向是工业强市，因而，第三产业从业人员比重在辽宁四座主要城市中最低，只有 33.72%，比第一名大连低 13.38 个百分点、比第二名沈阳低 12.71 个百分点、比第三名营口低 2.65 个百分点。

营口在衡量社会公共服务力的 5 项指标中，每万人拥有公共图书馆列第一名，第三产业从业人员比重则列第 3 位，人均社会消费品零售总额、人均教育医疗卫生支出、社会保障补助 3 个指标列第 4 位。

（5）生态环境承载力。生态环境是城市经济社会发展的基石。生态环境承载力不仅跟人口密度有关，生态建设及对人类生产生活所产生的废物处理方式往往影响意义更大。对比生态环境承载力，我们选取了人均绿地面积、工业废水排放量、建成区绿化覆盖率、工业固体废物综合利用率、工业废水达标排放率和水冲公厕比例 6 个指标，满分 24 分，最低 6 分。从表 2 和表 3 可以看出，辽宁 4 座主要城市就生态环境承载力而言，沈阳和大连生态环境承载力最强，得分最高皆为 16 分，鞍山和营口同为 14 分并列第二名。相对于其他单项竞争力而言，生态环境承载力得分比较均衡，四座城市中最高分与最低分仅相差 2 分，而我们鞍山在 5 个单项竞争力对比中竟有生态环境承载力和社会公共服务力两项与营口持平，应该引起我们重视。

沈阳在衡量生态环境承载力的 6 项指标中，反映生态环境承载力的一个重要指标建成区绿化覆盖率，达到 66.46% 列第一名，是第四名营口的 2 倍多。人均绿地面积和工业废水达标排放率列第二位，工业废水排放量、工业固体废物综合利用率、水冲公厕比例位列第三名。总得分 16 分，与大连并列全省第三名。

大连在衡量生态环境承载力的 6 项指标中，尽管由于经济结构的影响工业废水排放量达到了 42769.41 万吨，在四座城市中最多，是排第一名鞍山的 8 倍。但工业废水达标排放率却最高，达到了 97.81%，说明大连对工业废水的达标排放治理成效显著，但工业废水的循环利用的潜力依然很大，这对极度缺水的大连意义尤其重大。建成区绿化覆盖率、工业固体废物综合利用率、水冲公厕比例 3 项指标列第二位，人均绿地面积低于营口和沈阳，列第三位。总得分 16 分，与沈阳并列全省第三名。

鞍山在衡量生态环境承载力的 6 项指标中，工业废水排放量最少，列第一位。由于以鞍钢为代表的鞍山主要工业企业狠抓工业用水的循环利用，因而，尽管鞍山是我省工业大市，但在省内 4 座主要城市中的工业废水排放量却是最少的。水冲公厕比例鞍山也达到了 100%，远高于省内其他城市。建成区绿化覆盖率、工业废水达标排放率2项指标位列第三。鞍山由于工业特别是矿产品开采和加工业比重较大,产生的固体废弃物比较多,综合利用任务比较重。因此,鞍山工业固体废物综合利用率在四城市中最低,同时人均绿地面积也排第四名。

营口在衡量生态环境承载力的6项指标中,就对人类生产生活所产生的废物处理来看,营口的工业固体废物综合利用率达到98.83%,远高于其他3个城市,列第一位。人均绿地面积达到8.88平方米,也居第1位。工业废水排放量列第二位。建成区绿化覆盖率、水冲公厕比例、工业废水达标排放率3项指标位列第四。

从以上五个单项竞争力对比来看,鞍山市的地区经济实力、区域经济外向力、基础设施保障力等三项逊于沈阳和大连但高于营口,列全省第三名,而社会公共服务力和社会环境承载力两项不仅低于沈阳和大连而且和营口持平。从25项指标单项对比来看,鞍山只有工业废水排放量和水冲公厕比例列全省第一位,另有地区生产总值增长率高于沈阳和大连。而营口有地区生产总值增长率、每万人拥有公共图书馆、人均绿地面积和工业固体废弃物综合利用率四项指标名列全省第一。另外,有当年实际外商直接投资额、人均城市建设用地面积、第三产业从业人员比重三项指标优于鞍山。可见,无论从五个单项竞争力观察,还是从25项具体指标对比的结果,鞍山的竞争力明显弱于沈阳和大连,并且与营口的差距有逐步缩小的趋势,应该引起我们足够的警觉。

2. 综合竞争力评价

从城市综合竞争力评价来看,我们所选取的4座城市可以分为以下3种类型(见表4)。

表4　　　　　　辽宁省主要城市竞争力分类

分类	竞争力分值	城市
Ⅰ类:竞争力最强的全省性中心城市	＞70	沈阳、大连
Ⅱ类:竞争力较强的区域性中心城市	48	鞍山
Ⅲ类:竞争力居中的区域性中心城市	41	营口

Ⅰ类:竞争力最强的全省中心城市,即沈阳市和大连市。省会沈阳

既是全省经济、文化、交通、科教和信息中心，也是全东北地区的交通、经济、文化中心，区位条件优越，历史积淀深厚，基础设施完善，科技人才汇集，经济国际化程度较高，综合经济实力较强，城市竞争力远远高于省内其他城市。大连是辽宁省的第二大城市、国家计划单列市和东北最大港口，国家未来目标是将大连建成东北亚国际航运中心。因此，大连一直是辽宁省的主要经济增长极之一，占尽天时、地理、人和，经济实力强大、文化底蕴深厚、交通方便快捷，竞争力在省内仅次于沈阳。

Ⅱ类：竞争力较强的区域性中心城市是鞍山。鞍山是辽宁省第三大城市，资源丰富，工业人才荟萃，钢铁、装备制造、矿产品加工、轻纺等行业基础雄厚，是我省经济最发达的城市之一。尤其鞍钢已初步建成中国北方精品钢材基地，对外辐射动能强劲。鞍山高新技术产业开发区是国家级开发区，是全省的创新源和产业结构升级的先导区之一。鞍山既是辽宁中部城市群的最重要城市之一，也是辽宁沿海"五点一线"开放区的重要腹地，随着连接辽宁中部城市群和沿海"五点一线"开放区互动连接带建设向纵深推进，鞍山可以获得更多的发展机遇，分享区域经济一体化所创造的收益，从而不断提高城市竞争力。

Ⅲ类：竞争力居中的区域性中心城市是营口。营口作为辽宁最古老的港口之一，在开发建设鲅鱼圈新港之后，港口吞吐能力得到了长足发展，由于与辽宁中部城市群距离更近，加之营口港又是环渤海经济圈的重要节点和全省的对外贸易口岸，因而，营口港的后发优势明显。随着辽宁"五点一线"开放力度的不断加大和营口沿海产业基地的建设，营口加强与大连港、盘锦港和锦州港的合作，实行全方位开放，近年来经济发展迅速，城市基础设施较完善，商业贸易发达，在全省的地位不断上升，竞争力不断提高。

四、增强鞍山城市竞争力的对策与措施

（一）从成本竞争向能力竞争转变，调整产业结构，发展产业集群，增强经济实力

鞍山的土地比较优势及劳动力成本优势随着经济水平的提高必然日渐弱化，资金、技术"瓶颈"虽有缓解但还没有从根本上得到改善。因此，鞍山的竞争方式急需从低成本的价格竞争向高质量的品牌竞争转化，在经营城市的基础上，努力打造城市品牌，塑造城市形象。以低土地成本、廉价劳动力、优惠政策吸引投资的竞争阶段应告一段落，新的竞争方式应以完善的城市功能、规范的企业制度、成熟的产业集群以及富有活力的创新环境作为竞争元素。要充分利用鞍山的资源、产业和熟练劳动力等优势，不断增强鞍钢的产业集聚和辐射功能，加大钢铁冶金、装备制造、化工、矿产品加工等30个产业集群的集聚力度，优化企业之间的生产协作流程，将大企业的"实力"和小企业的"灵活"有机结合，将高新技术向传统产业扩散，将外来产业根植于鞍山固有的社会经济、文化土壤，扩大技术的溢出效应和资金的增值效应，使外来投资真正有益于鞍山福利的增加和实力的提升。通过多种形式支持、鼓励本地企业通过联合重组、资本运营等方式扩大产能，增强技术研发和市场开拓能力，尽快做大做强，不断提高竞争力。通过降低成本，激发创新，提升产业结构，节能降耗，逐步将经济增长方式向创新驱动型转变，进一步增强鞍山的整体竞争实力。

（二）推动产、学、研、金合作，构建学习型鞍山、创新型鞍山

在风云变幻的全球化时代，城市的竞争条件瞬息变化，城市只有不断地吐故纳新，具备顽强的学习精神和创新能力，才能获得持久的竞争力。通过鞍山与辽宁省内其他三座主要城市对比可以看到，鞍山的城市创新能力还有待提高，在我国经济增长方式向创新驱动型转变过程中，创新能力的培养应作为增强鞍山城市竞争力的重点内容。在鞍山创新体系中企业、科研院所、大专院校、中介金融机构是创新的执行主体，必须促进创新主体之间的相互配合、衔接、沟通，整合和配置创新所需的

各种资源，使制度创新和科技创新相互促进，提高创新效率，降低创新成本，力求生产出的知识和人才都转化为直接的生产力。要进一步优化科技资源配置，推动企业成为技术进步和科技创新的主体，真正形成符合科技自身发展规律和市场要求的新型科技创新体制。一是大力加强企业在技术创新、科技成果转化与规模产业化中的主体地位，支持鞍钢国家级技术中心不断增强创新能力和研发水平，积极发挥高新区的示范带动作用和载体功能，支持扶持民营企业与辽宁科技大学等大专院校、科研团体开展多领域合作，鼓励有条件的企业特别是大型企业建立研发组织，支持应用开发型研究机构成为面向中小企业的行业公共技术提供者。二是建立多层次、多形式的产学研联合体，加快发展民营和多种所有制混合的研发或科技中介机构与风险投资机构。三是要继续增加科技投入，同时要吸引社会资金参与科技开发，逐步形成多元化的科技投资体制。四是继续加大科技发展和风险投资资金规模，重点支持民营科技企业发展。五是营造尊重知识，运用智慧以及鼓励个性、激励创新的氛围，增加教育、科技的投资，强化人才培养、人才吸引、人才使用的政策措施。

（三）以加大招商引资力度为突破口，全面提升鞍山对外开放水平

城市经济的主要功能在于集聚和扩散，城市竞争力也集中反映为集聚和扩散能力的强弱。因此，必须打破城市形形色色的封闭性，特别是要打破各种行政性的行业垄断，构建开放型经济。鞍山要加快融入辽宁中部城市群和沿海"五点一线"的步伐，积极打造辽宁中部城市群和沿海"五点一线"互动发展区，进一步开放市场，加强合作与交流。要紧紧抓住中央实施振兴东北老工业基地和加快沿海发展的双重机遇，加快"一个基地、三大产业"发展，加快交通运输体系和城镇基础设施建设，构建良好的招商引资平台。落实招商引资各项优惠政策，创新招商方式，实行专业招商、定向招商、项目招商、以情招商、以商招商等，千方百计吸引跨国公司和国内大企业、大集团落户鞍山。实施"外向战略"和"南向发展"战略，有针对性地吸引美、日、韩、欧盟、我国台湾地区、珠三角、长三角和山东半岛的产业和资本向鞍山转移。组织多层次、宽领域的项目推介会，争取更多的项目和资金落户鞍山。实施

"走出去"战略，支持有条件的企业到国外投资办厂，尤其是支持符合条件的企业到非洲、俄罗斯、缅甸等资源丰富的国家和地区开采矿产，满足我国经济快速发展对资源能源的需求。

（四）促进鞍山与其他城市的竞争从对抗型向协作型转换，推动我省城市合作共进，形成优势互补的城市格局

鞍山要在我省城市体系中占据独特的、不易取代的地位，除了在竞争中提升实力，还要善于与其他城市合作，只有根据自身优势，合理分工，才能避免产业雷同的恶性竞争，获得"共赢"。城市分工合作的基点是产业，根据鞍山市在全省的地位和产业特点，未来在中部城市群的建设中要加大与近邻辽阳在基础设施、产业等方面的对接力度，实施鞍辽同城化一体发展战略。要加大与沈阳特别是沈西工业走廊的对接力度，主动接受沈阳辐射，充分发挥鞍山的钢材、装备制造业零部件生产优势，为沈阳的汽车、装备制造业提供原材料、零配件等配套服务。在积极参与沿海"五点一线"开发开放战略中，重点参与营口港和营口沿海产业基地建设，加快连接辽宁中部城市群和沿海"五点一线"的出海大通道建设，积极利用营口港的优势，扩大鞍山的对外开放力度，以鞍钢在营口 500 万吨钢材基地为重点，建立鞍山营口产业基地，形成鞍山营口的双向辐射、双向带动、互利互惠、互为依托、共赢发展的局面。同时，鞍山要加强与"辽宁中部城市群"和沿海"五点一线"其他城市的经济合作，取消地方保护壁垒，加强资源共享与交流学习，形成功能各异、优势互补、错位竞争、共同发展的格局。

（五）进一步突出鞍山的区域龙头地位

随着全省各地城市化进程的加快，以农村工业化为轴心、以小城镇为重点的区域经济发展模式逐渐淡出，而以城市化为轴心、以大中城市为重点的区域发展模式正在形成。中心城市经济集聚和辐射功能逐渐增强，全省产业进一步向中心城市和交通大通道集聚，区域布局逐渐呈现出点状、圈状和带状集聚的态势，客观上促进了城市—区域一体化协调发展。强化鞍山的"极化"效应，依托鞍山带动辽宁中南部区域产业升级和整体素质提高，乃是势所必然。鞍山要进一步完善功能，形成特色，提升区域影响力，推动区域经济快速发展，力争形成带动我省经济发展的第三极。充分发挥鞍山位于我省最大的沈大产业带的中间位置、是沈大城市群的重要支撑点的区位优势，从全省经济发展一盘棋的角度，跳出鞍山看鞍山，积极领会和实现省委、省政府主要领导对鞍山的准确定位，即"既要支撑中部城市群的发展，又要面向辽东半岛，在这个区域当中发挥独特作用，成为辽宁中部城市群经济圈和辽东半岛开放型经济之间的重要连接带。"因此，鞍山作为辽宁中南部最重要的城市，从大的格局着眼，北面要积极融入辽宁中部城市群，特别是要加大与沈阳的合作力度，在产业、基础设施、就业、招商等领域紧密衔接。南面要积极与大连互动发展，参与东北亚国际航运中心的建设，为其提供腹地支撑，在为大连提供钢材等原材料供应的同时，以鞍钢在大连建设的蒂森克虏伯镀锌板厂为重点，积极参与大连的临港产业建设，形成双向辐射、互相带动发展的共赢局面。从近的方向入手，北面重点突破与辽阳的同城化发展，借鉴沈抚同城发展经验，首先在城市基础设施方面实现对接，实现基础设施共建共享，加大资本、技术、人才等生产要素在两座城市间的优化配置力度，拆除行政壁垒，全方位向对方开放，充分利用鞍钢特别是弓长岭铁矿在产业上对辽阳的辐射带动作用，实现对辽阳整体的拉动，彰显鞍山的地区龙头作用。南面要在建设鞍海新经济带的基础上，向南延伸直达营口鲅鱼圈，形成辽（阳）鞍（山）海（城）营（口）经济带。利用与鲅鱼圈港距离最近的区位优势，寻求国家和省的支持，积极谋划早日建成鞍山直达鲅鱼圈港的铁路，为鞍山特别是鞍钢进出港物资提供快速通道，解决鞍钢多年筹划而无法解决的难题，在以更大的力度、更深的层次支持鞍钢发展的同时，也加强与营口的基础设施对接力度，支持营口港扩大吞吐规模，凸显鞍山区域龙头的辐射与带动作用。

（六）注重城市与资源、环境的协调发展，努力形成资源节约、环境友好、经济高效、社会和谐的鞍山城市发展新格局

生态环境是城市发展的载体，离开了生态环境也就无所谓城市的发展，因而，良好的生态环境对提升鞍山城市竞争力有着重要作用。20世纪90年代以来，可持续发展成为国际社会经济发展的价值导向。我们鞍山发展绝不能以牺牲城市的未来和后代人的利益为代价，也不能走

"先破坏后建设"的路子。鞍山的可持续发展取决于鞍山经济、社会、人口和资源环境之间的和谐发展，我们要坚持城市化发展与人口资源环境相协调，合理、集约利用土地、矿产、水等资源，加强对鞍钢、矿山等工业企业的"三废"的有效治理和综合利用，以矿山复垦和辽河流域治理为重点，切实保护好生态环境和历史文化环境，走可持续发展、集约式的城市化道路，建设生态化、园林化城市。以鞍钢成为全国循环经济建设试点企业为契机，积极推进循环经济发展，以提高海城、岫岩、千山区的矿产资源利用率为重点，大力促进节约型社会建设，力争将鞍山尽快建设成为良性循环的社会—经济—自然复合生态系统，成为理想的人类栖居地，从而实现鞍山的可持续发展。

课题组成员：鞍山市发展和改革委员会　杨　凯　周立栋　马继仁　刘恩正

鞍山市居民收入与消费模式研究

消费是人们为满足各种需要而享用商品和劳务的经济行为和活动。从定义上不难看出,消费与需求存在着正向变化的关系,有需求才有消费,消费会随着需求增加而增大。因此,党的十七大报告明确指出,坚持扩大国内需求特别是消费需求,促进经济增长向依靠消费、投资、出口协调拉动转变。

而影响消费的几个因素(主要包括收入、资产、市场环境、政策环境等)中,居民收入的变化是影响消费行为、消费心理的主要因素。因此,本文将从收入与消费的关系入手,分析近几年来鞍山市居民收入结构和消费结构的变化关系,研究扩大内需促进消费的有效措施。

一、收入与消费的关系

凯恩斯的消费函数理论提出,假定在影响消费的各种因素中,收入是唯一的决定因素,消费与收入存在着线性关系,即消费者在满足自身基本消费的基础上,边际消费倾向将随着收入的增长而增加。

但是,凯恩斯消费函数理论是以收入增长为前提,研究收入的主动增长对社会消费的影响。现实经济中,收入并不是主动提高,而是在物价上涨、投资环境的多方影响下被动调整,因而消费与收入的变化关系,还需通过实际数据验证。

以具体数据来分析,收入方面:鞍山市城市居民人均可支配收入从2001年的6482元增长到2006年的10761元,农村人均纯收入从2001

年的 3606 元增长到 2006 年的 5282 元，年平均增速分别为 10.11％和 6.69％。其中，在对 200 户城市家庭和 400 户农民家庭收入组成的调查中，发现城市家庭可支配收入占家庭总收入的比重由 2002 年的 90.95％增长到 2005 年的 92.4％，农村人均家庭经营收入占年人均收入比重由 2002 年的 68.7％增长为 2005 年的 70.4％。全社会收入增加速度明显。

表1　　　　　　　2000 年到 2006 年居民年均收入变化情况　　　　　单位：元

	2000 年	2001 年	2002 年	2003 年	2004 年	2005 年	2006 年
农民人均纯收入	3596	3606	3782	4000	4253	4750	5282
城市居民人均可支配收入	6053	6482	6851	7434	8262	9463	10761

表 1～表 11 所有数据来源《鞍山统计年鉴》

表2　　　　　　　2001 年到 2006 年居民人均收入同比增速　　　　　单位：％

指标名称 同比增速	2001 年 比 2000 年 同 比增长＋％	2002 年 比 2001 年 同 比增长＋％	2003 年 比 2002 年 同 比增长＋％	2004 年 比 2003 年 同 比增长＋％	2005 年 比 2004 年 同 比增长＋％	2006 年 比 2005 年 同 比增长＋％
农民人均纯收入	0.28	4.88	5.78	6.33	11.69	11.2
城市居民人均可支配收入	7.09	5.69	8.51	11.14	14.54	13.72

消费方面：一是全社会角度，在全社会消费品零售额连续七年保持 10％以上增长速度的基础上，全市整体流通环境呈现出市场商品供应日益充足、消费规模不断扩大、多种经济类型共同发展、城乡市场同步增长、消费结构稳步升级、居民消费水平逐渐提高等六个特点。其中，2006 年全市购进各种商品达 827.7 亿元，比 2002 年增加 1.6 倍，平均每年增长 21.3％；2006 年批发零售业、住宿和餐饮业达 6.9 万个，其中限额以上法人批发零售业、住宿和餐饮业 265 个，比 2002 年增加 147 个；以个体经济、私人经济、股份制经济为代表的非公有制经济 2006 年实现零售额 244.5 亿元，占全市零售额比重达 96.2％，比 2002 年提高 9.3 个百分点；2006 年农村消费品零售额占全市消费品零售额的比重 29.9％，比 2002 年提高 3.6 个百分点，对全市消费品零售额的

贡献率由 2002 年的 13.7％提高到 36.5％；居民消费从生存型向发展型和享受型转变。二是人均消费性支出角度，与 2001 年相比，2005 年城市和农村消费性支出均大幅增加，人均消费整体扩大，其中，城市居民人均消费性支出 2005 年实现 7631.91 元，比 2001 年增加 2182.5 元，年均增幅基本平稳约为 8.4％；农村居民人均生活费用支出 2005 年实现 3528.63 元，比 2001 年增加 1258.1 元，由于农村居民食物消费具有自给的特点，农村居民人均生活消费支出的年均增幅具有一定波动性，约为 13.52％。

表3　　　　2000 年到 2005 年居民人均消费性支出变化情况　　　单位：万元

	2000 年	2001 年	2002 年	2003 年	2004 年	2005 年
农村居民人均生活费用支出	2048.85	2270.53	2183.96	2661.61	2338.93	3528.63
城市居民人均消费性支出	5101.97	5449.42	5821.0	6376.87	6859.38	7631.91

表4　　　　2001 年到 2005 年居民人均消费性支出同比增长幅度　　　单位：％

	2001 年增幅	2002 年增幅	2003 年增幅	2004 年增幅	2005 年增幅	年均增幅
农村居民人均生活费用支出	10.82	−3.81	21.87	−12.12	50.87	13.52
城市居民人均消费性支出	6.81	6.82	9.55	7.57	11.26	8.40

以表 1 和表 3 的数据为基础作出收入与消费性支出变化趋势图（图 1 和图 2），不难发现，收入与消费的变化曲线趋势基本相近，特别是随着国家减免农业税政策的全面施行，2005 年农民收入迅速增加（与上年相比增幅达 11.69％），农村生活消费支出迅速扩大（与上年相比增幅达 50.87％），因而可以得出结论，居民消费情况与收入水平存在正向的变化关系，即在人均收入增长的同时，居民消费水平也随之扩大，而政策的利好是扩大农村居民收入促进消费的有效手段。

尽管影响消费的因素不仅仅是居民收入水平，但凯恩斯的消费函数理论假定收入是唯一的决定因素，消费者在满足自身基本消费的基础上，消费将随收入增长而增加，在一定程度上是有据可循的。因此，有效增加人均收入成为扩大内需促进消费的有效途径。

二、家庭支出结构和收入结构分析

　　那么，如何有效增加人均收入？城市居民和农村居民的人均收入构成是怎样的？低收入、中等收入、高收入人群的消费结构又如何？社会消费的主力群体集中于他们中的哪类人群？等等。下面通过分析 200 户城市家庭和 400 户农村家庭样本的年支出结构和年收入结构，来思考上述问题。

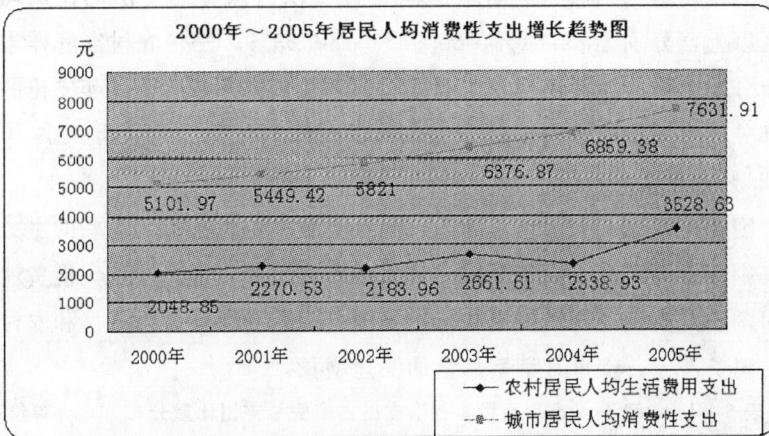

图 1

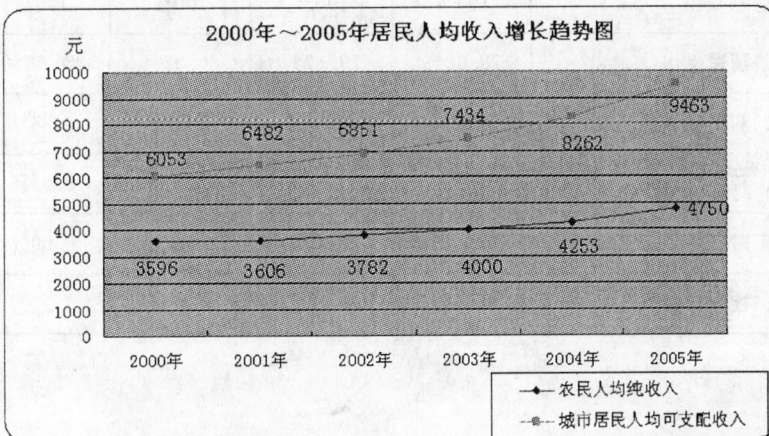

图 2

（一）城市和农村家庭的年支出结构分析

2002 年到 2005 年，城市家庭和农村家庭支出结构呈现出以下三个特点：一是城市家庭对于食品、衣着、家电、交通通讯、医疗保健等消费性支出力度加大，消费需求明显增强，城市家庭消费性支出占家庭总支出的比重分别为 78％、79.27％、80.22％、81.2％，平均每年消费性支出比重较上年提高一个百分点；二是在 200 户城市家庭样本同等数量的五档收入人群中，低收入、较低收入、中等收入家庭成为社会消费的主力军，这三档收入人群家庭消费性支出占家庭总支出的比例均在 80％以上，分别为 82.61％、80.90％、80.23％；三是农村家庭样本的消费分配来看，生活消费支出和家庭经营费用支出成为人均年支出的主要部分，占人均年支出比重由 2002 年的 78.21％迅速增长为 2005 年的 87.24％，年平均比重为 85.77％。

因此可以说，鞍山市全社会的消费需求在迅速扩大，消费的主力群体集中在农村居民、中等及以下收入城镇居民中，进一步扩大消费就要全面调动此类人群的消费需求，挖掘中等收入及以下收入人群和农村居民的消费潜力，促进其消费总量的快速增长。

表 5　　　200 户城市家庭每年各项支出占家庭总支出比重分布　　　单位：%

	2002 年	2003 年	2004 年	2005 年
家庭总支出	100％	100％	100％	100％
一、消费支出	78.02％	79.37％	80.22％	81.20％
二、购房和建房支出	2.64％	3.29％	0.00％	3.34％
三、转移性支出	10.91％	8.94％	12.21％	8.54％
四、财产性支出	0.00％	0.00％	0.00％	0.00％
五、社会保障支出	8.43％	8.41％	7.57％	6.91％

表 6　　　　200 户城市家庭：消费支出占家庭总支出比重

	低收入组 40 户	较低收入组 40 户	中等收入组 40 户	较高收入组 40 户	高收入组 40 户
2002 年	72.79%	80.28%	79.23%	79.81%	72.12%
2003 年	84.27%	82.50%	73.01%	81.61%	78.74%
2004 年	83.94%	82.26%	82.59%	77.85%	76.70%
2005 年	89.45%	78.55%	86.08%	79.25%	77.78%
平均数	82.61%	80.90%	80.23%	79.63%	76.34%

表 7　　　　400 户农村家庭各项支出占人均总支出比重分布

	2002 年	2003 年	2004 年	2005 年
生活消费支出	50.06%	58.47%	53.21%	50.53%
家庭经营费用支出	28.15%	30.14%	35.79%	36.71%
缴纳税费	3.99%	2.24%	1.68%	0.13%
财产性支出	0.60%	0.29%	0.10%	1.13%
转移性支出	15.74%	5.92%	6.82%	9.19%

（二）城市和农村家庭的年收入结构分析

　　2002 年到 2005 年，城市家庭和农村家庭收入结构呈现出以下三个特点：一是城市居民家庭可支配收入占家庭总收入比重逐年稳步提高，从 2002 年的 90.95% 提高到 2005 年的 92.41%；二是工薪收入是城市家庭的主要收入来源，占家庭收入比重基本保持在 60%～70% 之间；三是在 200 户城市家庭样本的同等数量的五档收入人群中，以工薪收入为主要收入来源的人群主要集中在较低收入、中等收入、较高收入三档人群中，工资占他们总收入的比重均在 72% 以上；四是农村家庭经营纯收入是全年纯收入的主要组成，而工资收入和家庭经营纯收入的总和基本可以视为农村家庭年纯收入。

表 8　　　　200 户城市家庭年各项收入占家庭总收入比重分布

城市居民家庭现金收入		2002 年	2003 年	2004 年	2005 年
家庭总收入					
其中可支配收入		90.95%	90.79%	91.81%	92.41%
	工薪收入	69.90%	68.58%	67.98%	62.34%
	经营净收入	3.82%	3.25%	3.17%	3.68%
	财产性收入	1.74%	1.54%	0.82%	1.24%
	转移性收入	24.54%	26.69%	28.03%	32.74%

表 9　　　　400 户农村家庭年各项收入占全年纯收入比重分布

全年纯收入	2003 年	2004 年	2005 年
（一）工资收入	36.78%	36.46%	38.29%
（二）家庭经营纯收入	59.38%	59.80%	56.50%
工资收入与家庭经营纯收入比重之和	96.16%	96.26%	94.79%
（三）财产性纯收入	1.66%	1.32%	2.04%
（四）转移性纯收入	2.18%	2.42%	3.23%

表 10　　　　200 户城市家庭：工薪收入占家庭总收入比重

	低收入组 40 户	较低收入组 40 户	中间收入组 40 户	较高收入组 40 户	高收入组 40 户
2002 年	76.83%	80.68%	80.47%	73.88%	53.39%
2003 年	66.46%	80.78%	66.70%	76.64%	56.57%
2004 年	68.75%	65.10%	78.95%	70.90%	59.45%
2005 年	40.22%	63.61%	66.86%	68.98%	60.92%
平均数	63.07%	72.54%	73.25%	72.60%	57.58%

　　因此可以说，工薪收入是城市家庭的主要收入来源，家庭经营纯收入是农村家庭收入的重要组成。这表明居民收入来源单一化，消费群体极易受市场价格波动的影响形成消费压力，影响消费热情。

　　（三）总结

　　与发达国家的"纺锤"型居民收入结构不同，我国的居民收入结构呈"金字塔"型，低收入人群组成金字塔的底座，极少数的高收入人群占据金字塔的顶端。按照凯恩斯消费函数理论，即使消费者有潜在的消费愿望但没有足够的消费能力，即使社会有足够的商品供应，但缺少足够有消费能力的消费人群，社会消费的全面扩大必将受到阻碍。

从支出结构和收入结构的分析中，可以看出社会的主要消费力量正是以工薪收入为主要收入来源的群体，这部分群体的消费能力不得不受到工薪收入水平的制约，工薪收入的上浮程度若跟不上物价水平的上涨水平，这部分群体的消费意愿和自身基本消费需求都将受到遏制，而社会消费的整体需求就会趋于消极状态。

随着农业赋税的逐渐减免，农村家庭的缴纳税费支出明显减少，同时农村家庭食物消费具有自给的特点，家庭收入与支出基本都围绕在以农、林、牧、渔等行业的生产经营方面，同时，农民的消费积极性同收入的增长速度又密切相关，收入的迅速增加，农民的消费热情会迅速高涨，因而全面提高农村家庭的经营性收入（包括农业收入、林业收入、牧业收入、渔业收入、工业收入、建筑业收入、交通运输和邮电业收入、批发零售贸易及餐饮业收入、社会服务业收入、文教卫生业收入、其他家庭经营收入），减少农村家庭经营费用的支出，是调动农村消费积极性、促进农民消费的有效手段。

三、扩大内需、促进消费的具体措施

（一）提高居民财产性收入，完善家庭收入结构

所谓财产性收入，一般指家庭拥有的动产（如银行存款、有价证券等）、不动产（如房屋、车辆、土地、收藏品等）所获得的收入。它包括出让财产使用权所获得的利息、租金、专利收入等；财产营运所获得的红利收入、财产增值收益等。在表8和表9中，城市和农村家庭的财产性收入占家庭总收入的比例不足2%，这意味着将有足够的空间促进居民财产性收入的增长，调整以工薪收入为主的单一化收入结构，多途径增加居民收入，促进社会消费。首先，鼓励和引导居民投资金融产品（包括股票、债券、保险、储蓄等）促进收入增值。在继续健全对股票

和债券市场的监督管理、提高股票和债券市场的服务水平的基础上，以稳健、小幅度的货币政策延长"牛市"的成长周期，提供良性预期的投资环境，吸引居民闲置资金流入股票及债券市场。其次，积极鼓励居民进行保险理财，增加保险收益。保险在提供保障功能的基础上，还有一定的投资性。增强家庭及个人的保险意识，引导居民进行除养老保险、失业保险、医疗保险以外的投资型保险，提高家庭的年保险收益。第三，大力发展租赁服务提高居民不动产价值。创建良好的房地产租赁、车辆租赁环境是积极发展租赁服务的重要组成。这包括建设集中化、信息化的交易场所，扶持和鼓励二手房中介公司、规模型汽车租赁中介企业的发展和建立，出台交易程序简便合理、监管严密的法律法规，全面促进不动产租赁服务的发展。

（二）深化收入分配制度改革，壮大中层消费力量

因为社会消费的主力群体集中在农村居民、中等及以下收入城镇居民中，因而调整现有的收入分配制度，让更多的较低收入者成为中等收入者，让低收入者收入有保障，调整高收入更多转化为社会收入，创造合理的分配制度促进社会消费。首先，在个人收入分配中贯彻"效率优先、兼顾公平"的原则，以共同富裕为目标，合理调节初次分配和再分配，既要反对平均主义，又要防止收入悬殊，逐步形成"两头小、中间大"的个人收入分配新格局。其次，以"扩中"为重点，实行"扩中"、"调高"和"提低"三结合。"扩中"，即扩大中等收入者比重。中等收入群体是支撑社会稳定与繁荣的中坚力量，使更多的人通过诚实劳动和合法经营进入中等收入群体行列。"调高"，即通过税收、财政转移支付等财政措施进行收入再分配，把一些高收入人群的一部分收入转化为社会收入。"提低"，即提高低收入者的收入水平，降低低收入群体在人群中的比重。第三，以"保底"为基础，完善社会保障制度。也就是说通过加大财政转移支付力度，增加城市低收入人群的低保金，提高离退休人员工资，提高失业人员生活水平，全面落实最低工资制度。

（三）增加农民收入，提高农村消费水平

目前，全市约 2.5 个农民的消费相当于一个市民的消费，城市居民的可支配收入是农民纯收入的 2 倍，因此，提高农民收入、扩大农村消

费仍有很大的拓展空间。

1. 降低农民家庭经营成本。2001 年到 2005 年，农民人均生产性费用支出比重逐年增加，由 29％增加到 39％，在生产原材料价格的上浮的前提下，有效减少农民的经营成本是增加农民收入的主要途径。首先，继续扩大政策对农村的倾斜力度，在全免税收的基础上，保障最低粮食收购价格，提供给农民更多的就业机会，增加农民收入。其次，稳定化肥、农药、种子等生产资料市场的价格，采取招投标的方式寻找农业生产资料低价格供应商，供应农民优质低价生产资料。第三，介绍和推广新型高产农业技术进入农村，有效利用土地资源，鼓励农民开展多种农业生产经营，多渠道扩大农民收入。

表 11　　　　　农民人均生产性费用占人均现金支出比重

	2001 年	2002 年	2003 年	2004 年	2005 年
农民人均生产性费用占人均现金支出比重	29％	30％	34％	38％	39％

2. 全面开展农业保险，建立农民的生产经营的保障体系。发展农业保险是保障农业生产、提高农民抵抗自然灾害能力、规避农民收入遭受损失的重要途径。即通过保障农民收入的角度稳定农民心理，稳定农民消费预期。而农业保险由于其固有的特性（例如风险大、成本高、费率高、风险单位很大、分散风险难等），它的开展需要政府积极性、监管部门积极性、保险公司积极性、农民积极性"四厢情愿"才能施行。所以，以政府出钱投保、多家保险公司承保为主要模式，建立合理的保险补贴实施办法，实行严格的监督管理过程，促进农业保险体系的发展。

3. 建设农村良好的商品流通环境。大力发展农村新型商业，鼓励乡镇连锁超市、便民商店的建立，鼓励村镇集购物、文化、娱乐、理发、健身、培训等功能为一体的"一站式"消费服务功能区的发展，发展厂商在农村销售和售后服务网点的建设。完善农副产品流通体系，积极开展"万村千乡"市场工程，建设检验检疫及信息系统，提高现有农副产品市场设施，搭建经济实用的购销对接平台，举办农村商品对接会，形成产品对接、营销渠道对接、供应链对接，组织和引导生产企业开发符合农民购买能力和农村市场消费特点的商品，增加简包装、低成本、质量好的日用消费品的供给，支持连锁经营、直营配送、冷链运输等业务发展，发展各类流通中介组织，鼓励龙头企业、合作组织和种养殖示范区，开展品牌化经营，实现工业品和农产品城乡间双向顺畅流通。

综上，收入是消费的基础，消费是经济良性循环的支撑，我们只有真正实现社会收入结构的合理调整、居民财产性收入的快速增加、农民生活水平的稳步提高、社会流通体系的继续完善，才能真正发挥消费在社会经济中的作用，使得社会经济增长向依靠消费、投资、出口协调拉动转变。

课题组成员：鞍山市发展和改革委员会

　　　　　郭　睿　杨　凯　赵凌霞　胡晓光　雷凤清

本溪市经济增长与固定资产投资关系研究

一、研究背景

与国内大多数城市一样，本溪市在经历了 20 世纪 90 年代初期的快速增长后，经济陷入了低谷：GDP 增长缓慢，年均增长率低于 10％；固定资产投资持续低迷，2002 年投资额甚至低于 1994 年（见图 1①）。但自 2002 年以来，本溪经济步入新的周期：GDP 年均增长率约 13％，而固定资产投资年均增长 30％。除此之外，全市人均收入年均增长 13％，批发零售额年均增长 12％，财政收入年均增长 19％，各项经济指标的均衡增长充分证明：本溪经济实实在在的得到全方位发展。

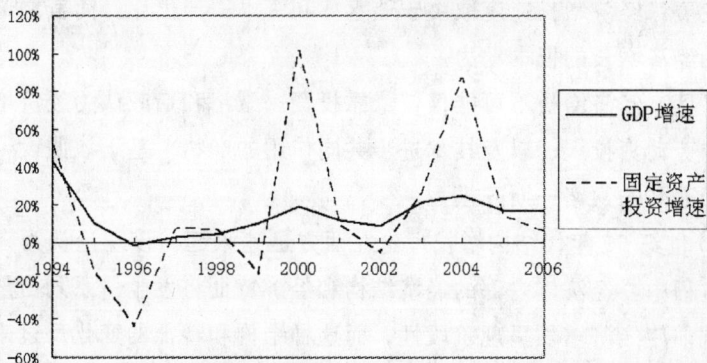

图 1：本溪市历年 GDP 和固定资产投资增长情况

---

① 图 1 中的 GDP 增长率是以当年价计算得出的结果

267

但是，繁华背后并非没有隐忧。按照传统发展经济学的一般观点：投资、消费和出口是拉动经济增长的主要动力；而其中投资更是推动经济增长最核心的力量，是预测未来经济走势的晴雨表。2005 年以来，尽管本溪 GDP 仍能维持两位数的高速增长（超过 16%），但固定资产投资增速却大幅下滑，2006 年仅为 5.9%。这不得不引起人们的担忧：这一轮经济增长还能不能延续？

要解开这个困惑，必然涉及一个更深层次的问题——为什么近年来本溪经济能维持高速增长，动力来自哪里。只要搞清这个根本性问题，诸如"怎样实现本溪经济持续增长"、"怎样科学引导固定资产投资投向"之类的其他问题也就可以迎刃而解。对这一现实问题的研究需要将理论和本溪实际情况结合起来，本文期望就此做一些探讨。

二、理论概述

自亚当·斯密开始，围绕"什么是经济增长的根本推动力量"这个课题，经济学家们展开了旷达几世纪的探索和争论，形成了一条清晰完整的理论脉络。

哈德罗和多马较早对这一问题进行了系统思考。他们的主要观点是：投资同时作用于需求和供给，引起需求和供给循环累进增长，推动经济发展；经济增长速度取决于储蓄率和资本—产出比。简言之，投资是推动经济增长的根本动力。

显然，经济增长不可能仅仅依靠投资。索洛和斯旺认为经济增长是资本和劳动力投入、以及技术进步共同作用的产物。基于该假设，他们建立了著名的索洛—斯旺模型。

20 世纪 60 年代结构增长理论在西方迅速兴起。该理论认为在经济发展过程中，经济体内部的经济结构和经济特征将发生一系列由量到质的变化，使经济增长呈现阶段性；而这种结构和特征的变化反过来会成为推动经济增长的重要力量。钱纳里教授是该理论的代表人物。他对101 个国家经济发展历程进行归纳和整理，最终认为完整的经济发展过程应经历由低到高的六个发展阶段，并提出了划分各阶段的参考标准。

后来有学者在钱纳里研究基础上提出,在各个发展阶段"主导产业"是经济增长的主要动力,而主导产业的切换将推动经济向更高阶段跃升。

知识经济的发展使各种内生增长理论的观点非常活跃。罗默认为专业化知识的积累能使资本和劳动等其他要素也产生递增收益,保证经济的长期增长。卢卡斯认为人力资本具有外部效应,外部效应的扩散使其他要素的生产率提高,是"经济增长的发动机"。斯多克认为产品更替可以在新起点上发挥边干边学和知识外溢效应,从而推动经济增长。

以上对经济增长问题的一般性理论探讨为我们解决具体问题提供了思路和参考。在此基础上,本文将从判断经济发展阶段和分析经济增长动力两方面入手,剖析本溪经济的现状和特点,探求其增长的内在规律,力求发现问题并重点针对固定资产投资管理工作提出一些政策建议。

三、重化工起步阶段的本溪经济

分析本溪市经济增长的规律,首先应从正确评估本溪经济发展现状做起。在这方面,结构增长理论积累了宝贵的经验。

(一)经济指标分析

结构增长理论认为,经济体一些重要的经济指标可以作为判断其经济发展阶段的主要依据;而在钱纳里看来,人均 GDP 是最可靠的指标。2006 年本溪市实现 GDP400.2 亿元,人均 25603 元,合 3386.7 美元(以 2007 年 7 月 22 日汇率折算)。按照钱纳里的标准(见表1),本溪应处于工业化中期阶段。

表 1　　　　　　　　人均经济水平与经济发展阶段关系表

人均 GDP（美元）		期	阶段
1970 年标准	1998 年标准		
140～280	530～1200	1	初级产品生产
280～560	1200～2400	2	
560～1120	2400～4800	3	工业化
1120～2100	4800～9000	4	
2100～3360	9000～16600	5	发达经济
3360～5040	16600～25000	6	

资料来源:国务院发展研究中心,《调查研究报告》第 50 号,2000 年 4 月 19 日

为避免单一指标判断结果的片面性，本文还补充了其他两项指标进行综合分析，分别是产值结构和城市化水平。产值结构反映了经济比例的优化程度，通常情况下经济结构越向后倾斜，经济越发达。根据发展经济学对三类产业的划分①，2005 年本溪三类产业增加值比例约为 10：55：35，按照钱纳里工业专业化小国的标准，本溪应处在工业化中期阶段。

城市化既是经济发展的结果，也是其后续推动力。2005 年本溪的城市化指数是 67%，处于工业化中后期水平（见图 2）。值得注意的是，本溪是老工业城市，城市化进程可能相对超前，对该指标的理解应考虑这个因素。

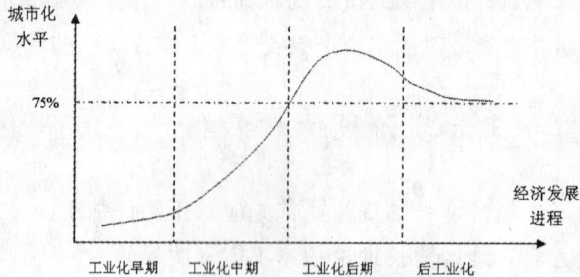

图 2：城市化发展进程示意图

综合指标分析结果，本溪应处于工业化中期的经济发展阶段。

（二）经济特征分析

在工业化早期阶段，工业基础薄弱，资本、技术等资源匮乏，食品加工、轻纺、皮革、木材建材加工等劳动密集型、生产低附加值初级工业品的初加工产业往往在吸收就业、积累资本和经验等方面发挥极其重要的作用。这一阶段的主要经济特征是经济增长平缓，投资规模小且分散于初加工产业。进入工业化中期，资本和工业能力积累达到一定规模，资本、技术、人才等资源开始集中于资本密集型的重化工中间投入

---

① 注：发展经济学通常把产业划分为三类：初级产业、工业制成品生产及公用事业、服务业。这与我国国民经济核算体系中第一、二、三次产业有所不同。在我国的体系中，第一产业是农业，第二产业包括采掘业、制造业和公用事业产业，第三产业主要是服务业。但是农业与采掘业往往是区域发展初期的起步产业，有很强的资源依附性，发展经济学把它们统统划为初级产业。

品行业，石油加工、钢铁冶炼与深加工、化工、医药、塑料、橡胶等成为拉动经济的主导产业。这一阶段的主要经济特征是经济增长提速，综合实力显著加强，投资规模大且高度集中于重化工（中间品）产业。工业化后期，产业资本充裕，工业技术先进，汽车、精密仪器、电气、电子产品等提供终端产品的精加工制造业将成为最重要的工业部门。后工业时代发展的主要是金融、技术研发、商业、文化等高级服务业。

本溪是一个老工业基地。建国初期出于全国布局的考虑，本溪建立起以重化工中间品产业（钢铁、化工）和精加工终端品产业（机械设备）为主的工业体系，试图越过发展初加工制造业的初级阶段，走一条非常规的工业化道路。正因如此，本溪没有把握好改革开放初期一般消费品市场快速膨胀带来的历史机遇，而在 20 世纪 90 年代经济波动中也承受了更多的阵痛。

经济规律总是会潜移默化地发挥作用。在 1994—2002 年的经济低谷期，本溪的工业结构发生了深刻变化。不到十年，初级品制造业在地方工业（不含钢铁产业）中的比重由 29％提高到 41％，与此同时终端品制造业由 28％下降到 16％，中间品制造业份额基本不变①。用初级品制造业吸纳终端品制造业释放出的资本和劳动力等资源，以抵消其衰退的负面影响，这表明本溪市利用经济低谷期完成了工业结构调整，回头走了工业化初级阶段的道路。这样在新一轮景气周期到来时，本溪已基本夯实了工业基础，做好向更高经济发展阶段迈进的准备。以 2002 年钢铁行业回暖为契机，我市各项经济指标全面进步，开始新一轮的经济起飞。在这一轮的经济增长中，重化工业真正充当了主力军。数据显示，2002—2005 年本溪市中间品制造业在地方工业中的比重由 42％提高到 58％，而初级品制造业比重则由 41％下降到 21％。这表明重化工业已经基本成为本溪地方工业的主导力量，"重化工化"是本溪这一时期最突出的经济特征。

---

① 注：由于历年统计资料的口径不尽一致，无法准确计算各产业的绝对增长速度，本文只能以描述内部结构比例的相对指标进行分析。

（三）经济发展与固定资产投资展望

无论从直观的经济指标还是从抽象的经济特征来看，本溪市都已经进入了工业化中期的发展阶段，正确认识这一点相当重要。

从全世界范围来看，工业化中期是实现经济发展过程中最重要也是最艰难的阶段，大多数国家和地区都止步于这一阶段而不能使综合经济实力更上一层楼。本溪市经过多年的发展终于踏上这个门槛，这是一个好的开始。从其他国家和地区的经验来看，如果没有特别重大的干扰，本溪很可能在未来一段时间内保持健康和快速的经济增长，而重化工业将成为越来越重要的推动力。目前，这种局面在本溪已初步形成：2005 年重化工业固定资产投资占本溪全部工业投资的 97％；即使在地方工业中重化工业的投资仍占 68％。医药、金属制品、化学原料、非金属矿制品等产业无论在工业增加值还是在固定资产投资方面都脱颖而出，占据越来越显著的地位，初步显示了本溪市发展接续产业政策的成效。虽然短期内它们还无法取代钢铁产业的支柱地位，但未来发展空间无疑非常广阔。

因此，在将来很长一段时间内，大力鼓励本溪市重化工业的发展、为其提供实质性支持、促使其快速增长和繁荣，应是本溪市面临的重要任务，也是保持目前经济增长势头的基本举措。从这个角度来说，保持固定资产投资总量的增长并不是最关键的，把有限的资金集中到关键领域，继续深入调整投资结构，维持局部产业的快速增长更有实际价值。

四、多元动力推动增长

在前文的分析中，我们把本溪视为一个相对独立的经济体，按照通常的自循环发展规律来实现经济增长。但事实上经济体总是处于特定的环境中，不断与周边进行经济交流，区域分工甚至国际分工很可能对其经济发展进程产生重要影响。此外，经济增长不仅仅取决于投资，其他诸多要素也可能发挥重要作用。本溪有自己独特的经济发展规律，在具体研究其经济增长的动力机制时需要从本溪的实际情况出发，并尽量拓宽视野，考虑更多的要素。

研究经济增长的动力可以有多种模型工具，比较常用的有线性回归、因子分析等，本文拟选用线性回归法。线性回归法的基本原理是考察本溪市 GDP（因变量）和一系列相关经济指标（自变量）在较长一段时期内的变化情况，找出那些与本溪经济增长轨迹最接近的指标；理论上说，如果经过较长时间序列的考察，这些指标与本溪经济的变动仍然比较一致，那么可以认为二者的变化是相关的，或者说这些指标是导致本溪经济增长的内在原因；由这些指标组合成一个最佳的线性函数，这个函数应该可以较好的模拟和解释本溪经济增长的规律。

模型研究分为四步。第一，选择相关要素组成备选指标体系，利用多元线性回归从中筛选指标，建立回归模型；第二，分析模型的经济含义；第三，预测经济走势；第四，研究经济增长与固定资产投资的关系。为考虑区域经济的影响，本文将本溪纳入多个层次的区域经济圈中进行研究，分别建立回归模型，通过对回归结果的比较找出真正对本溪经济产生实质影响的区域经济范围。

（一）回归模型

经济要素作用于经济增长主要通过三种方式：增加投入（资金、劳动力）、扩大需求（内需、出口）以及其他（技术进步、区域经济联动效应）。根据本溪实际情况，本文分别以本地经济圈、沈阳经济圈、辽宁经济圈三个层次作为对象，依次扩大研究范围，以确定最适合本溪的区域经济范围。基于以上两个维度，建立备选经济指标库如下表：

表 2　　　　　　　　　本溪市经济增长动力模型备选指标

作用方式 研究范围	供给	需求	其他
本溪经济圈	X1：本溪市固定资产投资 X2：本溪市财政支出 X3：本溪市就业人数	X4：本溪市批发零售贸易额 X5：本溪市出口 X6：本溪市人均可支配收入	X7：本溪市全员劳动生产率
沈阳经济圈		X8：沈阳市固定资产投资 X9：沈阳市批发零售贸易额	X10：沈阳市 GDP
辽宁经济圈		X11：全省固定资产投资 X12：全省消费品零售额 X13：全省出口	X14：全省 GDP

综合考虑数据采集以及回归拟合性要求，本文截取 1993—2006 年的统计数据，为消除量纲影响，取各指标年度增长率作为初始数据[①]（附表 1）。以本溪市年度 GDP 增长率（Y）为因变量，以若干备选指标的年度增长率为自变量，建立初始回归模型（如式 1）；借助 SPSS 统计软件对因变量和备选指标的初始数据进行多元线性回归处理，可以得到目标回归方程。

$$Y = b_0 + b_1 X_1 + b_2 X_2 + \cdots b_n X_n \qquad \text{式 1}$$

首先，取本地经济圈为研究范围。选择 X1—X7 为备选指标，经 SPSS 软件运算，方程最终引入本溪市人均可支配收入和固定资产投资两个指标（附表 2），回归方程如式 2（附表 3）。经检验模型拟合度符合要求（附表 4、附表 5）。

$$Y = -0.044 + 1.141 X_6 + 0.339 X_7 \qquad \text{式 2}$$

其次，把研究范围扩大到沈阳经济圈。将 X8—X10 补充进备选指标中，经 SPSS 软件运算，方程最终引入本溪市固定资产投资、本溪市财政支出、沈阳市固定资产投资和沈阳市 GDP 四个指标（附表 6），新的回归方程如式 3（附表 7）。经检验模型拟合度符合要求（附表 8、附表 9）。

$$Y = -0.0544 + 0.102 X_1 + 0.277 X_2 + 0.168 X_8 + 0.628 X_{10} \qquad \text{式 3}$$

最后，把研究范围扩大到辽宁经济圈。再将 X11—X14 补充进备选指标。但从回归结果看，X11—X14 都被先后剔除，因而不能使此前的回归方程得到进一步优化。

通过比较不难发现，研究范围从本地经济圈扩大到沈阳经济圈后，区域中心城市沈阳的两个重要经济指标被引入了回归方程，模型的拟合度明显得到优化，这表明将本溪纳入沈阳经济圈进行分析后，新模型能够对本溪经济增长的内在动力给出更合理的解释。由于继续扩大研究区域的范围不能进一步改进优化模型拟合质量，所以式 3 是最佳的回归方

[①] 由于统计年鉴中除 GDP 之外的指标均采用当年价为口径，因而本文对 GDP 的增长也是以当年价来计算。通常统计年鉴中的 GDP 增长率是以可比价计算，所以二者可能会有一些差异。

程,即本溪市经济增长动力模型。

(二)模型结论

从本溪市经济增长动力模型中可以得出一些比较有价值的结论。

结论1:本溪在沈阳经济圈辐射范围之内,沈阳对本溪经济的增长有重要的影响。

对三个层次经济圈的分析表明:单从本地经济自循环的角度来研究本溪经济,则经济增长的动力主要来自于本地消费能力的增长和生产能力的提高;一旦考虑沈阳经济圈的区域影响,则一些相对更重要的指标立刻凸现出来,对经济增长机制分析的说服力更强;相对沈阳来说,全省层面的经济因素对本溪经济的影响可以忽略,这表明沈阳与本溪的经济联系已经超出了一般意义上的宏观环境因素。所以,沈阳经济圈是能够实质性辐射本溪经济的区域。

在式3的模型中不难发现:四项重要的经济拉动要素中有两项与区域中心城市有关;沈阳市GDP代表了中心城市对周边城市的区域带动效应,每增长一个百分点就能带动本溪市GDP增长0.62%,拉动效应最为显著;而沈阳市固定资产投资则代表了中心城市的市场辐射效应,每增长一个百分点,也能带动本溪市GDP增长0.17%。图3展示了1994—2006年四项要素分别对本溪市经济增长的贡献,其中沈阳市GDP和固定资产投资两项的贡献率平均达到70%。数据显示,这是本溪经济增长的根本动力所在。

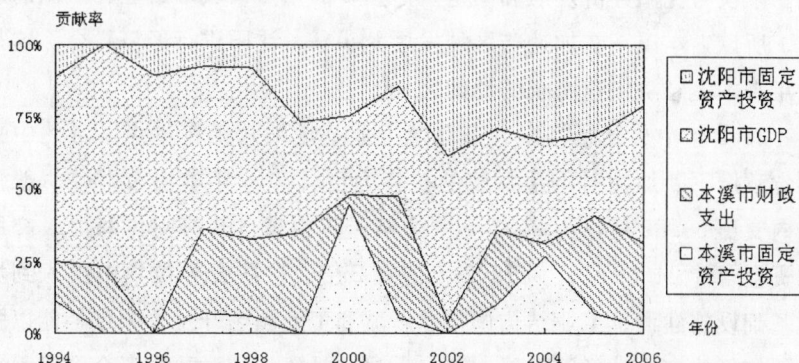

图3　各要素对本溪市经济增长的贡献

结论 2：固定资产投资不是拉动本溪市经济增长的唯一动力，甚至也不是最主要的动力

模型共引入四项指标，本市固定资产投资只是其中之一，而本溪市财政支出、沈阳市 GDP、沈阳市固定资产投资均对本溪市经济产生重要影响。这也就解决了本文最初提出的困惑：既然本溪市经济增长并不只取决于固定资产投资一项要素，那么即使投资增幅下降也未必会导致经济下滑；如果其他指标保持健康增长，短期内经济的持续增长仍然可以实现。

结论 3：在近几年快速增长中，沈阳市固定资产投资和财政支出的贡献明显增强

统计数据显示，20 世纪 90 年代中后期本溪投资持续下降、财政收入不足、下岗失业增多、消费不振，局面非常困难，是什么力量推动着本溪经济艰难、缓慢地增长？图 3 显示，沈阳市 GDP 坚实稳定增长带来的区域联动发挥了关键的作用。

2002 年以来，沈阳市的投资开始强劲增长，而本溪的财政投入明显加大，二者对本溪市经济增长起到了积极的作用。期间，沈阳市固定资产投资对经济增长的平均贡献率达到 40%，而本溪财政支出的平均贡献也达到 24%，明显高于此前水平。它们何以能发挥更大的作用呢？

近年来，沈阳在装备制造等终端品制造业的带动下经济出现强劲增长，对中间投入品的需求非常旺盛；而本溪目前正着力发展中间品制造业。本溪与沈阳经济发展和固定资产投资的重点领域形成互补双赢的局面。所以，本溪正在加速与区域发展龙头——沈阳进行经济融合，这是近年来本溪经济快速增长的动力之一。

2002 年中央开始将振兴东北老工业基地纳入工作重点，自此中央和省政府不断加大对本溪财政的扶持力度。2006 年本溪市财政一般预算内支出 50.85 亿，为 2002 年的 2 倍；其中来自转移支付和上级补助的资金合计 24.06 亿，为 2002 年的 2.2 倍。这些资金被集中投入到城市基础设施建设、工业结构调整、新城和工业园区开发等领域，能以强大的杠杆效应推动经济发展。首先，这些投资领域对社会资金的吸引力不足，却对本溪实现产业结构升级、沈本经济对接等长远发展目标至关

重要。其次，它们充分吸纳了正处于上升阶段的中间品制造业的产品。再次，财政资金往往采取配套资金、贴息或政府担保等形式，能够吸引更大规模的社会资金投入重点领域的建设。事实证明，近年来各级财政资金对本溪市的积极扶持确实对经济增长产生了不可忽视的影响。

（三）经济增长预测

2007 年初沈阳和本溪分别制订了年度经济规划：本溪市预计固定资产投资基本与上年持平，财政支出增长 15％；沈阳市预计 GDP 增长 15％，固定资产投资保守估计增长 34.9％。将这些数据代入本溪市经济增长动力模型，保守预计本溪市 2007 年 GDP 增速为 14.9％，基本能够完成 15％的年度增长目标。由上半年来看，沈阳的 GDP 和固定资产投资增长势头良好，大大超过年初预计。据此判断，即使固定资产投资不能实现大幅增长，本溪市完成预定经济增长目标仍是比较有保障的。

（四）经济增长与固定资产投资关系分析

虽然从增长动力模型中可以得出一些令人欣喜的结论，但也暴露出一个很令人尴尬的问题：图 3 显示，在大多数年份里，本溪市固定资产投资对经济增长的影响并不突出。这直接挑战了人们的常规思维。

本文认为，这种情况的出现可能有三方面原因。首先，投资增长波动过大，使其难以对经济增长做出稳定贡献。事实上，本溪市 2006 年固定资产投资较 2001 年增长 2.7 倍，绝对增长量相当可观。但由于各年度投资增幅大起大落，很不稳定（见图 1），与经济增长的关联性不强，导致其在图 3 显示的贡献偏低。首先，单一的投资结构是造成投资总量高波动性的主要原因。长期以来，本溪过于依赖钢铁产业的投资格局一直没有发生根本变化。虽然近年来地方工业的中间品制造业投资连续出现稳定、快速增长，但由于基数低，目前还无法抵消钢铁行业的投资波动。按照目前的发展速度，这种投资格局至少要在 5～10 年后才会发生根本性变化，届时总投资大起大落的局面将明显改观。其次，被动应对需求增长的投资方式也助长了投资的波动。从图 1 中可以发现，本溪往往每隔 4～5 年出现一个投资高峰期，然后迅速滑落，依靠后续几年需求的增长来消化新增的生产能力。这是被动应对需求增长的投资方式的典型特征。

其次，投资没有集中在杠杆效应最强的领域。前文分析过，近年来本溪市经济增长的主要动力来源于两方面：一是工业重化工化带来的结构性增长机遇；二是沈阳经济对本溪的区域联动和市场辐射效应。但就现状来看，本溪市固定资产投资无论在产业构成、还是在空间布局上，向以上两个重点领域的倾斜都还远远不够。投资分散就无法形成规模效应和集聚效应，对经济增长的拉动也将十分有限。

再次，投资的贡献有可能被低估。投资可以充实有效供给能力，而供给能力一旦形成是可以延续的，因而投资具有继期拉动性。由于投资对经济增长的贡献并不只局限于当期，因而很可能被低估。

无论如何，固定资产投资是保障经济长期增长的物质基础，它对于完善基础设施、提高供给能力的作用是不可替代的，即使从表面数据上看它的贡献可能并不突出。所以，对固定资产投资的管理永远都是一项不可忽视的重要工作。

五、固定资产投资政策建议

无论从任何角度解释，投资对经济增长的贡献不足都不太合理，说明本溪市的固定资产投资规划和管理工作存在值得改进的地方。基于以上研究结论，本文对本溪市固定资产投资管理工作提出一些政策建议，分述如下：

（一）全力推进沈本经济一体化，加大投资力度。沈阳曾经为本溪经济的发展做出过巨大的贡献，这些贡献也许一直被低估了。目前，沈阳提出要重点发展八大优势产业，其中的四个产业属于精加工制造业，这表明沈阳已经进入了工业化后期阶段。这对于本溪是一个历史性机遇，一方面本溪可以有选择地承接沈阳的产业转移，更好地发展本地战略性产业；另一方面本溪可以调整自己的产业结构，与沈阳形成优势互补的产业协作。因此，沈本经济对接乃至一体化是关系到未来本溪经济能否获得持久动力、长期繁荣的根本大计。

对本溪而言，沈本经济一体化就是要充分开发毗邻沈阳的区位优势，在空间布局和产业分工上密切与沈阳的合作，加速经济方面的融合。这是一项浩大的工程，需要有系统的规划和长期不懈的实施。具体在固定资产投资领域，可以切实做好三项工作。首先，加强与沈阳在政府层面的沟通与协作。争取使沈阳在本溪方向布局一至两个适合与本溪配套的重点终端品制造产业，或者打通与其他产业集群园区的快速交通网络。其次，统一规划，以多种渠道筹措资金，集中进行基础设施建设。重点投资领域应包括：新城东扩，适当超前建设城市对接必需的基础设施；结合本溪资源条件和产业特点，加快在城市北部近沈地区规划和建设为沈阳的汽车、装备制造等优势产业提供配套的特色工业园区。再次，战略性的招商引资和产业布局。大力吸引和鼓励为沈本对接服务的新老企业在本溪东北部特色园区投资，加速形成区域集群效应和产业规模效应，深入开发沈阳的市场资源，尽快构筑本溪相对其他沈阳周边城市的产业优势和特色。只有这样，本溪才能尽快在主导产业和空间布局上打造新的增长极，推动经济持续、快速增长。

（二）促进投资向重化工制造业的倾斜。本溪进入重化工发展阶段已经成为一个客观事实，当前及今后相当长一段时间里重化工业的快速发展都将成为主流，只有顺应和推动这一趋势才能事半功倍地发展本溪经济。

虽然近年来本溪培育接续产业的政策取得一定成效，地方重化工制造业得到较快发展，但与"成为引领经济增长的主导产业"的发展目标相比差距仍然很大。因此，大力鼓励地方重化工制造业的发展是本溪一项长期的工作重点。其中化学原料、医药、金属制品、非金属矿等产业具有较好的基础；而长远来看，化学原料、医药和金属制品产业适合本溪的资源条件，更符合沈阳长期经济发展的需要，具有更大的发展潜力。以增量调整存量为原则，这些产业应成为未来本溪重点鼓励的固定资产投资领域。

（三）促进投资的平稳增长，减少大幅度波动。前文分析过，固定资产投资增速大起大落限制了投资对经济增长的贡献，而导致这一现象的根源是过分倚重钢铁产业的投资结构和被动应对需求增长的投资方式。解决问题必须从根源入手。

改善投资结构主要依靠大力发展地方工业，尤其是重化工制造业，而转变投资方式则主要依靠对未来需求的科学预测。首先，应及时深入地调研宏观数据和市场信息，向社会广泛发布，组织多种形式加强沈本之间政府和企业层面的交流，明确对未来发展的预期。其次，制订中远期基本建设项目规划，平衡各年度之间重大项目的布局，减少项目过于集中或贫乏的现象。再次，加强对重点企业的引导，鼓励他们制订中远期投资计划，根据对市场需求的预见主动进行投资决策。

（四）加大财政对基本建设的投入。近年来各级财政资金对本溪的投入发挥了较好的宏观引导作用，一定程度上弥补了市场投资机制的不足，以良好的杠杆效应拉动了经济增长，值得鼓励并继续加强。

尽管本溪的可支配财政能力有限，但仍可以深入挖掘其潜力，以发挥更大作用。首先，宏观层面上省和国家有关政策决议为本溪拓展财政投资能力提供了历史性机遇。辽宁省已确定并分步实施了"中部七城市一体化"规划，而"沈本一体化"则是先期的推进重点之一；2007 年 8月国务院原则上同意了《东北地区振兴规划》，表明了中央将东北打造成中国经济"第四增长极"的坚定决心，而沈阳及周边地区无疑是"增长极中的增长极"，应该会得到更多财政扶持。这些都为本溪市争取省和国家财政及信贷重点扶持、大刀阔斧开展建设奠定了坚实基础。本溪应深入领会上级政策的导向，结合本地特点，把握机遇，酝酿大思路、规划大布局、包装大项目，积极争取上级资金支持，为本溪经济注入新鲜血液。其次，微观层面上市本级财政具备一定的潜力。目前，本溪的地方财力大部分用于行政事业和社会福利等开支，而在发展接续产业、从事基本建设等方面的投入比例很小。未来几年中，随着经济形势的进一步好转，本溪的地方财力将逐年增强。如果通过科学规划，调整财政支出结构，把更多资源配置到重点项目贴息、基本建设配套等杠杆效应强的领域，相信将对本溪的经济增长做出更大贡献。

附表 1

本溪市经济增长动力模型初始数据表

年份	本溪市GDP增长率	固定资产投资增长率	财政支出增长率	就业人数增长率	批发零售额增长率	出口额增长率	人均可支配收入增长率	全员劳动生产率增长率	沈阳市GDP增长率	沈阳市固定资产投资增长率	沈阳市批发零售额增长率	全省GDP增长率	全省固定资产投资增长率	全省零售额增长率	全省出口增长率
1994	43.36%	48.8%	23.93%	-0.45%	13.90%	26.84%	27.64%	18.80%	48.54%	31.57%	23.15%	22.43%	64.40%	27.62%	10.63%
1995	10.51%	-15.1%	15.50%	-1.03%	19.95%	80.60%	19.58%	-11.82%	22.70%	-8.49%	32.30%	13.47%	23.60%	28.89%	20.23%
1996	-1.56%	-42.5%	-0.24%	-2.24%	5.57%	10.80%	8.17%	10.17%	13.07%	5.99%	23.73%	13.04%	-30.00%	14.92%	0.97%
1997	3.05%	6.6%	12.04%	-4.11%	3.07%	-0.30%	3.65%	-9.37%	10.27%	5.24%	16.17%	10.53%	-1.00%	12.50%	6.59%
1998	4.59%	6.5%	10.39%	-5.10%	-10.45%	-4.10%	-1.02%	10.77%	10.30%	5.30%	11.71%	11.22%	8.90%	8.14%	-9.45%
1999	10.70%	-9.5%	16.16%	-3.47%	5.25%	28.30%	4.57%	34.53%	7.93%	21.02%	8.81%	7.47%	10.40%	8.12%	1.86%
2000	18.85%	84.%	2.96%	-2.87%	17.32%	67.20%	13.33%	27.87%	10.16%	34.74%	9.67%	11.92%	4.70%	10.52%	32.32%
2001	12.14%	12.9%	27.13%	2.73%	13.70%	-20.60%	8.59%	17.33%	10.92%	15.48%	28.62%	7.80%	15.00%	8.55%	2.40%
2002	9.14%	-7.3%	2.09%	-11.28%	10.88%	133.10%	9.01%	21.75%	13.09%	32.93%	-4.51%	8.45%	12.10%	10.98%	11.34%
2003	21.27%	25.4%	23.98%	-3.99%	10.44%	-7.50%	8.89%	35.66%	14.43%	44.75%	3.78%	9.97%	13.00%	3.21%	18.27%
2004	25.12%	89.5%	5.36%	-1.04%	12.18%	461.00%	9.19%	53.94%	18.65%	66.74%	12.10%	14.50%	29.70%	13.39%	29.32%
2005	16.93%	13.3%	26.45%	-2.10%	11.88%	42.50%	16.96%	13.37%	9.65%	40.33%	13.14%	16.48%	40.10%	13.50%	23.88%
2006	16.57%	5.9%	26.18%	-2.41%	13.01%	25.50%	16.93%	18.78%	19.12%	31.33%	14.60%	15.64%	34.80%	14.50%	20.82%

附表 2　　　　　**本溪经济圈回归方程指标引入—剔除表**

Variables Entered/Removed[a]

Model	Variables Entered	Variables Removed	Method
1	本溪市人均可支配收入增长率		Stepwise（Criteria：Probability-of-F-to-enter <=. 100, Probability-of-F-to-remove>=. 110).
2	本溪市固定资产投资增长率		Stepwise（Criteria：Probability-of-F-to-enter <=. 100, Probability-of-F-to-remove>=. 110).

a. Dependent Variable：本溪市 GDP 增长率

附表 3　　　　　**本溪经济圈回归方程指标参数表**

Coefficients[a]

Model	Unstandardized Coefficients		Standardized Coefficients	t	Sig.
	B	Std. Error	Beta		
1　(Constant) 本溪市人均可支配收入增长率	2.716E−02	.043		.633	.539
	1.068	.321	.708	3.326	.007
2　(Constant) 本溪市人均可支配收入增长率	2.014E−02	.029		.695	.503
	0.879	.222	.583	3.958	.003
本溪市固定资产投资增长率	.168	.045	.555	3.767	.004

a. Dependent Variable：本溪市 GDP 增长率

附表 4 　　　　　　　　　本溪经济圈回归方程模型摘要

Model Summary

Model	R	R Square	Adjusted R Square	Std. Error of the Estimate
1	.708[a]	.501	.456	.0844128
2	.891[b]	.794	.753	.0569187

a. Predictors：（Constant），本溪市人均可支配收入增长率

b. Predictors：（Constant），本溪市人均可支配收入增长率，本溪市固定资产投资增长率

附表 5 　　　　　　　　本溪经济圈回归方程方差分析表

ANOVA[c]

	Model	Sum of Squares	df	Mean Square	F	Sig.
1	Regression	.079	1	.79	11.063	.007[a]
	Residual	.078	11	.007		
	Total	.157	12			
2	Regression	.125	2	.62	19.263	.000[b]
	Residual	.032	10	.003		
	Total	.157	12			

a. Predictors：（Constant），本溪市人均可支配收入增长率

b. Predictors：（Constant），本溪市人均可支配收入增长率，本溪市固定资产投资增长率

c. Dependent Variable：本溪市 GDP 增长率

附表 6　　　　　　　　沈阳经济圈回归方程指标引入－剔除表

Variables Entered/Removed[a]

Model	Variables Entered	Variables Removed	Method
1	沈阳市 GDP 增长		Stepwise（Criteria：Probability-of-F-to-enter ＜ ＝. 100, Probability-of-F-to-remove＞＝. 110).
2	沈阳市固定资产投资增长率		Stepwise（Criteria：Probability-of-F-to-enter ＜ ＝. 100, Probability-of-F-to-remove＞＝. 110).
3	本溪市财政支出增长率		Stepwise（Criteria：Probability-of-F-to-enter ＜ ＝. 100, Probability-of-F-to-remove＞＝. 110).
4	本溪市固定资产投资增长率		Stepwise（Criteria：Probability-of-F-to-enter ＜ ＝. 100, Probability-of-F-to-remove＞＝. 110).

a. Dependent Variable：本溪市 GDP 增长率

附表7   沈阳经济圈回归方程参数表

Coefficients[a]

Model		Unstandardized Coefficients		Standardized Coefficients	t	Sig.
		B	Std. Error	Beta		
1	(Constant)	1.511E−02	.040		.381	.710
	沈阳市 GDP 增长率	.819	.208	.765	3.936	.002
2	(Constant)	−5.14E−02	.027		−1.905	.086
	沈阳市 GDP 增长率	.759	.122	.708	6.236	.000
	沈阳市固定资产投资增长率	.303	.064	.539	4.746	.001
3	(Constant)	−7.54E−02	.027		−2.837	.020
	沈阳市 GDP 增长率	.702	.111	.655	6.348	.000
	沈阳市固定资产投资增长率	.299	.056	.531	5.322	.000
	本溪市财政支出增长率	232	.116	.205	1.994	.077
4	(Constant)	−5.44E−02	.019		−2.847	.022
	沈阳市 GDP 增长率	.628	.078	.586	8.016	.000
	沈阳市固定资产投资增长率	.168	.054	.299	3.094	.015
	本溪市财政支出增长率	.277	.080	.245	3.459	.009
	本溪市固定资产投资增长率	.102	.030	.337	3.387	.010

a. Dependent Variable：本溪市 GDP 增长率

附表 8   沈阳经济圈模型摘要表

Model Summary

Model	R	R Square	Adjusted R Square	Std. Error of the Estimate
1	.765[a]	.585	.547	.0770306
2	.934[b]	.872	.847	.0448006
3	.955[c]	.911	.882	.0393317
4	.982[d]	.964	.945	.0267421

a. Predictors：(Constant)，沈阳市 GDP 增长率

b. Predictors：(Constant)，沈阳市 GDP 增长率，沈阳市固定资产投资增长率

c. Predictors：(Constant)，沈阳市 GDP 增长率，沈阳市固定资产投资增长率，本溪市财政支出增长率

d. Predictors：(Constant)，沈阳市 GDP 增长率，沈阳市固定资产投资增长率，本溪市财政支出增长率，本溪市固定资产投资增长率

附表 9   沈阳经济圈回归方程方差分析表

ANOVA[e]

	Model	Sum of Squares	df	Mean Square	F	Sig.
1	Regression	.092	1	.92	15.495	.002[a]
	Residual	.065	11	.006		
	Total	.157	12			
2	Regression	.137	2	.069	34.164	.000[b]
	Residual	.020	10	.002		
	Total	.157	12			
3	Regression	.143	3	.048	30.875	.000[c]
	Residual	.014	9	.002		
	Total	.157	12			
4	Regression	.151	4	.038	52.959	.000[d]
	Residual	.006	8	.001		
	Total	.157	12			

a. Predictors：(Constant)，沈阳市 GDP 增长率

b. Predictors：（Constant），沈阳市 GDP 增长率，沈阳市固定资产投资增长率

c. Predictors：（Constant），沈阳市 GDP 增长率，沈阳市固定资产投资增长率，本溪市财政支出增长率

d. Predictors：（Constant），沈阳市 GDP 增长率，沈阳市固定资产投资增长率，本溪市财政支出增长率，本溪市固定资产投资增长率

e. Dependent Variable：本溪市 GDP 增长率

课题组成员：本溪市发展和改革委员会

        尹红炜　孔　越　谢　宏　于凌涛　王　曦

东北老工业基地供暖体制改革与建立最低
供暖保障机制和应急保障政策典型调查

2005 年国务院八部委联合下发的《关于进一步推进城镇供热体制改革的意见》明确指出，城镇供热实行政府定价，要建立热价与燃料价格的联动机制。供暖体制改革的目标是由原来"单位包费、福利供热"向"用热商品化、供热社会化"转变，使已经实行了五十多年的福利供暖顺利进入市场化的轨道。这就要求北方各城市必须落实供暖改革举措。在这种强大的"改革"势力面前，即使是"供暖改革太复杂，涉及面太广"的本溪市，也不能脱离"改革"的洪流。供暖作为一项社会公共事业，维持着城市功能的正常运转，与百姓生活息息相关。供暖体制改革的目标是由原来"单位包费、福利供热"向"用热商品化、供热社会化"转变，结束五十多年的福利供暖使其顺利进入市场化的轨道，北方各城市面对"供暖改革太复杂，涉及面太广"的难题，也要冲破坚冰，必须落实供暖改革举措。

本溪是一座典型的老工业基地城市，在计划经济体制下，按照"先生产后生活"的思路发展起来的城市，历史发展原因给本溪留下了特殊性问题：多年形成的生产与生活区混杂状态，使供暖锅炉分散、规模小，导致供暖负荷分区不合理、热效率低；城市供暖管网严重老化，导致能源浪费，面临着因管网隐患随时带来的城市危机；产业转型带来的城市低收入人群和棚户区居民的冬季供暖，成为每个城市政府冬季亟待解决的大事。本溪在供暖改革中面临的各种难题，在北方地区具有明显的普遍性、代表性。以本溪典型调查为案例，在供暖体制改革中，提出建立本溪市供暖最低供暖保障机制和应急保障政策报告，开展相关政策研究试行工作，有可能为推动北方地区供暖体制改革摸索出有益的经验。

一、把建立供暖应急保障机制作为供暖体制改革突破口的必要性

东北老工业基地的供暖体制改革和供暖保障制度建设是一个集历史与体制遗留问题、区域经济发展、城市建设、社会保障制度完善、中央与地方财政职能调整、节能减排和保护环境以及协调经济与社会之间发展关系等多方面因素于一体的复杂系统工程。在本溪市典型调查过程中，我们发现，要充分、妥善地解决这个问题，绝非短期、局部政策所能奏效。

鉴于问题的复杂性和长期性，我们认为，限于时间，在现有调查基础上，优先研究和提出建立供暖应急保障机制的政策建议，可能有助于把解决现实问题与建立长效机制结合起来，在化解具体矛盾的过程中摸索和完善复合型的改造、改革路径和政策体系。

在供暖体制改革和最低供暖保障问题上，之所以优先研究建立供暖应急保障机制及其政策，主要基于三个理由。首先，东北老工业基地供暖期长，与民生问题关系极其密切。向社会主义市场经济转变过程中涉及的社会矛盾复杂多样，每年此问题已成为影响社会安定的突出因素。其次，供暖体制改革已经到了最后期限，探索保障低收入群体供暖保障的政策体系已经迫在眉睫。特别是 2007 年国务院 24 号文件提出"扩大廉租房覆盖范围、解决低收入群体住房困难"，最低供暖保障理所应当地包含在了住房保障的覆盖范围，实现"应保尽保"的要求已刻不容缓。再次，东北老工业基地的供暖应急保障实际上是和防范城市危机密切联系在一起的。管网老化、低收入群体密集、供热企业资金严重不足等原因随时可能引起城市突发事件。

二、本溪市城市供暖情况调查

(一) 城市低收入群体冬季供暖情况

1. 本溪市低收入群体供暖概况。本溪市现有人口 156.17 万人，总户数 54.96 万户，热用户 20.5 万户（含公建用户），供热总面积 1818 万平方米。为了保证特困人群的冬季采暖需要，2003～2006 年，市政府先后四次下发文件，规定并调整和完善特困居民临时供暖救助范围、标准和认定办法，主要内容：

(1) 救助范围。凡居住五个城区的锅炉供暖、余热供暖并实行一户一阀改造的城市低保户，低保边缘户，特困企业职工（包括离休和军转干部，市级以上劳动模范，抗美援朝和解放前老战士）为救助对象。

(2) 救助标准。低保户（月人均收入 172 元以下。2004 年确定的标准，2006 年 11 月提高到 195 元）救助其住房控制面积采暖费的 90%；低保边缘户（月人均收入 172 元至 190 元以下）和特困企业（停产一年以上，职工工资停发 6 个月以上）职工救助其控制面积采暖费的 45%；离休干部、军转干部、市级劳动模范、抗美援朝和解放前老战士救助标准同低保户一致。

救助对象每户按建筑面积 60m² 为补贴标准。低于 60m² 的按实际面积补贴；超过 60m² 的，超过部分不予补贴，如一居住 60m² 的低保户，一个采暖期补助金额为 24 元×60m²×90%，为 1296 元。

(3) 认定办法。低保户和低保边缘户由社区居委会、街道办事处和区、市民政局依次认定；特困企业职工由市经委认定；特困企业中的离休干部、军转干部、市级以上劳动模范、抗美援朝和解放前老战士分别由市老干部局、市军转办、市总工会和市民政局认定。

2004 年，全市共有低保户 2.1 万户，低保边缘户 15891 户，特困企业五类人员 828 户得到补贴，补贴金额 1956.3 万元，2003～2006 年全市累计支付供暖补贴金额为 17194.7 万元。在这些人群中，处于享受低保线的职工有 11.7 万人，低保边缘人群有 3.5 万人。对这些低收入人群，本溪市从 2003 年开始，在有限的财力情况下，采取对下岗职工等困难群体实行供暖补贴的政策,对低保户实行补助 90%、边缘户和特困企业职工实行 45% 的补贴政策。但本溪财力已达到难以承受的地步,在 2005 年和 2006 年分别取消了特困企业职工和低保边缘户的供暖补贴政策。

供暖补助资金使用情况表(表一)　　　　　单位:万元

年份	低保户 90%	低保边缘户 45%	特困企业职工 45%	五类人员 90%	合计	实际支付	差额
2003	2709	483.2	930.5	103	4225.7	2000	2225.75
2004	2709	673.3	1025.1	97.5	4504.9	2400	1104.91
2005	2716	861	(取消)	90.3	3677.3	2400	1277.3
2006	2967	(取消)	临时救助户 1729.5	90.3	4786.8	3170	1616.8
合计	11101	2017.5	3685.1	381.1	17194.7	9970	7224.76

注:1. 低保户户均补 1290 元;低保边缘户户均补 645 元。2.2006 年含棚户区改造新增困难户补贴。3. 四年实际支付的供暖补贴仅靠省市两级财政的专项资金,说明市级财力十分有限。

从(表一)看,供热收费补贴当政府财力承受不了时,供暖企业也在为政府承担着责任。四年供暖救助总额为 17194.76 万元,实际支付 9970 万元,相差 7224.76 万元。这部分差额资金主要由供暖企业垫付,直接影响供暖企业经营状况,加之 1999~2002 年供暖企业为贫困群体按期供暖但至今仍未到位的近 3500 万元供暖补贴资金,以及供暖企业为改善设备状况从生产流动资金中抽出的近 4 亿元,大型技改项目资金和诸多内部管理因素造成,全市主要供暖企业资不抵债,陷入难以维系的艰难境地,加大了本溪市集中供暖系统瘫痪的危险,这是一种不容忽视的城市公共危机。

从(表一)反映的另一种情况看,停产半停产企业职工不在供暖救助标准之内,大量困难企业连工资都无法按时发放,更掏不起职工的供暖补贴,而这些困难企业原来的供暖小锅炉都被拆除,职工要想冬季取暖,只能由个人支付采暖费或想其他的办法,不仅由此降低了生活水平,也很难享受到冬天的温暖;

本溪市低保标准较低，承受能力下降，与省内城市的低保人群相比更加困难。2004 年本溪市城市调查队对低保标准进行跟踪调查和测算，低保户最低生活保障标准应为人均每月 191.33 元，加上近三年和今年上半年的物价上涨指数，低保户的低保标准目前应为 208.88 元，但实际目前只确定为人均每月 195 元。差额 13.88 元，低 7%。这一低保标准在全省各市中列第七位，低于鞍山、抚顺、辽阳等周边城市；

还有收入刚刚越过享受低保最低线的家庭，因为不享受这项政策，在交纳供暖费后立即成了特困户。如一些月收入在 300 元左右的低收入人员，按照本溪收费水平（使用面积每平方米 33 元），一套建筑面积 60 平方米的住房每年承担的 1296 元取暖费。这对于月收入仅数百元的低收入家庭而言，显然也是不堪重负。

2004 年以来，本溪采煤沉陷区和棚户区实行改造后，约有 4.8 万户居民陆续搬迁上楼，这些居民在享受乔迁喜悦的同时，又要新加一笔供暖负担，反而增加了取暖供热的烦恼。预计今后仍有约 2.5 万户居民搬进新区。所以说，失业人员、下岗职工和困难企业的退休人员、享受城市最低生活保障和低收入的人员，是"苦寒户"集中的群体。

本溪市一户一阀的改造，解决了有能力交费而恶意拖欠问题，收费率提高到 90% 以上。但资料显示，低保户等困难群体欠交采暖费主要是生活窘迫所致，户阀改造并不能约束他们交费。有的困难户冬季室内生煤炉。所以，只有保证所有无力交费的困难居民得到相应的社会补贴，使困难群体成为供暖体制改革的受益者，而不是受害者，才能基本解决供暖企业欠费问题，才能使供暖体制改革顺利进行。解决困难群体采暖问题，是供暖体制改革的关键。

实行供暖的市场化改革，政府承担的责任是，政府福利的分配，不是看他就职于哪种类型的单位而定，而是考察居民的收入与生活现状，在此基础上，对那些收入太低无力取暖的人群，予以适当补贴。就是说改革既不是政府"甩包袱"，也不是简单地"暗补变明补"，而是让政府在市场之外发挥其应有的作用—以财政资金帮助那些真正需要帮助的百姓。通过这样的改革，一些现在享受供暖福利的低收入人群可能会继续享受政府的补贴，但这种补贴已经是建立在公共财政基础上，是在计划体制后，按照公平原则在市场之外采取的社会政策。不仅处于低保线的百姓需要政府救助，还有相当一部分低收入的百姓应该纳入政府救助的范畴。解决好这部分人的供暖问题，才能实现我们供暖体制改革的目标。

2. 测算范围与依据。保障困难群体的生活是我国法律规范涵盖的内容之一。世界上许多国家都有专门的社会救助法，我国虽然没有专门立法，但《宪法》规定，公民在年老、疾病或者丧失劳动能力的情况下，有从国家和社会获得物质帮助的权利。国务院发布的《城市居民最低生活保障条例》（国务院第 271 号令）明确指出：持有非农业户口的城市居民，凡共同生活的家庭成员人均收入低于当地城市居民最低生活保障标准的，均有从当地人民政府获得基本生活物质帮助的权利。辽宁省及本溪市也制定了相应的保障困难群体最低生活需要的法律法规，可以看出，对困难群体实施供暖救助正是法律赋予政府的职责。

有研究表明，我国城市贫困人口产生的原因主要不是自然因素和个人因素引起的，而是体制改革、社会转型和市场风险加大等社会原因造成的，个人处于完全被动、很难选择的境地。本溪既是资源型城市，又是老工业基地。20 世纪 90 年代以来，四座国有大型煤矿因资源枯竭而相继停产；钢铁、建材等较大型国有企业有的转制，有的实行主辅分离、减员增效；近千家市直、区办国有和集体企业因机制不活而在市场竞争中败下阵来，纷纷停产、半停产乃至破产。这些因素致使大批职工或失业，或下岗，或买断工龄。与此同时，由于社会保障制度不健全，许多贫困职工没有得到社会救助。如本钢大集体长期处于下岗状态职工29364 人，其中只有 4200 人被纳入低保线，15270 人符合低保条件而未获得社会救助。由此可见，本溪市经济转型等社会原因造成的城市贫困人口具有数量大，年龄段集中，技能单一的特点。50％以上困难群体除依靠社会救助而别无其他出路。从一定意义说，城市贫困人口是改革的产物，国家应该为改革支付成本。

根据 2004 年统计局《本溪市低保标准调查测算报告》，综合考虑职工住房标准、城镇供热平均价格、采暖期限、职工收入水平、地方财政承受能力和近几年物价上涨等因素，初步测算出本溪市低收入人群范围和补贴标准。由此合理确定总体的补贴水平，使他们成为建立低收入人群供暖保障机制的受益者。基于上述分析，本溪市供暖补助方法需要现在的基础上进一步细化和完善。

具体方法是对程度不同的困难户进行梯次补助。考虑已开展的供暖救助工作的连续性和基层社区工作人员少，工作量大的实际情况，补助的最低起点仍按低保户195元计算，即：人均月收入195元以下的低保户补助采暖费90％；人均月收入215元以下的补助50％；人均月收入225元以下的补助30％。

具体公式：$B=G-(Y-D)$

B：平均每人每月补助标准

G：为建筑面积60m² 采暖费缴纳金额

Y：为补助对象的月人均收入

D：为低保户最低生活标准

加上近三年和今年上半年的物价上涨指数，低保户的低保标准目前应为208.88元。在此基础上来考虑低保边缘户的水平。

按照上述标准确定的补助范围：除已列入低保对象的11.7万人外，还有低保边缘户3.3万人、棚户区和采煤沉陷区改造上楼的居民13万人、本钢大集体下岗的没有列入低保的3.4万人，以及其他社会低收入人群（去掉重复计算的国有困难企业中的困难职工、破产企业中的困难职工和临时救助人员），总数约近19万人，约6.7万户。初步计算，以此补助方法，每年需要补助资金约6000万元。

（二）城市供热管网老化与供暖企业困难问题

供暖改革的一个基本思路是提高效率，节约能源。改革除了要解决弱势群体供暖问题以外，还反映了大量的其他成本。如本溪城市基础设施严重老化，特别是供热地下管网老化不仅威胁着安全供暖，而且潜伏着严重的城市危机隐患，这是公共领域改革需要计算的成本。这笔成本主要是管道改造与供量计量改造成本。因为供暖改革最终要实现"集中供热"与"市场化"，前者需要改造城市原有供热管道，后者需要在"十一五"期间进行供热计量方式改革，最终达到"一户一表，谁家用了多少热，就交多少钱"。本溪市开始旧管网改造和实现真正的"分户计量"就需要 20 多亿元。如果说这笔全部由地方财政出,则几近不可能。

首先,改造城市供热管网需要的成本为 11.1 亿元。主要用于 36.9 万延长米超期服役、带病运转的管网进行更新改造。本溪市城市供暖管网严重老化。本溪市供暖面积 1818 万 m^2,采暖用户 20.5 万户。热源划分三部分:本钢供热余热供暖,总计供面积 470 万 m^2;热电联产供热面积 273 万 m^2;分属不同企事业单位的分散供暖,由锅炉房 85 座提供,供热面积 1075 万 m^2。主要问题:一是集中供暖率低,仅占 76.8%;二是原有管网设计缺乏统筹规划,加之热力分区比较凌乱,致使部分管网水力状况和压力状况失调严重;三是设备、管网老化严重,管网总长度为 883 公里,其中使用 15 年以上的占 42%,10-15 年占 13%。时间最长的本钢一铁网运行已经 32 年。"十五"期间平均每年发生重大事故 6 次,一般事故 165 次,漏水率为 5.9%。而多年形成的供暖锅炉分散、规模小,导致供暖负荷分区不合理、热效率低,成为每年冬季居民上访的热点问题,而且也是城市安全中的隐患。

其次,实现分户计量的改革成本。分户计量必须要把现有供暖设施的串联方式改为并联方式,做到每家有一个供暖的闸门,实现分户供暖,另外再加上一个流量计,以便向交电费水费那样按流量缴费。在分户计量设计无规范标准的情况下,初步预计,本溪城市旧住宅分户计量需要总投资约十多亿元。我们假定能改造,这又需要四项成本:一是改造居民户家中的管道,这需要一笔很大的费用,而且很难实施。新华社 2006 年 11 月 13 日报道称:"要将旧小区内的串联改造成并联式的分户供暖,需要对楼房进行大手术,重新逐层安装完整的回路。一个单元有一户不同意,改造就很难进行。改造时不仅要毁坏房屋装修,还要支付数额不小的改造费。如果财政没有补贴,供热公司也无力承担。"二是热表本身的费用。据介绍,一个国产热表费用在 700~1000 元,而进口的则需要 1000 元以上。分户计量改造时,普通家庭安装这样的热表,费用需近千元。三是老住宅改造的成本。如天津市在热计量试验当中,曾经尝试对老住宅进行建筑节能改造,不算供热系统的改造,仅仅是让墙体和门窗达到建筑节能标准,每平方米花费就高达 200 元。如果本溪市按此计算，再计算上将串联管道改为并联管网、每户的散热器上加装温控阀，本溪市 1620 万 m² 的老住宅，将需要近 60 亿元的改造费用。四是软化水处理的改造成本。本溪地区水质硬，为了延长使用寿命，在改造管道时需要考虑进行软化水处理系统，较比其他地区的改造又增加了一定的成本。

供热体制改革是一项社会各方利益关系大调整的过程，单靠政府、供热行业改革不可能获得成功，必须有相关配套政策和措施跟进。冬季供暖问题上面临着政府、供暖企业和百姓三者利益和谐统一的矛盾。

一是政府行政管理和社会职能与企业市场化运营的矛盾。供暖福利化时期，都是单位掏钱，个人享受，没有人太多在意价格高低。也不考虑收费的欠交。随着供热价格商品化的推行，一方面政府要对供热价格进行必要管制，限制供热企业垄断高价，对低收入人群实行补贴政策，以保护广大群众的利益。另一方面随着煤、电、水价的上涨，人员工资刚性和财务成本费用的增加，政府就必须兼顾供热企业成本上升的情况，面临成本上升与价格管制的两头压力。要么调高价格，要么增加财政补贴又力不从心，但又必须促使供暖企业保证生产经营以正常供暖。同时供暖企业煤热价格调节受到行政职能制约，导致供暖价格管理不能因市场变化而变化，有时则约束了供热企业的发展。

从 2006 年《关于加快我市供热体制改革做好城市供热工作的调研报告》（附后）看，本溪市供暖企业亏损累累，叫苦不迭。其经营状况存在三大困难。

（1）主要供热企业资不抵债。目前占全市供热面积 75.7% 以上的本钢热力开发公司，市供热总公司资不抵债（负债大于资产）金额 4.39 亿元，资产负债率 173.5%。其中：本钢热力开发公司 2005 年末总资产 1.77 亿元、总负债 3.1 亿元，资产负债率 175.2%。市供热总公司 2005 年末的账面总资产 6.1 亿元，承担 1995 年市政府热电建厂未决算工程欠债 1.2 亿元，公司总负债就由原来 6.06 亿元，增加到 7.26 亿元，资产负债率 172.9%。

（2）资金短缺严重。一是运营资金严重不足。四家主要供热企业的流动资金计 5.4 亿元，流动负债 10.2 亿元，流动比率 0.53，按一般要求流动率不低于 1。二是热源建设资金严重挤占流动资金。2005 年由于热源建设与改造工程投入资金 1.03 亿元，全市靠施工单位垫付资金来完成的分户改造工程中，累计形成 2.4 亿元债务，供热企业用流动资金已偿还近 1.5 亿元，尚欠近 1 亿元。三是热费历年陈欠数额巨大，大部分形成呆死账。据调查，1994～2003 年以来，全市 14 家供热企业普遍处于收支不抵的状态，全市平均年收费率仅能维持在 60％左右。2003 年本溪市开始实施分户供暖改造后，陆续收回部分陈欠资金。但由于地方企业破产、倒闭和其他各类因素形成的呆死欠账，不能收回累计达到 3.086 亿元。由于热费陈欠，供热设备大修理基金（1994 年以前按 2 元/m²，1994 年后按 2.5 元/m² 标准提取）一直未能足额提取，导致供热设施欠修严重。全市现有 202 台锅炉中，使用年限 15 年以上达到超期服役状态的有 98 台，占总量的 48.5％，其配属的管网设施及热力站全部老化陈旧。

（3）经营亏损严重。近年来，煤、水电的价格大幅上涨、地下管网老化、跑冒滴漏严重、山区地形供暖位差达百米、地质结构复杂等诸多问题的客观存在，致使本溪市供热企业的经营成本及热源建设成本高于其他城市。2005 年四家供热企业主营收入合计 3.78 亿元；主营业务成本合计 4.68 亿。收入虽然增加 0.98 亿元，但成本则激增 1.53 亿元，2005 年比 2004 年累计减少利润 4184.6 万元。全年利润总额为－1.49 亿元，同比增亏 8995.5 万元，亏损率高达 39.4％。进项税政策调整因素增加管理费用和营业外支出 2747.7 万元。由于上述原因，供热运营成本居高不下，供热收入远不能补偿成本支出，收入亏损率 39.42％，也就是说，每实现 100 元取暖收入，就要亏损 39.42 元，如此全行业达到近四成的严重亏损局面又必然造成资金短缺，形成恶性循环。

保证供暖是公共领域的政府行为，追求利润是供暖企业的市场行为，当政府受到财力约束时，这两种行为就成为相互矛盾的焦点而难以协调。

二是热力销售价格与居民到户价格的矛盾。供暖收费标准不仅涉及到千家万户的切身利益，也关系到供暖企业发展的利益，各方面利益的兼顾和协调是每年政府最为关心的大事。本溪市采取对供暖公司抽查的方法，根据供暖成本变动情况，按使用面积制定了合理的收费标准，在2006年经过审计局审计通过后得到了确认。但其实行结果与百姓的收入承受能力和心理承受能力不相适应。

实际上，供暖改革说到底是为了节约公共开支，支持供暖企业的发展，惠及普通百姓。但有时事与愿违，价格调节作用很难奏效。政府财力已经达到难以承受的地步，使部分成本转嫁给了供热企业，普通百姓没有全部享受到优惠政策。热力价格与居民承受的价格能力，每年是冬季取暖上访的重点。如由于房屋的朝向、位置、距离冷墙的距离不同，热能消耗不同。收入相对较少的人口常常住在顶楼、底楼、边户与破旧房子，这些房子散热快；而因为位置关系，住在中间层与新房子里的相对收入高的用户，耗热量比较小，但大家实际上共同一条管道，要达到同样的室内温度，最终会造成"富的人家用热相对少交的少，贫穷的人家反而用得多交的多"的不公平现象；一些低收入群体的采暖权益临时保障，部分群众为节约过冬，不得不考虑用小煤炉烧蜂窝煤自行采暖。除了煤球重新回到老百姓屋子里外，一些收入相对较好些的家庭则选择购买电暖气片或者安装冷暖两用空调。有些居民户因为温度太低干脆拧死家里供暖阀门并拒交供暖费而被告上法庭。完全可以预期，如果不是目前供暖合同因为管道相连的原因而具有强制性特点，居民户是无论如何也不愿意以不断上涨的价格接受这种市场加垄断造成的服务质量一再下降的服务的。对于部分楼群，集中供暖反而成了真正的分散供暖。

三是地方有限财力与实行分户计量的矛盾。城镇供热体制改革试点的基本原则要求国家、单位和个人合理负担费用；坚持节约能源和改善环境质量，逐步实行按用热量计量收费制度。八部委指导意见下发后，分户计量推广工作遭遇了来自政府、热企和居民家庭三方面的阻力。本溪财力有限，政府投入非常困难；热企近年来扩大供热面积，管网建设企业要想方设法解决投资，分户计量的热量损耗成为来自热企的最大阻力；居民方面，新建公共建筑和较大的居民住宅小区，使用集中供热设施，计量及温控装置费用计入房屋建造成本。而对尚未安装分户计量和温控装置的现有住宅进行改造，涉及千家万户，费用分摊也没有规范，难度阻力很大。

从本溪实施分户计量情况看,城镇供暖户数是 20.5 万户,受财力因素制约而尚未开始。从某种角度来看,分户计量将成为城市供热体制改革最大难点。供热真正成为商品走向市场,热计量改革是关键,相关配套政策措施必须协调跟进。按面积收费的城市供热大锅饭将延续一个较长时期。从调查掌握资料看,不论是集中供热还是福利供暖,约有 2/3 以上的家庭存在热能浪费,这显然不利于建筑节能的发展和居民节能意识的提高,造成大量能源浪费和环境污染,供热成本增多,推进供热分户计量任重而道远。

三、本溪等东北老工业基地供暖应急保障机制的特殊性

在过去几年中,一方面我国的经济发展极大地受惠于了城市化进程的加速;另一方面,因为工业事故、环境污染、气候变异、下岗失业、住房困难等原因引起的城市危机频发,也极大地妨碍了国民经济的健康发展和社会的稳定和谐。防范危机在我国的城市管理中是明显的薄弱环节。

本溪市是一个典型的老工业基地型城市。每临冬季,供暖问题已成为城市管理、城市发展中各种矛盾聚集爆发的焦点所在。调查资料显示,供暖矛盾问题被群众列为全市十大热点问题之首,社会反响强烈。建立和完善供暖应急保障体系已是防范城市危机、实现社会稳定和贯彻落实国务院 24 号文件的重要一环。

根据我们的调查,本溪市在供暖应急保障上的特殊性在于四个方面。

一是供暖救助范围面大,低收入人群供暖难。在 2006 年供暖期,全市低保户和特困企业职工有 3.5 万户纳入采暖费减免范围(减免幅度为规定住宅建筑面积 $60m^2$ 采暖费总额的 90%),年减免采暖费 4786.8 万元。按照国务院 24 号文件扩大廉租房覆盖范围的基本精神,采暖费减免的范围还要大为增加。2007 年全市累计需减免采暖费 8933.8 万元,涉及救助对象 7.3 万户。

二是棚户区改造后的"上楼户"成为了新的保障对象。到 2007 年，本溪市 5 万 m² 以上棚户改造区域已建成 159 万 m²，回迁困难居民 4.2 万户，其中应享受救助政策的低保户为 1.4 万户，年需减免采暖费 1512 万元。此外，城市 5 万 m² 以下棚户改造区域还将将建成 124 万 m²，回迁困难居民 2.1 万户，涉及低保户 0.94 万户，年需减免采暖费 1015 万元。

三是设备管网隐患较多，故障频率不断加大。截止到目前，本溪市 86 座锅炉房、202 台锅炉中，仍有 98 台正在超期（15 年）使用，占总量的 48.5%；全市总长 88.3 万延长米供热管网中，经常泄漏、亟待更新的有 37 万延长米，占总量的 42%，设备管网成新率均不足 60%，处于老化陈旧状态。本钢—铁余热管网运行达 32 年始终未能彻底改造，管网失水率平均达到 5.9%，隐患形势日益严峻。"十五"期间，平均每年发生重大事故 6 次，一般事故 165 次，多次发生区域性低温运行和临时停供事件。尤其是老楼房供热管道改造难度非常大。

四是政府保障资金严重不足，主要供热企业资不抵债。本溪市过去四年供暖救助总额为 17194.76 万元，政府实际支付 9970 万元，相差 7224.76 万元。这部分差额资金主要由供暖企业垫付，直接影响供暖企业经营状况。目前占全市供热面积 75.7% 以上的本钢热力开发公司，市供热总公司资不抵债（负债大于资产）金额 4.39 亿元，资产负债率 173.5%。

四、建立老工业基地型城市供暖应急保障机制的政策建议

公共领域就是公益事业领域，它直接或间接地为经济活动、社会活动和居民生活服务的部门、企业及其设施。主要包括自来水生产供应系统、公共交通系统、电气热供应系统、卫生保健系统、文化教育系统、邮电通讯系统、园林绿化系统等，主要由政府投资。为了公众的利益，它的实质应该说是社会财富的再次分配。供暖体制改革无疑将是一次利益调整，可以预计，这样的利益调整过程是有难度的。

正在进行中的供暖体改应该按照公平原则在市场之外采取社会政策，在公共财政基础上建立补贴机制。而在北方城市建立供暖应急保障机制是公共领域改革迫在眉睫的大事，国家政府应当重新设计供暖补贴支出的结构，出台相应的补贴措施，保障低收入家庭及时供暖，补偿企业的公益性付出及城市基础设施的历史欠账。城市供暖应急保障，顾名思义，其核心问题，一是保障，即社会人群享受供暖资源的底线；二是应急，强调对短期矛盾优先采取措施，对可能出现的突发事件做好充分预案准备。

从上述思路出发，我们认为，针对建立本溪市城市供暖应急保障机制可提出五个方面的政策建议。

一是建议建设部门在支持东北老工业基地振兴的政策措施中，把城市供暖保障作为住房保障、城市基础设施改造、改善人居环境等方面的一个重要组成部分，列入专项政策资金。按照《国务院关于促进资源型城市可持续发展的若干意见》精神，将本溪市列入资源型城市试点，首先从供暖体制改革入手。建议采取先在本溪等典型城市中试点，采取由点到面，逐步推广的办法，东北老工业基地人民群众有更多机会分享国民经济整体发展和城市化、工业化带来的好处。

二是与廉租房制度挂钩，建立最低供暖保障制度。国务院24号文件中已经把廉租房覆盖范围从低保户扩大到了低收入群体，要求县以上城市做到应保尽保。这实际上就是根据我国国情提出的最低住房保障底线。低收入群体住不起房子和取不起暖是密切联系在一起的。建议在本溪试点，建立最低供暖保障制度，把廉租房保障与最低供暖保障联系起来，一方面把廉租房覆盖范围即视为是最低供暖保障的覆盖范围，取消以往低保户、下岗户等复杂"划线"方式；另一方面允许在廉租房建设资金中列支最低供暖保障资金，同时建议在24号文件中提出的"廉租住房保障专项补助资金"中，在"保住房"的同时增加"保供暖"的部分，对东北老工业基地等供暖期长、低收入人群比重大、福利供暖改制任务重的地区给予重点补贴。

三是建议本溪市把有限保障资金等资源适度集中，建立政府统一掌控的应急保障基金，尽快排查停产半停产企业职工集中居住区、棚户区改造后的"上楼户"集中居住区、以及供暖管网中可能出现事故的隐患环节，做好应急预案，对可能出现的群体性事件、大面积停暖事件准备好应急资金和物资，本着先紧急后长期的原则，做到"哪漏堵哪"，严防死守和确保万无一失。

四是建议采取中央与地方政府双向贴息的办法化解管网应急改造和供暖保障资金严重不足的困难。将本溪市老旧管网改造规划列入国家建设部和国家发改委的总体规划之中。一方面，可由中央政府发行东北老工业基地供暖改造专项债券，本着谁受益谁负担的原则，由地方政府贴息从中央财政借入，用于城市供暖能力不足的应急改造；另一方面，允许地方政府在当地发行30~50年期的市政债，作为对东北老工业基地的体制性补偿，由中央政府贴息，用于管网建设和分户供暖改造资金。

五是建议在东北老工业基地棚户区改造资金中，中央和省拨付的部分增加供暖保障补贴部分。可采取一补五年，逐年减少的办法，把"棚户区改造"这一历史遗留问题的好事办彻底，不能留下住进新房取不起暖的政策遗憾。在棚户区改造过程中，要特别注重供暖设施的一次到位，同时尽量采取低成本、保底线的供暖方式。

课题组成员：本溪市发展和改革委员会　孔　越
　　　　　　本溪市政府办公厅　马　刚
　　　　　　本溪市发展研究中心　吴　艳　张健康
　　　　　　本溪市政府供暖办公室　刘　辉

加快丹东市现代物流业发展的研究与探讨

一、丹东市物流业发展现状

随着丹东市经济、社会事业的发展和对外开放步伐不断加快，物流业作为国民经济基础性产业也得到了较快的发展。

经济规模不断扩大，为现代物流业发展提供了坚实的物质基础。改革开放以来，丹东市始终坚持以经济建设为中心，认真贯彻科学发展观，积极应对国内外宏观环境的新变化，经济总量有了较快的增长，经济结构得到了调整和优化。2006 年全市实现国内生产总值 385.4 亿元，与 1980 年相比，增长 10 倍。经济规模的扩大，促进了物流业的发展。2006 年，全市物流业增加值达到 73.3 亿元，与 2000 年比年均增长12.6％。丹东市经济总量不断扩大，为物流业的发展提供了坚实的基础，也推动了现代物流业的快速发展。

区位优势显现和交通运输体系不断完善，为现代物流业发展提供了有力的保障。一是丹东市地处四带（我国东北东部经济带、辽东半岛经济带、辽宁中部城市群经济带和朝鲜半岛经济带）交汇处和一圈（东北亚经济圈）的中心点。随着东北东部区域经济逐步形成，朝鲜半岛形势趋向缓和，东北亚各国经济合作进一步增强，丹东市"四带一圈"的区位优势逐步显性化，有利于丹东市拓展物流业发展的腹地。二是近几年，丹东市加大了交通基础设施投资力度，交通运输体系建设取得了突破性进展，初步形成了两点（港口、口岸）、四通（东通东北东部、南通朝鲜半岛、西通大连、北通辽宁中部)、八线(丹东—平壤公路和铁路线、丹东—大连高速公路和即将建设的铁路线、丹东—沈阳高速公路和铁路线、丹东—通化即将开工的高速公路和铁路线)、五备(公路、铁路、水路、航空、管线五种运输方式齐备)的格局。"一带、四圈"的区位优势和"两点、四通、八线、五备"交通运输网络体系,为丹东市现代物流业加速发展提供了必要的基础条件。

信息化建设不断推进,为现代物流业营运提供了强大的技术支撑。近几年,丹东市在信息化建设中坚持高起点、超常规发展,并取得了长足的进步。到 2006 年末,已建成遍布全地区的通信光纤网络,互联网接入服务已覆盖全地区。全市已建成 3 套移动通信网和 867 个移动通信基站,移动通信覆盖率达 91%。比较完备的信息化基础设施,为社会经济发展提供多种信息服务,也为现代物流业发展所必需的公共信息平台建设提供了有力的技术支撑。

对外开放不断扩大,为现代物流业发展提供了可借鉴的经验。在我国物流业全面开放的大环境下,国内外先进的经营理念和管理模式得到了不断引进,为丹东市现代物流业的发展提供了可借鉴的经验。一些国外大型物流企业准备通过独资和合资合作形式在丹东市创办物流企业。一些传统的物流企业通过学习和借鉴先进的物流经营管理理念,开始向现代物流企业转型,有些物流企业已具备现代物流企业的雏形。

经济体制改革不断深化,为现代物流业发展注入了动力。通过深化流通领域改革,有些传统的经营业态被新的经营业态所取代,部分物流业务从经营主体中分离出来,一批流通企业实行了物流业务专业化运作。在工业企业改革中,破除了"大而全"、"小而全"传统经营理念,生产经营中实行了"主辅分离",将运输、仓储等物流业务对外承包,促进了第三方物流的发展。物流企业在改革中,为在激烈的市场竞争中求得生存和发展,加快了产业化、专业化、市场化改革步伐。

近几年,虽然丹东市物流业得到一定程度发展,但与加快发展现代物流业的要求相比,仍存在着较大的差距。一是物流总量偏小,受目前交通地理位置的限制,吸纳外地的物流量相对较少。二是产业集聚度不高,经济体量不够大,难以形成大进大出的物流规模。三是行业、部门、企业间缺少有效的配合协作，物流资源不能有效地整合。四是适应现代物流业发展的人才严重不足。目前既缺少高层次的现代物流研究人才，也缺少企业层面高素质的经营管理人才。

二、推进现代物流业发展的构想

总体思路。以科学发展观为统领，紧紧抓住振兴东北老工业基地、加快辽宁沿海城市对外开放和丹东市周边地域政治环境积极变化带来的机遇，以东北东部铁路和高速公路建设为契机，港口和口岸发展为依托，市场需求为导向，企业为主体，加快现代物流业重点功能区建设，建立完善的现代物流市场体系、基础设施网络体系，信息网络体系，拓展物流市场，大力培育现代物流企业，努力构筑具有国际竞争力的物流服务体系，逐步将丹东市建成东北东部区域性物流中心和东北亚物流中心的主要节点。

发展原则。统一规划与分步实施相结合；重点培育和放开搞活相结合；市域物流、区域物流、国际物流共同发展相结合；存量盘活和增量优化相结合；政府引导和市场化运作相结合。

功能定位。一是抓住东北东部铁路和高速公路即将贯通的时机，加快港口建设，疏通与东北东部城市群的物流渠道，加快开辟东北东部城市群新的出海通道，将丹东市建设成东北东部区域性物流中心。二是发挥边境口岸的优势，积极吸纳跨国物流，将丹东市建成东北亚物流中心的主要节点。三是增强与以沈阳为龙头的辽宁中部城市群的经济联系，发挥港口和口岸对内陆地区物流集散功能，形成与辽宁中部城市群物流互流中心。四是积极融入大连东北亚航运中心建设中，扬长避短，优势互补，将丹东市航运和物流中心发展成为东北亚航运和物流中心的重要组成部分。

空间布局。充分发挥"四带一圈"、"两点、四通、八线、五备"区位和交通网络体系优势，结合生产和流通对物流业发展的需求，建设物流园区（一级节点）、专业物流中心（二级节点）、物流配送站点（三级节点）相配套的物流体系。逐步实现丹东市物流资源由分散向相对集中、由城市中心向港口、口岸和城市外围调整，形成以市域物流为基础、区域物流为重点、国际物流为方向，集市域、区域、国际物流为一体的现代物流网络体系。

发展阶段。为了实现丹东市现代物流业发展的目标，在此，划分了三个发展阶段：

从现在起到 2010 年，为起步阶段。发展的重点是加快物流园区、物流基地、专业物流中心、交通和信息基础设施的规划和建设，培育现代物流企业，开辟物流渠道，为建设东北东部区域性物流中心创造良好的基础条件。

2010～2015 年，为发展阶段。发展重点是基本完成物流园区、物流基地和专业物流中心的布局和建设，完善物流配送站点建设，发展壮大一批现代物流企业，有效整合各种物流资源，不断完善现代物流服务体系，基础设施和信息网络体系，建立起东北东部区域性物流中心和东北亚物流中心主要节点的主体框架。

2015～2020 年，为完善阶段。发展重点是建立以港口、口岸为依托，以各种运输方式和信息网络为纽带，形成布局合理、技术先进、运转高效、功能完备，对内辐射东北、华北、沿海港口城市，对外辐射东北亚的区域性物流中心和东北亚物流中心主要节点。

三、未来丹东市现代物流业发展的重点

加快丹东市现代物流业的发展的进程中，重点抓好"两个园区、六大基地、十处专业中心、三条通道"的建设。

1. 两个物流园区

临港物流园区。在大东港临港区规划 72.77 公顷的面积，以木材、粮食、矿产品和煤炭、油品、集装箱、散货等物流集散基地建设为主，以公用设施和综合服务设施建设为重点，形成多功能、综合性临港物流园区。

口岸物流园区。考虑对朝口岸物流发展的需要，口岸物流园区的建设要做到远近结合，分期实施。近期：利用现有的口岸联检楼、管理综

合楼、海关监管库等设施，扩建交通物流中心，满足当前口岸物流集散的需要。远期：在临港产业园区浪头至安民段规划 55 公顷的面积，建设口岸保税和非保税物流中心，以及相配套的附属设施，为开展对朝鲜半岛物流和国际物流提供运作的平台。

2. 六大物流基地。

临港粮食物流基地。一是在临港产业园内新建 200 万吨谷物油脂加工厂，增加粮食和植物油品物流量。二是在大东港新建 3 个粮食专用泊位和 25 万吨的粮食中转库，提高港口粮食物流集散能力。三是利用丹东市粮食企业现有的 54 座粮库，100 万吨库容作为粮食物流基地的储备库。使丹东市港口粮油年物流吞吐量由目前不足 100 万吨发展到 600 万吨。

临港集装箱中转物流基地。一是将临港兴华集装箱物流有限公司现有占地面积 14 万平方米货场，扩建到 35 万平方米，配套建设监控和物流信息系统，扩大其规模，完善其服务功能。二是在港区内兴建集装箱专用泊位、港口集装箱货场和铁路集装箱货场，提高集装箱集疏运能力。

油品物流集散基地。一是异地扩建改造丹东石油化工公司炼油厂，新建 100 万吨重交沥青厂，增加原油及石油制品的物流量。二是新建成品油和液化气储存中心，扩大油气物流中转量。三是配套建设油品专用泊位、输油管线、铁路专用线等设施，为油品物流基地建设提供相匹配的基础设施。

煤炭、矿产品和散货物流基地。以电站、热电厂、焦化厂等对煤炭需求量的增加，以及未来东北东部的煤炭、矿产品和散货从丹东市港口集散为依托，在大东港相应修建煤炭、矿产品和散货码头泊位和铁路专用线，配套建设货场、仓库及服务设施，形成煤炭、矿产品和散货物流基地。

临港产业园区保税物流基地。在临港产业园区规划 2.5 平方公里用地建设出口加工区。起步期占地 0.5 平方公里，配套建设各类生产厂房、综合服务设施、信息系统。为入驻生产和流通企业的保税产品提供仓储、分装、运输、商检、报关、信息等服务。充分发挥出口加工区与口岸保税区的功能，形成保税物流基地。

临港木材物流基地。一是以俄罗斯西伯利亚和东北东部地区木材在丹东市过境和集散为依托，在大东港新建5个木材专用码头泊位，配套建设所需的服务设施，提高木材物流集疏运的能力。二是提高木材深加工能力，将木材集散优势转化为产业集群优势，增加木材制成品的物流量。三是建设木材期货交易市场，使木材储存、加工、贸易、集散为一体，形成东北地区最大的木材物流集散基地。

3. 十处专业物流中心

在四道沟建生产资料物流中心；在沙河镇建生活消费品物流中心；在东平大街建以蔬菜为主的物流中心；在四道沟建以果品为主的物流中心；在蛤蟆塘建农业生产资料物流中心；在花园街建汽车及汽车零配件物流中心；在东港市建农副产品及水产品物流中心；在东港市建肉、禽、蛋物流中心；在凤城市建钢材及农机具物流中心；在宽甸县建以石材为主的物流中心。

4. 开辟三条物流通道

开辟东北东部城市群物流通道。东北东部铁路和高速公路贯通后，及时疏通丹东市与东北东部各城市间的物流通道，发挥丹东市作为东北东部物流集散新的出海口的功能。

开辟朝鲜半岛物流通道。朝鲜与韩国铁路和公路连接后，丹东市要做好与其相对接的交通基础设施建设，增加朝鲜半岛物流在丹东市的中转量。

开辟俄罗斯远东地区物流通道。积极创造条件开辟俄罗斯远东物流通道，吸纳俄罗斯的物流通过丹东市的口岸和港口中转和出海。

为了推进现代物流业的发展，加快港口、口岸、公路、铁路、机场等交通基础设施的建设；搞好信息网络基础设施和公共信息平台的建设，积极引导物流企业开发和应用先进信息系统，提升在经营管理中的现代化水平；大力推进各类工业园区、主导产业及重点项目的建设，进一步提高农业产业化水平，促进农副产品生产基地的建设，增加工业品和农副产品物流量；贯彻扩大内需的方针，发展对外贸易，增加内外贸的物流量；加快推进传统物流企业向现代物流企业转型，引进跨国物流集团，提升丹东市物流业发展水平。

四、推进现代物流业加快发展的保障措施

1. 做好规划编制和修订工作。各级政府和有关部门要从实际出发，研究制定本地区和本部门现代物流业发展规划。城市规划、土地利用总体规划等编制和修订，要充分考虑物流园区、物流基地、专业物流中心的发展需要。对纳入全市规划的重点建设项目，在符合国家土地政策和土地利用总体规划的前提下，解决好物流项目的用地问题。

2. 深化改革，创造良好的发展环境。加快交通运输、仓储、邮政等行业和企业的改革重组，促使其向现代物流企业转型。研究解决行业和部门分割等制约现代物流业发展的体制和机制上障碍，加强各种运输方式的资源有效整合和配置，加速社会资源向优势企业集聚，培育一批跨地区、跨行业、跨部门大型现代物流企业集团，努力实现物流运作一体化和无缝化。改善通关环境，对进出口货物实施"提前报检、提前报关、货到放行"的通关新模式，建立集海关监管、商品检疫、地面服务一体化的货物进出境快速处理机制。

3. 积极提供财政和金融扶持。各级政府应根据现代物流发展需要和财力可能，建立现代物流发展引导资金，用于支持重点物流企业的发展，以及物流基础设施和信息服务系统的建设。积极运用各级财政贴息手段，引导信贷资金的流向，增加现代物流业发展投入。鼓励融资担保机构为现代物流企业提供信贷担保，支持民间资本投向现代物流业。

4. 积极培养和引进现代物流人才。采取多种形式宣传普及现代物流知识，提高全社会学习、掌握和运用现代物流知识的意识和水平。大专院校、职业专科学校要加强物流专业的基础理论和应用理论的研究，提高教学质量，积极开展在职培训和就业培训，为社会和企业培养和输送学有所长的专业人才。促进人才的合理流动，引进一批国内外优秀专业人才，提高丹东市从事物流行业人员队伍的素质和整体水平。

5. 实施生态工程，推进物流业标准化建设。物流项目布局和产业发展必须充分考虑环境的承载能力，优化交通运输方式，支持低公害、

绿色环保物流技术装备推广普及，努力降低资源消耗和污染物排放，减少噪音污染，保障运输安全。积极开展物流术语、计量、设施技术标准、数据传输标准、物流运作模式与管理标准的普及工作，推广托盘、集装箱、条形码等通用性较强的物流技术和装备的标准化。

6. 加强政府宏观调控，强化物流行业自律、市场监管和统计工作。各级政府要加强对现代物流的组织领导，有效的发挥政府在现代物流业发展中的宏观调控和指导作用。适时组建物流行业协会，政府部门要转变观念，转换职能，应有协会承担的职能要移交给协会。加大物流市场监管和执法力度，破除行业垄断和不正当竞争行为，推动物流市场公平有序竞争。建立物流业统计指标体系，为政府和上级部门指导现代物流业发展提供决策依据。

课题组成员：丹东市发展和改革委员会
　　　　　　胡昌礼　于建东　刘传刚　张作光

丹东市经济发展方式转变研究

在经济发展的动力源多元化的条件下，如何对现有的经济发展战略和经济体制进行根本性的变革，实现经济发展方式的转变，保证经济发展质量和效益最优化，是各地区、各部门普遍关注和重点研究的问题。本文以近年来我市经济发展的宏观数据为基础，以经济增长论、新古典经济增长理论和计量经济学为支撑，从需求、产业构成和要素利用效率等三个不同角度，对我市经济发展状况进行综合分析，从而探寻现阶段我市经济发展方式存在的主要问题，并有针对性地提出建议。

一、丹东经济发展状况的综合评价

2001~2006 年，丹东经济发展取得了显著成就：生产总值从 186.6 亿元增加到 385.3 亿元，年均递增 13.2%，高出全省平均增幅 1.6 个百分点；人均生产总值从 7700 元增加到 15897 元，年均递增 13.3%，高出全省平均增幅 2.1 个百分点；城镇居民人均可支配收入从 3867.3 元增加到 8392.7 元，年均递增 8.7%；农村居民人均纯收入从 2579.1 元增加到 4649.7 元，年均递增 7.2%；全市地方财政收入由 8.18 亿元提高到 22.9 亿元，年均增长 12%；产业密度每平方公里产出由 101.9 万元提高到 253.1 万元。

（一）从需求角度对丹东经济发展状况的综合评价

1. 投资与经济增长的关联度分析

（1）投资与经济增长的相关分析

　　2001～2006 年，丹东全社会固定资产投资累计完成 546.3 亿元，年均递增 20.5％。从图 1 可以看出，投资总量迅速扩张和经济总量稳步增长之间呈现出高度的一致性；从增长速度看，固定资产投资与经济总量的增幅也呈现出一致的趋势，但投资增速的波动幅度明显大于同期地区生产总值的变化。

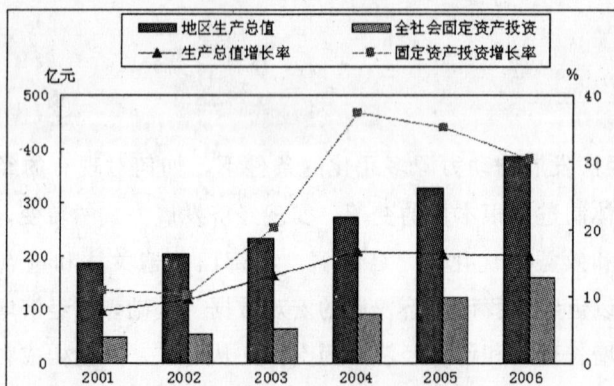

图 1　2001～2006 年地区生产总值、固定资产投资及其增长率变化趋势

　　以 1997～2006 年的相关经济数据为样本点，计算出经济总量与全社会固定资产投资之间的相关系数高达 0.99，说明丹东经济总量与固定资产投资之间呈强相关关系；分产业看，资本的投入水平与产出水平在第三产业中的相互依赖程度最大，扩大第三产业投资对拉动全市经济总量增长的效果也最好；从投资类型看，房地产开发投资与经济总量的相关系数为 0.977，建设项目投资与经济总量的相关系数为 0.956，说明房地产开发投资对全市经济总量增加的效果要优于建设项目投资。

表 1　　　　　　　　　　固定资产投资与经济总量的相关系数

	固定资产投资	第一产业固定资产投资	第二产业固定资产投资	第三产业固定资产投资
地区生产总值	0.99	0.795	0.871	0.956
第一产业增加值	—	0.756		
第二产业增加值	—		0.921	
第三产业增加值	—			0.945

（2）投资的需求效应与供给效应分析

固定资产投资对经济增长具有需求和供给双重效应。

①投资对经济增长的贡献率分析

2001～2006 年，丹东的经济增长伴随着投资率的不断攀升。投资率从 30.6% 上升到 45.5%，平均每年提高 2.48 个百分点。同时，投资贡献率也呈上升态势。投资对当期经济增长的贡献率由 39.4% 提高到 63.7%，拉动经济增长由 3.12 个百分点增加到 10.3 个百分点。

②投资的需求效应分析

考虑到投资对经济政策和经济环境敏感性较强，波动幅度较大，为了准确反映投资对丹东经济的影响，在对投资效应进行分析时，引入了虚拟变量（D）。

以当期丹东实际生产总值（GDP）为被解释变量，以当期固定资产投资（X）为解释变量，建立了如下回归模型：

$$GDP = 930512.4 + 1.801 \times X + 90145.91 \times D$$

$$(13.71) \quad (22.39) \quad (1.16)$$

$$R^2 = 0.9912 \quad F = 341.25$$

从上述模型可以看出，在国家经济政策和外部环境不变的条件下，固定资产投资每增加 1 亿元，可以带动丹东地区生产总值增加 1.8 亿元。由此可见，固定资产投资对丹东地区生产总值的作用是举足轻重的。

③投资的供给效应分析

投资的供给效应具有滞后性，即投资形成的生产能力需经过一段时间才能反映出来。

以当期丹东实际生产总值（GDP）为被解释变量，以滞后 1～4 年固定资产投资 [X（−n）] 为解释变量，分别建立了回归模型。通过对模型的比较分析，选择如下模型来反映丹东固定资产投资的供给效应比较适宜。

$$GDP = 963503.5 + 2.7246 \times X(-4) + 955383.1 \times D$$

$$(3.34) \quad (2.95) \quad (3.58)$$

$$R^2 = 0.9036 \quad F = 237.49$$

此模型大致反映出这样一种情况，即丹东固定资产投资在投入大约4年后对经济的拉动作用最强，当年投入每增加1亿元，4年后将使生产总值增加2.7亿元。

2. 消费需求对经济增长的作用分析

2001～2006年，丹东社会消费品零售总额由77亿元增加到138.2亿元，年均递增12%。从6年来全市社会消费品零售总额的运行轨迹看，均呈两位数增长，显示出丹东消费品市场强劲的需求成长潜力和实际增长能力。

(1) 消费需求对经济增长贡献分析

从消费率看，呈下降趋势。2001年全市最终消费率为49.4%，2006年则降为46.7%。其中，居民消费率下降幅度较大，由2001年的39.9%下降为2006年的34.2%，表明丹东消费需求对经济增长的影响力逐渐减弱；从消费需求弹性系数看，2001～2006年，消费需求平均弹性系数为0.65，说明消费需求每增加1个百分点，能带动经济增长0.65个百分点。其中，居民消费需求平均弹性系数为0.73，反映出居民消费对经济增长的影响要大于消费需求的总体水平。

2001～2006年，最终消费对经济增长的贡献率呈现震荡下降的趋势，由79.8%下降到42.2%，平均贡献率为48.2%，拉动经济增长6.36个百分点。

(2) 消费支出结构分析

从最终消费构成看，2001～2006年，居民消费与政府消费平均比例为3∶1，居民消费占有较大体量。从变化趋势看，居民消费占最终消费比重由2001年的80.9%下降到2006年的73.2%，政府消费由2001年的19.1%上升到2006年的26.8%；从消费主体看，城镇居民消费与农村居民消费均呈逐年上升趋势。

①城镇居民消费支出结构分析

随着丹东城市经济水平的进一步提高，城镇居民消费支出结构变化明显，服务性消费需求趋旺。2001～2006年，丹东城镇居民家庭恩格尔系数由2001年40%上升到2006年43.3%，若扣除物价因素，则下降了2.3个百分点。从居民服务性消费比重看，呈逐年上升态势。其中，交通通信和医疗保健消费支出占消费性支出的比重分别从5.6％和8.2％上升到43.3％和9.8％。从增速看，食品、娱乐文教服务、杂项商品和服务的消费支出年均增速均低于人均消费支出9.4％的年均增速，而家庭设备用品及服务、交通通信和居住类等服务性消费支出的年均增速则大大超过消费支出的年均增速，分别为10.5％、18.7％和12.5％，反映出丹东城市居民已经逐步由温饱型生活向追求健康、享受型转变。

②农村居民消费结构分析

2001～2006年，丹东农民收入保持较快增长，有效需求持续扩大，农村市场实现消费品零售额年均增长11.1％。农村居民家庭恩格尔系数由2001年的53.2％下降到2006年的42.1％。在农村居民家庭的生活消费支出中，衣着类、医疗保健、居住类、交通通信消费支出比重分别由6.6％、6.4％、13.2％、6.7％上升到7.9％、8.2％、17.9％、10.4％。从增速看，食品、杂项商品和服务、家庭设备用品及服务、娱乐文教服务消费支出年均增速均低于人均消费总支出年均6.2％增长水平；医疗保健、衣着、居住、交通通信等服务性消费支出的年均增速则超过消费总支出的年均增速，分别为11.9％、7.8％、7.7％和21.2％。反映出丹东农村居民生活消费支出的重点已从温饱开始向健康、居住、现代化通信等方面发展。

3. 外贸与经济增长关系分析

2001～2006年，丹东外贸进出口总额累计完成99.9亿美元，年均增长15.8％。累计实现贸易顺差39.3亿美元。外贸依存度由2001年的53.7％下降到2006年的33.4％。

（1）进出口与经济增长的相关性分析

以1997～2006年丹东地区生产总值和进出口额作为样本数据，讨论二者之间的相关性。假设Y代表地区生产总值作为被解释变量，X代表进出口额作为解释变量，根据样本的变化趋势，可以确立如下回归方程：

$$Y = 622342.8 + 1.694 \times X$$

$$(1.25) \qquad (3.66)$$

$R^2=0.83$ F＝113.39

从上述模型可以看出，丹东外贸的快速发展与地区生产总值之间存在着明显的正相关性。丹东的外贸进出口总额每增加 1 亿元，可带动地区经济总量增加 1.69 亿元。

（2）净出口对经济增长拉动作用分析

从表 2 可以看出，净出口对地区生产总值增长的贡献并非强度相关（相关系数仅为 0.17），即当净出口对经济增长的贡献率或拉动度增大时，地区生产总值的增长率并不一定保持在相同的水平上，这是因为经济增长的主要拉动作用来自投资和国内消费需求。

表 2　2001～2006 年净出口对经济增长贡献率与拉动度变动情况

年份	经济增长率（%）	净出口（亿元）	净出口贡献率（%）	净出口拉动度
2001	7.92	41.11	−19.2	−1.52
2002	9.5	40.46	−4.1	−0.39
2003	13.1	40.63	3.7	0.48
2004	16.8	57.08	5.8	0.97
2005	16.4	36.61	9.6	1.58
2006	16.1	29.23	−5.9	−0.96

数据来源：2001～2006 年丹东市统计年鉴

（3）出口贸易对丹东经济增长的产出效应分析

为了准确反映丹东出口贸易对经济增长的产出效应，以巴拉萨公式为模型，以最小二乘法对丹东 1997～2006 年数据进行回归分析。

以 GY、I/Y、GL 和 GX 分别表示名义 GDP 的年增长率、投入产出比例、年末从业人员平均增长率和名义出口额平均增长率。

$GY=-13.522-0.0082×GL-0.0058×GX+0.7615×(I/Y)$
（−1.73）（−0.05）（−0.067）（3.67）

$R^2=0.836$ F＝106.816

通过上述模型不难发现，资本投入对经济增长的作用是显著的，而劳动投入和出口对经济增长的作用无明显相关性。这说明两个问题：一是丹东存在大量闲置劳动力，出口的扩大仍然停留在充分利用闲置资源上；二是出口部门技术进步缓慢以及外部规模经济效应较弱。

（二）从产业构成角度对丹东经济发展状况的综合评价

2001～2006年，丹东三次产业得到了不同程度的发展，一、二、三产业增加值分别由2001年的35.5亿元、67.2亿元、83.9亿元增加到2006年的58.2亿元、169.1亿元、158.1亿元，年均分别递增7.4%、16.9%、12.4%。三次产业结构由2001年的18.8：36.2：45调整为2006年的15：44.1：40.9。

1. 产业结构与经济增长的关系分析

（1）产业结构对经济增长的贡献分析

地区生产总值与第一、二、三产业的相关系数分别为0.9926、0.9925、0.9869，呈现出强相关关系。从表3可以看出，第一、三产业对经济增长的贡献呈逐步弱化趋势，而第二产业尤其是工业对经济增长的支撑作用越来越明显。

表3　2001～2006年三次产业对经济增长贡献率与拉动度变动情况

年份	第一产业		第二产业		工业		第三产业	
	贡献率	拉动度	贡献率	拉动度	贡献率	拉动度	贡献率	拉动度
2001	18.1	1.44	32.8	2.60	24.9	1.97	49.1	3.88
2002	12.6	1.20	41.3	3.92	36.8	3.49	46.1	4.38
2003	10.5	1.37	44.4	5.82	39.3	5.15	45.1	5.91
2004	9.4	1.57	47.8	8.03	34.2	5.75	42.8	7.20
2005	8.0	1.32	55.4	9.08	46.7	7.66	36.6	6.0
2006	12.1	1.94	52.9	8.52	45.8	7.38	35.0	5.63

为了更加具体的分析产业结构包括产业内部结构调整对经济增长的影响，把占据二、三产业较大份额的工业、建筑业和批发零售贸易餐饮业加上农业与总产出进行回归分析，可以看出：工业对总产出的产出弹性最大，产出量增长1%，可导致地区生产总值增加0.55%。但由于工业比重较大，单位产出对经济总量的拉动并不很高；其次是商贸餐饮业，产出量增长1%，可导致地区生产总值增加0.054%，这可能是由于丹东正处于向低水平小康过渡阶段的消费结构所决定的。

（2）产业结构与要素投入结构关系分析

通过分析各产业劳动和资金的相对要素生产率，从投入一产出角度来衡量要素投入结构的变动对经济增长的影响，进而反映出产业结构与要素投入结构的相对变动关系。

表4　　　　　　2001～2006 年各产业相对要素生产率变动情况

年份	相对劳动生产率			相对资金生产率		
	第一产业	第二产业	第三产业	第一产业	第二产业	第三产业
2001	0.48	1.43	1.24	3.0	1.12	0.61
2002	0.49	1.64	1.17	7.8	1.25	0.71
2003	0.46	1.57	1.19	3.7	1.31	0.69
2004	0.59	1.11	1.44	4.6	1.45	0.80
2005	0.46	1.25	1.34	1.1	1.87	0.83
2006	0.43	1.36	1.25	1.8	1.96	0.77

从相对劳动生产率看，第一产业的相对要素劳动生产率小于1，表明第一产业中聚集着大量的剩余劳动力；第二产业的相对劳动生产率最高，表明其劳动最具有效率；第三产业的相对劳动生产率大于1，表明其具有吸纳大量劳动力的能力。从相对资金生产率看，该数据是由固定资产投资额经修正得来的，第一产业由于土地投入无法衡量而忽略一些实际占用的资金，所以导致资金要素生产率偏高；第二产业相对资金生产率逐步上升，说明其资金要素使用效率在不断提高；第三产业则较为稳定。

（三）从要素利用效率角度对丹东经济发展的综合评价

1. 劳动、资本和全要素生产率对经济增长的贡献比较

2001～2006 年，丹东劳动、资本两大生产要素投入和全要素生产率年均分别增长 0.76%、29.3% 和 4.45%。

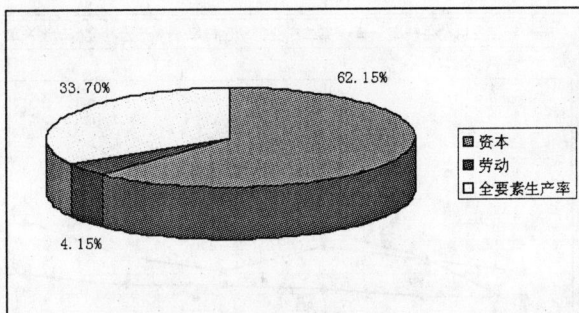

图 2 2001～2006 年劳动、资本和全要素生产率对经济增长贡献比较

从要素投入对经济增长的作用结果看，2001～2006 年，在要素投入过程中增长最快的是资本，对经济增长贡献最大也是资本，说明丹东的经济增长对资本的依赖程度最高，资本成为拉动经济增长的主导因素，而科技进步、管理创新等在经济增长中尚未处于主导地位。

造成丹东经济增长对投资依赖程度较高的主要原因：一是从需求结构上看，丹东是老工业城市，由于重化工业发展阶段特点以及城市建设快速发展的需要，使得投资在总需求中占有较大比重。二是从产业结构上看，一方面，丹东正处在工业化社会发展阶段，工业投资成为拉动工业经济增长的主要动力。2001～2006 年，丹东累计工业投资占城镇固定资产投资比重为 38.6％，对工业经济的贡献率为 55.6％；另一方面，丹东第三产业的发展也需要投资的驱动。2001～2006 年，丹东累计第三产业投资占城镇固定资产投资的比重达 55.5％。三是从企业结构上看，资本密集型大中企业在丹东经济发展中占据重要地位。2006 年，在丹东规模以上工业增加值构成中，大中型企业占 36.6％，平均每户实收资本达 1.14 亿元。

2. 对丹东经济增长方式评价

从全员劳动生产率变动趋势看，丹东全社会劳动生产率不断提高，由 2001 年的 14221 元/人增加到 2006 年的 22713 元/人；第二产业劳动生产率由 2001 年的 21875 元/人增加到 2006 年的 30539 元/人，其中工业劳动生产率由 2001 年的 10841 元/人增加到 2006 年的 70590 元/人。

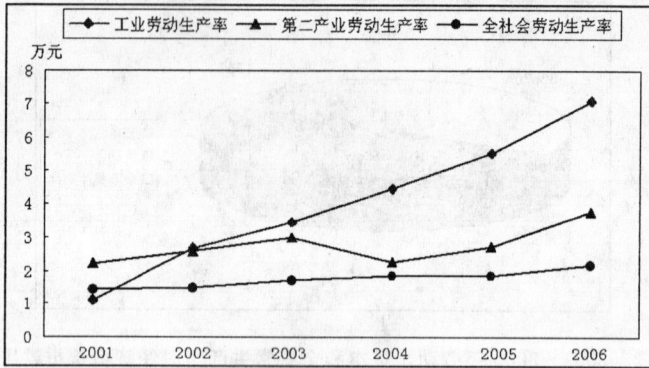

图3　2001～2006年工业、第二产业和全社会劳动生产率变动情况

从图3可以看出，工业、第二产业和全社会劳动生产率的增长幅度呈现依次递减态势，主要有两方面原因：一是工业内部结构不断优化。一方面，重工业化程度有所提高，重工业比重从2001年的60.8％提高到2006年的69.1％；另一方面，装备制造业快速发展。2006年装备制造业共实现利润5.68亿元，比2001年增长了3.4倍，年均递增34.7％。二是高技术产业比重不断上升。2006年，在规模以上工业中，全市高新技术产值79.04亿元，比上年增长43.37％，占工业总产值的比重达25.3％。

从边际投资生产率看，资金的利用效率逐年下降；从单位生产总值能源消耗情况看，能耗水平仍处高位。2006年丹东每万元生产总值综合能耗为2.07吨标准煤，比2005年下降了2.36％，能耗水平仍分别高出全国和全省0.86吨和0.31吨标准煤。

由此可见，丹东经济发展主要是依靠大量的资本投入，通过消耗大量的能源来推动的，全要素劳动生产率对经济增长的贡献率平均只有37％左右，远未达到集约型经济增长方式所必需的50％的水平。从总体上看，丹东经济仍以粗放型增长方式为主。

（四）丹东经济发展所处阶段的初步判断

1. 从人均生产总值看，2006年丹东人均生产总值约合2036美元。根据H·钱纳里等人的理论和标准模式判断，丹东经济发展处于工业化初级阶段后期。

2. 从产业结构看，在工业化初期，产业结构变化的核心是农业和工业之间"二元结构"的转化，当第一产业比重降低到 20％ 以下时，第二产业比重上升到高于第三产业，这时工业化进入中期阶段。2006年，丹东三次产业结构为 15∶44.1∶40.9，工业所占比重为 37.4％。由此判断，丹东经济发展开始步入工业化中期阶段。

3. 从就业结构看，丹东三次产业就业结构由 2001 年的 39.8∶25.2∶35 转变为 2006 年的 34.9∶32.3∶32.8。6 年间，一、三产业从业人员比重分别下降了 4.9 个和 2.2 个百分点，第二产业从业人员比重上升了 7.1 个百分点。丹东劳动力就业结构大致相当于 20 世纪 80 年代初期中等收入国家水平。

4. 从工业内部结构看，随着丹东工业投资结构重化工倾向的进一步强化，丹东工业的霍夫曼系数明显下降，已由 2001 年的 0.64 降到 2006 年的 0.45，工业化水平已经处于霍夫曼工业阶段的第四阶段。

5. 从城乡结构看，在工业化的实现和经济增长期，城市化率一般在 30％～60％ 之间。2006 年丹东的城市化率为 41.7％，低于中低收入国家平均水平 11.3 个百分点，丹东的人口聚集程度呈现出工业化早期特征。

依据上述理论与经验进行综合判断，目前丹东经济发展总体上处于由工业化初期向工业化中期迈进的加速期。

二、现阶段丹东经济发展方式存在的主要问题

1. 产业结构不尽合理。2006 年丹东出现了"二三一"产业格局，虽然产业结构有所优化，但二元经济结构特征较为明显。一是从就业结构看，一产劳动力向二、三产业转移的速度较慢，占全社会从业人员比重 6 年间年均仅下降 0.8 个百分点。二是从相对要素生产率看，人均生产总值水平越高，第一产业与第二、三产业间的相对劳动生产率差距越小，而丹东的产业结构调整未能出现这一理想的预期结果，主要是由于工业基础相对薄弱，经济总量过小，制约了第三产业进一步发展的空间，农村剩余劳动力无法有效地转移出去。三是从贡献率看，丹东的经

济增长主要还是依靠第二产业尤其是工业的拉动。6 年来，第二产业对经济增长的贡献平均达 49.4％，高于第三产业 9.9 个百分点。四是从工业内部看，对工业总量增长贡献较大仍是汽车、电力、农副产品加工、有色金属采选和通用设备制造业等传统产业，产值年均分别递增 21.4％、12.6％、27.9％、49.1％和 44.6％，而高新技术产业所占份额偏小，其产值仅占制造业产值的 30％左右。五是从第三产业内部构成看，服务业发展水平明显滞后。2006 年，服务业增加值仅占生产总值的 15.3％，远低于世界 64％的平均水平。金融、保险、咨询、技术服务等生产型服务业仅占服务业增加值的 47.6％，主要还是以生活型服务业为主。

2. 消费结构有待升级。一是城乡居民消费倾向偏弱，消费需求对经济发展的促进作用有待激发。2001～2006 年，消费对经济增长的贡献呈逐年下降的趋势，年均下降 6.2 个百分点。二是分配结构不尽合理。在整个社会分配中，劳动者报酬占地区生产总值的比重逐年缩小，由 2001 年的 52.4％下降到 2006 年的 49.9 ％；城镇人均可支配收入年均增速比农民人均纯收入高出 2.1 个百分点。三是城乡消费差距不断扩大。城乡居民消费比例由 2001 年的 1.2：1 扩大到 2006 年的 1.5：1。尽管恩格尔系数不断降低，但服务性消费依然不足，消费热点尚未形成持续型、波浪型。

3. 经济增长主要依靠高投入的支撑，投资驱动型的经济发展特征非常明显。2001～2006 年，投资的年均增速比社会消费的年均增速高出 41.5 个百分点，投资和消费不协调。2006 年丹东的投资率远高于 25％左右的世界平均投资率水平，而最终消费率只有 46.7％，远低于世界 80％左右的平均水平。投资率偏高和消费率偏低将给经济的可持续发展带来诸多困难。

4. 资源环境趋紧，能源消耗较高。从总体上看，丹东属资源比较匮乏的地区。按户籍人口计算，2006 年人口密度为 158 人/平方公里，是世界平均人口密度的 3.4 倍。人均耕地面积 1.28 亩，分别少于全国和全省人均耕地面积 0.11 亩和 0.16 亩。2006 年，丹东万元生产总值用水量 265.4 立方米，万元工业增加值用水量 103.4 立方米，远高于发达国家平均水平。目前全市可利用水量 44.47 亿立方米，若经济总量按 16% 增速计算，按现行用水方式，预计到 2016 年将超出全市可利用水总量。2006 年，全市能源消费总量为 799 万吨标准煤，比上年增长 15.5%；电力消费总量为 400124 万千瓦时，比上年增长 12.5%。万元生产总值电耗达 1038.4 千瓦时，比世界平均水平高 2 倍左右。随着经济社会快速发展，城镇化、工业化进程加快，人民生活用能消费水平提高等诸多因素影响，全市能源消费将呈较快刚性增长，再加上一次能源资源自给率不断下降，以燃煤火电为主的能源生产与能源消费等结构性矛盾会进一步加剧。

5. 自主创新能力偏弱。一是科技进步对经济增长的贡献率较低，低于资本平均贡献率 28.45 个百分点。二是 R&D 经费支出占地区生产总值的比重较小。2006 年，丹东 R&D 经费投入 5.23 亿元，占 GDP 的比重为 1.36%，低于全省 1.62% 的平均水平。三是企业自主研发能力尚待提高。大多数企业仅满足于通过购买技术、新设备来获得较低附加值的短期效益。2006 年，丹东高新技术企业实现增加值 18.42 亿元，仅占地区生产总值的 4.8%；授权发明专利 21 项，比上年增长 10.5%，仅占全省份额的 0.28%；已认定高新技术企业 104 家，仅占工业企业的 2.3%。

6. 出口结构亟待调整。一是出口增长方式粗放。从出口产品结构看，2006 年丹东工业制成品出口占整个货物出口的 53.3%，农产品出口占 20.3%。在出口的工业品中，大多数产品仍然集中在劳动密集型产品和制造环节上，即使是机电产品（占 19.5%）和高新技术产品（占 7.1%），也主要处于中低端的加工装配环节，增值率不高；在出口的农产品中，初级原始产品占到五成以上。二是出口对加工贸易有一定的依赖性。2006 年，丹东近 20% 货物出口属加工贸易，但由于加工贸易国内采购率低、加工链条短，往往只承担产品增值链条中附加值较低的加工环节。由于自己不掌握核心技术和营销渠道，缺乏自有品牌，处于国际分工链条的底端，在一定程度上制约了丹东外贸发展的可持续性。

三、促进丹东经济发展方式转变的对策建议

（一）调整投资结构，为经济的可持续发展夯实基础

1. 加大基础设施建设投资，从根本上解除基础设施"瓶颈"。一是狠抓以交通、电力、通讯等为重点的基础设施投资，尤其是加快推进港口扩建、机场扩容基础设施建设，增强城市集散辐射能力。二是加强对朝口岸建设，提高通关效率。三是盘活基础设施存量资产，充分发挥政府投资导向作用和资本市场的杠杆作用，尽快建立健全能借能还、良性循环的基础设施建设资金运作机制。

2. 引导产业优化升级，促进三次产业协调发展。一是有效增加第三产业尤其是现代物流产业、现代商业、房地产业、科教文化服务业和旅游业的投资。二是加大以工业制造业为重点的基础产业投资，注重汽车及零部件、电子信息、制药、食品加工和电力等优势行业的技术改造。增加对研究创新的投入，提高原始创新能力、集成创新能力和引进消化吸收再创新能力，努力在软件、数字音视频、光电显示和生物制药等领域掌握核心技术。政府可通过增加资金扶植引导企业加强技术开发投入，逐步实现高新技术企业的技术研发投入占到其销售收入的 4% 以上。三是把解决"三农"问题体现到投资项目规划中。一方面增加建立农产品信息服务体系等一般服务性支出和公共服务性支出，提高农民调整结构、保护生态环境的直接补贴支出；另一方面积极争取中央、省财政资金对农村基础设施建设的支持，采取多种方式引导私人资本和国外资本进入丹东农村基础设施建设。通过提供特许经营、市场保障等优惠条件，来降低项目投资风险。

3. 着力引进和建成一批重大项目，形成丹东经济发展的新支撑。一是围绕丹东优势产业，精心策划、系统包装、储备一批重大项目，充分利用各种经贸活动平台，加大项目推介和发布力度，主动加强对接，力争项目落到实处。二是利用国家、省相关政策在丹东的有利条件，积极争取国家一批重大优质项目落户丹东，并围绕这些重大项目，建设一批相应的配套项目。三是依托世界级跨国公司和国内知名企业、中央企

业，通过引进战略投资者，建成一批重大工程项目。

（二）有效发挥市场机制作用，促进产业结构转换，提高产业竞争力

1. 改造发展第一产业，实现传统农业向现代化农业转变，逐步消除二元经济结构特征。一是调整优化农业结构，提高农业市场竞争力。在稳定提高粮棉油等农作物产量的基础上，逐步实现粮经饲三元结构。实施良种工程，调整海洋渔业内部结构，培植和壮大龙头企业，形成一批农副产品加工企业群体。二是实施科教兴农战略，在农村推广应用生物技术、信息技术，全面开展农业品种、技术、知识更新工程，重点引进选育优、特、高新品种和转基因抗性品种，培育农副产品深加工、特种菌类深加工等新型支柱产业，加快资源优势向产业优势转换。

2. 调整优化生产力布局，走产业集群的新型工业化道路。一是以临港产业园区大开发为重点，形成沿海、沿江工业带全面开发建设局面，推进临港沿线地带企业集群和产业集聚。二是以提升产业竞争力为核心，加快科技创新步伐，缩短高新技术产业的孵化期。选择新材料、新能源、现代中药、生物医药、信息技术等领域，优先发展一批产业化前景明朗、具有市场潜力和拥有自主知识产权的高新技术产品，逐步形成以高新技术为特色、基础雄厚、技术一流、市场占有率较高的先进工业体系。三是推动传统产业尽快步入拓展期。传统产业占丹东经济总量的80%左右，是丹东经济的重要支柱。充分发挥劳动力和资源优势，改造提升劳动密集型产业，发展加工制造业；加大对传统劳动密集型产业的投入力度，提高其装备水平和技术含量，增强竞争能力；提高劳动密集型产品的加工深度，实现最终消费品和高档次消费品的生产；重点推进汽车及零部件、装备制造业、电力能源等传统支柱产业的优化升级。

3. 提高第三产业可持续发展能力。一是加大经济运行环境治理力度，打击非法经营和商业欺诈行为，保护消费者合法权益，改善市场的运行环境，提高人们的心理预期。二是随着人们的消费观念发生改变，科学消费、绿色消费、休闲消费、健康消费已成主流，要有效引导人们更加注重提高生活品质，提升消费档次。三是不断深化流通企业的改革，发展连锁经营、物流配送、电子商务等新型流通方式，使流通行业在促进消费、引导生产方面的作用不断增强。在外向度较高的一些服务业，创造条件完善服务体系先行发展。四是壮大文化旅游产业。立足区域内的山、水生态自然景观，挖掘浓厚的满族文化底蕴，构造独特的人文景观，致力于打造以风景名胜、历史遗存、都市休闲、异国观光为主体的多元化旅游休闲产业。同时，对景区实行一体规划，综合开发，形成连点连线、连线成网的大旅游框架。五是发展现代物流业。以港口为依托，以物流园区为龙头，以大规模商品集散和综合性物流服务为主导，以加工仓储为配套，建立面向国内外市场、辐射力较强的现代大物流体系，构建"大港口、大物流、大发展"的格局。六是发展会展经济。一方面在"鸭绿江国际旅游节"的基础上，按照"依托产业、服务产业、提升产业"的办展方针，积极培育和引进具有比较优势的会展，增强对周边地区的辐射力和影响力，使之成为特色鲜明的具有较强竞争力的展会；另一方面发挥企业的市场主体作用，积极探索"政府支持、企业承办、自负盈亏、自我发展"的展会运行模式，以不断发展和繁荣丹东会展市场。

4. 大力发展循环经济，全面加强资源节约和环境保护。一是进一步加强宣传，提高全民意识，培养节约型和环境友好型新理念。二是进一步发挥政府的政策导向作用和市场的基础性调节作用。强化对土地、水资源、能源等的规划约束和管理机制，建立资源开发和生态补偿制度，进一步完善重要资源产品的价格形成机制，尽可能让价格真实反映市场供求状况、资源稀缺程度和环境损害成本。三是按照"治旧控新、建监并举"的原则，依靠技术创新和结构调整促进节能减排。四是充分运用经济手段、法治手段和必要的行政手段促进节能减排。严格责任考核和责任追究，严格执行国家控制"两高一资"行业发展的各项政策。加强节能减排统计体系建设，研究制定促进高耗能、高排放行业用能、排放的强制性标准和有关政策措施，完善废弃物综合利用等鼓励和支持政策。五是依法加大违法惩处力度，切实解决"守法成本高、违法成本低"的问题。六是加快城镇污水、垃圾处理厂及配套管网建设。

（三）优化消费结构，提高内需对经济增长的拉动力

1. 提高居民收入水平，逐步缩小城乡居民收入差距和消费差距，

这是消费需求拉动经济增长的基础。从理顺收入分配机制、调整收入分配结构入手，提高城乡居民收入水平，加快建立和形成居民收入增长的常规机制，以激活最终消费。通过加大财政转移支付比重等手段，缩小居民之间、城乡之间的收入差距。采取"多予、少取、放活"等措施，促进农民增收，保障城镇低收入者的收入，培育扩大中产阶层，形成新的消费主导群体。

2. 完善社会保障体系，这是促进消费需求增长的保障。通过财政收入再分配方式，提高对社会保障资金的支出比重。实行财政转移支付向贫困地区和低收入群体倾斜，扩大城乡居民社会保障覆盖面，提高保障水平，以增强城乡居民的消费信心，降低居民消费预期，增加即期消费。

3. 改善消费环境，这是促进消费增长的基本条件。一是加强农村商品流通体系建设，提高宏观资源配置效率，推动人才、资金、商品等要素在产业间、区域间自由流动，创造充分消费的市场环境。二是加快社会信用体系建设，建立完善企业、个人信息信用体系、信用市场监管体系和失信惩戒制度。积极发展消费信贷，发挥消费信贷对消费增长的促进作用。三是通过改革现行户籍管理制度，加快城镇化建设，使农村及时承接城市消费品的换代，促进农民生活消费商品化，从整体上促使丹东新一轮消费升级。

4. 控制物价上涨幅度，促进居民进一步扩大消费。随着收入的增加，居民在居住、医疗保健、通讯、文娱服务和衣着等方面的支出大幅增加，且平均价格弹性系数均大于1，说明价格在调节上述商品的需求结构和消费支出结构中有着明显的作用，这些商品价格的上、下会导致居民对其消费需求的很大波动。由此可见，控制物价上涨幅度，有利于居民扩大消费，提高居民消费倾向，促进消费结构升级。

（四）优化出口产品结构，促进外源型经济和内源型经济良性互动发展

1. 充分利用丹东的地缘优势，在继续保持日、韩、朝、美（2006年分别占出口份额的 14%、18%、21% 和 7.7%）等传统出口市场份额的基础上，充分利用我国与东盟、欧元区、俄罗斯合作进程加快的契机，大力拓展东南亚、欧元区、独联体等新兴市场，促进出口市场多元化，保持外贸出口的优势地位。

2. 转变外贸增长方式，改善出口效果，完善涉外经济体制。一是利用外资方面形成产业分工，以增强产业优势和集聚能力。二是加强政府引导，避免过度竞争，削弱综合优势。三是密切关注国家出口退税、新的企业所得税政策调整对丹东外贸出口和经济发展造成的不良影响，采取措施，化弊为利。四是积极鼓励和支持本地优势企业建立境外经贸合作园区，设立丹企海外发展基地。研究建立海外产业投资协调服务机构，建立企业跨国经营综合支持平台，增加外贸发展基金，为境外投资企业提供全方位服务。五是积极探索与国际跨国集团在基础设施、产业转移、科技经贸、金融旅游、教育文化、医疗卫生、资源能源和生态环境等领域的合作，完善合作日常化工作机制，加强国际合作的战略研究，切实提高国际合作的成效。

3. 积极发展民营外贸企业，营造丹东外贸的新优势。2006 年，在丹东出口额位列前十位的企业中，民营企业 4 家，占出口份额的 52.3%。发展民营外经贸企业，对改善外经贸企业结构，提高外经贸企业的整体素质具有重要意义。一是降低审批门槛。二是在土地、融资、政府服务等方面提供优惠政策。三是创办民营外贸企业创业园，使民营企业在推动经济增长、出口贸易增长和对外投资增长等方面发挥更大的作用。

4. 加快出口商品结构调整。一是支持企业尽快实现产品的高新化、品牌化，提高出口产品的核心竞争力。二是引导企业加强内部管理，提高自主研发能力，降低生产成本。三是坚持以优势产业为依托，以市场为导向，扩大汽车及零部件、农副产品深加工等出口规模，形成一批出口优势产业群。

总之，转变经济发展方式，实现"三个转变"，既是促进丹东经济又好又快发展的必由之路，也是丹东深入推进工业化、信息化、城市化、市场化、国际化关键时期的战略选择，任重道远。只要我们坚持以人为本、科学发展的理念，认真贯彻市委提出的"坚持大开放，狠抓大项目，构建大旅游，营造大环境"的发展战略，紧紧抓住和用好重要战略机遇期，就一定能在转变经济发展方式上实现根本性突破。

课题组成员：丹东市发展和改革委员会　胡昌礼　姜振军

整体开发锦州湾建设滨海新锦州研究

辽宁省委、省政府紧紧围绕中央经济工作的方针政策，适时提出了"五点一线"发展战略。整体开发锦州湾，建设滨海新锦州是市委、市政府落实"五点一线"战略，加快锦州湾地区经济和社会协调发展，进一步加快辽西沿海经济区中心城市建设步伐的重要举措，对锦州市未来的发展具有十分重要的现实意义和深远的历史影响。

一、理论依据

一百多年的世界经济发展实践证明，沿海城市经济发展有两条规律，一条叫做沿海梯次推进，一条叫做中心城市牵动和辐射作用。

市委十届二次全会上提出：整体融入锦州湾开发就在于把握两大规律，发挥两大优势，这是全面实现锦州振兴的必然选择。就是在认真研究了沿海梯次推进和中心城市的牵动和辐射作用，这两大经济发展规律基础上提出来。凡是发达国家，凡是经济发展繁荣的地区都是沿海地区，如：日本的太平洋城市群、美国的大西洋城市群，都是依靠某个海湾而发展起来的，无一不是在沿海梯次推进规律和中心城市辐射牵动作用下发展的。

当前，经济方面的竞争不是企业和企业之间的竞争，也不是产品和产品之间的竞争，真正的竞争是城市群和城市群之间的竞争。省委、省政府明确锦州市为辽西沿海经济区中心城市，旨在为发挥它的辐射牵动作用，带动辽西沿海城市群发展。因此，市委、市政府提出整体开发锦州湾，建设滨海新锦州，这不仅符合客观实际，而且符合中心城市牵动这个经济发展规律。这个定位理顺了我市今后一个时期的发展思路，明确了前进和奋斗目标。因此，遵循两大规律，发挥两大优势是建设滨海新锦州的必然选择。

二、整体开发锦州湾，建设滨海新锦州的发展目标和职能定位

锦州主要预期发展目标和职能定位是：建设港口锦州、工业锦州、开放锦州、和谐锦州，成为"五点一线"的重要组成部分，辽西对外开放的先导区，区域合作的先行区，科学发展的示范区，在辽西沿海城市群建设中努力实现率先突破。到 2010 年，全面完成或超额完成"十一五"规划指标，基本实现老工业基地振兴，到 2012 年，建设成为地区生产总值超千亿元、城区面积超百平方公里、城市人口超百万人、拥有亿吨大港和国家级开发区、经济社会协调发展的滨海新锦州，即名副其实的辽西沿海经济区中心城市。

2010 年锦州市主要预期指标表

主要预期指标	2010 年		
	预计值	年均增长%	占全省%
地区生产总值上（亿元）	800	＞15	5.9
地方财政一般预算收入（亿元）	33.3	15	2.8
实际利用外商直接投资（亿美元）	7（累计）	20	1.8
固定资产投资额（亿元）	890（累计）	23	0.7
单位生产总值能源消耗降低（%）	20	——	——

三、锦州湾的现状分析

（一）锦州湾开发建设的基础

1. 锦州在锦州湾开发中所具备的优势

区位交通优势。锦州位于辽西沿海经济区中心位置和辽宁中部城市

群、辽东半岛城市群的结合部。是东北经济区、环渤海经济圈和京津冀经济区的交汇点,是辽宁省三大物流中心和农副产品生产基地,是连接东北和华北的交通枢纽。目前已具备以铁路为动脉、公路为骨架、海上运输、民用航空和管道相配套的五种运输方式,形成了四通八达的综合立体交通网络,同周边城市已形成"1小时交通圈"。为经济迅猛发展奠定了基础。

锦州港作为中国沿海纬度最高的深水良港和国家一级开放口岸,现拥有经营性泊位18个,已同80多个国家和地区建立了通航关系,是辽西、蒙东、东北西部以及蒙古、俄罗斯通往亚太地区最便捷的出海口。

工业基础优势。锦州是老工业基地,目前已经形成以石油化工、机械制造为主体,包括冶金、电力、煤炭、医药、建材、纺织、食品等比较完整的工业体系和"三二四"产业格局。2006年,规模以上工业总产值实现642.2亿元,比上年增长30.2%;增加值为162亿元,增长21.4%左右。

资源优势。锦州人均占有土地6.9亩,人均占有耕地2.5亩,居全省人均土地占有量首位,是国家重要商品粮、优质羊肉、禽鸡奶、油料、水果和蔬菜生产基地。土地矿产资源较为丰富,有2000多平方公里的废弃盐田、盐碱地和荒滩,可供开发利用的矿藏达34种。为临港产业发展、重大项目建设提供了新的发展空间。滩涂总面积111万亩,已开发利用的海洋生物达80多种。锦州湾所属海域石油天然气资源丰富,据初步勘探估计,石油资源储量达26亿吨,天然气储量达1000亿立方米。

旅游开发优势。锦州是全国优秀旅游城市,区域内旅游资源丰富,拥有笔架山天桥、医巫闾山、辽沈战役纪念馆等名胜古迹,自然和人文景观众多,特色旅游初步形成,并与国内多个城市建立旅游联合体,旅游业发展潜力巨大。

教育科学文化优势。锦州拥有辽宁工业大学、渤海大学、辽宁医学院等高等院校6所,中专(技校)16所,科研院所22家,科技人员15万人,教育和科研实力居辽宁省第三位。锦州具有两千多年的历史,文化积淀丰厚,拥有现代城市发展需要的深厚文化底蕴。

商贸优势。锦州已被辽宁省确定为三大区域物流中心城市之一，拥有恒大、华联、渤海三大物流园区和 18 个交易额超亿元的专业批发市场，商贸运输服务半径覆盖中国东北西部和内蒙古东部近 40 万平方公里，8000 万人口。

2. 锦州在锦州湾开发中存在的问题

中心城市首位度较低，发展优势不明显。锦州市与作为辽宁中部城市群和辽东半岛城市群中心城市的沈阳、大连的地位和作用相比有很大差距，2005 年沈阳、大连两市的地区生产总值分别为 2081、2150 亿元，分别占中部城市群的 43.1% 和辽东半岛城市群的 86.8%，而锦州市仅占辽西地区的 26.2%，低于盘锦市列第二位，经济扩张能力弱，辐射牵动作用不明显。

经济结构调整任务艰巨。结构性矛盾仍然突出，产业层次较弱，主要表现在农业不稳，工业主导地位不突出，现代服务业发展滞后。县域经济发展缓慢，城乡差距未得到根本解决。在国内外影响力大、市场占有率高的工艺企业和产品微乎其微。

生态环境脆弱，可持续发展压力较大。生态环境恶劣，山地气候干旱，水资源匮乏，植被覆盖率低，水土流失和荒漠化面积较大，近岸海域污染较重，海水倒灌严重。特别是随着乙烯、火电等一批高耗水大项目的开发建设，我市生产和生活用水问题面临巨大挑战。

缺乏大企业和战略合作伙伴相支撑。目前锦州规模以上企业超过 100 亿元产值的仅有锦州石化公司一户，世界 500 强企业与锦州合作也仅有几家，与国内实力较强的战略伙伴合作均在洽谈之中。港口经济作为港口城市经济相关性最高的行业之一，2006 年全国港口水运业与城市国民经济相关性高达 92%，而锦州港及临港经济增加值仅占全市 GDP 的 2.8%。

对外开放程度较低，投资规模较小。产业园区处在起步阶段，区域合作进展不大，一体化推进缓慢，严重制约了区域经济潜力的发挥，2006 年实际利用外资额只有 9558 万元，急需要通过机制、体制创新，提升综合实力。2006 年全市固定资产投资完成 121.7 亿元，增长 30.4%，低于全省 4.8 个百分点，投资率为 26%，低于全省 35 个百分点，低于全国 27 个百分点，发展后劲不足。

（二）发展思路

全面落实科学发展观，以建设辽西沿海经济区中心城市为目标，突出整体融入锦州湾开发这个主题，以建设锦州亿吨大港为突破口，以打造国家级石油化工加工和储备基地为切入点，以经济技术开发区、凌海工业经济带、汤河子工业区、松山新区、沟帮子开发区、七里河工业园、黑大工业园区建设为重点，按照"一港、一区、一带、一面"总体布局，整合区域资源和经济优势，大力发展临港经济和海洋经济，着力提升中心城市首位度，努力实现锦州率先突破，带动、辐射、服务辽西沿海经济区。

（三）发展战略布局

按照"一港"、"一区"、"一带"、"一面"框架展开布局，实现海洋经济与陆域经济统筹发展。构筑港城区一体互动，整体融入锦州湾开发。具体内容是：

"一港"：是指建设锦州湾区域性枢纽港，打造整体开发锦州湾的战略平台，按照建设"亿吨大港、石化先行、产业互动、港城共荣"的总体定位，做大港口规模，提升港口功能。

"一区"：是指建设国家级开发区，舞起锦州湾整体开发的"龙头"。以西海工业区发展为重点，建设国家级开发区和保税物流中心、出口加工区，实现港区联动，成为锦州湾区域经济重要增长极。

"一带"：是指加强基础设施建设，打造锦州湾沿海经济带，即重点打造凌海工业带（含娘娘宫）、汤河子工业区、松山新区、七里河工业园、黑大工业园区、沟帮子开发区，大力发展临港工业、旅游、农产品深加工及出口等产业。

"一面"：是指在建设锦州湾沿海经济带基础上，努力构筑锦州湾开发的有效载体。重点是以京沈、锦阜、锦朝高速公路和滨海公路为骨架形成"扇面"的锦州全境，促进沿海与内陆区域互动发展，努力构建我市对外开放新格局。

四、关于整体开发锦州湾

目前，开发锦州湾工作如火如荼。但是，联系锦州实际，如何整体融入锦州湾开发？一、二、三产业如何发展？如何让309万人民都滋润海风，是必须探讨的问题。市委佟书记在谈到整体开发锦州湾时指出的六个融入：即"在观念更新中融入、在扩大开放中融入、在城市改造建设中融入、在共享优势资源中融入、在区域协调发展中融入、在产业结构优化调整中融入。"是解决这个问题的关键，就是要求全市的各领域、各行业、各部门乃至每个锦州的百姓，都要将守土自安、不事远求、内敛自足型的千年农耕文明抛弃，从一个内陆的、封闭的、消极的、弱势的思维，转变为沿海的、开放的、积极的、强势的思维。要敞开胸怀，迎接海风，从海洋中获得战略资源和无形资产，自觉的整体融入锦州湾开发中来。

（一）整体开发锦州湾背景下推进我市农业发展的主要途径

锦州是一个农村人口比重较大的城市，全市309万人口中，乡村人口占65%以上。因此，动员几千年靠黑土地生活的200多万农民弟兄，自觉融入锦州湾开发的大潮中来，是摆在各级领导目前的重要课题。首先，要发展现代农业，把农村，农业，农民的利益主体与锦州湾开发联系起来。其次，制定优惠政策，鼓励农民专业组织和农业经纪人在园区建立各类股份制公司，使广大农民通过协作分工形式直接参与锦州湾开发。第三，要挖掘农村的劳动力、土地、厂房等现有资源的潜力用于锦州湾开发。第四，建设行政性、区域性的服务平台，面向锦州湾开发。

（二）整体开发锦州湾背景下工业发展选择

锦州市"十一五"纲要，规划我市的工业发展：以打造国家级石油化工加工和储备基地为切入点，建设十大新型基地，八大产业集聚区，改造提升传统产业，培育大型骨干企业，发展高新技术产业。按照"三二四"产业格局，即建设石化工业、新型材料工业、农产品加工业三个优势产业基地和汽车零部件产业、电子信息产业两个新兴产业基地，改造、提升机械装备制造、电力、医药、纺织四个传统行业的要求，我市整体开发锦州湾背景下工业的发展选择：一是转变发展思路改造传统产业，组建中小工业集群；二是建设能源转运基地和大化工基地，延长石化产业链；三是打造硅材料及太阳能电池产业基地，建设汽车零部件产业集群

（三）整体开发锦州湾第三产业发展重点

1. 建设商贸中心。第三产业的繁荣是衡量现代化大城市的重要标志，建设滨海新锦州要求必须将锦州建成现代化城市，锦州是为辽西经济、政治、文化、商贸、金融、信息等中心，是人流、物流、信息流、资金流聚集地。优越的区位和交通优势，为其建设商贸中心创造了得天独厚的条件，省委、省政府将锦州确定为全省三大物流基地之一，为我们建设商贸中心指明了方向。随着锦州—赤峰—白音华—外蒙—俄罗斯铁路的建设，加之新加坡物流园的即将入驻开发区，商贸中心建设势在必行。

2. 打造历史文化名城。锦州具有两千多年的历史，文化积淀丰厚，同时拥有现代城市发展的深厚文化底蕴。锦州是历史古城，境内医巫闾山、万佛堂石窟等文物古迹，闻名遐迩。锦州的京剧、锦州评剧、锦州皮影享誉全国。锦州是辽沈战役的主战场，继承了革命英雄主义的光辉传统，锦州是大庆式的新兴工业城市，诞生了共和国工业历史上的诸多第一。

五、整体开发锦州湾，建设滨海新锦州的重点

（一）以锦州港建设为龙头，打造锦州湾开发战略平台

锦州港是中国沿海最北部的一类开放商港，也是辽西 400 公里海岸线上唯一对外开放的国际商港，是锦州最为宝贵的基础设施和比较优势，也是锦州参与经济搏击的核心竞争力。因此，要以打造亿吨大港为目标，把锦州港建设成为区域性枢纽港，使之成为辽西沿海经济区对外开放的重要平台和东北西部、内蒙及蒙古国广大腹地地区出海口，重点完成总投资 44 亿元的主航道拓宽浚深、集装箱、煤炭泊位等工程，规划建设 20 万吨矿石泊位、化工码头及化工码头罐区等大型专业化码头

及设施。同时要全面推进西部港区开发工程、南防波堤和新规划港池的开发，做强做大港口规模和能力，提高港口竞争力。要确保到 2010 年将锦州港建成"九油、十三杂、四集"26 个生产性泊位和一个服务性码头，货物吞吐量达到 7000 万吨，集装箱 100 万标箱。争取早日实现亿吨大港目标。

（二）以西海工业区建设为切入点，大力发展临港工业

西海工业区位于经济开发区，包括 A、B 两区和配套生活区，即西海国际工业园区、白马综合工业园区和白沙湾生活配套区，总规划面积 33.76 平方公里。西海国际工业园区（A 区）毗邻锦州港。白马综合工业园区（B 区）距锦州港 5 公里，A、B 两区紧密相连，将形成互相依存的产业链条关系。白沙湾配套生活区为西海工业区的建设提供产业服务基础和休养、娱乐、生息的场所。

西海国际工业园区（A 区），重点发展石油化工、煤化工等重化工及能源等产业。重点规划建设中海油第二石化基地（1000 万吨炼厂 100 万吨乙烯一体化项目）、中电投 200 万千瓦装机规模火力电站、年产 100 万吨合成氨 160 万吨尿素的锦州北方煤化工基地项目。

白马综合工业园区（B 区），以重化工业的接续产业为主。重点发展石油储备基地、汽车零部件制造、集装箱生产、医药及新材料、玉米深加工等产业，陆续引进大批规模以上化工产业链条的接续产业落户，构筑劳动密集型临港产业集群。

白沙湾行政生活区重点发展成为集行政、商住、文教、体育、卫生等多功能于一体的海滨新城区，建设具有合理化城市功能、高水平的基础设施、高质量生活环境、高层次产业群体、高素质人才结构、高效能城市管理的现代海滨城区。

（三）以重点发展区域为载体，构筑对外开放示范区

开发区是加快经济建设和发展的重要载体，许多先进地区的经验已经证明了了这一点，如我省的营口市，它不仅可以享受到国家相应的优惠政策，而且也可以成为招商引资的金色招牌，因此，除经济开发区外，要重点构筑凌海工业带、汤河子工业区、松山新区、沟帮子经济区、七里河工业园区、黑大工业园三大对外开放示范区。

　　要将总面积约 1000 平方公里凌海工业带，建设成为锦州经济技术开发的延伸，现代化、生态型产业基地和新的经济隆起带。经过 3～5 年的努力，把凌海开发区建成"三区两园一基地"即临港物流区、滨海别墅区、海珍品养殖区和临港工业园、水产品加工园及锦州湾最大水产品批发、加工、运销集散基地。利用 3～5 年的时间，建成由凌南工业园、双羊工业园、娘娘宫工业园、建业盐化工工业园、大有海产品加工工业园、阎家农产品加工工业园以及大凌河口风力发电工业园等园区组成的临海工业带。大力实施百万亩优质海淡水养殖工程，重点构筑十大渔业板块基地、建设十大渔业园区、培育十大龙头企业。抓好旅游资源的整合，把沿海地区建成以湿地特色游、滨海风情游、人文景观游为主的滨海旅游线。

　　松山新区是锦州老城区与滨海新区的连接点，担当着锦州城市南扩的先锋。要将松山新区发展成为以新型工业、高新技术产业为主导，融合现代物流、综合商贸、高档商住、文化旅游等多功能于一体的新城市区。一要加快工业经济结构调整，造就松山新区工业新格局。重点抓好汽车零部件、新材料、生物制药、农产品深加工、电子信息等五大优势产业的新兴产业基地。二要突出特色，发挥优势，加快商贸流通业的发展。大力发展物流业、商贸业、交通运输业、加快发展新兴服务业。形成结构合理、特色突出的商业区街、覆盖全区的商品零售体系。依托虎跃快客、小小客动运输公司、久久货物公司做大做强新区的运输产业，将锦州南站、锦州家具市场、铝型材市场、建材市场，装饰材料城、光彩批发市场纳入中心流通结点，打造辽西现代商贸中心区。

　　汤河子是我市老工业区，要加快调整改造，用 5～10 年时间将汤河子工业园区发展成为产业特色鲜明、核心竞争力强、基础设施和社会功能完善，对全市经济发展牵动作用大的重要经济增长极。以冶金、装备制造、化工、纺织、轻工、建材等行业为重点，加快管理体制创新步伐。整合各种有效资源，发展装备制造业和纺织业，积极发展铁合金和钛白粉等产品，构建特种铁合金和钛白粉生产基地，使其成为我市"工业立市"的重要支撑，成为工业发达，产业特色突出的新城区。

　　沟帮子开发区是辽西东部区域性交通枢纽，锦州东部中心工业区，北镇市经济中心，区域性对外开放前沿。要重点发展农产品深加工、化工、商贸物流业。重点实施"345"工程：即到 2010 年建成三大支柱产业（以熏鸡、稻米为主的农产品加工业、石油化工业、商贸服务业）、四个工贸园区（石化冶金工业区、稻米粮油工业区、熏鸡食品工业区、商贸服务区）、五大基地（北镇市税源型企业基地、锦州东部商贸物流基地、辽西农产品加工基地、中国名牌稻米加工基地、中国名吃食品基地）。

七里河工业园区位于义县七里河镇，距锦州市区 27 公里，是临港经济发展不可或缺的加工腹地。园区交通便利，资源丰富，名胜古迹及特产颇多，是锦州北部乃至辽西地区一个具有较强辐射能力的区域性中心。目前工业经济初具规模，辽宁天合精细化工公司、锦鑫有色有限公司、九道岭煤业有限公司、天锦食品有限公司等企业发展潜力较大。

发展重点：一是实现资源有效配置，营造区域优势。要注重投资规模、注重产业特点、注重发展潜力，逐步向特色园区方向迈进。二是推动产业结构优化升级，实现产业集聚，形成产业规模优势。三是落实科学发展观，实现可接续发展。使园区向自我完善、自我发展的方向迈进。经过几年努力将七里河工业园区建设成经济繁荣、环境优美具有极大吸引力与凝聚力的园林式工业园区。

黑大工业园区位于黑大公路东侧，总占地面积为 5050 亩，园区划为 4 大板块，①轻工区，重点发展服装制造业、制鞋业、棉织业、针织品业。②农副产品加工区，重点发展粮米加工业、饲料制造业、食用植物油加工业、糕点业、白酒制造业、肉制品加工业。③国能发电区，重点发展电力生产、钾肥生产。④木制品加工区，重点发展木片加工业、刨花板加工业、人造板制造业、生产生活用木制品制造业。

黑大工业园区未来发展要重点围绕木制品加工业、农副食品加工业和轻工等产业定位，突出产业特点和优势。同时，精心编制和设计园区发展建设规划，提升园区档次，以园区为平台积极扩大招商引资，承接沿海产业转移和集群项目，使园区的经济和社会效益达到最大化，成为黑山经济发展的增长极。

（四）以基础设施建设为支撑，为锦州湾开发奠定基础

1. 加快城市南扩。继续实施城市南扩工程，加快城市南扩步伐，推动锦州湾整体开发。重点关注松山新区、开发区和港口建设的衔接，即港城互动，侧重发展南站梳枢纽功能和产业园区的整合培育。目前我市建设滨海锦州还没有一步到位的实力，要循序渐进，以老城区为依托分三步走。一是巩固凌南地区的建设成果。二是重点建设松山新区。三是规划白沙湾海滨新区。形成沿渤海大道由滨海新区和老城区相向融合、沿海和内陆互动发展的全新格局。加快城市南部基础设施建设，完善服务功能，为锦州湾开发的顺利进行提供保证，拓展城市空间。

2. 完善交通网络。加快我市滨海公路建设，连接凌海、锦州开发区，进而延伸至汤河子工业区，为打造辽西沿海经济带（区域重要的旅游观光带、资源开发带和产业集聚带）创造物质基础条件。规划启动彰武至盘锦高速公路建设，延伸锦阜、锦朝高速公路，解决黑山、北镇与沈山高速公路相通问题，提高区域整体辐射力。加快疏港铁路体系建设，开工建设高天地方铁路扩能改造工程，满足港口发展需要。抓紧建设贯穿锦州港—赤峰—大阪—白音华—外蒙—俄罗斯南北大铁路，增加锦州港辐射力和吸纳力。

3. 建设基础能源。一是利用我市现有水源。规划建设大穆配水厂扩能工程及输水管线工程，为锦州湾开发提供水源保证。二是规划建设中水利用工程。规划建设锦州污水处理厂二期工程，为锦州湾开发提供工业用水。三是加快推进"引白济锦"工程，为近期锦州湾开发提供水资源保证。四是规划建设锦凌水库工程，满足锦州湾开发长远发展需要。

支持省电力公司在锦州经济技术开发区和凌海新庄子分别建设 220 千伏，容量为 36 万千伏安变电所各一座，为锦州湾开发提供电力保障。抓紧建设装机容量 120 万千瓦，大唐国际热电厂项目；启动规划装机容量 240 万千瓦，中电投集团锦州港口电厂项目；利用国家提倡清洁能源政策，支持开发区和金厦能源公司装机容量达到 40 万千瓦的风力发电项目。

4. 规划锦州湾国际机场。与辽西各市合作，积极扩展现有机场服务功能，共同开拓市场空间，培育客源。充分利用锦州新庄子、阎家、建业等备选地址距离沈山高速公路近、净空条件好等优势，与锦州湾各市联合开展辽西锦州湾国际机场前期工作，规划建设作为沈阳桃仙机场备降机场的锦州湾国际机场。

（五）以科技、教育、文化卫生为资源整合重点，整体融入锦州湾开发

进一步整合科技资源，加快科研成果转化和合作开发，开展技术攻关、技术交流，建立完善科技创新体系。充分发挥锦州高等教育基础好的优势，努力把渤海大学、辽宁工业大学、辽宁医学院等建设成为具有专业优势的大学。加强优势学科与学科带头人的交流，建设国家级和省重点实验室，提高各高校知名度和科研水平。大力发展职业技术教育和成人教育，为锦州湾区域经济发展提供高素质人力资源。

进一步深化卫生体制改革，优化卫生资源配置。发挥锦州市在锦州湾地区医疗卫生水平相对领先的作用，建设辽西地区大病重病及疑难杂症的医疗服务和会诊中心、紧急救援中心、突发性公共卫生事件医疗救治中心。建设儿童医疗中心、妇女儿童保健中心、康复医疗中心等专业机构。建立锦州湾地区医疗卫生网络平台，开展名医网上咨询、网上会诊和网上教学。支持锦州医疗单位与锦州湾地区医疗单位开展联合、开设分院，推进其跨地区连锁经营和联合办医。大力发展社区卫生服务，基本建立和完善城市医疗服务体系。继续开展农村合作医疗，提高农村医疗卫生水平。

六、统筹规划，加强领导，为锦州湾开发保驾护航

（一）做好规划，提升竞争力

锦州湾开发是一项复杂的系统工程，做好规划至关重要。要尽快制定一个科学、合理、可行的总体开发建设规划。各重点发展区域要依据本地区规划，制定相应的专项规划。同时，要加强领导，建立精干有力的领导机构，各重点发展区域要建立完善高效、务实的"扁平型"建设管理委员会，周密安排，精心组织规划的实施。要建立健全沿海与中部城市群及辽西腹地的互动机制，加强各区域板块间和区域内的产业、基

础设施、重大项目保障条件的有效衔接和统筹协调。解决竞争多于合作的问题，形成优势互补、互为支撑、良性发展的格局，提升整体竞争能力。

各级政府、各部门要按照锦州湾规划的要求，认真研究落实工作，将规划的目标、任务与本地区、本部门实际相结合，制定本地区、本部门的工作目标；重点发展区域要将规划的内容进一步细化，并落实到相关责任部门和责任人；市政府要对锦州湾规划的工作目标进行分解，落实到各相关县（市）区、各部门，明确责任，并列入政绩考核范围，确保规划顺利实施。

（二）用好用足政策，加强软环境建设

一是用好用足政策。认真研究国办 36 号、辽政 3 号等文件精神，深入分析政策的内涵，把国家和省给予的优惠和奖励政策用足用好，把国家和省的政策支持切实落到实处，常出新点子，常想新办法，常提新问题，促进锦州湾的开发建设。制定我市"飞地"政策。参照省"飞地"优惠政策，开发区、凌海百里工业带制定相应的"飞地"政策，为黑山、北镇、义县提供"飞地"，同时研究制定相应的利益分配比例，促进沿海与腹地互动，加快整体融入锦州湾进程。在各县（市）区设立开发区分区，实现政策和品牌共享。打破行政区划观念，实现跨行政区域的资源整合与项目共建。

二是加强软环境建设。软环境建设包括文化水平、人文环境、体制机制等几方面，具有原则性，创新性，持久性特征。建议从文化力、科技创新力、管理力、开放力和城市宜居力五个方面加强我市软环境建设。认真落实我市关于各项软环境建设的意见和措施，通过开展机关作风建设年等形式，加强机关作风建设；落实公示承诺制度，要进一步规范行政审批、行政收费和行政处罚权限；建立健全责任追究制度。建设文明锦州，大力加强公民思想道德建设，深入开展社区、街道、村镇、单位的文明创建活动，大力弘扬历史文化传统，广泛宣传现代英雄主义和敢为天下先的"锦州精神"，营造开发开放、创新创业意识，培育与整体开发锦州湾相适应的思想观念和价值取向。

（三）拓宽投融资渠道，组织实施重大项目

深刻理解国家的投资政策和产业政策，建立多元化投资体系，搭建融资平台，为境外资金和域外资金流入构造融资洼地。要积极拓宽融资渠道，支持建立融资租赁机构，吸引国外金融机构在锦州湾地区设立分支机构。积极利用国家开发行软贷款，支持企业发行企业债券，吸引民间资本进入锦州湾开发，为锦州湾的开发建设提供强有力的金融支撑和资金保证。转变招商引资模式：（1）利用锦州是辽西沿海经济区中心城市的交通、文化、金融优势应实行向市场化过渡的招商引资模式；（2）利用我市中小企业发展基础好的优势提倡昆山产业集群式的招商引资模式。

（四）加快体制机制创新，增强发展活力

加快行政管理体制改革步伐，进一步转变政府职能，建设法治政府、精干政府、服务政府、高效政府，全面推进政企分开、政资分开、政事分开、政府与市场中介组织分开。全面推进依法行政、加快建立权责明确、行为规范、监督有效、保障有力的行政执法体制。建立体现科学发展观和正确政绩观要求的干部实绩考核评价制度，认真推行政务公开制度。打造"诚信锦州"，服务锦州湾整体开发。要深化国企改革，鼓励支持非公有制经济发展。大企业、大集团和中小企业，国有经济和非公有经济，以及各领域和各环节都要在体制机制上大胆创新，冲破传统的经济发展模式和政策管理体制，增强新的发展动力和活力，用新思维、新路子、新办法建设一个创新型的滨海新锦州。

课题组成员：锦州市经济研究所　闫万兴　赵　哲　宋志强
锦州市发展和改革委员会　王树来　鲍百灵

阜新市经济发展十大优势

认清优势，才能理清思路，才能事半功倍谋发展。认识和把握优势，对于一个城市的经济发展具有导向性的重大意义。从某种意义上讲，城市的经济发展过程就是不断地认识优势、发掘优势、整合优势、发挥优势的过程。同时，优势又是发展的、动态的，是可以创造的，不同时期有不同时期的优势。经过转型五年的培育和铸造，阜新不但诸多传统优势在经济发展中熠熠生辉，而且已经形成或正在孕育形成许多现实或潜在的新优势，他们已经并将继续在未来经济发展中发挥巨大的作用，成为阜新在"十一五"时期乃至今后更长远时期转型振兴的基础和条件。

一、全国第一个资源型城市经济转型试点市

阜新是全国第一个资源型城市经济转型试点市。阜新经济转型试点工作一直得到党中央、国务院及辽宁省委、省政府的亲切关怀和正确领导，得到了国家有关部委和辽宁省有关部门的积极指导和有力支持。国务院先后4次召开会议，听取和研究阜新经济转型工作。温家宝、李岚清、黄菊等党和国家领导人先后6次莅阜视察，30余次对阜新转型试点工作做出重要批示，国家各部委先后派遣300多批次，近2000人到阜新调研，指导和支持阜新经济转型工作。

几年来，党中央、国务院高度重视阜新经济转型工作，积极研究和制定支持阜新转型的优惠政策。辽宁省委、省政府把阜新经济转型列为全省"二号工程"，予以重点支持和扶持。

国家和辽宁省支持阜新经济转型相关政策文件的出台，体现了国家和辽宁省对我市经济转型的高度重视和充分肯定，标志我市的经济转型试点开始进入一个新的阶段，给阜新转型发展带来了更大的机遇。相关政策措施的逐步落实将对阜新经济转型试点，解决阜新的历史遗留问题，加强基础设施建设，改善投资环境，加快接续主导产业形成产生深远影响，对于搞好招商引资、推进项目建设起到非常重要的作用。党中央、国务院及省委省政府的亲切关怀和巨大支持，使阜新成为驰名全国、驰名世界的转型试点城市，成为一座最具潜力和希望的城市。

二、现代农业快速发展

2001 年 12 月，国务院确定阜新市为全国资源型城市经济转型试点时，就明确提出，"要充分发挥阜新地区宜农优势，以农业和服务业为重点，兼顾第二产业，大力发展非煤产业和替代产业，加快产业结构调整，促进经济复兴"。同时又指出"关键要实现农业产业化，走现代农业之路，发展特色农业，提升农产品科技含量和附加值"。按照这一精神，阜新市委、市政府在进一步深化对市情认识的基础上提出把农产品加工业作为阜新的替代产业来发展，努力培植新的支柱产业。

经济转型五年来，阜新的现代农业得到快速发展。农业综合生产能力有了提高，2005 年，全市粮食产量达到 187 万吨的历史最高水平。农业和农村基础设施有了较大的改善。"十五"期间水利投资 11.2 亿元，到 2005 年末，全市有效灌溉面积 118.2 万亩，比 2000 年增加了 32.3 万亩。投资 8.7 亿元，对农村电网进行了改造，改造后的电网完好率基本上达到了 100%。林业生产呈现快速发展局面，"十五"期间，全市共投入造林资金 8.7 亿元，完成人工造林面积 321.5 万亩。设施农业有了突破性进展。到 2006 年末，全市保护地生产面积达到 6.7 万亩，保护地蔬菜产量 32 万吨，占全市蔬菜总产量的 45.6%，创产值 4.8 亿元。

阜新市委、市政府高度重视农业产业化工作，把农业产业化配套的基地建设作为发展现代农业的重点，以生猪、奶牛、肉鸡三大基地建设为突破口，带动全市规模化种养小区的发展。五年间新发展年出栏 100

头以上的生猪饲养大户 2035 户，年出栏 200 头以上的大户 1112 户，年出栏 1000 头以上的规模化养殖场 103 个。市祖代猪场为养猪户提供优良种猪 1.5 万头，促进了生猪良种化，使全市二元母猪覆盖率达 80％以上。奶业基地建设发展较快，全市已有养殖 100 头以上奶牛的小区 41 个，全市新建挤奶站 41 个，基本做到养奶牛的农户不出村就能享受便捷的挤奶服务。到 2006 年末，全市奶牛饲养量达到 4 万头。全市羊饲养量和出栏量达到 160 万只和 80 万只。建成养鹅专业小区和专业村 31 个，建成千只以上种鹅场 9 处，机械化孵化场 15 处，全地区白鹅饲养量和出栏量达 995.2 万只和 861 万只。建成杂粮基地 60 万亩，杂粮良种繁育基地 1 万亩，推广标准化栽培技术落实有机杂粮基地 1 万亩，依托杂粮研发中心引进推广杂粮新品种 12 个，新发展南瓜生产基地 5 万亩，发展牧草基地 20 万亩。

以良好的配套基地为基础，阜新的农产品加工业迅速发展壮大，丰富的农产品资源得到有效开发利用。截止 2005 年，阜新已有规模以上农产品加工型龙头企业 50 多家，形成生猪、乳制品、肉羊、毛纺和皮革、白鹅、杂粮、南瓜、食用菌、粮油加工、林产品加工等 14 条农产品产业化链条，农产品加工业占全市工业的比重逐年上升，实现销售收入 30 亿元，利税 2.6 亿元，分别比"十五"初期增长 779％和 979％。产业生产规模加工程度和技术含量均达到了较高的水平。2005 年在全国农业产业化会议上，阜新市被评为全国农业产业化先进工作单位，是辽宁省唯一获此殊荣的城市。

依托丰富的农业和农产品资源优势，阜新市正在重点建设专用玉米、专用大豆、杂粮、油料作物、优质蔬菜和食用菌等种植业生产基地，生猪、奶牛、肉鸡、白鹅、羊、肉兔等养殖业基地，速生用材林、大扁杏、水果等林果业基地。

三、新型能源基地迅速崛起

阜新是新中国最早的能源基地之一，拥有丰富的煤炭、电力资源。由于阜新特殊的地理位置，区域内还蕴藏丰富的风能、生物质能、地热能、太阳能资源。阜新市第十次党代会把建设新型能源基地作为未来阜新产业发展的三大战略之一。规划、建设了一批风能、地热能、生物质能新型能源开发项目，使阜新成为东北乃至全国早期开发风能的城市之一。一个以风能为主体，包括风能、地热能和生物质能等多种新型能源，孕育着无限光明的新型能源基地正在阜新大地崛起。

（一）风能开发

阜新地处辽北丘陵风能丰富带，属我国风能资源丰富区。各项风能资源指标均达到三级以上标准，远远高于全国平均水平，适合发展风电项目，具备建设大型风电场的风能资源条件。

依托得天独厚的风能资源，阜新计划用10—15年时间形成百万千瓦风力发电能力，把阜新建成"风电之城"。目前，全市已建成风力资源开发体系，一批风电项目已编制完成规划，并陆续开工建设；另外一批风电项目正在洽谈之中。

（二）生物质能开发

生物质能资源作物是指农作物秸秆，甜高粱、菊芋等非粮食能源作物，他们同样是能源开发取之不尽，用之不竭的原料。阜新盛产玉米等秸秆农作物，年产秸秆300多万吨；阜新的土壤、气候十分适合种植甜高粱、菊芋等能源作物。阜新的农作物秸秆、甜高粱、菊芋属优质生物质能资源，既可用于生产甲醇、乙醇等汽油替代品，又可生产生物柴油和用于生物质能发电。阜新近期生物质能开发的目标是：（1）把阜新建成全国重要的甜高粱燃料加工基地。（2）把阜新建成全国重要的菊芋产品生产加工供应基地。（3）建设清洁能源——秸秆发电厂。

（三）地热能、太阳能开发

阜新有43.5平方公里的地热资源，现已打出的三口地热井，井深1700米，水温均在60度以上，总出水量3400吨/日，水中含有大量硅、硼、镭、锂等微量元素，含量均高于国家标准，可广泛应用于发电、采暖、工业生产、提取化工元素、医疗沐浴、水产养殖、温室种植等领域。

阜新太阳能资源丰富，年均日照2761.8小时，总辐射138.474千米/平方厘米，均高于全国的平均指数，可用于发展太阳能热电技术、太阳能热水技术、太阳能光伏技术等。阜新正积极推动太阳能资源开发利用的商业化发展，拟建设年产 25 兆瓦多晶硅太阳能电池项目。

四、煤化工产业充满希望

阜新的煤化工产业是一个刚刚起步的规划中的新兴产业。阜新煤化工产业所具有的优势，不仅在于阜新矿区到 2006 年仍保有 10.08 亿吨煤炭地质储量，可采储量 3.37 亿吨地质储量；不仅在于阜矿集团已经在内蒙白音华地区取得 20 亿吨煤炭开采权，阜新最大的民营企业——辽宁春城集团在内蒙锡林郭勒盟取得了 50 亿吨煤炭开采权，上述煤炭将通过即将开工建设的巴新铁路运抵阜新；不仅在于阜新有建设大型煤化工基地所必需的水资源和电力资源保证，更为重要的是，国家和省从扶持资源型城市经济转型的大局出发，优先将全国重点煤化工项目布点在阜新。国家发改委副主任、国务院振兴东北办主任张国宝同志明确指出："阜新煤化工项目要做大，解决转型和就业问题。应该把烯烃、二甲醚等中间产品和终端产品等加工项目也放在阜新，要拉长产业链，把煤化工做成一个产业"。在国家发改委正在编制送审的全国煤化工产业发展规划中，阜新被列为煤化工四大管输节点之一。时任辽宁省委书记李克强在省第十次党代会报告中也提出："要把阜新建成重要的大型煤化工基地。"

目前，辽宁阜新煤化工基地产业发展规划已委托中国国际工程咨询公司编制完成，并由辽宁省发改委上报国家发改委。项目规划用 10 年左右的时间，建设以甲醇、二甲醚等为主要产品，集清洁燃料、基本有机原料、合成材料等产品为一体，具有国内先进水平的大型煤化工产业基地。

届时，煤化工产业将成为阜新经济转型重要的接续产业。它不仅可以大大增加阜新地方经济总量，增加地方财政收入，还可以带动相关产业的发展，为阜新经济带来生机和活力；更重要的是它将解决资源型城市经济总量小、结构单一的问题，标志着阜新经济转型的成功。

五、六大优势特色产业蓬勃发展

经过建国五十多年的经济建设，阜新建成了包括煤炭、电力、纺织、轻工、建材、机械、电子、化工等产业，上千个品种、万余个规格型号产品的门类比较齐全的工业体系。其中，除以上所述三大新兴接续主导产业外，以装备制造及配套业、新型电子业、精细化工业、新型建材业、玛瑙加工业、北派服饰业等六大产业颇具优势和竞争力，呈现出蓬勃向上的强势发展势头，为承接发达地区和城市的产业转移与合作提供了极佳的条件。

（一）装备制造及配套业

阜新有装备制造配套产品生产企业 35 户，主要生产压铸机、矿山机械、砼搅拌机械、空压机、化工设备、牧业机械整机产品和动力转向泵、叶片泵、齿轮泵、封闭母线、液压支架、石油工具、压力管件等整机配件产品，共有 80 余种，500 多个规格型号。阜新整机配件及泵类产业现已形成了从科研到生产，从铸造配件到整机产品的完整体系。拥有各种加工中心、大型特种机加工设备及冷热处理等各类加工设备2000 余台（套）。多年来培养了大量工程技术人员和熟练技术工人，具有较大的发展潜力和后劲。建设中的阜新装备制造配套产业园已全部实现"六通一平"和"封闭式管理"。产业园将重点发展整机类产品，泵类配套产品和铸造类产品。

（二）新型电子业

阜新新型电子产品主要包括超小型薄膜电容器、片式薄膜电容器、金属化薄膜、晶闸管、整流管、半导体模块、市话电缆、射频电缆、五类数据电缆及防爆通讯器材等，已形成以电子元器件及材料为主的四大类、上百个规格品种。建设中的新型电子元器件产业园，规划面积 70万平方米，将重点发展电容器、半导体器件、通讯电缆、防爆通讯、晶体硅太阳能电池等系列产品。

（三）精细化工业

阜新精细化工主要产品有基础原材料和精细化工产品两大系列，包括无水氢氟酸、聚四氟乙烯树脂、含氟农药及医药中间体、氟苯系列、三氟甲苯系列、三氟甲氧基苯系列、电解氟系列等近百种产品,产品大部分出口。建设中的阜新国际氟化学工业产业园规划面积达700万平方米,现已初步建成87万平方米,园区将重点发展无机氟化物、脂肪族氟化物、芳香族氟化物等产品系列。

(四) 新型建材业

阜新现有规模以上建材生产企业20户,主导产品包括水泥、玻璃、轻重钢结构、新型墙体材料、化工建材等五大类。阜新将重点培育发展玻璃原片及深加工制品,窑外分解新型干法水泥、抗硫酸盐硅酸盐水泥、超细水泥、彩色水泥等新型水泥及五防隔墙板、空心砌块等资源综合利用产品。

(五) 玛瑙加工业

全市现有玛瑙制品加工企业262户,从业人员3万余人。主要产品有工艺品、饰品、旅游纪念品、体育用品、保健品、装修材料和工业用品等七大系列,二百余种、数千种款式。阜新是全国最大的玛瑙交易中心和加工集散地,占领了全国50%的玛瑙市场份额,并拥有一批高水准的雕刻艺术大师和技术工人。

(六) 北派服饰业

阜新服装行业已形成了从研发到生产,从来样来料加工贸易到经营自己品牌的完整体系,拥有一批专业设计人员和大量熟练的技术工人。所生产的北派服饰品牌在国内市场具有一定的知名度,珂曼、贝丹琦等企业在北京建有产品设计开发中心,并在国内80多个城市设有服装专卖店。产品年生产能力近70万件(套),远销美国、欧洲、日本、香港、韩国、中东等十几个国家和地区。建设中的5万平方米的北派服饰产业园,已成为以北派服饰为特色的产业集聚区,正在围绕具有北方特点的高档、时尚、个性服装及服饰,努力打造"珂曼"、"贝丹琦"、"典特"、"金羽"等服装品牌。

六、矿产资源优势得天独厚

作为一个典型的传统资源型城市，阜新是我国矿产资源集中共生、储量富集的地区之一。阜新矿产资源不但种类繁多，而且储量丰富，品位较佳，有多种矿产资源在全省全国占据重要位置。

阜新丰富的煤炭资源经五十多年的过度开采虽已渐趋枯竭，但到2006年仍保有10.08亿吨地质储量，可采量3.37亿吨。阜矿集团和辽宁春城集团又分别在内蒙东部煤田获得20亿吨和50亿吨的煤炭开采权。规模可观的自身煤炭资源和资源获取能力，为阜新发展煤炭采选业及其下游煤化工产业奠定了坚实的资源基础。

阜新金、铁、铅、锌等金属矿产储量丰厚。其中，黄金储量62.34吨，居全省第一。是全省重要黄金生产基地。阜新煤矸石、粉煤灰、煤层气等二次资源储量极其丰富。全市年排放煤矸石400万吨，累计堆积量已达8亿吨；年排放粉煤灰300万吨，累计堆积量达2000万吨；煤层气储量116.06亿立方米（CH4100%），可采储量34.8亿立方米。煤矸石等二次资源同样是珍贵的矿产资源，是推动循环经济，实现资源综合开发利用的宝贵资源之一。阜新现有煤矸石、粉煤灰综合利用企业110家，利用煤矸石、粉煤灰生产煤矸石空心烧结砖、建筑砌块、轻骨料、加气混凝土等数十个传统和新型建筑材料。

阜新非金属资源储量丰富，品类众多，蕴藏着巨大的开采开发潜力，是全省全国重要的非金属产品生产基地之一。非金属矿物产品广泛应用在建筑、冶金、化工、轻工、石油、地质、机械、农业、医药、首饰和环保等领域，并已渗入航天、激光、光导、新能源等高新技术领域，具有稳定而长期的国内外市场需求。阜新现已发现的28种非金属矿产，已开发利用16种。其中，草炭、麦饭石和珍珠岩储量居全省之首，在全国占重要地位；膨润土储量居全省第二位；高岭土、硅砂、硅石、石灰石、沸石、珍珠岩、钾长石、瓷土等10种非金属矿产在省内具有明显优势。阜新又是闻名全国的"玛瑙之乡"，以阜新玛瑙石为原料精心雕刻制成的玛瑙制品畅销全国，占有50%以上国内市场份额。

七、交通运输方便畅达

阜新地处辽宁中部城市群西部，是联结辽宁中部城市群与京津唐城市群这两大中国城市群的结点；阜新又是联结中国东部沿海城市、地区与东北、内蒙腹部城市、地区这两大经济区域的城市节点。这一特殊的优越的地理位置以及日新月异、突飞猛进的公路、铁路、管道网络建设，正在为阜新打造四省（区）通衢（即：辽宁省、吉林省、黑龙江省、内蒙古自治区）的交通优势。

（一）铁路网络

阜新拥有发达便捷的铁路交通运输网络，是三条铁路干线的交汇点。东进可达沈阳等辽宁中部城市群，北上可达通辽等蒙东各重镇，西出可连朝阳赤峰，南下可通锦州港，直到入关。巴新铁路穿越内蒙古锡林郭勒盟、赤峰市、通辽市和阜新市境内，线路全长487.6公里，是沟通内蒙与辽宁的一条南北向通路。2010年建成通车后向南可直达辽西、辽南等沿海地区，形成一条内蒙中东部地区面向沿海港口的运输通道。届时，巴新线将形成3500—5000万吨/年的运力。规划中的巴新铁路二期工程——巴珠线（巴彦乌拉——珠恩嘎达布其线），由巴彦乌拉镇向北延伸至东乌旗和中蒙边境的珠恩嘎达布其口岸，是又一条联系中蒙俄的国际铁路通道，同时也是连接欧亚的又一条新通道。这条新通道不但能够缓解二连浩特、满洲里两个陆路口岸经常出现的运输紧张状况，而且将使俄、蒙两国运抵锦州港、营口港和大连港的运距分别缩短800—1300多公里距离，使阜新成为欧亚国际大通道的枢纽城市。

（二）公路网络

阜新境内现有锦阜高速一条运营高速公路，还有四条建设中的高速公路：铁阜高速（铁岭—阜新）、阜朝高速（阜新—朝阳）、沈彰高速（沈阳—阜新）、彰通高速（彰武—通辽），以上四条高速预计2008年前全部建成通车，届时阜新将有两条进京的高速公路，彰武也将成为南北纵横的高速公路重要节点。此外还有一条正在积极争取纳入国家公路建设规划的盘奈高速公路（盘山县—阜新市—奈曼旗）。

这些高速公路全部建成之后，阜新市到沈阳市和到锦州都只有 1.5 小时左右的车程，蒙东地区进京、通海都将途经阜新，阜新境内高速公路的总里程将达到 265 公里，人均高速公路里程将位居全国前列。

全市村通油路工程于 2003 年正式启动，"十一五"期间，将投资 3.6 亿元，完成黑色路面 1597.4 公里，解决 410 个行政村通油路，实现全地区 68 个乡镇、624 个行政村全部通油路。届时，市区公路、农村公路网络将与高速公路网络连贯一体，构成覆盖城乡四通八达的公路交通网。

阜新距锦州港 140 公里，距大连港 430 公里，距营口港 220 公里，按国际标准属于沿海城市。发达的铁路、公路网络正日复一日地拉近阜新与海港城市的距离。为了弥补阜新航空运输和管道运输空白，利用现有空军北山机场场地建设军民合用机场的规划正在运筹之中，阜新市政府与内蒙古锡林郭勒盟行政公署、山东新汶矿业集团联手兴建的一条全长 600 多公里的甲醇运输管道也正在筹建之中。

依据这些交通条件，阜新市正在请哈工大专家编制东融沈阳中部城市群，南下五点一线各港口城市，北联蒙东各重要资源型城市，西出京津塘的物流规划，阜新将成为连接东北、华北、蒙东的物流中心城市。

八、城市基础设施日臻完善

转型五年来，阜新基础设施日臻完善、城市功能日益提升，正在成为一方极富魅力的投资沃土。

（一）供水设施

全市现有城市饮用水源地 10 处，中型水库 4 座，小型水库 58 座，塘坝 686 座，灌溉机电井 12676 眼，其他水源工程 182 处。建设中的日供水 15 万立方米引白水源一期工程将于 2008 年正式供水，日提供中水 7 万立方米的污水处理再生回用及日提供成品水 8 万立方米的矿井水综合利用项目也将陆续投入使用。至 2010 年全市日供水可达 63.5 万立方米，可为新上项目提供 30 万立方米/日的供水能力，能够充分满足全市经济发展对水资源的需求。

(二)供电设施

阜新拥有完善的供电设施和充沛的电力资源。"十五"期间阜新已立项批复或开工建设的 7 个电厂项目,总投资达 65 亿元。投资 14.9 亿元对城区电网、县区电网和农村电网全部进行了改造,全市供电设施得到进一步改善。

预计到 2010 年,全地区发电量将达到 165.95 亿千瓦时,是 2005 年的 4 倍,成为辽宁省大型电力能源基地。届时全市用电量约为 44.6 亿千瓦时,余电量为 121.35 亿千瓦时。无论从目前还是从长远来看,在阜新投资建厂具有充足电力供应保障,阜新任何时候都不会出现某些城市时或出现的拉闸限电情况。

(三)供热设施

火力发电的高度集聚使阜新具有突出的集中供热优势。全市集中供热面积 1124 万平方米,供热普及率 73%。到 2010 年,供热面积将增至 1638 万平方米,供热普及率将达到 79%。工业用气可满足供应,且价格低廉。

(四)市区道路

阜新市拥有畅达便捷的城市公共交通体系。由内环、二环、外环三条环路构成了市区道路网。主城区有主干道 8 条,次干道 30 条,客运营运线路 229 条,其中:省际线路 11 条,省内市际线路 38 条,市内线路 180 条。道路长度达 315 公里,人均占有道路 5.1 平方米。

(五)人居环境

转型五年来,在国家、省大力支持下,阜新人居环境极大改观。总投资 11.8 亿元的采煤沉陷区综合治理工程,新建居民住宅 91.22 万平方米;总投资 55 亿元的煤矿棚户区改造工程,拆迁 5 万平方米以上的集中连片的住宅 275 万平方米;上述两项重大民生工程及其他城市住宅建设工程使阜新城镇人均居住面积跃升至全省中等水平。全市有 14 家星级宾馆,新玛特和千盛百货两家大型超市和遍布城乡的近万家商业网点;建有现代化的垃圾处理场和污水处理场。

阜新是全国绿化先进市,森林覆盖率已由"九五"末的 21.7% 提高到 2006 年的 32.1%,城市绿化覆盖率达到 39.5%,人均占有公共绿地面积达 7.5 平方米。今日之阜新,天更蓝,水更绿。投资 1.1 亿元进行改造，荣获人居工程奖的细河如同一条银色的彩缎在市区飘荡，两岸翠柳成荫，鲜花烂漫；城市中心区和昔日呈现一派破落景象的棚户区、沉陷区内，一栋栋高楼拔地而起；一个个居民新区温馨恬适，阜新正在向现代宜居城市迈进。

（五）基础设施健全完善的各类园区

阜新有两个省级开发区：阜新经济开发区和阜新高科技产业园区。开发区内 4.5 平方公里规划区均已实现"七通一平"。园区政策优惠，基础设施完备，成为国内外客商的投资沃土和高新技术企业的集聚区。

阜新玻璃园区、电子园区、氟化工园区、橡胶园区、服饰园区，装备制造园区、食品加工园区等十大园区正在建设中；印刷包装园区、杂粮加工园区、冶金铸造园区、玉米深加工园区等 10 个产业园区已完成园区总体规划、基础设施建设方案和产品发展规划。全市现已建成或规划的产业园区总面积达 150 平方公里，是原有建成区的 3 倍。这些产业园区处于城乡结合带、区位优越、地域广阔、政策优惠、设施齐备、外部效应显著，为各类产业发展提供了极佳的发展平台。

九、人才和人力资源丰富充裕

阜新总人口 194 万，其中：城镇人口 88 万；农业人口 106 万，占全市总人口的 54.6％。丰富的劳动力资源为发展各类新兴企业、产业，特别是劳动密集型产业提供了充足的人力资源保障。

阜新重视人力资源开发，人力资源不但数量丰盈，而且素质较好。全市拥有各类人才 81169 人，其中，专业技术人才 50546 人，经营管理人才（含流通人才）6084 人，技能型人才 9948 人，农村实用人才 1496 人。特别是矿产资源采选业、农、林种植业和农产品加工业更是人才济济。

阜新市内有一所全国重点综合性大学——辽宁工程技术大学，在校生规模居省属高校之首。一所综合性地方高校——阜新高等专科学校。几十年来为经济建设培养了一大批专业技术人才。阜新职业教育体系完善，是我国职业教育的先行市之一。全市有中等职业学校 16 所，在校生总数 1.5 万人；到 2010 年，在校生规模将达到 2 万人以上；设置焊接、车工、服装、餐饮、计算机、汽车运用与维修、农学、林果、畜牧兽医等 80 余个专业,专业设置几乎覆盖了市内各个产业门类。

阜新职业培训系统健全完善,已形成包括从业培训、再就业前培训、在岗培训和高技能人才培训的完备职业培训体系,对城镇企业下岗失业人员、城镇新增劳动力和进城务工人员开展普惠制就业培训,可根据企业的用工需求开展订单培训。"十五"期间,全市培训 15 万人次。13.5 万下岗失业人员经培训后有 9.4 万人实现再就业。

十、软环境开放和谐堪称一流

阜新人追求的一大目标是:让阜新成为"和谐阜新"、"开放阜新";阜新人正在形成的一种新理念是:人人都是软环境、人人都要为创造"成本最低、服务最优、效率最高、效益最大"的软环境作贡献。在这样的城市目标、城市理念引导下,一流的政务环境、一流的政策环境、一流的法制环境、一流的舆论环境,以及优商、惠商、安商的社会氛围,正在阜新逐步形成。阜新市政府创新工作方式,寓管理于服务之中,设立了"一站式办公"的行政服务中心,竭诚为国内外客商提供高效优质的服务。市政府还强化行政执法监督,坚决杜绝各种形式、各种名目的滥检查、滥收费、滥摊派,极大地提高了政府的办事效率和工作效能,改善了城市经济发展的软环境。

经济发展优势是动态的,随着经济的发展,科技的进步,特别是经济转型的深入,很多优势要被创造出来,很多劣势也有可能转化为优势,因此十大优势只是对现阶段和可预见的阜新市情的一种分析。我们深信,在市委、市政府的领导下,经全市的共同努力,阜新现有的优势将不断发扬光大,阜新的劣势也将会不断转化和克服,阜新人发挥自己的聪明才智,发掘优势、创造优势、发挥优势,一定能把阜新建设得更加美好。

课题组成员:阜新市发展和改革委员会　刘文启　金晓东　崔建辉
李　斌　董　利

阜新市转型办　王铁军
阜新煤化工项目办　李　文

辽阳市工业结构现状及调整建议

工业产业结构调整既是一个是关系到地方经济发展的永恒主题，也是各级政府应长期抓好的一项重要工作。随着短缺经济在大多数领域的基本结束和总体上买方市场的形成，辽阳市工业经济结构不合理的矛盾日渐显现，已经成为影响全市工业经济持续、快速、健康发展的突出问题。

一、辽阳市工业产业结构的现状

（一）工业产业结构概况

经过建国以来特别是改革开放二十多年的建设和发展，辽阳市基本形成了以化工化纤塑料业、钢铁和有色金属加工业两大支柱产业和装备制造及配套业、农副产品深加工业、矿产建材业三大重点产业为主体的工业体系。工业经济已成为全市经济增长的重要支撑力量。2006年，辽阳市三次产业增加值占全市 GDP 的比重分别为 7∶62.2∶30.8。全市工业增加值完成 219.9 亿元，同比增长 17.2%，占全市 GDP 的比重为 56%；规模以上工业增加值 161 亿元，同比增长 18.8%，占全市 GDP 的比重为 40.9%。

从工业产业结构构成情况看，轻重工业占增加值之比为 15∶85。当前辽阳市处于重工业加速发展的工业化中期阶段，对钢铁、装备、化工等重化工产品需求上升，重工业主导经济发展的作用更加凸现。2006年规模以上重工业完成增加值 137.3 亿元，增长 15.8%；轻工业完成增加值 23.5 亿元，增长 19.2%。

从主导产业在整个工业体系中所占的地位看，两大支柱和三大重点产业的主体作用十分突出。2006 年，规模以上两大支柱和三大重点产业共实现增加值 152.3 亿元，占规模以上工业增加值的比重为 94.7%。

（二）工业产业结构的特点

1. 规模以上企业体量壮大，民营骨干企业实力增强

2006 年，全市规模以上工业企业 627 户，产值超亿元的企业 60 户，超 10 亿元的企业 5 户，超 100 亿元的企业 1 户。辽阳石化分公司、忠旺集团、富虹集团、兴哲集团、万兴达集团、华兴化学品公司等一批骨干企业实力不断增强，对全市工业结构调整起到了强力拉动作用。

2006 年，全市规模以上民营工业企业达到 580 户，占规模以上工业企业 92.5%；实现工业增加值 103.5 亿元，占全市 GDP 的 26.3%，占全市规模以上工业的 64.4%，对县区财政贡献率超过 60%；对吸纳社会就业贡献率达到 70%。已经进入快速发展期和规模扩张期的民营工业经济，其结构调整步伐明显加快，产业升级成效显著，一批博士、硕士管理者带来了先进的管理理念，从根本上扭转了过去民营工业企业落后的管理方式，激发出了强大的发展动力。忠旺集团、富虹集团、万兴达集团等一批民营企业在国内外市场中的竞争实力显著提高。

2. 支柱产业规模不断扩大，支柱产业的领跑效应日趋明显

随着辽阳市工业结构调整步伐加快，"两大支柱"和"三个重点"行业得到进一步发展。

化工化纤塑料业加快发展。年产 80 万吨 PTA、年产 10 万吨天然脂肪醇、年产 5000 吨正己烷等项目已建成投产。碳酸二乙酯、对二乙基苯、双环戊二烯、四氯化钛、环戊酮、苊红染料等一批精细化工项目正在顺利实施。利用辽化产品精深加工的能力和水平进一步提高。2006 年环氧乙烷和聚丙烯的加工利用率达到 75.5% 和 45%，分别比上年提高 5 个百分点和 20 个百分点。地方"三行业"骨干企业实力进一步增强。忠旺集团成为全球最大的塑编生产基地。华兴化学品公司利用辽化原料开发出三大系列 100 多个品种，在国内五大洗化原料企业中位居前列。2006 年，规模以上化工化纤塑料业实现增加值 59.2 亿元，同比下降 0.3%，占规模以上工业增加值的比重为 36.8%。

冶金及金属加工业跃上新的台阶。到 2006 年辽阳市可生产 10 大类近千种规格的冶金及金属加工制品。各类钢材加工量已达 180 万吨，其中，高加工度、高附加值钢材产品已超过 72 万吨，比上年增加了近 20 万吨。有色金属加工量已达 30 万吨，其中，铝材加工 15 万吨，铜材加工 15 万吨。2006 年，全市规模以上冶金及金属加工业实现增加值 41.1 亿元，同比增长 16.0%，占规模以上工业增加值的比重为 25.5%。

装备制造及配套业、矿产建材业和农副产品加工业健康发展。大型宽幅高速造纸机械等 32 个装备制造及配套业重点项目、大豆脱皮膨化等 16 个农副产品深加工重点项目和年产 2.4 亿块免烧砖等 15 个矿产建材业重点项目多在抓紧实施。其中，年产 300 万吨铁矿石、日产 2000 吨新型干法水泥熟料、年产 3000 吨熟食制品、年产 43 公里高强度输水管线、年产 8000 万块矿渣空心砖等项目已经建成投产。特别是一批装备制造业产品还实现了升级换代，汽车燃油高压共轨系统、警－17 系列雷达、大型水力发电机组核心零部件、柴油发动机曲轴、汽车内饰件等 16 种产品已跃居国内领先或国际先进水平。矿业开发能力和水平进一步提升，矿业开发秩序进一步规范，26 家铁矿采选企业进行了技术改造，全地区铁矿采矿能力近 2000 万吨、生产量 1500 万吨，选矿能力 1000 万吨、生产量近 800 万吨。农产品精深加工能力和水平进一步提高，粮豆转化能力达到每年 180 万吨的水平。"适口乐"牌净蛋直销港澳地区，"富虹"牌食用油驰名全国。2006 年，全市规模以上装备制造及配套业实现工业增加值 14.6 亿元，同比增长 61.6%，占规模以上工业增加值的比重为 9.1%；全市规模以上矿产建材业实现工业增加值 22.2 亿元，同比增长 81.4%，占规模以上工业增加值的比重为 13.8%；全市规模以上农副产品加工业实现工业增加值 15.2 亿元，同比增长 20.2%，占规模以上工业增加值的比重为 9.5%。

3. 高新技术产业发展迅速，科技对工业的贡献日益显著

高新技术产业发展形势喜人。辽宁奥克集团、辽宁忠旺集团、辽宁新风企业集团、辽阳石油分公司研究院、辽阳铜业集团、省绒山羊育种中心被确定为省级工程技术研究中心。辽宁奥克化学集团有限公司、辽

阳筑路机械有限公司被确定为辽宁省博士后科研工作基地。辽宁奥克化学集团有限公司被确定为科技部首批技术创新体系建设试点企业。辽宁美宝稀土材料有限公司与辽宁大学共建的"稀散元素实验室"被列为国家自然科学基金委稀散元素研发基地。

以引进人才、引进项目、引进技术为核心的校企合作成效显著。大力引进国外先进技术，开发拥有自主知识产权的新产品。全市已有100多家企业与国内外50多所高校院所建立了紧密型的科技合作关系。有30多家企业与20多个国家和地区的海外学子建立了科技合作关系。引进各类高层次人才近百人，合作项目200多个，新增产值200多亿元。

全市共培育省级高新技术企业60家。在辽阳高新区注册的企业已达300余户，其中高新技术企业20余户。全市已初步形成精细化工、新材料、电子信息、生物制药四大高新技术产业。瓶级聚酯切片等12种新产品荣获第六届省优秀新产品奖。全年完成重点新产品145种，新增省名牌产品和著名商标14种。2006年全口径高新技术产业增加值58.5亿元，同比增长25%，占工业增加值的26.6%。2007年全市高新技术产业增加值将达73亿元。

4. 落后产能逐步淘汰，产品档次不断提升

为了认真落实国家宏观产业政策，近几年全市加大了对能耗高、污染重、国家明令限制的小轧钢、小铸钢、小水泥、小煤矿、小选矿、小造纸、小化工等不符合国家产业政策企业的关停整治力度。仅2006年就对112家不符合国家产业政策的小企业实施了关停取缔或停产治理。

在小钢铁治理方面，关闭了200多家小轧钢厂和129家小铸钢厂。在大力淘汰落后产能的同时，积极帮助企业进行产品升级换代。通过联合重组、引进专业技术人才与管理人才等方式，帮助企业提高产品的技术含量与企业的管理水平。随着一批具有先进水平的生产设施上马，产品质量检测体系逐步完善，实现了钢铁冶金行业黑色向有色、热轧向冷轧、线材向型材、粗加工向深加工的转变，初步形成了有色金属加工、特种钢生产、板材加工生产基地的雏形。一批国家鼓励发展、技术含量高、高加工度、市场前景广阔的产品，逐步取代小钢铁产品。还在冷弯型钢、履带钢等特种钢生产上创出了品牌，产品出口至美国、欧盟、韩

国等多个国家和地区。初步实现了辽阳市钢铁产业的升级换代。

在小水泥治理方面，研究制定了《2007—2012 年辽阳市水泥产业发展规划》，并且按照这个规划对全市水泥行业进行了治理整顿。根据这个规划要求，今年年底前要将辽阳衍水水泥有限责任公司等四家水泥厂的四条普通立窑生产线全部淘汰，淘汰落后产能 30 万吨。在淘汰落后产能的同时，积极帮助有条件的企业上马新型水泥生产线。辽阳千山水泥有限公司日产 1000 吨新型干法水泥熟料生产线、辽阳恒威水泥有限公司日产 2000 吨水泥熟料生产线和辽阳冀东水泥有限公司日产 2500 吨新型干法水泥熟料生产线等 3 条新型干法水泥生产线已经全部建成投产。

（三）工业产业结构的主要问题

1. 工业结构层次低，产业集群经济尚未形成。一是产业集中度低，远未形成规模效益。有实力的大企业偏少，多数企业集团核心企业规模小，产权纽带弱，加工集约化程度低，难以在成本、产品开发等方面形成市场优势。二是配套协作效应差，没有形成产业集群。重点企业不仅规模小，而且分工协作差，大企业难以发挥具有辐射带动作用的规模优势。中小企业向"专、精、特、新"专业化协作方向发展不够，没有形成"产业集聚"。大中小企业之间不能形成合理的专业化分工与协作关系。三是大路货经济比重大，精品名牌经济比重轻。总体上看，辽阳市经济竞争力同沿海先进省市的差距较大，主要表现为缺乏规模大、享誉市场、有竞争力的知名品牌，品牌效应差，大部分品牌知名度不高，在国内同行业位次下滑，从而导致业产品市场占有率下滑。

2. 传统经济、高耗能经济比重较大，新型经济、绿色经济尚未成为经济发展的主力。大中型企业只有 80% 实现了信息化，中小企业实现信息化的比例还不到 40%。工业技术设备落后，装备工业设备陈旧，多数装备工业企业的技术装备水平还处于 20 世纪的水平。装备工业整体制造水平仍处于机械化为主的阶段，设计手段落后，工艺装备水平低，中、低端产品和加工组装的比例偏高，大多数产品仅局限于高新技术产业中的部分劳动密集型环节。经济增长在相当程度上还依赖于高投资率和高投入额的支撑，而不是依靠投资效率的提高。从工业投资看，虽然近几年工业投资规模得到迅速扩张，但工业投资效果系数却呈逐年下降的趋势。尤其值得引起关注的是，工业经济高增长、低效率的问题比较突出。

3. 支柱产业对外界依赖度较大，因而受政策和环境制约较为严重。2006年，辽阳市规模以上的化工化纤塑料业和冶金及金属加工业实现的增加值已经达到100.3亿元，占全市规模以上工业增加值的比重为62.4%。这些行业中的绝大部分企业都和辽化、庆化、鞍钢和本钢有着原料供应和产品销售方面的联系。因此，一旦辽化、庆化、鞍钢和本钢这些特大型国营企业受到国家的政策影响，在产品价格和原料供应上有所变动，辽阳市两大支柱产业中的绝大部分企业就会受到不同程度的影响，有时会因为原材料短缺而严重影响生产，有时会因为原料价格的上涨而造成企业经营上的亏损。

4. 辽阳市工业经济面临着来自资源、环境等方面的巨大压力。高投入、高消耗、高排放、低效率的粗放式增长方式，造成了巨大的资源消耗和环境污染。2006年，辽阳市万元工业增加值综合能耗为3.73吨标煤，取水量108立方米，高于全国、全省水平。每年排放工业废水近6000万吨，排放二氧化硫3.87万吨，烟粉尘6.44万吨，工业用水重复利用率仅为75%。这些都是影响辽阳市工业经济持续发展的主要障碍。

二、辽阳市工业产业结构调整的建议

（一）指导思想、基本原则、重点内容和主要目标

1. 指导思想。深入贯彻落实党的十七大精神，认真贯彻落实科学发展观，坚定不移地走新型工业化道路，紧紧围绕优化辽阳市"一个基地和四个重点产业"，大力推进工业产业结构调整。按照"政府引导，企业自主，市场推动"、"在发展中调整，在调整中发展"和"以信息化带动工业化，以工业化促进信息化"的工作思路，充分发挥区位、资源、产业三大优势，突出抓好发展高新技术产业、改造传统产业和淘汰落后产能三个重要环节，做大做强优势骨干企业，做专做精产业集群，

全力打造拳头产品和名牌产品，逐步实现产业升级、产品换代，实现工业经济速度、质量、结构、效益相统一和资源的综合节约利用，保持辽阳市工业经济持续快速健康地发展。

2. 基本原则。坚持市场导向原则，科技进步原则，规模效益原则，可持续发展原则，企业主体与政府推动相结合的原则和突出抓好重点企业、重点产品、重点项目的原则。

3. 重点内容。工业产业结构由目前的原材料及初加工为主向深加工、高附加值为主调整，从高耗能、重污染的产品和工艺向节能型产品和清洁型先进生产工艺方向调整。产业技术结构由劳动密集型向劳动密集与知识技术密集相结合调整。产品结构由目前的低档次、一般化产品居多向高档、名牌、高科技含量为主导的方向调整。企业组织结构由目前的小型分散居多向规模效益为主导调整。促进整个工业经济增长方式由粗放型向集约型方向调整。

4. 主要目标。以推动产业升级、产品更新换代、企业组织结构合理、增强产业的市场开拓能力和国际竞争力为目标，加快工业产业结构的战略性调整。集中力量重点抓好50家左右工业企业集团、60家左右优势名牌产品、50个左右高科技成果转化项目，100个重点结构调整项目。到2010年，全市要有2家企业集团销售收入超100亿元，7家企业集团销售收入超50亿元。支柱行业中的骨干企业装备、工艺技术达到或接近国际先进水平，支柱行业中的骨干产品进入国际产业垂直乃至水平分工体系。辽阳市工业增加值占GDP的比重要比现在提高5个百分点；高新技术产业增加值的比重达到40%以上。

（二）工业产业结构调整的战略重点

1. 优化工业产业结构，围绕"一个基地四个重点产业"做文章

（1）全力建设好"一个基地"。全力建设重要芳烃及化纤原料基地，以精深加工为重点，扩大芳烃原料生产规模，延伸芳烃衍生物产业链，大力发展精细化工和化工新材料产业集群，形成支撑全市工业发展的核心和支柱。规划引进一批符合结构调整方向的大项目，壮大石化产业集群，形成规模优势。重点推进辽阳石化分公司芳烃厂140万吨/年连续重整—歧化联合装置及配套系统工程、30万吨/年精己二酸技改工程等

重点项目建设进度，力争在未来五年里有 80－100 个项目进入基地发展，从而确立中国北方最大芳烃生产基地和以芳烃深加工为主的化纤原料基地的优势地位。到 2012 年，完成 20 平方公里芳烃基地建设，实现 1000 万吨/年炼油、200 万吨/年芳烃、80 万吨/年苯乙烯生产规模，实现销售收入 1000 亿元。

鼓励各类投资主体参与芳烃基地建设，依托辽阳石化原料和技术优势，拉长环氧乙烷、化工新材料、聚乙烯和聚丙烯等产业链条，提高产业组织化程度和产业规模竞争力。围绕差别化纤维、尼龙、工程塑料等重点产品开发，扶持发展科技型配套加工企业，推动奥克化学、科隆化工、华兴化学品等骨干企业向集约化、大型化、高级化、系列化和高加工度方向发展，形成上下游关联互动的产品系列。引导地方企业大力发展辽化主导产品需用的液氨和各类助剂供应。构建以辽化、庆化等中省直企业为核心，中小企业分工协作的大型石化产品生产加工产业集群，打造世界级芳烃基地，形成全市最大的经济增长点。

化工行业，地方化工企业在利用辽化、庆化主副产品深加工方面，主要是利用环氧乙烷、乙二醇、精己二酸、苯胺、硝基苯等原料，开发基础化工原料、各种助剂、破乳剂、表面活性剂、医药及农药中间体、染料等产品。大力发展戊二醛、乙二醇苯醚、偏苯三酸酐、新型高效消泡剂、纳米乳液、化妆品、洗涤液、染料和医药等产品等深加工产品。重点发展瑞兴化工、华兴化学品、奥克化学、科隆化工等一批国内外有一定影响力的企业。使精乙二酸、苯胺、TNT、天然脂肪醇、二硫化碳、五硫化二磷等产品的技术装备水平与生产规模达到国内领先水平。华兴化学品天然脂肪醇年生产能力将达到 16 万吨、瑞兴化工二硫化碳年生产能力达到 4 万吨，居亚洲第一。化纤行业，主要利用聚酯切片、聚丙烯及涤纶、丙纶、锦纶丝等原料，开发民用及产业用系列化纤基础原料、无纺布、产业用布、装饰用布、差别化纤维等产品。宝珠无纺布、胜达化纤等企业要扩大利用辽化产品进行精深加工的能力。塑料行业，主要利用聚乙烯、聚丙烯、聚酯切片为主要原料，开发塑料异型材、塑编袋、可降解塑料、绿化聚乙烯、聚酯瓶以及汽车用、建筑用工程塑料、纳米工程塑料等产品。忠旺集团塑材生产线达到 262 条，年生产塑材达到 40 万吨，成为东北最大的塑材生产基地；年加工编织袋 10 亿条，成为亚洲最大的塑编生产基地。

（2）抓住"四个重点产业"。大力推进钢铁和有色金属加工业、装备制造及配套业、矿产建材业和农副产品深加工业等四个重点产业加快发展。

在继续做大做强钢铁和有色金属加工业，全力打造金属加工产业集群方面，要认真贯彻落实《国家钢铁产业发展政策》，紧紧抓住鞍、本钢产业结构调整的有利机遇，密切同鞍钢、本钢等大型钢铁企业的产品协作和产业链接。依托鞍、本钢产品资源进行精深加工，搞好企业技术改造，努力提升辽阳市钢铁和有色金属加工业的装备和工艺水平。

作为我国最大的钢铁生产基地之一的鞍钢正在加快建设世界一流钢铁基地和中国精品钢材生产基地。这无疑给辽阳市的钢铁和有色金属加工业带来了巨大的发展机遇。因此我们必须紧紧抓住鞍钢加速产品结构调整，实施产品梯次转移，实行低成本扩张的有利契机，在发挥矿产资源优势，开发、利用、保护好矿产资源基础上，利用鞍钢的原材料、技术、人才优势，主动拾遗补缺，及时填补鞍钢逐步退出的一些产品市场，大力开发高强建材、异型材、涂镀板等新品种，努力把辽阳建成东北钢管、特种钢材、专用型材、高强建材产销基地。同时，加强钢管企业的技术改造工作，应用高新技术改造、提升钢铁和有色金属加工业，提高装备和工艺水平，大力开发新产品。采用均质化冶炼、超纯合金、高精度轧制等先进技术，重点开发有自主知识产权的特种钢、合金钢、轻质板材、高强度预应力钢纹线和大型钢管等新产品，不断提高钢铁和有色金属的高新技术产品精深加工能力。

目前，沈阳正在打造汽车装备制造业基地和大力发展汽车产业，这无疑为辽阳市提供了很大的发展空间，带来了合作与发展机遇。我们必须紧紧抓住这一千载难逢的有利时机，充分发挥辽阳机械加工能力强、汽车配套产品种类多的优势，加快发展汽车内饰件、曲轴、安全气囊、变速器等为中高档轿车、轻型客车、大中型客车和专用汽车配套的零部件系列产品。同时，要苦练内功，通过攻克柔性数控加工、特大型机械部件数控加工技术、智能化传感、激光加工以及精密铸造等关键技术，大力提升装备制造及配套业的开发能力、配套能力和成套能力，开发一批新的装备制造及配套业高新技术产品。重点抓好大型水电、火电、核电发电机组核心部件，化工制药机械装备、高档箱纸板成套设备、混凝土搅拌设备及多功能摊铺机、有害物料封闭式无轴螺旋输送机等新型机械产品，使辽阳市装备制造及配套业的水平迅速跃上一个新的高度。

矿产建材业要抓住沈阳正在打造国际大都市，城市基础设施改造和城市住宅开发建设高速增长，每年需求大量建材产品的机遇，在原有产业基础上不断扩大市场份额。要调整传统建材业的产品结构，提高传统建材业产品的技术含量和生产集中度。坚持淘汰浪费资源、高消耗、高污染、技术落后的工艺和产品。积极引进和推广绿色建筑、生态建筑和可持续建筑的新理念，大力开发和推广高科技含量、高附加值的化学类、金属类、复合类、资源节约类新型建材。加快研发新型建材高效优质生产工艺技术、应用技术，研究开发高档建筑密封材料，工程防水材料等。特别是要突出发展新型干法水泥，推进以本溪、辽阳为中心的辽宁中部水泥工业生产基地建设，力争到 2010 年，新型干法水泥生产能力达到 1000—1200 万吨。

辽阳市农业资源丰富，是全国商品粮、淡水鱼和畜禽重点生产基地，发展农产品加工业具有得天独厚的优势。而毗邻的近 500 万人口的沈阳是一个巨大的农产品消费市场。一边是丰富的农产品生产基地，一边是巨大的消费市场，客观上为辽阳市提供了一个发展农产品加工业的广阔空间。因此，我们要大力开发绿色、无公害食品，努力把辽阳市建设成为沈阳市的农副产品供应基地。要引导辽阳市现有的农业产业化龙头企业，紧紧围绕种植业、养殖业产品，在粮、油、菜、禽、蛋、奶、鱼等农副产品加工上，上规模、上档次、创品牌。要在一大批农业产业化龙头企业的带动下，形成优质稻米、大豆、蔬菜加工出口、葡萄、牧草、畜禽、生猪、肉牛、蓝狐、獭兔、鹿、牛奶等生产加工产业链条。使辽阳市农副产品在沈阳消费市场上所占有的份额不断提高。

2. 优化工业组织结构，不断壮大龙头企业

优化工业组织结构，就要不断壮大"一个基地四个重点产业"的龙头企业。

在大力发展化工化纤塑料业方面，首先，要全力促进辽化、庆化等中直大企业加快发展。一方面，积极支持辽化搞好年产 30 万吨精己二酸改造、年产 4 万吨尼龙 66 树脂及年产 2 万吨锦纶工业丝等重点项目建设，进一步确立辽化全国重要的化纤原料生产基地的优势地位。另一方面，全力支持庆化公司军民品分离和年产 8 万吨苯胺生产线、20 万吨硝酸生产线和年产 20 万吨硝酸铵生产线等一批重大项目建设，促进庆化公司有一个更大的发展。其次，要以辽化公司、庆化公司为依托，借助辽阳芳烃及化纤原料基地建设的东风，大力促进地方化工化纤塑料行业龙头企业的发展。以忠旺集团、华兴化学品、瑞兴化工、奥克化学、科隆化学、胜达化纤等企业为骨干，加快推进年产 8 万吨天然脂肪醇、年产 15 万吨环氧乙烷衍生物、年产 1 万吨丙烯酸酯涂料及聚氨酯涂料、年产 5000 吨热塑性聚酯弹性体等一批重点项目建设。不断拉长环氧乙烷、聚乙烯和聚丙烯、聚酯及纤维等产业链条，快速形成化工化纤塑料业集群效应和规模效应。到"十一五"末期，精细化工产业集群要力争实现产值超 100 亿元，全市化工化纤塑料行业增加值占全部工业增加值的比重要由目前的 36% 提高到 46%。

在做强做大钢铁和有色金属产业方面，应集中力量建设好三个基地：一是以辽阳钢管有限公司、辽阳直缝螺旋焊管厂、辽鞍大型钢管厂等企业为龙头，建设钢管生产基地；二是以辽宁通达建材实业有限公司、辽宁北方冷弯型钢有限公司、辽阳兴鞍异型材有限公司等骨干企业为龙头，建设特种钢、异型材基地；三是以辽阳顺发金属制品有限公司、辽阳宏佳金属制品有限公司等企业为龙头，建设好冷轧钢生产基地。通过基地建设，实现集约生产，形成规模经济，产生规模效益。

在大力推进装备制造及配套业发展方面，要通过支持辽宁北方重工机器制造有限公司的大型水力发电机组核心部件产业化项目、辽宁新风企业集团有限公司年产 40 万套高压共轨系统建设项目、辽阳造纸机械股份有限公司的高档纸箱成套设备、辽阳筑路机械有限公司的混凝土搅拌设备、多功能摊铺机等重点项目的开发建设，进一步壮大装备制造及配套业的骨干企业，增强这些龙头企业在辽阳市水电设备、汽车制造、造纸机械、筑路机械、制药机械、锻压机械等行业的辐射带动作用。进一步夯实辽阳装备制造及配套业的根基。

在优化矿产建材业方面，要重点抓好水泥生产企业的优化重组。通过兼并重组、强强联合、招商引资等多种形式，支持辽宁富山水泥有限公司、辽阳天瑞水泥有限公司、辽阳千山水泥有限公司、辽阳冀东水泥有限公司、辽阳银盛矿业集团有限公司、姜隆麒水泥有限公司、辽阳东方水泥厂等骨干企业，在未来五年中建设十个日产 4000 吨以上的新型干法水泥生产及低温余热发电项目，改造和建设十个年产 100 万吨以上的水泥粉磨占项目。到 2012 年年末这些项目全部建成达产后，年销售收入达到 78 亿元，实现利税 15 亿元。

在发展农产品加工业方面，要通过龙头企业的牵动作用拉长五大农产品加工产业链。一是以新风牧业集团、辽阳肉食鸡加工厂、玉兰集团、辽阳连发禽蛋销售公司、忠信淡水鱼公司为骨十企业的肉、蛋、鱼产业链；二是以亚洲红、燕州酒业、铧子酒厂、槐花酒厂为骨干企业的酒业产业链；三是以东特米业公司为骨干企业的大米产业链；四是以富虹集团、博丰集团为骨干企业的油品产业链；五是以新特现代农业园、古城万亩高效农业园为骨干企业的蔬菜、瓜果产业链。

3. 优化工业产品结构，淘汰落后产能，实施名牌战略

优化工业产品结构，首先要坚决淘汰落后产能。在对限制类高耗能企业严格执行差别电价等限制措施的同时，认真落实淘汰落后产能的期量任务和时间表，进一步加大对能耗高、污染重，不符合国家产业政策和技术政策的 500 家小钢铁、小造纸、小碳素、小玻璃、小镁砂、小水泥和小印染企业关停整治力度。特别要对全市所有水泥立窑，坚决实施停产治理，力争在 2009 年年底前要将现有 27 家 47 座立窑全部关闭取缔。同时要鼓励、引导被关停的小企业，积极进行资产联合重组，大力开发符合国家产业政策的项目，尽快实现产品升级换代，早日达到国家节能减排放要求。

实施名牌战略，把培植拳头产品和名牌产品作为工业产品结构调整的重中之重，重点培育和打造精己二酸、聚酯、差别化纤维、非离子表面活性剂、天然脂肪醇、二硫化碳、大型水电、火电、核电发电机组核心部件、汽车内饰件、特种高频漆包线、高精度铜板带、工业铝材、冷

轧薄板、大口径钢管、雷达、造纸机械、筑路机械、移动变电站、色拉油、葡萄酒、新型干法水泥等一批国内外有较强竞争力的拳头和名牌产品，形成辽阳工业产品新的竞争和发展优势。到 2010 年，全市要累计完成开发新产品超过 1000 种。其中高新技术产品超过 200 种。全市新产品产值率力争达到 30%；省级以上企业技术中心达到 15 个以上；力争新创省级以上名牌和著名商标 50 种，其中新创国家级名牌和驰名商标 5 种。

4. 切实转变增长方式，大力发展循环经济。

首先要大力发展资源节约综合利用型工业，积极推进清洁生产。一是切实抓好电力、钢铁、有色金属、化工、建材、机械等重点工业领域的节能降耗，建立全市重点耗能信息平台和管理体系，重点抓好年耗能 5000 吨标煤、用水 100 万吨以上的企业节能、节水工作，定期公布重点用能单位及能源利用状况，贯彻主要产品能耗能效标准。重点抓好辽阳石化分公司等一批节能、节水典型示范，以点带面，促进重点企业节能降耗工作。切实搞好工业锅炉改造、区域热电联产、余热余压利用、电机系统节能、绿色照明等 10 项重点节能工程。二是鼓励以废弃物为原料的循环生产。重点抓好煤矸石、粉煤灰、尾矿的综合利用，积极推进冶炼钢渣、化工废渣、废气、废水、余压、余热、铬渣等工业废物利用。继续扩大资源综合利用企业的总量，规模以上资源综合利用企业力争达到 30 户以上，资源综合利用产品（项目）达到 60 个以上。重点抓好废旧电池回收和利用、新型洗毛废水综合处理回收系统装置、废铜、铝回收加工、粉煤灰开发等综合利用项目。三是加快在重点行业和企业推广清洁生产。采用清洁生产技术，大力降低原材料和能源消耗，树立一批资源利用率高、污染物排放量小、经济效益显著的清洁生产先进企业。重点抓好庆化公司生产清洁工艺示范工程、中环净化设备公司烟气净化技术等清洁生产改造示范项目。

其次要大力发展循环经济。按照构造产业链的要求策划循环经济项目，培养循环型产业。重点抓好富虹集团大豆综合加工、博丰集团大豆功能因子深加工、盛盟实业年产 120 万吨清洁焦炭等一批循环经济项目。大力发展环保产业，推进环保技术开发及成套设备的产业化、国产化，建成一批示范环保工程。鼓励以废弃物为原料的循环生产，切实抓好煤矸石、粉煤灰、冶炼钢渣、化工废渣、尾矿的综合利用，支持有条件的辽阳石化分公司、沈煤集团、千山水泥等一批企业按照循环经济发展要求先行试点，在"减量化、再利用、资源化"的总体原则指导下，合理确定生产技术和工艺，形成循环式的生产模式。重点抓好沈煤集团煤矸石发电、辽阳石化公司 PTA 副产品残渣回收利用、辽化电厂烟尘脱硫等 50 个重点示范项目。

再次要全力推进节能减排。要紧紧围绕全面完成未来五年发展循环经济、资源综合利用、节能减排总体目标任务，全力推进"1155 工程"实施。即重点抓好 100 户以上重点耗能企业监管，10 项重大重点节能工程，50 项循环经济和节能减排重点项目，对 500 余户高耗能、高污染小企业实施关停整治、严格执行差别电价。对辽化、一热电、二热电等企业加快烟尘脱硫装置改造。力争到 2012 年，全市万元 GDP 综合能耗降至 1.83 吨标煤以下，年均下降 5% 以上；万元 GDP 取水量降至 144 立方米以下，年均下降 4% 以上。

(三) 主要措施

1. 努力提高企业自主创新能力，用技术进步推动工业产业结构调整

鼓励企业加强自主开发能力建设。支持大中型企业建立企业技术中心，支持中小企业走"产学研"联合道路，依托科研机构和高等院校共建企业技术中心。努力提高原始创新、集成创新和引进消化吸收再创新的能力，集中力量突破一批共性技术和关键技术难题，大力开发具有自主知识产权的关键技术和核心技术，使企业真正成为科技开发的主体。一方面要通过引进专利技术、软件和必要的关键设备，加强对引进技术的消化吸收，用高新技术对企业进行改造和嫁接。另一方面要鼓励大中型企业与国内外名牌院校、科研院所建立长期的技术成果转让和技术合作关系，不断提高传统产业和传统产品的技术档次和科技含量，加速传统产业升级的步伐。

重点加快精细化工、电子信息、生物制药、新型材料等辽阳市四个独具特色的高新技术产业发展。在精细化工方面，支持石油化纤公司、奥克化学品、华兴化学品、瑞兴化工、科隆化工、光华化工、虹马化工

等一批重点企业的产品研发。努力攻克催化加氢制备三氧氯乙烯、纳米材料制备与处理等关键技术。开发独具辽阳市特色的环氧乙烷衍生物系列产品、脂肪醇衍生物系列产品、高分子有机溶剂及添加剂系列产品。在电子信息方面，支持辽无一和聚进科技等企业，提升辽阳市电子信息产业发展水平。在继续做精电子原材料、新型电子元器件、嵌入式软件及服务软件等优势的产品的同时，重点发展 IC 及电晶体封装、智能消防灭火系统、IC 智能水表、纳米特种变频漆包线、网络通信和石英晶体元器件等产品。在生物制药方面，支持益康生物、北生药业、千山呈龙、鸿宇制药、华鑫药业等企业，促进辽阳市生物制药产业发展。采用先进适用的生物技术和计算机辅助药物设计、合成拆分等现代技术，大力开发河豚素注射液、糖安胶囊、鹿茸适用源等共有自主知识产权的天然药物。在新型材料方面，支持忠旺集团、铜业集团等企业，促进新材料产业快速发展。重点发展有色金属、化工工程、新材料、稀土等新材料。重点攻克彩涂铝塑型材、超细海岛短纤、高精度铜板带材以及稀有矽土材料等重点项目的技术难关。

同时，要加快用智能化、信息化等高新技术和先进适用技术改造提升传统产业及骨干产品，加快实现产品更高层次升级换代。采用先进制造工艺技术、机电一体化技术、智能化计算机控制技术，改造提升高速造纸机械、高灵敏高机动性军用雷达、水力发电机组核心部件、节能电力变压器、数控锻压机床、工程机械、筑路机械等装备制造业重点产品；采用新型干法水泥生产技术改造传统落后的立窑水泥生产技术；采用当代先进生产工艺技术，大力推进钢铁工业技术改造和产业升级，提高产品质量和档次。

2. 加强中小企业服务体系建设，以民营经济发展促进工业产业结构调整

一要进一步完善政策，改善中小企业的经营环境。加快建立健全中小企业社会化服务体系，特别是加快建立完善中小企业融资担保体系，充分发挥融资担保平台、融资服务平台和企业信用会的作用，切实解决制约中小企业发展中的资金瓶颈问题。积极创造条件建立中小企业服务中心，为中小企业的发展提供信息咨询、市场开拓、筹资融资、贷款担

保、技术支持、人才培训、法律援助、创业指导等方面的服务，努力增强中小企业开拓国际国内市场的能力和竞争力。二要推动民营工业企业加快体制创新。积极引导民营企业进行股份制改造，逐步建立起完善的法人治理结构，实现从传统的家族式经营向科学的现代企业制度转变。建立面向中小企业的技术创新服务机构，引导和协助中小企业制定发展规划，帮助中小企业提高自身素质，逐步实现制度创新、组织创新、管理创新和技术创新。通过大力发展那些吸收就业能力强、创汇能力强、低污染低耗能、潜力大成长性强的中小企业，培育和完善一批具有地方特色产业集集群，使之成为辽阳市工业产业结构调整的生力军。三要努力拓宽投融资渠道，培育产业结构调整的重点依托企业。坚持增量优化与存量调整相结合，资本运作与科学管理相结合，集中力量扶持一批民营企业壮大规模、提高素质。采取政策吸引、服务促进、依法保护等多种措施，大力推进信用担保体系建设，积极促进银企合作，大力拓展企业的融资渠道，争取多元化资金投入企业发展和建设。同时要进一步激活民间投资和社会游资，鼓励吸引民间资本投入企业建设。要培育和发展一批产业结构调整的重点依托企业，引导有实力的民营工业企业，以资本为纽带，通过联合、兼并、收购、合资、合作等方式，实现低成本扩张，尽快形成规模效应，增强辐射带动能力。要使结构的优化升级成为重点依托企业的内在追求，从而主动承担起产品结构调整和技术结构调整的重点项目。通过这些重点项目的实施，推动全市工业产业调整的进程，带动产业整体素质和竞争力的提升。

3. 实施项目牵动战略，依靠项目建设拉动工业产业结构调整

首先，抓好"一个基地和四个重点产业"项目、打造产业集群项目的战略性研究和规划论证。在注意充分发挥辽阳市的"区位、资源、产业"三大优势的基础上，统筹考虑资源开发、资源利用、产业链条延伸的要素支撑，明确各种资源开发与利用的阶段性目标和主要项目布局，科学地规划出重点任务、重点领域、重点地区和重点项目，为加快推进辽阳市工业产业结构调整进程提供可靠的科学决策依据。第二，大力推动企业合资合作，全力促进重点项目建设。坚持政府推动、市场化运作、企业自主决策原则，围绕主导产业和优势产业，切实抓好项目的引

进和就地改造。积极促进辽阳市企业与国内外大公司联合协作，合资合作，推动资金、技术和项目向优势产业、优势企业集聚。加快建设一批关联度大、产业链条长、市场前景好的重大项目，从而拉动相关产业和上下游企业发展，促进工业产业结构的优化升级。第三，进一步加强对项目建设的领导，全力做好项目的全方位服务。各级政府都应该把项目建设作为考核政府工作的一个重要内容，进一步健全完善和落实重点项目三级责任制。各有关部门多要充分发挥各自的职能优势，积极做好项目建设的市场引导、决策规划、资金落实、法律服务和目标考核等工作，全力搞好煤电油运等各种生产要素的协调，确保项目建设顺利实施和达产达效。

4. 进一步扩大对外开放，借助招商引资加快工业产业结构调整

一要继续优化辽阳市投资的环境。在硬件建设上要适度超前地推进基础设施建设，解决好制约企业发展的"瓶颈"问题。在软件建设上要加快体制创新、政策创新，转变政府职能，简化审批程序，提高工作效率和高服务质量。营造一个守法、诚信、和谐、宽松的经济发展环境，为辽阳市更多更好地吸引资金、技术、信息、人才奠定一个良好的环境。二要进一步改进和完善招商引资方式。在继续采取一些行之有效的招商引资方式的同时，要大胆创造一些新颖、实效的招商引资方式。把引进资金、技术、管理作为招商引资的重点，把资源招商、市场招商和技术招商作为招商引资的重要载体，突出企业的主体招商作用。努力实现从政府招商为主向企业招商为主转变，从综合性招商为主向专业性、行业性招商为主转变。围绕辽阳市的区位、资源、产业等优势，着重抓好支柱行业和重点行业的招商引资。并且力争在引进一些大项目、大企业、大财团，培育新兴产业上有新突破、新进展。力争每年推出100个以上工业重点招商引资项目。三要把技术、人才引进作为对外开放的重中之重。在引进项目和资金的同时，更要重视引进技术、人才和国外先进的管理经验。积极组织实施"引进来，走出去"的双向开放战略，努力开发国际科技人才资源，尤其是海外华人智力资源，积极开展政府间和民间的国际科技合作与交流。加强辽阳市企业与国外高新技术型跨国公司和国际科研机构之间的技术交流合作，鼓励企业、高校和科研机构

与国外企业、机构和个人合资或合作兴办开放的研究机构，联合进行新产品研究开发和科技成果转化。通过关键技术的引进、消化和吸收，加快辽阳市产业结构的战略性调整，把辽阳市的工业产业结构提升到一个更高的层次。四要实施"走出去"战略，进一步扩大产品出口。要把招商引资的着眼点放在加快融入国际经济体系上，积极参与国际分工和合作，力争在国际竞争中占有一席之地。一方面鼓励有实力的工业企业到国外购并、投资建厂，主动参与国际市场竞争，努力开拓国际市场。另一方面积极培育和发展外向型产业，加快出口生产企业的技术进步。为了大力拓展国际市场，努力培植和开发新的出口增长点，要积极调整出口产品结构，增加高新技术产品出口。积极引导有出口能力的企业抓紧进行技术改造，建立健全技术开发中心，推进 ISO 9000 质量体系认证和 ISO 14000 环保体系认证，提高出口产品技术档次和质量水平，增强国际竞争能力。五要切实抓好境内的招商引资工作。一方面要加强与东南沿海经济发达地区的交流与合作。积极推出一批合作项目，承接一批产业，吸引更多的科研机构、企业资本、专利技术、知名品牌、优秀人才等落户辽阳市创业、发展。另一方面要积极融入沈阳经济区。主动接受沈阳等周边城市的辐射，大力发展加工配套业，借助沈阳、大连、鞍山等大城市搭建的招商引资平台，开展全方位招商引资活动，力争在未来五年里全市工业引进域外资金 300 亿元。

5. 加大政策扶持力度，依靠环境建设保证工业产业结构调整

一要全面落实国家支持企业发展的积极财政、税收政策和国家振兴东北老工业基地的相关政策。积极向上级争取国债技术改造项目、国家技术创新项目，落实贴息资金项目，争取在国债资金、项目贴息、进口设备减免关税和国产设备抵扣所得税政策等方面给予企业更多的政策支持。二要加快出台推进辽阳市工业产业结构调整的各项配套政策。在充分利用好国家现行的鼓励工业发展的优惠政策的同时，从辽阳市实际情况出发研究制定一些专门促进工业产业结构调整的配套政策。比如，推进产业结构进行战略性改组改造政策、振兴和壮大支柱产业政策、加快高新技术产业化和名牌产品开发政策、支持企业积极进行产业结构调整的财税政策等等。同时要加强信贷、财税、土地、环保、建设、安全等

政策与产业政策的协调配合。通过不断深化行政管理和投资体制改革，促进优胜劣汰。对于不符合国家产业政策、供地政策、环境标准和污染物排放总量控制要求、市场准入条件以及国家限制或淘汰的项目，不得为其提供贷款和土地，发展改革、城市规划、建设、环保和安全监管部门不得为其办理相关手续。对于与有利于促进工业产业结构调整、国家产业政策支持的项目和节能降耗、资源综合利用以及清洁生产等发展循环经济的项目要在信贷、财税、土地、环保、建设、安全等各个方面给予支持，通过各项鼓励政策，大力支持骨干企业和产业集群加快发展。三要切切实实转变职能搞好服务，为企业营造宽松的发展环境。政府机关和各职能部门都要进一步转变职能，切实提高行政效率和服务水平，坚决彻底地取缔乱收费、乱集资、乱摊派。要想企业所想，急企业所急，全心全意为企业搞好服务，帮助企业增资减债、增收减负。还可借鉴日本和我国台湾扶持中小企业发展的一些具体做法，如设立专门化服务机构、建立各种基金等等。总之，要全力打造最优越的经济发展环境，力促辽阳市工业经济实现新的跨越式的发展。

课题组成员：辽阳市发展和改革委员会

艾　杰　韩之相　赵燕春　赵树昌

加快辽阳经济结构战略性调整
切实转变经济发展方式

一、辽阳市经济结构现状

十六大以来，辽阳市经济建设取得了辉煌成就，国民经济持续快速发展，综合实力显著增强，人民生活水平不断提高。全市生产总值增幅连续五年超过 16%，人均 GDP 由 2002 年的 11099 元提高到 25746 元（按现行汇率约折合 3450 美元），五年增长 1.3 倍。全市的产业结构、需求结构、区域结构和所有制结构发生了积极的变化。

1. 产业结构方面。2007 年，全市实现生产总值 470 亿元，五年年均递增 16.4%（下同），第一产业增加值为 30 亿元，年均递增 7.1%；第二产业增加值为 299 亿元，年均递增 19.4%；第三产业增加值为 141 亿元，年均递增 14.2%。工业的高速增长使第二产业占 GDP 比重不断攀升，全市三次产业结构由 2002 年的 12：46.7：41.3 变化为 6.4：63.6：30，第二产业比重上升 16.9 个百分点，其中工业比重提升了 17.1 个百分点，是辽阳市经济实现持续快速增长的主导力量。第一、第三产业比重分别下降了 5.6 个和 11.3 个百分点，成为五年经济结构调整中份额逐渐下降的产业。

农业结构调整成效显著。全市农、林、牧、渔四业的产值结构由 2002 年的 57.1：2.3：27.9：12.7 调整为 2007 年的 41.4：1.3：45.1：12.2。其中狭义农业比重降低了 15.7 个百分点，高效经济作物种植比重达 20％以上，养殖业比重提高 17.2 个百分点。五年中新发展设施农业大棚 5000 余栋，新建畜牧小区 520 个。2005 年辽阳市被国家列为全省唯一的"三品"整体推进试点市。到 2007 年，全市水产名优品种放养比例达到 75％以上，比 2002 年提高 10 个百分点。稻田渔业面积达到 10 万亩，比 2004 年增加 9.8 万亩。农业产业化方面，初步形成了肉鸡养殖加工、优质稻米加工等八大产业链条，农产品加工企业 1200 家，带动农户 14.2 万户，均比 2002 年翻一番。农业机械化程度显著提高，农机总动力比 2002 年增长 24％，耕种收全程机械化率比 2002 年提高 11 个百分点。

工业经济结构不断优化。2007 年，全市工业增加值实现 275 亿元，（规模以上工业增加值累计实现 678 亿元），为上一个五年的 3.5 倍，年均递增 19.3％，占全市 GDP 的比重为 58.5％。工业产业结构中的轻重工业占工业增加值的比重分别为 15％和 85％，重工业主导经济发展的作用更加凸现。主导产业在整个工业体系中的主体作用十分突出。2007 年，全市规模以上两大支柱和三个重点产业实现增加值 201 亿元，年均增长 22％，占全市工业经济比重由 2002 年的 92.6％提高到 95.7％。骨干企业实力增强，经济支撑作用明显。预计 2007 年，全市 50 户工业骨干企业可实现增加值 170 亿元，占全市工业增加值的 80.9％。五年间，共建设 2000 万元以上重点项目 492 项，其中亿元以上 159 项，累计完成投资 321 亿元，是前五年的 2.6 倍。按照建设全国重要的芳烃及化纤原料基地的发展方略，实施了年产 80 万吨 PTA 扩能改造、国内唯一一套单输单炼年加工 550 万吨俄罗斯原油常减压装置、120 万吨加氢精制装置、20 万吨乙二醇和环氧乙烷等主体项目。

第三产业蓬勃发展。五年来，第三产业始终保持稳步增长态势，服务业内部结构不断优化。五年间，全市第三产业项目建设累计投资 157 亿元，比上一个五年增长 54.5％。新世纪京都国际商业广场、富虹国际酒店、佟二堡裘皮商场和万隆大市场、两园改造、弓长岭滑雪场、龙石风景区等一批重点项目相继投入运营，提升了产业档次和服务水平。城市建设进程加快，基础设施不断完善，三项重点工程建设（太子河滨水风光带建设、西关商业区及辽纺危楼改造和城市南部开发）全面启动，为第三产业发展提供了重要载体。旅游、社区服务、金融、信息、咨询等现代服务业迅速发展。旅游业发展进入快车道，2004 年辽阳市被评为国家优秀旅游城市。金融机构自身实力不断增强，对经济发展的支持和保障作用进一步增强。社区服务正在向社会化、市场化、产业化方向发展。批发零售、住宿餐饮及交通运输等传统行业加速提升。隆兴、荣德、通汇物流等第三方物流企业初具雏形，连锁经营、物流配送等新兴流通形式快速发展。

高新技术产业发展迅速。五年间，全市高新技术产业增加值年均递增 20％。到 2007 年末，全市科研开发经费（R&D）达 5 亿元以上，占地区生产总值 1.2％。五年新增省级现代农业科技园区 4 个，省级工程技术研究中心 6 家。累计完成新产品开发 614 项，技术改造 1072 项，实施省以上高新技术产业项目 55 个，100 多家企业与国内外 50 多所高校院所实施合作项目 200 多个。共培育省级高新技术企业 60 家，省级名牌产品和著名商标 44 个和 47 个。

2. 需求结构方面。消费需求稳定增长，固定资产投资和外贸出口持续快速增长，消费需求和投资需求是经济增长的主要动力。预计 2007 年，社会消费品零售总额实现 120.8 亿元，年均递增 14.3％；固定资产投资完成 184.2 亿元，年均递增 33％；出口创汇实现 5.7 亿美元，年均递增 54.4％。

3. 区域经济结构方面。辽阳县和灯塔市县域经济实力明显增强，辽阳县和灯塔市 GDP、财政收入均实现比 2002 年翻一番多。预计 2007 年，辽阳县 GDP 达到 97 亿元，年均递增 16.3％，灯塔市 GDP 达到 81.0 亿元，年均递增 17.8％。县域经济占 GDP 比重为 38％，县域经济基本与全市经济保持同步发展。

4. 所有制结构方面。民营经济发展迅猛，规模以上民营企业发展到 700 户，主力军作用进一步增强。预计 2007 年末，全市民营经济增加值实现 265 亿元，年均递增 26.1％；民营企业增加值实现 185 亿元，年均递增 24.8％；实缴税金 31 亿元，年均递增 33.9％。民营经济对国民经济和税收贡献率达到 65％，较 2002 年分别提高 14 和 23 个百分点；对工业经济贡献率达到 75％，较 2002 年提高 18 个百分点。

二、存在的问题

一是产业结构层次低，产业集群经济尚未形成。产业集中度低，尚未形成规模效益，难以在成本、产品开发等方面形成市场优势。重点企业规模不大，分工协作差，产业集聚效应小，大中小企业之间未能形成合理的专业化分工与协作关系。粗放经济比重大，精品名牌经济比重小。二是传统高耗能经济比重较大，新型、绿色经济尚未成为经济发展的主力。企业信息化程度不高，工业设备陈旧，技术工艺落后，中、低端产品和加工组装的比例偏高，多数产品局限于高新技术产业中的部分劳动密集型环节。经济增长在相当程度上还依赖于高投资率和高投入额的支撑。三是支柱产业对外依赖程度高，因而受政策、环境制约较大。辽化、庆化、鞍本钢等特大型国有企业受国家政策影响因素较大，这些企业产品价格和原料供应上有所变动，将直接影响辽阳市两大支柱产业中的绝大部分企业。此外，资源、环境巨大压力；第三产业占 GDP 比重偏低，生产性服务业发展滞后；外向型经济总量小，外向依存度偏低等问题都是影响辽阳市经济又好又快发展的主要障碍。

三、发展环境分析

未来五年，辽阳市的发展面临着重要机遇和挑战。总体上看，机遇大于挑战，全市经济社会发展面临的国际国内环境总体上较为有利。一是世界经济增长态势没有改变，国际贸易不断扩大和跨国投资的普遍性增长，有利于辽阳市发展外向型经济和提高外向依存度；二是党的十七大为辽阳市实施经济结构战略性调整指明了方向，必将对全市转变发展方式，促进经济又好又快发展产生巨大的推动作用；三是国内发展环境总体较好，消费结构与产业结构升级进一步加快，民资北上趋势明显，中部城市群合作日益加深，有利于辽阳市进一步调整优化经济结构。

经济发展面临的挑战也是多方面的：一是经济发展存在诸多不确定因素。石油、天然气、铁矿石、铜等主要生产资料的产品价格仍将保持高位，国际贸易摩擦压力增大；二是国家一系列涉及土地、环保、金融等方面的宏观调控政策，虽长期有利于结构调整，但短期内将直接影响辽阳市一些新上项目和企业融资，对钢铁、电力等行业生产形成制约；三是全省实施沿海经济带开发战略，"五点一线"城市作为辽宁面向海洋战略的排头兵，以其政策、区位和开放优势，势必吸引周边城市生产要素流入，将给辽阳市进一步实施经济结构战略性调整带来压力。

四、结构调整的方向和重点

总体思路：以党的十七大精神为指针，以科学发展观为统领，以提高人民生活水平为出发点，以促进经济又好又快发展为根本目标。坚持走中国特色新型工业化道路，大力发展现代服务业，积极推进新农村建设，加快发展高新技术产业，快速推进经济结构战略性调整，使经济结构明显优化，优势产业竞争力明显增强，经济发展质量和效益明显提高，力争在下一个五年，把辽阳建设成为人民生活富裕、生态环境良好、产业优势明显、充满发展活力的新型工业城市和综合性休闲宜居城市。

主要指标：到2012年，全市生产总值达到1000亿元以上，年均递增15%。人均生产总值达到7500美元以上（按现行汇率折算）。地方财政一般预算收入年均递增17%以上。全社会固定资产投资年均递增20%。社会消费品零售额年均递增15%以上。万元地区生产总值综合能耗年均下降5%，取水量年均下降3.5%。城市居民人均可支配收入超过17000元，年均递增10%；农民人均纯收入超过8000元，年均递增9%。城镇登记失业率控制在4.3%以内。

调整方向：加大结构调整力度，按照建立现代产业体系的要求，坚持做优一产、做强二产、做大三产，在稳定农业生产、加快工业产业结构优化升级的同时，大力推进现代服务业发展，努力扩大第三产业比重。到2012年，三次产业比例达到5∶60∶35。在三次产业发展次序上，逐步转入以现代服务业为主导的"三二一"发展模式。发展以高新技术产业为先导、主导产业为支撑、现代服务业为核心的现代产业体系。

——加快发展第三产业，由主要依靠第二产业带动向依靠三、二、一产业协同带动转变。

——扩大消费需求，由主要依靠投资拉动向依靠消费、投资、出口协调拉动转变。

——推进产业优化升级，由主要依靠增加物质资源消耗向主要依靠科技进步、劳动者素质提高、管理创新转变。

——发展现代产业体系，大力推进信息化与工业化融合，促进现代服务业与工业融合。

——加强节能降耗，推广节约、替代、循环利用的先进适用技术，发展清洁能源和可再生能源，提高能源资源利用效率。

——统筹区域发展，依托主体功能区建设，调整经济布局，加快城镇化步伐，引导农村富余劳动力向二、三产业转移。

(一) 工业结构调整

未来工业调整的方向和重点就是"建设一个基地、发展四个重点"。到 2012 年，全市工业增加值年均递增 16%，其中规模以上工业增加值年均递增 17%。石化产业与四个重点产业增加值占全市规模以上工业增加值的比重达到 97% 左右。骨干企业发展力争实现"115"目标，即规模以上企业达到 1000 户；销售收入超亿元的企业达到 100 户；销售收入超 5 亿元的企业达到 50 户。

1. 建设一个基地。全力建设重要芳烃及化纤原料基地，以精深加工为重点，扩大芳烃原料生产规模，延伸芳烃衍生物产业链，大力发展精细化工和化工新材料产业集群，形成支撑全市工业发展的核心和支柱。规划引进一批符合结构调整方向的大项目，壮大石化产业集群，形成规模优势。重点推进辽阳石化分公司芳烃厂 140 万吨/年连续重整—歧化联合装置及配套系统工程、30 万吨/年精己二酸技改工程等重点项目建设进度，力争在未来五年里有 80～100 个项目进入基地发展，从而确立中国北方最大芳烃生产基地和以芳烃深加工为主的化纤原料基地的优势地位。到 2012 年，完成 20 平方公里芳烃基地建设，实现 1000 万吨/年炼油、200 万吨/年芳烃、80 万吨/年苯乙烯生产规模，实现销售收入 1000 亿元。

鼓励各类投资主体参与芳烃基地建设，依托辽阳石化原料和技术优势，拉长环氧乙烷、化工新材料、聚乙烯和聚丙烯等产业链条，提高产业组织化程度和产业规模竞争力。围绕差别化纤维、尼龙、工程塑料等重点产品开发，扶持发展科技型配套加工企业，推动奥克化学、科隆化工、华兴化学品等骨干企业向集约化、大型化、高级化、系列化和高加工度方向发展，形成上下游关联互动的产品系列。到 2012 年，规模以上石化产业增加值占规模以上工业增加值的比重达到 43％左右。

2. 发展四个重点

——钢铁和有色金属加工业。发挥辽阳的区位优势和产业配套优势，加强与本溪、鞍山、营口大型钢铁企业的配套协作和产业链接，依托鞍、本钢产品资源进行精深加工。瞄准高端国际市场，重点开发有自主知识产权的特种钢、合金钢、轻质板材、高强度预应力钢绞线和大型钢管等新产品，形成钢管、特种钢材、专用型材、高强建材产品优势。重点搞好年产 40 万吨冷轧薄板、年产 2 万吨特种变频漆包线等重大结构调整项目建设，争取形成本溪－辽阳－鞍山－营口钢铁和有色金属加工产业带。到 2012 年，高端钢材、铜材深加工能力分别达到 50 万吨和 20 万吨，规模以上钢铁和有色金属加工业增加值占规模以上工业增加值的比重达到 23％左右。

——矿产建材业。充分发挥原材料和资源优势，在资源集约利用的基础上，大力开发和推广高科技含量、高附加值的化学类、金属类、复合类、资源节约类新型建材，推进矿产建材业向节能环保和资源综合利用方向发展。加快研发应用新型生产工艺技术，重点开发高档建筑密封材料，工程防水材料等建材产品。突出发展新型干法水泥，支持富山、天瑞、千山等新型干法水泥生产企业发展壮大，推进以本溪、辽阳为中心的辽宁中部水泥工业生产基地建设，到 2012 年，新型干法水泥生产能力达到 1200 万吨。建成沿海经济带和中部城市群开发建设的新型建材供应基地。到 2012 年，规模以上矿产建材业增加值占规模以上工业增加值的比重达到 13％左右。

——装备制造及其配套业。积极参与沈西工业走廊建设，加强与沈阳装备制造业特别是汽车制造企业的协作配套,扩大产业规模、突出产品特色,将辽阳建设成为全省装备制造业出海通道的重要节点。重点抓好大型水电、火电、核电发电机组核心部件产品和化工制药机械装备、高档箱纸板成套设备、混凝土搅拌设备及多功能摊铺机、有害物料封闭式无轴螺旋输送机等新型机械产品。重点培育和优先发展汽车零部件配套业,重点扶持新风集团的汽车柴油发动机高压共轨项目,加快推进金兴内饰件与延锋伟世通合资项目。引导现有50多家汽车零部件配套企业围绕两大核心项目加强协作融合,加快发展汽车柴油机、内饰件、曲轴、安全气囊、变速器等系列产品。到2012年,规模以上装备制造及其配套业增加值占规模以上工业增加值的比重达到9%左右。

——农副产品深加工业。充分发挥农业资源优势,提高农副产品加工深度,推动农副产品深加工业向扩大加工量、开发新产品、创品牌名牌方向发展。扶持富虹集团、忠信淡水渔业、博丰集团、新特集团、宏伟粮库等农产品加工龙头企业做大做强。重点培育稻米、玉米、大豆、水果、薯类、蔬菜和肉蛋奶等深加工产业链条,大力发展色拉油、优质大米、葡萄酒、果味矿泉水、肉制品等深加工产品,努力把辽阳市建设成为辽宁中部的优质农副产品供应基地。到2012年,规模以上农副产品深加工业增加值占规模以上工业增加值的比重达到9%左右。

3. 加快发展以信息、生物、新材料等为重点的高新技术产业。提高研发水平,壮大产业规模,集中优势资源,强化产业整合,在围绕芳烃基地建设大力发展精细化工产业的基础上,力争使信息、生物、新材料产业实现重点突破。规划和发展一批技术含量高、市场前景广阔、牵动作用大、经济效益显著的重点企业和重点项目。扶持发展以辽宁忠旺集团、辽阳铜业集团、美宝稀土材料有限公司为龙头的新材料产业,以辽阳鸿宇晶体有限公司和辽阳日月科技为龙头的电子信息产业,以辽阳千山呈龙科技有限公司、辽宁华鑫药业公司为龙头的生物制药产业。未来五年,高新技术产业增加值年均递增25%,新创建高新技术企业50户。重点培育20户产值超10亿元、利税超亿元的高新技术企业。

(二)服务业结构调整

发挥城市区位和历史人文优势,顺应产业结构快速升级的要求,依托三项重点工程建设，大力发展旅游业、现代物流业和社区服务业等现代服务业，加快传统服务业改造提升，提高服务业整体水平，扩大服务业规模。到 2012 年，第三产业增加值达到 350 亿元以上，年均递增 15％以上，占 GDP 比重达到 35％以上；从业人员达到 42.8 万人，占全市从业人员总数的 46％左右。

——旅游业。把握城市历史文化内涵和自然景观优势，全力打造历史文化、温泉休闲、自然生态三大特色旅游品牌，大力发展文化型、休闲型、参与型、体验型旅游项目，建成 10 个国家级旅游区（点），把辽阳建设成为省内重要的旅游目的地。做好汉魏墓葬、白塔、广佑寺、东京陵、护城河等古建筑、古墓葬、古遗址的维修保护和外延开发。发掘人文资源，打响曹雪芹文化艺术节品牌，建设红楼梦风情旅游景观，打造历史文化旅游精品线路。大力开发以"汤泉谷"生态园区建设和弓长岭温泉滑雪场扩建项目为重点的汤河温泉旅游休闲产品，加快太子河滨水风光带、核伙沟、龙石、桃花岛生态园开发建设，大力发展自然生态旅游项目。到 2012 年，全市旅游总收入实现 186 亿元，年均递增 26％以上。

——现代物流业。注重发挥现代物流业对产业发展的牵动整合作用，将现代物流业打造成为辽阳未来的服务业支柱产业。整合现有物流资源，发展第三方物流企业，建设适应现代工业城市发展的物流配送体系。重点加快华盛物流港及保税仓库、弓长岭隆兴物流、荣德物流、通汇物流等重点项目建设，推进火车站场物流中心改造建设。规划建设现代物流园区，在沈大高速公路两个出入口、灯塔市与沈阳交接处、"本辽辽"高速公路出入口附近建设 3～5 个规模较大、功能齐全、依托网络技术，集仓储、包装、配送于一体的现代物流园区。

——社区服务业。大力推进社区服务业发展，将社区服务业打造成为服务业新的增长点和吸纳就业的重要渠道。到 2012 年，基本建立起多种经济并存、群众参与踊跃、服务设施齐全、覆盖范围广泛、服务质量优良、服务门类齐全的社区服务体系。加大对社区公益性服务的保障力度，发展社区福利服务、便民利民服务、社会保障服务，推进公共服务社区化。加大对社区经营性服务的扶持力度，加快社区服务产业化步伐，大力发展面向居民生活服务的健身娱乐、早餐配送、托幼养老、家庭医疗、家庭教育、家政服务等社区服务产业。未来五年社区服务业年均新增就业人员 8000 人以上。

——传统服务业。快速提高商贸流通、餐饮住宿等传统服务业集约化水平。进一步整合现有资源，加快构筑结构合理、功能完善、城乡一体、全面开放、竞争有序的大市场、大流通、大贸易的商品流通业格局。大力发展商品市场，培育发展生产资料市场，不断提升消费品市场的档次和规模，发展农产品批发市场，通过培育和发展商品市场，不断壮大流通规模。进一步完善西关市级商业中心功能，规划建设次级商业区，与西关市级商业中心形成错位和互补经营。加速发展县域和农村商业，优化流通产业布局，推进"万村千乡市场工程"，构造新型农村流通网络；继续实施"双百市场工程"，打造品牌农产品批发市场。

（三）农业结构调整

稳定和加强农业基础地位，加快发展现代农业，推进特色产业化经营，大力发展优质高效农产品，走中国特色农业现代化道路，建立以工促农、以城带乡长效机制，形成城乡经济社会发展一体化新格局。加快新农村建设步伐，促进农业产业结构调整。到 2012 年，农业增加值达到 54 亿元，年均增长 8%。

——加快农业产业化步伐。以增加农民收入为重点，加快发展现代农业，提高农业综合生产能力。稳定粮食生产，粮食总产量年均稳定在 80 万吨，确保粮食安全。机耕地面积达到 240 万亩，耕地机械化水平达到 61%。突出发展花卉、食用菌、山野菜等精品特色高效农业和设施农业，大力发展生态观光旅游农业，建设集中连片的生态观光农业示范区。加快发展林下经济，大力发展标准化畜牧小区，推行清洁养殖，畜牧业产值占农业总产值的比重达到 65%。水产业名优新品种养殖要占池塘养殖面积的 80%以上，观赏鱼养殖发展到 16 万平方米。

——统筹城乡、区域经济发展。优化城乡资源配置，进一步优化产业和人口的空间布局，推进城乡发展规划、产业布局、公共财政体制、基础设施和社会建设等方面的一体化，实现城乡融合发展，让广大农民共享发展成果。大力发展农村二、三产业，促进城乡结构调整，发展壮大"一村一品"、"一乡一业"区域特色经济，创造非农产业就业机会，多渠道增加农民收入。科学合理规划城镇建设，完善城镇基础设施功能，稳步推进城镇化进程，促进城乡和区域协调发展。到 2012 年，全市城镇化水平达到 63％以上；辽阳县、灯塔市经济综合实力进入发达县（市）行列。

——加快农业基础设施建设。统筹防洪、抗旱、防涝工程，实施以河道治理为重点的水利基础设施建设。抓好浑河、太子河险工险段和砂基砂堤治理，提高中小河流防洪标准。加强安全饮水工程建设，到 2012 年，彻底解决农民安全饮水问题，农村自来水普及率达到 90％，比 2007 年提高 14 个百分点，农村改厕普及率达到 70％以上。加强村容环境整治工作，农村绿化有重大进展。绿化村屯 300 个，森林覆盖率达到 40％以上。以市场化运作模式，推行农村新能源建设，秸秆气化、沼气、"四位一体"能源工程普及率达到 60％以上。

——健全农村市场和农业服务体系。建设完善农村市场体系。继续实施"万村千乡"市场工程，新建达标配送中心 5 个，标准农家便民店 500 个，农民专业合作社 500 个，新建农产品市场 15 个。发展科技、流通、农机等农业服务体系，农业实用先进技术普及率达到 90％，农业全程机械化率 70％以上。鼓励和引导农民发展各类专业合作经济组织，提高农业组织化程度。积极培育农业产业化龙头企业，鼓励龙头企业与农民建立稳定的合同关系和利益联结机制。提高农村金融服务水平，到 2012 年，农村小额担保贷款达到 40 亿元。

五、政策措施

（一）继续扩大对内对外开放，提高开放型经济水平

充分利用国家关于促进东北老工业基地进一步扩大开放的优惠政策，更加注重对内开放，大力承接东南沿海产业转移和南方发达地区民资北上。利用沿海经济带和辽宁中部城市群经济区建设的机遇，进一步加强与沈阳、鞍山、营口等周边城市在经济、技术、交通、旅游等各个领域的协作，积极吸引国内科研、金融机构、企业、资本、专利技术等

进入辽阳市。主动接受"五点一线"和内陆核心城市辐射,重点加强与沈阳铁西工业走廊、大浑南地区布局的对接和产业配套协作;利用营口港和辽中干港保税仓库建设,大力发展辽阳市现代物流业;利用沈阳经济区和沿海经济带招商平台,扩大对外开放,建设沿海经济带和辽宁中部城市群的重要连接带。

(二)深化各项改革,完善市场经济体制

全面完成国有企业、国有事业单位、公用事业单位、集体企业的改制工作,引导民营企业开展管理创新和制度创新,鼓励民营企业重组联合,多元持股,增强民营企业进入市场能力。提高资源配置的市场化程度。进一步加强要素整合,加速形成集聚能力,优化资源配置的效率机制,实现有限资源向优势产业和企业倾斜。完善市场体系。积极发展土地、技术、劳动力等各类要素市场。推进财政、金融、投资、规划和行政管理体制改革,积极推进基本公共服务均等化,营造公正透明的法制环境和公平守信的市场环境。

(三)以创新体制机制为重点,提高自主创新能力

以科技创新为核心,加快创建立以企业为主体、市场为导向、产学研相结合的技术创新体系。努力掌握一批拥有自主知识产权的核心技术和关键技术,促进科技成果向现实生产力转化。营造培养人才、引进人才、留住人才的良好环境,形成人力资本优势。到 2012 年,R&D 活动经费支出占 GDP 比重提高到 2%。累计完成新产品开发 1000 种以上,其中高新技术产品 200 种以上。新创省级高新技术企业 50 户,新增国家级企业技术中心 2 户,省级企业技术中心 20 户。实施名牌战略,建立名牌培育机制。新创省级以上名牌产品和著名商标各 25 种。

(四)加大节能减排工作力度,淘汰落后生产能力

树立生态文明观念,大力发展循环经济,推进节约型和环境友好型社会建设。加强水、土壤、大气等污染治理,加大重点污染区域监管力度,有效控制主要污染物排放。坚决淘汰小造纸、小水泥等高耗能、高污染、低水平落后产能。围绕节能减排总体目标任务,全力推进"1155"工程实施。大力发展节能经济、循环经济,实施一批资源使用减量化、再利用和再循环工程,重点抓好沈煤集团煤矸石热电、尾矿和废矿渣综合利用、城市垃圾回收利用等重点循环经济项目建设。建立完善环境科技创新体系和绿色指标考核体系，构建生态和谐文化，推动经济发展转入科学发展轨道。

（五）拓展发展空间，提升产业承载能力

按照完善主体功能区的要求，认真实施城市总体规划和土地利用规划，坚持新区建设与老城区改造并举，整合土地资源，依托现有用地布局向外有序拓展城市规模。生活性用地向太子河沿岸和城市南部次中心集中，生产性用地向铁西和辽化方向集中。实施西关商业区、城市南部地区改造、太子河风光带城市建设"三大工程"，拓展服务业发展空间。统筹芳烃基地、高新技术开发区、经济开发区等工业园区建设，发挥好工业项目的载体作用，促进工业项目向重点区域集中。开展102国道和沈营线沿线产业布局研究，形成特色产业带，优化产业空间布局。到2012年，高新技术开发区开发建设面积达到24平方公里，经济开发区达到15平方公里。

（六）破解就业和社保难题，发展成果由人民共享

大力发展第三产业、中小企业和劳动密集型产业，最大限度地创造新的就业机会，解决好结构调整过程中出现的劳动者就业问题。加强以技能培训为主的就业培训，促进职工工资水平有较大幅度的增长。增加中等收入人群比重，不断提高低收入人群收入水平，逐步提高最低生活保障标准和最低工资标准。基本建立覆盖城乡的社会保障体系。以社会保险、社会救助、社会福利为基础，以基本养老、基本医疗、最低生活保障制度为重点，以慈善事业、商业保险为补充，构建惠及全市城乡的社会保障体系。到2012年，养老保险、失业保险、医疗保险、工伤保险、生育保险等基本社会保障最低险种覆盖率达到85%以上。

课题组成员：张洪武　辽阳市人民政府

　　　　　　胡异冲　辽阳市发展和改革委员会

　　　　　　杨　宇　辽阳市发展和改革委员会

　　　　　　贾远旭　辽阳市发展和改革委员会

　　　　　　韩之相　辽阳市发展和改革委员会

朝阳市装备制造业发展战略研究

装备制造业是工业的先导行业，是各个工业化或后工业化国家的主导产业之一，也是一个地区工业化水平和经济技术总体实力的标志。在国家和省大力发展装备制造业的今天，研究制定装备制造业发展战略是实现朝阳老工业基地振兴的重要课题。

一、朝阳装备制造业发展现状

（一）朝阳装备制造业优势

改革开放以来，朝阳市装备制造业经过改组改造，结构调整不断优化，骨干企业规模不断发展壮大，经济效益水平不断提升，已经渐成为市重要的支柱产业。

1. 装备制造业基础雄厚。2006 年，装备制造业拥有资产总计达 60.4 亿元，占规模以上工业的 24.8%。其中，固定资产原值 29.5 亿元，占全市的 21.1%；固定资产净值 18.5 亿元，占全市的 20%。其中：交通运输设备制造业，拥有资产总额达 35.84 亿元，占装备制造业的 59.4%，占全市规模以上工业的比重为 14.74%；拥有固定资产原值 17.66 亿元，占装备制造业的 59.85%，占全市规模以上工业的比重为 12.67%；固定资产净值 10.18 亿元，占装备制造业的 55.1%，占全市规模以上工业的比重为 11.1%。通用设备制造业资产总额为 11.94 亿元，占装备制造业 19.78%。专用设备制造业资产总额为 6.96 亿元，占装备制造业的 11.52%。通信设备、计算机及其他电子设备制造业和金属制品业的资产总额分别占装备制造业的 2.89％和 2.1％。

2. 装备制造业总体规模不断发展壮大。2006 年，全市装备制造业规模以上企业 143 户，比 2005 年增加 33 户，占全市规模以上企业总数的 29.9％。实现工业总产值 63.5 亿元，增长 27.3％，占规模以上企业产值的比重为 23.5％；实现增加值 15.3 亿元，增长 51.6％，占全市规模以上企业增加值比重为 19.7％。主营业务收入 62.6 亿元，增长 26％，占规模以上企业的 24.2％。实现利税 3.97 亿元，增长 36.9％，占规模以上企业的 15％。

3. 装备制造业综合经济效益水平不断提高。在装备制造业各行业中，电气机械及器材制造业总资产贡献率为 24.46％，高于全市水平（11.75％）12.71 个百分点；通信设备、计算机及其他电子设备制造业总资产贡献率为 11.55％，通用设备制造业和专用设备制造业的贡献率分别为 6.27％和 5.34％。流动资产周转速度较快。其中金属制品业为 2.01 次/年，通用设备制造业、电气机械及器材制造业分别为 2.76 次/年和 2.13 次/年。

4. 装备制造业中的多种产品在全省占有一定地位。2006 年，朝阳装备制造业总户数 143 户，居全省第九位；实现增加值 15.3 亿元，列全省第九位；资产总计为 60.4 亿元，居全省第九位；利润总额 1.86 亿元，居全省第九位；利税总额 3.97 亿元，居全省第九位；拥有的从业人员 2.49 万人，居全省第八位。东风朝阳柴油机有限责任公司生产的内燃机产量达 1098.5 万千瓦，占全省总产量的 22.1％，仅次于沈阳市（2870.48 万千瓦），位居全省第二位；以朝阳中泽重型机器有限公司等为主的企业生产的水泥设备产量达 31488.77 吨，占全省的 54.6％，居全省各市之首。矿山设备产量达 8239.59 吨，占 5.9％；朝阳朝阳机械有限责任公司生产的铲土运输机械达 361 台，占全省的 15％，列抚顺（1000 台）、沈阳（966 台）之后；环保专用设备产量为 54 台，占全省的 8.3％，列鞍山（483 套）、沈阳（117 套）之后；金属切削机床产量为 156 台，位于全省第七位；变压器产量为 4.48 亿伏安，居全省第八位。

（二）朝阳装备制造业存在问题

朝阳市装备制造业虽然取得了长足的发展，但与国内先进省份及省内发达地区相比，还存在着较大差距，存在的问题也比较突出。一是重点骨干企业生产经营总量不大，企业规模偏小，大企业不大不强，小企业不精不专，缺乏带动能力和辐射能力强的龙头企业。二是产品技术含量低、档次不高、缺乏市场竞争能力。三是产业集中度低，成套能力和配套能力较差。存在重主机、轻配套，重产品、轻零部件的倾向，尚未建立起专业化、社会化的分工体系，没有形成强大的产业链。四是大多数企业未建立起较强的技术中心，企业科研经费投入不足，导致产品开发能力和技术引进消化再创新能力十分薄弱。五是受金融体制和企业现状的双重影响，企业贷款比较艰难，再加之民间资本总量不足，积聚力弱，装备制造业总体投入不理想，整体发展较慢。

二、朝阳装备制造业发展机遇和挑战

（一）朝阳发展装备制造业的机遇

1. 发展装备制造业具有良好的政策环境。国家已经把振兴装备制造业摆在国民经济和社会发展的战略地位上，并于 2006 年下发了《国务院关于加快振兴装备制造业的若干意见》，将在体制改革、机制创新、技术开发、项目建设、税收等方面给予大力支持；中央实施东北地区等老工业基地振兴战略，并提出将东北地区建成中国重要的现代装备制造业基地，已经出台的各项振兴老工业基地的政策效应开始显现；省委、省政府提出"十一五"期间，要集中力量将辽宁省建设成为中国重要的先进装备制造业基地，并建设辽西沿海装备制造业产业带。朝阳作为辽宁地域经济的组成部分，大力发展装备制造业符合全省产业分工的要求，有利于获得更加优惠的政策支持；朝阳市提出"十一五"期间要形成"5+1"产业发展新格局，即建设精品钢材基地、新型能源基地、特色农产品生产加工基地、汽车及汽车零部件基地、矿产资源深加工基地及大力发展装备制造业。良好的政策环境将为全市装备制造业企业快速发展提供强有力的支撑。

2. 发展装备制造业具有较大的市场空间。随着经济全球化进程加快和科学技术迅猛发展，国际产业分工、调整和转移加速进行，特别是以制造业为重点的国际产业正在加快向中国转移，纷纷在中国建立生产基地，由商品输出变为资本输出和品牌输出，这就为朝阳市充分利用两个市场、两种资源，引进先进技术，参与国际分工创造了条件；中国正处于新一轮经济增长的上升期，工业化、城镇化加速推进，交通、冶金、机械、通信等一批重大项目正在建设或改造中，将对装备制造业产生更大的需求；装备制造业作为技术密集型和资本密集型行业，不仅本身万元产值消耗的能源和资源在重工业中是最低的，而且先进的装备制造业会带动一个地区经济发展对资源和能源的消耗强度，在资源和能源日趋紧张的情况下，发展装备制造业将有巨大的市场空间。

3. 发展装备制造业具有较好的基础。朝阳地处经济发达的京津唐地区和装备制造业较发达的东北地区之间，是辽冀蒙三边地区最重要的工业城市，在接受辐射和发挥带动作用方面具有得天独厚的条件；朝阳发展装备制造业历史上曾有过辉煌。朝阳重型机器厂曾经是全国水泥机械行业四大排头兵，朝阳也被誉称为建材机械装备城。鸿凌汽车集团曾经是朝阳省汽车行业的"辽老大"。北票电除尘设备制造总厂是中国最早研究、设计、生产电除尘器的企业，是国家定点生产电除尘器的重点骨干企业；经过多年的积累，朝阳市装备制造业在资产、技术装备、高加工度产品的研发生产能力上具有一定的先进性，为振兴朝阳市装备制造业奠定了物质基础；朝阳具有一批现代管理知识、经验丰富的企业管理者，有吃苦耐劳、技术过硬的适用型工人，而且劳动力成本较低，为提高朝阳市装备制造业竞争能力打下了良好的基础。

（二）朝阳发展装备制造业的挑战

在看到朝阳市装备制造业良好发展条件的同时，还应该清醒地认识到朝阳市所面临的不利因素。在"十一五"规划中，全国已有17个省份把装备制造业定位于支柱产业或优势产业，省内的沈阳、大连两市也将"建设全省装备制造业基地"纳入"十一五"规划，并辅以各项优惠政策，支持其快速发展，竞争态势将越来越强烈。朝阳市必须抓住时代赋予朝阳市的机遇，充分发挥比较优势、重点突破、全面提升、奋力崛起，实现朝阳装备制造业的振兴。

三、发展装备制造业的战略构想

（一）发展装备制造业的指导思想

根据朝阳市装备制造业的发展情况和优势分析，依据《朝阳市国民经济和社会发展第十一个五年规划》，今后五到十年，朝阳市装备制造业发展的指导思想是：以科学发展观统领装备制造业全局，以形成产业集群为目标，以提高装备制造业水平和延长产业链条为主攻方向，以科技创新为手段，以重大项目为依托，紧紧抓住老工业基地振兴和振兴装备制造业的大好机遇，发挥比较优势，积极承接国内外装备制造业产业转移，用高新技术和先进适用技术改造和提升核心企业，促进产业结构优化升级。加大技术开发投入力度，提高技术引进、消化、吸收和创新能力，提高技术装备的设计、制造和成套水平。围绕产业链条的完善和延伸，培育有特色的产业集群，形成专业化生产、区域性协作、社会化配套的产业格局，把朝阳市建成全省乃至全国重要的装备制造业生产基地。

（二）发展装备制造业的基本原则

1. 坚持产业结构调整和深化企业改革相结合的原则。按照走新型工业化道路的要求，结合全市"十一五"规划和老工业基地调整改造规划，大力推进产业结构不断调整优化；创新管理体制和机制，加快建立现代企业制度，完善公司治理结构，增强企业活力和市场竞争能力。

2. 坚持成套生产与配套生产相结合的原则。充分发挥现有装备制造业的比较优势，提高现有装备的成套能力和产品质量及技术水平。坚持有所为、有所不为，选择重点优势领域，实施重点突破，提高研发设计、加工制造和成套能力。加快发展零部件配套产业，形成专业化、系列化、批量化生产体系，实现产业集群发展，增强行业竞争力。

3. 坚持产业集群发展的原则。围绕装备制造业具有高关联度、产业衔接性较强的特点，根据产业和行业发展的客观规律，实现各种生产要素向优势行业、优势企业的集聚，形成支撑产业发展的大企业和中小企业紧密结合、功能互补的企业组织结构，增强产业的集聚功能，提高产业组织化程度和产业规模竞争力。

4. 坚持自主创新与引进消化吸收再创新相统一的原则。以增强企业核心竞争力和产业整体竞争力为目标，坚持重点突破与整体推进并重、自主创新与合作开发并重的方针，运用现代化技术，加强产、学、研结合，重点引进先进技术和先进成果，提高消化、吸收、再创新能力，促进装备制造业企业在自主创新和经济增长方式转变等方面实现重大突破，为振兴装备制造业提供强大动力。

5. 坚持自力更生与争取上级支持相结合的原则。充分抓住中央实施东北地区等老工业基地振兴战略，大力发展装备制造业的历史机遇，用足用好国家在资金、税收等方面的支持政策，推动装备制造业产业结构优化升级；以产业政策为指导，通过政府引导、政策支持、调动和激活人才、资产等生产要素，提高企业发展能力和造血机能。

（三）发展装备制造业的目标

根据朝阳市装备制造业发展实际，总体目标分两步实施。

第一步："十一五"期间，实施装备制造业育成行动。以提高技术水平和产品档次为目标的重点项目陆续开工建设，发展壮大一批重点骨干装备制造企业。其中培养产值超 10 亿元以上企业 7 个，5 亿元以上企业 10 个，装备制造业产值达到 165 亿元，年均增长 27％，占全市规模以上企业产值的比重达到 30％，初步实现朝阳市装备制造业由加工向制造的转变；由配套向成套的转变；由分散向集群的转变；由粗放污染向绿色集约的转变；由传统向先进的转变，装备制造业基本育成。

第二步："十二五"期间，实施装备制造业振兴行动。一批重点骨干装备制造企业竞争能力显著增长。其中，培育产值超 100 亿元的企业 1 个，超 50 亿元的企业 3 个，20 亿元的企业 10 个。装备制造业产值达到 500 亿元，年均增长 25％，占全市规模以上企业产值的比重达到 37％，把朝阳市建成产业集群度比较高、产业结构比较合理、产品技术比较先进、装备制造特色比较明显、综合实力在全省处于前列、竞争能力在国内外有较大影响的先进装备制造业基地，实现装备制造业的全面振兴。

四、装备制造业发展重点及战略步骤

(一)装备制造业发展重点

装备制造业涉及领域比较广泛,朝阳装备制造业发展重点涉及八大领域,即铸造领域、汽车及汽车零部件领域、建材机械领域、高新技术领域、建筑机械领域、金属切削(机床)领域、环保设备领域、医药设备领域。

(二)装备制造业发展战略步骤

围绕上述八大领域,研究朝阳装备制造业战略框架,总体上可概括为:"一、二、三、四"。

"一"是指构建一条"铸造产业带"

铸造业是装备制造业的基础,是朝阳市传统行业之一。目前,全市拥有规模以上铸造企业143家,年生产能力50万吨左右。随着装备制造业的快速发展,铸造业市场空间越来越大。要依托朝阳市劳动力资源丰富、原材料和各种合金材料资源丰富的优势,采取有力措施,整合现有生产能力,加强铸锻工艺研究,加大重点企业技术改造力度,实现铸造业的整体推进,全面提质,形成纵贯全市东北至西南方向的一条铸造产业带,构建以北票、龙城、喀左、凌源为中心的四大区域性产业积聚区。力争到"十一五"末,实现产值65亿元,利税7亿元,铸件总产量达到100万吨。

1. 以北票为中心的铸造产业群。积极发挥骨干企业的带动作用,按照机电一体化、多功能化的要求,推行差异化战略,重点发展以汽车零部件和高强度耐热、耐磨、耐腐蚀铸件为主的高附加值主机产品和核心基础零部件。围绕丰富的铁矿石资源,大力发展直接还原铁,在此基础上,直接生产钢铁铸件。推进资产重组,引导生产要素向优势区域、优势企业集中,重点发展北票电力铸钢有限公司、铸钢总厂、华电铸钢、兴隆铸造厂、三星铸钢有限公司等企业,形成以北票五间房为中心的精密铸造产业积聚区。

2. 以龙城为中心的铸造产业群。以朝阳重型机械制造厂为龙头的包含市区、双塔在内的众多铸造企业是朝阳市铸造产业优势区，是朝阳市铸造业今后发展的重点地带。一是要积极开展招商引资活动，吸引各方资金，对铸造企业进行技术升级和改造，提高铸造的机械化、自动化水平，提高劳动生产率，增加铸造的技术含量及档次，从靠拼劳力与资源向依靠技术与实力转变。二是积极采用各种先进的铸造工艺和合金材料，延长产业链，对铸件进行深度加工，实现由"量的赶超"向"质的赶超"的转变，狠抓产品质量与成本管理，大幅度提高其技术附加值。三是整合资源，优化布局，对市区的一些铸造企业实施"退二进三"，鼓励和吸引铸造企业落户龙城工业园区北园，打造铸造工艺多样、铸造合金品种基本齐全，以汽车零部件为核心产品的综合铸件、机械零部件生产基地。四是加大技术改造力度，做大做强重点龙头企业。朝阳重型机械制造厂要在巩固沈阳重型、齐齐哈尔重型市场的同时，追加大型机加设备，生产能力提高到 1.5 万吨，销售收入达到 2 亿元；在此基础上，异地进行改扩建，达到年产 5 万吨的生产能力，实现产值 5 亿元。朝阳柴油机铸造有限公司要根据朝柴发展规划，抓紧进行柴油机缸体缸盖铸件技术改造，使生产能力达到 9 万吨，销售收入超过 7 亿元。此外，重点搞好通宇重型机械、朝阳仁德科技、朝阳多元合金、博众铸造、希望合金、华光铸钢、方达铸钢等一批规模较大、发展前景较为乐观的骨干企业，形成朝阳市铸造行业的核心地带，打造"朝阳铸造"的品牌。

3. 以喀左为中心的汽车零部件铸造产业群。围绕汽车零部件为核心的喀左铸业，已初步形成一定的规模。今后，要以飞马铸造有限公司为龙头，建设汽车零部件园区。一是继续加大企业技术改造力度，增强企业内部实力，壮大企业规模。"十一五"期间，重点抓好 6.98 万吨汽车零部件项目，达产后可增加销售收入 5 亿元，利税 9878 万元，新增出口创汇 5996 万美元，到"十一五"末，主要产品产量达到 23 万吨，实现产值 35 亿元。二是抓好宇德海绵铁有限公司采用海绵铁热装炉工艺技术建设 6.58 万吨大型铸锻件项目，总投资 1 亿元，一期工程 2007 年 8 月投入生产，二期工程将于 2008 年 4 月建设。经过"十一五"的建设和改造，实现产值 6.5 亿元，利税 1.2 亿元。三是围绕飞马铸造有限公司扩产，抓好周边地区为其配套的其他汽车零部件企业的发展，重点抓好喀左富力达铸造有限公司、喀左民晟铸造厂、喀左飞鹏机械铸造有限公司等企业生产能力的提高。四是通过招商引资，实行优惠政策，发挥园区的示范效应，吸引域外生产零部件企业进入园区，壮大园区规模，提高园区知名度，把园区建设成为亚洲最大的刹车毂、轮毂、刹车盘生产基地。

4. 以凌源为中心的铸造产业群。凌源铸造业是朝阳市铸造行业发展最早的地区之一，围绕凌汽的发展，已经逐步形成气候。"十一五"乃至今后，凌源铸造业要围绕扩大生产能力、提高产品档次、发展循环经济做大做强骨干企业。重点抓好辽宁龙源实业有限公司、凌源东方钢铁铸造厂和凌源矿山配件厂三个骨干企业。辽宁龙源实业有限公司产品主要是利用凌钢废钢渣为原料，生产金属磨料合金钢丸，其产品技术依托山东理工大学，处于国内同行业前沿。公司规划在凌源工业区内占地120亩，投资5000万元，使生产能力达到10万吨，实现产值4亿元，建成全国最大的金属磨料生产企业。凌源东方钢铁铸造厂主要产品为铸铁件、铸钢件、铸铜件。现有生产能力4万吨，规划在"十一五"期间新建10万吨汽车凸轮轴机及汽车配件生产线改扩建，项目达产后，实现销售收入7亿元，利税2000万元。凌源矿山配件厂是凌钢主辅分离后成立的股份制企业，其产品主要为凌钢配套，规划在"十一五"期间，产品向大型化方向发展，并积极寻求合作伙伴，扩大市场占有率，总能力达到1万吨，产值1亿元。此外，要重点抓好凌源腾钢机械制造有限公司、恒兴铸钢有限公司、弘阳建材实业有限公司等企业扩产改造，并带动其他中小企业发展壮大，形成以汽车零部件为主的铸造产业集群。

"二"是指建设"两大基地"

1. 汽车及汽车零部件基地。以东风朝柴公司、凌源鸿凌集团为龙头，接长产业链条，以整车和零部件为重点，在上游形成以柴油机、轮毂、刹车毂等为主的汽车零部件生产一条线，在中游形成以轻重卡组装为主的整车组装一条线，在下游形成以市场销售、废物开发利用为主的后续跟进服务一条线，把朝阳建设成全省汽车及汽车零部件生产基地。

要重点抓好一汽凌源汽车制造有限公司 5000 辆整车装配和 1500 辆专用车达产、辽宁凌源凌河汽车制造有限公司（山东日照）3 万台轻卡装配线建设、思益公司年产 3 万台轻卡和 1 万台重卡组装生产线建设；加快朝柴与美国万国集团合作，在继续保持原有 102 系列柴油机的优势及市场份额的同时，重点开发 3 升系列柴油机、4D、6D 系列柴油机，排放全部具备欧Ⅱ标准，开发达欧Ⅲ、欧Ⅳ排放标准的柴油机，形成重点面向轻型车用柴油机市场，兼顾中、重型车用柴油机市场的产品格局，使朝柴生产能力近期达到 19.5 万台，远期达到 25 万台能力；推进一汽凌源汽车车架制造有限公司尽快达产，形成 10 万台生产能力，并加快市场开拓步伐，力争产品打进中国重汽排名前 5 位大企业，建设国内重卡一流企业。同时，抓紧进行轻型车架研制与生产工作；提高铸造工艺水平，扩大生产能力，使凌源鸿兴缸套活塞有限公司缸套产品生产能力达到 100 万只，达到同行业中上等水平；凌源鸿发曲轴制造有限公司要加快改造步伐，引进数控曲轴磨床，新增精加工生产线三条，生产能力由目前 10 万根达到 20 万根；凌源鸿达模具有限公司要扩大生产能力和提高模具加工质量，使生产能力达到 1500 吨；凌源鸿益油泵有限公司要加快引进自动化程度、精度较高的进口设备，使生产规模达到年产凸轮轴 10 万只、偶件 100 万；朝阳汽车转向器公司要抓紧实施技术改造，形成 30 万台动力转向器、20 万台机械转向器和 30 万套驾驶室升降器生产能力。

2. 建材机械装备生产基地。今后一个时期，朝阳市建材机械装备业要加快对国内外先进技术的消化、吸收和"本土化"，紧跟前沿发展水平，通过提升核心技术，重点完善大型建材成套装备生产能力的改造，在研发能力和成套配套能力上取得突破性进展；充分发挥基础优势和区位优势，主动承接产业和资本转移；以朝阳市重型机器有限公司为龙头，顺应水泥机械设备大型化、国产化发展趋势，完善成套加工技术手段，努力提高国产化率水平；以低投资、国产化、大型化、高技术手段开拓市场，突出做好 8000t/d 及以上新型干法水泥熟料生产线主机装备制造能力改造；培植优势企业，带动中小企业，重塑全国建材机械装备城形象。

以朝阳市重型机械厂为核心，联合为其配套的中小企业，培育壮大紧密或松散型朝阳重机企业集团，打造产业"航母"。以调整产品结构为重点，以发展大型水泥成套设备为主攻方向，抓紧建设 8000t/d 及以上新型干法水泥熟料主机装备能力改造项目，这是提升朝阳市建材机械行业装备能力和整体形象的重点工程，应作为振兴朝阳装备制造业的重点项目予以全力支持。该项目总投资 1.8 亿元，新建大型铸造、大型筒体结构制造、机械加工厂，购置 10 米数控立车、12.5 米滚齿机、150 毫米卷板机、Φ260 毫米数控落地镗铣床、重型吊车等关键设备及建设技术中心。同时，配套抓好年产 5 万吨大型水泥机械设备铸钢件、特种合金钢铸件、大中型碳钢铸件、连铸特种钢坯、各种型号的耐磨钢铸件，及年产 5000 吨锻件、1 万吨水泥机械钢球和电控设备生产建设工作。项目投产后，企业产值达到 7 亿元，大型矿山设备生产能力达到 7 万吨，日产 8000 吨新型干法水泥成套设备生产能力达到 3 套，技术水平达到国际先进水平，处于国内领先地位，在国内新型干法水泥成套设备及大型矿山设备制造行业中进入前五名，市场占有率 20%。力争到"十一五"期末，集团销售收入达到 10 亿元，利税 1.7 亿元；到 2015 年，集团销售收入超过 20 亿元，利税达到 4 亿元左右。

围绕大企业、大集团，发展中小建材机械制造企业。各中小企业要突出特色，以专业化、标准化、批量化为目标，与大企业、大集团建立起长期稳定的战略合作伙伴关系。同时，组建行业协会，加强行业自律，避免无序竞争。要重点抓好朝阳通宇配件制造有限公司的 TH 型斗式提升机、北票金田机械厂智能抽油机、北票重型机械设备有限公司的破碎机、运输机等产品生产能力的提高。

"三"是指做大做强"三个科技园区"

抓住国家"十一五"期间大力发展信息产业，对基础元器件需求增加的机遇，以技术创新为主线，围绕形成规模、增加品种、提高质量，以中建通讯、加华电子、电源公司为依托，建设三大高新技术产业园区。

1. 建设中海润高新技术产业园区。以加华电子有限公司为依托，建设以高新科技、电子精密仪器及信息工程研究开发与生产为主的高新技术产业园区。强化创新能力，把高新技术园区建设成为朝阳市高新技术产业化基地、高新技术产品出口基地、高新技术企业孵化基地。力争到"十一五"期末，园区有两家企业具备上市条件，建立起国家级重点实验室，引进30—40家企业进驻园区，实现销售收入40亿元，利税1亿元。加华电子公司要加快产品生产与开发能力，今后要重点发展三大类装备制造业产品。一是提高光纤传感远程检测系统生产能力，在现有2000套生产能力的基础上，到2010年达到3500套能力，实现销售收入1.5亿元；到2015年，达到1万套能力，产值达到5亿元。二是扩大太阳能地温空调机组生产能力，并向规模化、产业化方向发展。到2010年，使其生产能力由现在的400台发展到2000台，产值达到5000万元；到2015年，达到2亿元。三是培育壮大油田电机智能控制管理器项目。该项目目前已完成中试，预计下半年投产，规划到2010年，生产能力达到5万台，实现销售收入1亿元；到2015年，产量达到25万台，销售收入达到5亿元。

2. 建设中建科技园区。朝阳市与香港中建电讯集团合作建设的中建通讯高科技产品工业园项目，是迄今为止朝阳市较大的一个招商引资项目，也是科技含量较高的一个工业项目。按照双方签订的合作协议，该项目由港方投资总额10亿元人民币，主要生产无绳电话机及其他通讯产品，三年内力争达到年产4500万套（台），招收工人3000～10000人。正式投产力争五年内达到产值40～50亿元。

围绕中建科技园区建设，依托其主导产品，大力开展招商引资，尽快将为其配套的注塑及模具制作、小型变压器及电路板、包装盒、弹簧等产品引进朝阳，建立配套产业基地，迅速做大做强中建科技园区。

3. 建设电子工业园区。朝阳电源有限公司要加快与中国航天科技集团第二研究院的合作与重组，成立国家级电源研究中心，进一步优化集成系统，扩大模块生产线，提高具有高功率密度、高效率、高可靠性、电磁兼容好的一体化电源器件生产能力，到2010年，稳压电源产量达到20万台，产值实现20亿元；到2015年，产量突破50万台，销售收入超50亿元，并力争实现企业在"十二五"期间上市的目标。发挥朝阳电源有限公司的示范效应，吸引一批科技型电子企业入驻园区，提高园区的辐射与带动能力。

在其他电子及电器制造方面，要加快新品种的研制与开发，抓好朝阳市森塬活性炭年产 1000 万只元件型超级电容器生产线改造，使其尽快投产达产，建成中国最大的超大容量电容器生产基地；要加快实施当凯电力开关有限公司异地扩建工程，抓紧电力开关成套设备的开发，建成辽西最大的同类企业；加快朝阳双风电工仪表有限公司能力扩产改造，使电度表生产能力达到 100 万台，产值超亿元；抓好建平康宁微晶科技有限公司年产 30 万平方米航空微晶玻璃板生产线建设；加快异地搬迁进度，促进凌源丁奇贸易有限公司发光二极管开发生产线项目尽快投产；以提高产品质量和品种多样化为重点，扩大朝阳四联电线电缆有限公司、华龙电子仪表有限公司、广生机电设备有限公司等企业市场占有率。

"四"是指发展"四大成长类产品"

1. 建筑机械类。建筑机械企业要适应建筑市场不断升温的需要，加快产品结构调整，大力开发新产品，提高市场占有率。朝阳工程机械有限公司要适时进行异地搬迁，重点加快市场空间较大的挖掘机、中小型农用工程机械等产品的产业化步伐，其中装载机年产量达到 3000 台，挖掘装载机产量达到 500 台，产值达到 10 亿元。凌云建筑机械有限公司要在继续扩大小型号塔式起重机产品规模的基础上，大力发展中大型塔式起重机，形成低成本、宽系列、高品质的竞争优势。规划投资 3000 万元，产量达到 600 台，产值实现 3 亿元；"十二五"期间，追加投资 4000 万元，生产能力扩大到 1000 台，产值超过 5 亿元。朝阳百盛锆业有限公司在重点抓好小吨位桥式起重机的同时，开发生产中大型吨位起重机，到 2010 年，8 吨级起重机生产能力达到 500 台，35 吨级和 50 吨级产量达到 325 台，实现产值超过 4 亿元。

此外，要抓好朝阳东大运输机械有限公司、朝阳北方振动机械有限责任公司等企业不断发展壮大。

2. 金属切削类（机床类）。机床行业特别是数控机床是机械工业的基础，数控技术又是现代制造业的核心，是一个地区制造业竞争的技术制高点。按照机床工业高参数、大型化、个性化的要求，"十一五"期间，朝阳市要在巩固原有产品市场的同时，重点发展大型、精密、数控加工设备。要依托朝阳博文机床有限公司，重点发展 VGK 立式万能数控系列磨床、MK85 系列立式数控曲线磨床、MK28 系列、MK74 系列立式多功能数控磨床，使其产量达到 100 台，产值达到 1 亿元。在此基础上，机床产品向多元化方向发展，由生产立轴磨床向卧轴数控磨床领域和立式数控车床发展，开发市场前景更为广阔的双端面数控磨床、立式数控机床等，产量达到 200 台，建成全国著名的立式数控磨床基地。依托西门子自动化公司，联合沈阳工业大学、中国科学院自动化研究所协助与开发，加大投入力度，加强与日本、台湾地区客商合作，搞好朝阳北方机床有限公司的数控立轴圆台平面磨床的开发与生产，使产量由目前的 40 台达到 100 台的生产能力。

3. 环保设备类。环保设备制造业是朝阳市具有发展潜力和比较优势的行业之一，要抓住国家大力发展环保产业的机遇，加快提升产业规模和产品技术水平，做大做强一批专业化环保设备制造企业。依托北票波迪机械制造有限公司、双菱环保设备有限公司、朝阳世林环保、朝阳拓普工业有限公司、辽宁环星电除尘设备制造有限公司、辽宁天元电除尘设备制造有限公司等重点企业，加强与英国波迪公司、北京科技大学等技术合作，积极开发大气、固体废弃物的综合治理设备，重点发展大型燃煤电站脱硫装置、高效除尘、污水处理、垃圾处理等效率高、寿命长、成本低、市场空间大、节能、运行平稳的环保设备，尽快形成批量生产能力。适应电力工业"以大代小"发展要求，积极开发为 600MW 机组配套的电除尘器。建成中国北方最大的除尘设备生产和研发基地。加大招商引资力度，力争引进风力发电设备关键配件生产和低温余热发电设备生产等重点项目，并形成产业化生产格局。

4. 医药设备类。朝阳天亿制药机械厂要加强与印度 ACCG PACK 公司合作，扩大 NJP 系列全自动胶囊充填机、GZPT 系列高速旋转式压片机、PFS 系列口服液灌装机模具生产线，以提高生产能力，更好地适应市场需求。到 2015 年，压片机产量达到 100 台，充填机 200 台，口服液包装机达到 60 台，企业产值超亿元。

以提高产品的稳定性、可靠性和精确性为目标，重点提高智能化、成套化、系列化水平，适应市场需求，研制、开发和生产智能型消毒柜、实验台和其他实验室装备，培育壮大长城实验室装备有限公司、美加力实验室装备有限公司、瑰宝现代实验室装备有限公司等重点企业。

五、发展装备制造业的保障措施

（一）加强合作与交流，加大对外开放力度

大力改善投资环境，实施互利共赢的开放战略，在更大范围、更广领域和更高层次上积极参与国内外装备制造业经济科技合作。坚持"积极、合理、有效"的利用外资方针，扩大合资合作，广泛吸引国外大型跨国公司和境外投资者来朝阳投资，实行外商直接投资与重点企业海外直接融资并举。通过引进外资、技术和管理机制，引进一批装备制造业重大项目，促进朝阳装备制造业的发展及产业结构升级。鼓励有经济实力的企业到境外建厂设点，开展境外加工贸易业务。建立全球化营销网络，不断增加技术含量高、附加值大的产品出口，优化出口产品结构。

（二）统筹规划，合理布局，推进产业集群化

拓展集群效应是经济发展到一定层次的必由之路。要结合区域产业布局，突出产业发展重点，选择产业发展方向，按照市场经济规律，在区域分工与协作基础上，培育装备制造产业集群。明确政府和市场的不同作用，政府要加强对区域内产业分工和市场定位的调控，加强对资源配置，实现生产要素区域内的自由流动，促进区域分工与协作的发展，形成产业集群的内在关联机制。企业要以市场为导向，以利益为纽带，运用市场机制，促进装备制造业形成产业集群效应，实现区域协作和专业化配套生产。要积极承接产业转移，吸引相关企业建立生产基地，壮大产业规模。在接纳产业转移的过程中，要重视重大装备相关技术设计、关键零部件、元器件及配套产品的转移。同时，积极帮助、引导企业提升产品结构，向产业园区集中，形成一批总装企业、配套企业和服务性企业有机结合的新型专业化分工协作体系，建成产业优势突出、特色明显的装备制造业功能园区。产业集群要在产品研发、电子商务、现代物流等方面加快建立和完善公共服务体系，全面提升集群的综合竞争

力。

（三）以引进消化为重点，增强产品开发和技术创新能力

以企业为主体，坚持引进技术与自主创新相结合，在消化吸收的基础上培养自主创新能力。鼓励企业与高等院校、科研所开展产、学、研合作，整合科技资源，搭建具有共性的高水平技术平台，集中力量加强对关键技术、核心技术的开发和研究，研发一批具有自主知识产权的技术和产品，提高企业的竞争力。从市场需求出发，谋划一批对地区经济牵动力大、带动性强的新产品。以替代进口、扩大出口为目标，跟踪国际先进水平，加强对市场急需产品的研制。立足于一流产品、一流工艺、一流设备、一流管理，尽快上一批对提高产品档次和加工水平有重大影响的技术改造项目。要加快建立装备制造业公共服务和支撑体系，支持重点装备制造业企业建立省级以上工程技术研究开发中心。

（四）加大对装备制造业企业政策、资金扶持力度

对装备制造业的重点产品、重点企业、重点项目以及围绕装备制造业建设进行产业转移的项目，要积极落实国家和省市已出台的相关优惠政策予以扶持。要积极争取国家老工业基地调整改造资金和国家发展装备制造业的其他支持资金、省财政贷款贴息资金、"五点一线"支持资金、县域经济发展资金、工业结构调整和高新技术产业化资金、中小企业发展资金等财政性扶持资金；市财政预算每年安排一定资金，作为朝阳市装备制造业发展专项资金，用于扶持现有的重点装备制造企业产品的研制开发和技术创新；市发展改革、经贸、科技等部门要积极为企业重大技术装备的研制、技术改造和产业化项目争取省和国家更大的支持；积极推进中小企业信用担保体系建设，鼓励支持优质装备制造企业改制上市，拓宽装备制造业的融资渠道；对拥有国内外著名品牌的装备制造业企业落户朝阳市，兴办装备制造企业或者设备投入在 5000 万元以上的，要制定更加优惠的政策，予以扶持；对装备制造业重大项目、高新技术项目，要在规划、土地、税收、环评等方面实行更为优先的原则；在重点项目建设和招投标中，同等条件下要优先采用市内企业生产的关键主机和成套设备。

（五）实施品牌战略，打造装备制造业龙头企业

致力打造"朝阳制造"这一区域性制造业品牌，以提升朝阳制造业的实力和名声为目标，进一步实施名牌带动和质量兴市战略，加大名牌培育力度，鼓励企业争创国家级、省级名牌产品、著名商标、驰名商标、国家质量免检产品，引导企业转变经营观念和经营模式，强化名牌意识。通过实施名牌战略，扶优扶强，努力培育一批扎根本土、拥有自主知识产权的知名品牌，培育具有国际竞争力的装备制造名牌企业。

（六）加强适应装备制造业发展需要的人才体系建设

一是全方位吸纳引进装备制造业发展急需的人才。尽快制定朝阳市引进装备制造业各类技术人才的政策措施，多形式、多渠道引进装备制造业发展急需的人才，特别是要吸引在国内外有一定影响的学科、技术带头人装备制造业急需的产品技术研发人才、工艺技术人才，解决朝阳市高级技工、软件"蓝领"等人才紧缺的问题。二是加快培养装备制造业发展所需人才。要重视装备制造业研究型人才和装备制造业生产、管理、服务的应用型人才培养，为朝阳市装备制造业实现跨越式发展提供人力支持。市教育、劳动和社会保障等部门要根据朝阳市加快装备制造业发展的需求，制定人才专项培养规划，建立多层次的装备制造业研发设计和管理人才的培养体系，依托朝阳市职业教育、高级技工学校，实施高技能人才培养工程，加快培养装备制造业适用的高级技术工人。市人事部门要加强对装备制造业人才的动态跟踪和有效管理，加强人才的引进和交流。三是强化人才激励机制。改进装备制造企业分配制度和奖励政策，鼓励高新技术企业采用技术入股、股票期权等多种分配形式，提高技术人才的劳动积极性；进一步优化有利于各类人才工作和创业的环境，建立开放、公平竞争、自由度高、负责任的用人机制，形成靠政策和事业吸引、造就、留住人才的环境。

课题组成员：朝阳市发展和改革委员会

花瑞奇　董砚春　宋廷春　张树新　傅广有　马　迪

郑　博

沈铁工业走廊产业布局研究

产业布局与优化是关系区域经济、社会与环境可持续发展的关键问题。长期以来，人们只注重从经济资源出发考虑产业布局，忽视从环境、经济、社会协调发展的角度合理进行产业布局，结果必然造成三大系统的运行失调。为此，本文从经济、社会与环境可持续发展的战略出发，从产业集群的角度研究沈铁工业走廊产业布局，旨在充分发挥区域各种资源要素的整合能力和协同效应，突出技术进步与技术创新对产业布局的战略作用，促进沈铁工业走廊又好又快发展。

一、区域产业布局优化的模式及其作用

产业布局是产业在一国或一地区范围内空间组合的经济现象，属于宏观经济范畴。从产业布局的研究对象看，产业布局就是将资源在不同地域、不同产业之间有效配置的过程。作为产业布局对象的资源，不仅包括经济资源、社会资源，还包括自然环境资源。研究产业布局的目的就是实现布局的优化，即寻求各产业空间组织的最佳形式和一般规律，以求合理利用区域资源，实现最大效益。对于什么是产业布局最优这一问题的回答并不是绝对的，它取决于人们的价值判断和对产业布局优化模式的选择。在不同的区域和发展阶段，产业布局呈现出不同的模式。一般认为产业布局优化的基本模式主要有四种：

——均质模式。在前工业阶段，由于生产力水平不高，传统的农业生产以土地和动植物为劳动对象，产业布局以分散为主，表现为地区差

异不明显的均质模式。

——增长极模式。增长极模式又称为极核模式。近代工业出现以后，生产力水平获得了大大提高，经济发展总是选择一些条件相对较好的地方作为发展场所，这些发展场所就成为经济活动的集聚地，随着经济的继续发展，集聚地的发展速度也是有快有慢，发展快的集聚地的经济规模明显超过其他点时，它便成为区域的增长极，使得产业布局以分散为主转变为以集中为主。增长极概念是 20 世纪 50 年代初首先由法国经济学家弗朗索瓦·佩鲁提出的。佩鲁认为，经济增长不是同时出现在所有部门，而是首先出现和集中在具有创新能力的行业。这些具有创新能力的行业聚集的经济空间就是"推进型单元"，也就是所谓的增长极。推进型单元（增长极）是领头产业、产业联合体以及在地理上聚集的联合产业极。经济的增长总是率先发生在增长极上，然后再通过各种方式向外扩散，对整个经济发展产生影响。极核模式适用于经济技术力量有限的地区。

——点轴（线）模式。点轴模式是在增长核模式的基础上发展起来的。增长极形成以后，并不是孤立存在的，它要和周围的点发生联系和交往。在联系和交往的过程中，由于生产力的快速发展，会产生越来越多的商品、人员、资金、技术、信息等物质流和信息流。这种联系和交往刺激促进了连接它们的线路的形成和发展，形成各种交通线、通讯线、动力供应线和水源供应线等各种线状基础设施。线路形成后，不但进一步促进了增长极和周围点的发展，而且更刺激了沿线地区的经济发展，使产业布局由向增长极集中为主转变为向线路集中为主，从而形成点轴（线）模式。点轴模式适用于经济发展水平较高的区域。

——网络模式。网络模式是点轴模式发展的结果。在点轴模式的发展过程中，点和轴的规模都会扩大，扩大的结果就会产生不同等级的点和轴线。在不同等级轴线上，不同等级的点为了满足其商品、技术、人员、信息、市场等的需要，就会与周围的多个点发生联系，在点与点之间形成纵横交错的交通、通信、动力供给、水源供给等网络，从而形成网络模式，产业布局表现出集中与分散的良好结合。网络模式一般适用于经济发达地区的产业布局。

工业园区的建设与合理布局，对加快地区经济发展具有重要的意义。以工业园区为载体，抓好城市经济发展是调整产业结构布局、优化产业结构、增强产业竞争优势的必要条件。工业园区的合理布局对地区经济发展的意义主要体现在以下几个方面：

第一，可以加快工业化，促进第三产业发展。工业是国民经济中最重要的产业，工业的发展过程就是工业化的历程，世界各国经济发展的经验越来越表明，工业化是一个国家或其内部较大的区域不可逾越的发展阶段。离开了较高物质生产能力工业支撑，而过分强调第三产业的发展，就会使得第三产业发展处于无源之水、无本之木的境地，经济的短暂繁荣也只是表面上的虚假的繁荣，长此以往势必导致产业的空心化。据统计，韩国、菲律宾、泰国、印尼等国在20世纪70—90年代，农业剩余劳动力大规模向非农产业转移期间，工业每增加一个就业岗位，第三产业就相应增加1.5～2.9个岗位；而在我国乡镇企业的高速发展的1979—1996年间，工业和第三产业新增就业之比为1∶0.35，这种差距正源于经济发展水平的不同。而加强工业园区的建设正是夯实我们的工业基础地位，为工业的发展创造必要的条件。而国外与沿海的发展也证明了，工业园区是发展工业的有效的模式之一。

第二，可以促进大城市带动大农村，加速城镇化建设。工业化的过程就是城镇化的过程，而城镇化的过程又加速了工业在地理上的集中。特别对于具有典型的"二元结构特征"的地区，大城市带大农村发展是地区振兴的重要方略。大城市带大农村的真正含义是以实现了初步工业化的城市去带动广大农村实现工业化。工业园区是工业的载体。建设工业园区，有利于工业企业集聚、加快产业升级，使包括劳动力资源在内的各种要素向工业园区集聚。而当园区在发展到一定程度时，必然加速人流、物流、资金流等向园区的集中，园区发展的结果必然是小城镇的产生。以小城镇集聚发展为落脚点，以工业园区发展为核心，带动大农村地区发展劳动密集型非农村产业，使大量农业剩余劳动力从农业产业中转移出来，加快农村工业进程，进而促进城镇化。例如，在都市集聚圈发展高新技术产业园区，在环都市圈打造城市大工业零部件协作配套基地和重要的设备制造业基地等。以实现农村工业化为中远期发展目标，以工业园区为载体，实施大城市带动大农村战略目标发展模式。

第三，可以优化资源配置，实现可持续发展。那些在生产上或者分配上有着密切联系的、或者在布局上有着相同指向的产业，按一定比例、成团的布局在某个特定的区域，有利于形成地区生产系统。在这个系统中，每个企业都因与其他关联企业接近，而改善了自身发展的外部条件，从中受益。工业园区就是符合这种生产布局方式的生产系统，它的最大的优势就在于使得位于园区内的企业大都能够通过共享如交通、能源、劳动力、原材料、资金等资源来达到降低生产成本的作用。而通过工业园区规划建设和合理布局，可以统一规划道路、供电、供水等基础设施建设，可以实现人流、物流、信息流的充分利用，从而达到集聚效益。同时，通过有效集聚，可以加快产品和原材料专业市场的形成，促进贸工联动，园区系统网络集聚形成，最终实现大区域范围经济。此外，工业园区的合理规划与建设还可以集中治理"三废"，强化环境保护，可以提高土地资源利用率，缓解建设用地紧缺的矛盾。总之，在发展经济的同时，通过工业园区这个工业发展模式可以有效地实现人与自然、人与资源环境的和谐发展，最终实现经济社会的可持续发展。

第四，可以推动中小企业快速壮大，促进民营企业健康、快速发展。中小企业普遍状况是经济规模偏小，发展速度缓慢、发展活力不强。通过对特色工业园区的规划建设与合理布局，可以调整整个工业布局，使同类中小企业相对集中，便于解决资金、土地技术、信息等困难，有利于强化行业管理，有利于中小企业投资扩张，促进中小企业的快速发展，同时促进企业间的联合与协作、形成合力，加快企业技术创新步伐，发挥品牌效应，形成规模优势，从而增强企业的抗风险能力，提高产业的市场竞争力，促进区域经济发展。

二、沈铁工业走廊的形成及其制约因素分析

近几年，市委、市政府十分重视沈铁工业走廊建设。以园区建设为载体，以项目引进为先导，集中人力、物力、财力等各种要素向工业走廊聚集，使得沈铁工业走廊得到快速发展，呈现出以下几个特点。

（一）"一体两翼"，放射状为主的交通结构突出。一体两翼，即以102国道为轴心，从铁岭县新台子镇至昌图县毛家店镇之间，全长120公里的经济带为主体，以铁岭—调兵山、开原—西丰两条经济带为两翼。其中，高新技术开发、经济开发区、铁岭开发区和辽海工业区组成了沈铁工业走廊的先导区；昌图县城区、毛家店镇、八面城镇组成了沈铁工业走廊北部延伸区；以西丰县城区及周边乡镇组团的工业园区，组成了沈铁工业走廊东部延伸区。沈铁工业走廊是连接沈阳与铁岭的金色通道。京哈高速公路、长大铁路、102国道贯穿南北，沈铁工业走廊依托发达的铁路、公路网，高度集中的人流、物流、信息流、资金流，逐渐形成了完备的工业体系。

（二）沈铁工业走廊内显现出园区的集聚效应。工业走廊沿线园区对区域内产业的聚集，促进了产业链条的延伸，使工业走廊内企业间的分工更趋专业化，提高企业的整体竞争力，从而改变了我市企业规模不经济、产业布局分散、城镇化滞后的现状。2006年，走廊内实现地区生产总值190亿元，占全市地区生产总值的60%；工业增加值实现80亿元，占全市工业增加值的40%；固定资产投资实现65亿元，占全市固定资产投资总额的55%；重点工业园区新入驻企业273家，新增固定资产投入80亿元，其中超亿元的大项目49个。开始形成生物化工、机械制造、有色金属、橡塑制品等主导产业和优势产业，一批重点项目开始向工业园区集中，产业集聚效应初步显现。

（三）走廊沿线城市化水平进一步提高。2006年全市城市市政设施投入7.27亿元。修建道路46条，排水设施4.7万延长米，修建较大型广场、游园3个。处于沈铁工业走廊核心区的铁岭中心城市进入了全国优秀旅游城市和省级园林城市行列。工业走廊先导区内的凡河新村建成并交付使用，莲花湖湿地恢复建设工程也列入了国家规划。工业走廊中部拓展区和西部拓展区的5个副中心城市建设，西丰、开原、调兵山城市建设和管理迈上新台阶，城市面貌也焕然一新。20个中心集镇规划和建设工作已经起步。总体来说走廊沿线的城市化水平有了显著的提高。

（四）基础设施建设不断完善。沈铁工业走廊总体规划面积194平方公里，具备大量的土地储备和广阔的发展空间。目前，40平方公里起步区已经实现"六通一平"，可开发利用的土地达130平方公里。特别是102国道由沈北新区向北延伸22公里至铁岭市区拓宽成双向八车道，打开了沈北开发的大通道，促进了承接沈阳及东北经济区各种生产要素与能量的释放和滚动，拓宽了沈铁工业走廊发展空间，增强了沈铁工业走廊承载大项目、承接大企业的能力。

尽管我市的工业走廊建设取得了突出的成绩，但是我们仍然要清醒地认识到沈铁工业走廊布局还存在许多的问题。沈铁工业走廊布局的主要问题：

一是产业布局不合理，功能区内产业交叉。走廊内尚未形成统一的产业规划，17个工业园区各自为政、画地为牢，未能从沈铁工业走廊发展的战略高度开发建设，存在功能定位不清、产业交叉、重复建设等问题。特别是有些重化工业和污染企业布局分散，距市区较近，不仅污染市区，而且还易与其他产业产生交叉污染。

二是产业关联度不高，没有形成完整的产业链条。沈铁工业走廊的行业和企业间关联度较小，构不成有竞争力的特色产业平台。沈铁工业走廊沿线园区内的企业还大都停留在对生产个别环节的发展阶段，比如农副产品加工业只是简单的生产加工，机械制造业只是对零部件基本的粗加工。未能形成上下游产品、产业的有机对接，缺乏良性互动的产业聚集"链"，而已有的产业链条过短，联结点少，辐射面窄，尚未形成对产业、人口强劲的辐射力。

三是区域辐射与服务功能不强。由于沈铁走廊工业还处于起步建设阶段，一些服务功能还不是很完善。2006年全市三次产业结构比例为24.6：43：32.4，第三产业比重偏低，未能形成与工业化和城市化协调发展的现代服务业体系，对周边的辐射和带动作用发挥的不够。

三、沈铁工业走廊的空间布局和产业定位

产业的合理定位与布局对整个沈铁工业走廊的发展十分重要。一个地区的产业定位决定着这个地区的发展。如果一个地区最初的定位方向

是错误的，犹如"南辕北辙"，这个地区也注定发展不起来。因此只要科学定位、合理布局，沈铁工业走廊才可能少走弯路，开拓健康成长的空间。

（一）以高新技术产业、先进制造业和现代服务业为重点，精心打造先导区。先导区范围包括高新技术产业开发区、铁岭经济开发区、银州工业园区、铁岭县铁南工业园区。这一区域要充分发挥区域的优势，主动承接沈阳技术、资金、产业的转移，以省级高新技术产业为核心，大力发展科技含量高、资源消耗低、经济效益好、环境污染少的高新技术产业项目；以经济技术开发区、铁岭县工业园区、辽海工业园区为载体，主动承接沈阳、鞍山、长春等东北大的装备制造业城市的辐射，生产配套产品，发展我市的先进制造业；以新城区华南城国际物流中心为纽带，通过搭建先进的物流信息平台和物流基础设施平台，引进和培育一批现代物流企业，打造东北最大的物流基地。

（二）立足农产品资源优势与加工优势，加快中部拓展区的农业产业化建设。中部拓展区范围包括开原市工业园区和清河工业园区。要以辽宁金信燃料酒精加工为龙头，大力发展燃料酒精、食用酒精、结晶糖等以玉米为原料的精深加工项目，延长玉米产业链，加快发展化工乙烯和化工醇等生物化工产业；以雨润公司、赢德肉禽为龙头，形成生猪饲养、屠宰、肉制品加工及生物制品加工的农产品精深加工基地；以清河北绿集团为龙头，不断壮大宏福公司、川顺公司、润丰公司等食品工业企业，发展绿色食品产业集群，形成辽北地区重要的绿色食品工业基地。

（三）依托铁煤集团，发展西部拓展区的重化工业产业。西部拓展区的空间范围主要是调兵山工业园区和煤化工园区。这一区域的产业优势是能源产业。要依托煤炭资源，加快发展煤化工产业和煤矸石发电、风力发电等接续产业，为沈铁工业走廊区域经济的发展提供"源动力"；同时，围绕铁煤集团和铁岭发电厂，发展矿山机械、冶金机械、电力机械及其配套加工产业，做大做强调兵山威跃矿山设备制造有限公司、调兵山双友机械制造有限公司等一批具有发展潜力的机电产品加工企业，打造东北地区能源及其综合技工的重化工业产业集群。

（四）以东北土特产品交易中心为龙头，构建东部延伸区的特色产业集群。东部延伸区主要包括西丰县的郜家店工业园区、安民工业园区和西丰镇工业园区。该区域土特产品和旅游资源丰富。要以东北土特产品交易中心为龙头，依托鹿茸、林蛙等资源发展生物制药和保健饮品产业集群；以柞蚕丝为原料，发展特色产品加工业产业集群；以冰砬山和城子山自然景观为依托，发展旅游产业。从而，形成人流、物流、资金流的有效流动，打造东北土特产品物流基地。

（五）发挥资源优势，把北部延伸区打造成新兴能源和农副产品加工基地。北部延伸区的区域范围包括昌图银河工业园区、八面城盛德工业园区和老四平工业园区。这一区域应依托煤炭资源、风能和农产品资源，发展"两电一煤"，重点开发昌北煤田、风力发电和秸秆发电项目，大力发展新兴能源工业；以昌图国美和盛德牧业为龙头，充分利用丰富的农业资源优势发展农副产品加工业产业集群，极力打造沈铁工业走廊的新兴能源和农副产品加工基地。

四、沈铁工业走廊产业布局的战略措施

要从国家宏观经济政策的变动及我市区域经济不同阶段发展特点出发，在确定空间布局与产业定位的基础上，充分考虑沈铁工业走廊的基础设施条件、政策措施和组织措施方面等方面因素，制定切实可行的沈铁工业走廊产业布局战略。

（一）发挥沈铁工业走廊的聚集优势，大力引进大项目。结合我市工业发展现状和产业特点制定规划和产业政策，以大项目培育大企业、以大企业带动大产业，促进我市的产业升级，不断完善我市的工业结构。切实加强项目源建设，精心开发、包装、储备一批项目，为项目年活动提供载体。创新招商方式，提高招商质量，境内以上海、深圳、东莞、温州、泉州等地为重点，境外以香港、台湾、欧洲、北美、韩国、日本、东南亚等地区为重点，精心组织招商活动。把引资优惠与实施产业布局政策相结合，对符合产业布局规划的项目，在税收、地价等方面给予优惠。在引资政策和项目管理上加大工作力度，围绕资源优势，立

足产业基础，集中精力抓好工业、能源交通、农业产业化、城镇基础设施建设以及第三产业项目，使工业园区的功能定位能符合市里的产业政策，确保全市产业布局政策的贯彻实施。

（二）培育产业群集增长极，延伸轴线，形成产业网络。要按照"极点—轴线—网络"的经济发展发展模式，加快发展沈铁工业走廊内的产业群，增强区域经济的整体对外竞争力。首先要本着建设"特色工业园区"的思路，选择铁岭市高新技术产业开发区、铁岭县工业园区、调兵山工业园区、开原工业区、昌图工业园区和西丰工业园区等几个区位条件好、发展潜力大的工业园区，依据各地产业特色和产业群的发展水平进行重点开发，使之成为沈铁工业走廊的增长极。其次，要充分发挥102国道和铁三线的联结作用，建立综合的交通运输体系，降低工业园区的生产和运输成本，促进人流、物流、资金流向沈铁工业走廊的全面聚集。加强各园区企业分工与协作，优化协作流程，实现基础设施共享，提高产业关联度。使产业布局与交通运输达到最佳空间结合，进而沿轴线延伸发展。最后，以构建产业链、价值链为主线，以资本为纽带，优化资源配置，延伸产业链，形成生产要素互补、上下游产业配套、分工合理的产业空间布局。发挥工业园区的聚集效应和扩散效应，实现各县区的剩余劳动力和农副产品、煤炭、土特产品等生产资料向园区聚集，实现生产要素的合理配置和优化组合，带动沈铁工业走廊沿线地区的县域经济增长。通过这些轴线连接成纵横交错的产业带、城镇带，促进整个铁岭的经济又好又快发展。

（三）加快产业结构调整步伐，优化经济结构。以市场为导向，以经济效益为中心，以产业结构优化升级为重点，改造提高工业，大力发展服务业，在结构调整中推动经济增长方式的根本性转变。一是加快工业结构优化升级。以全面提高经济效益和竞争力为核心，加快沈铁工业走廊园区基础设施建设，改造壮大一批传统优势产业，培育发展一批高新技术产业，压缩淘汰一批落后生产能力，逐步实现产品精深化、规模合理化、市场国际化。充分发挥科技在推进工业化进程中的支撑和引领作用，着力抓好日东科技园和环保产业园建设，将沈铁工业走廊打造成科技创新走廊。二是大力发展服务业。以市场化、产业化、社会化为方向，以强化综合服务功能提高服务水平为目标，积极构筑有利于服务业快速发展的机制和环境。依托沈阳，服务东北，以发展现代物流业为突破口，以建设东北国际物流中心为标志，努力把铁岭建设成为东北地区现代物流基地，促进现代服务业全面发展。改造提高商贸流通、交通通信市政服务等传统服务业，加快发展金融、信息、大力发展现代服务业咨询、中介、文化、商贸、旅游等现代服务业，大力发展旅游、社区服务、房地产等新兴服务业。运用现代经营方式和信息技术改造提升传统服务业，提高服务业的比重和水平。

（四）发挥市场配置资源的基础性作用，加强创新体制和环境建设。根据区域经济发展规律，市场机制对资源配置起基础性作用，建立市场机制已成为经济发展不可抗拒的趋势。所以我市必须培育要素市场，完善市场机制，切实改善沈铁工业走廊沿线工业园区的软硬环境。一要创造一流的服务和政策环境，督促相关部门不折不扣地贯彻落实市、县有关优惠政策，对重大项目实行一事一议、特事特办，构建绿色通道。二要优化市场环境、法制环境，把工业园区建设成为适宜于企业创业发展，能把企业引进来、留得住的工业园区。三要建立配套服务型组织机构，加强管理指导和协调服务，为企业提供信息咨询等服务。重点抓好信用担保体系建设，落实对中小企业的信贷支持措施。四要建立沈铁工业走廊的品牌宣传策略。积极组织产品宣传、展示、交易会等活动，提高产业知名度和产品的市场占有率。以组织产业发展论坛、召开新闻发布会等形式，对外宣传沈铁工业走廊各区域的优势产业和产品。

总而言之，只要我们合理规划好沈铁工业走廊的产业布局，努力把现有的区位优势转化成发展优势，举全市之力精心打造沈铁工业走廊，就会迎来新铁岭经济的跨越，迎来大铁岭产业的振兴。

［参考文献］

［1］薛领，李国平，孙铁山. 天津主导产业选择与空间布局研究［J］. 科学技术与工程，2004，（10）.

［2］王学斌. 天津市中心城区都市型工业园区布局规划与对策研究［J］. 城市，2003，（06）.

［3］曹颖. 区域产业布局优化及理论依据分析［J］. 地理与地理信

息科学，2005，（05）.

[4] 付桂生，翁贞林. 试论产业布局理论的形成及其发展——兼论江西省工业生产力布局 [J]. 江西教育学院学报，2005，（01）.

[5] 刘斯康，王水嫩. 用产业集群理论来规划新的产业布局 [J]. 当代财经，2003，（07）.

[6] 徐颖. 台州沿海县市区产业及空间发展研究 [D]. 浙江大学，2006.

课题组成员：铁岭市发展研究中心　邓　聪

从"百强县"经验看铁岭市县域经济发展

俗话说"郡县治，则天下安"，我国县域占据了全国95％的国土面积、3/4的人口、六成的经济总量、1/3的市场、城镇固定资产投资和实际利用外资以及1/4的财政收入，县域经济实实在在地成为了我国国民经济的半壁江山。随着我国发展进入新阶段，县域经济在国家总体经济布局上的重要性日渐突显。自从"十六大"提出"壮大县域经济"后，全国各县关注县域经济，许多省市区制定了县域经济的政策，县域经济得到快速发展，全国县域经济发展进入一个新时期。从2000年开始，中郡县域经济研究所、县域经济基本竞争力评价中心以"人口、国内生产总值、财政收入、一般预算收入、人均GDP、农民人均收入、城镇居民人均可支配收入和GDP增长率"八项评价指标为基准，评选了"全国县域经济基本竞争力百强县（市）"。

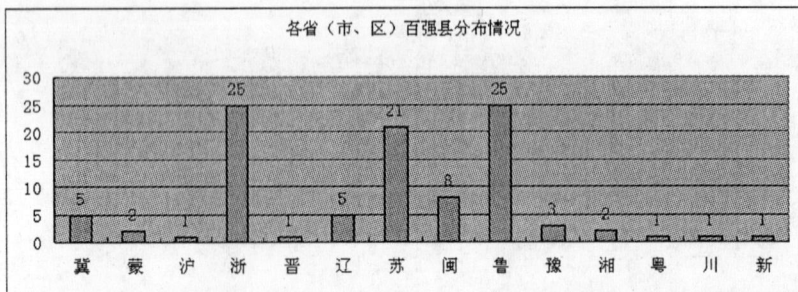

各省（市、区）百强县分布情况

冀	蒙	沪	浙	晋	辽	苏	闽	鲁	豫	湘	粤	川	新
5	2	1	25	1	5	21	8	25	3	2	1	1	1

表1

百强县在一定程度上代表了我国广大县域发展的前进方向，他们的发展历程是一笔宝贵的财富，为其他县域经济的发展开阔了眼界，树立了榜样，积累了经验。它积极引导了全社会对县域经济的关注，为探索县域经济发展规律提供非常有益的帮助，为促进县域经济发展做出了开拓性贡献，为全国各省市区以及县市旗提供了一个动态的、相对的参照坐标。

据统计，截止到 2006 年底，铁岭市经济总量的 75.9％、全市财政收入的 49.2％以上、全市固定资产投资的 71.8％都集中在县域，可见，县域经济的发展对于铁岭市经济发展和社会进步尤为重要，它的发展水平关系到铁岭经济发展的总水平，关系到铁岭 300 多万人的民生问题，关系到新铁岭大铁岭的建设和发展。当前，铁岭市在发展县域经济进程中，借鉴先进地区的成功发展经验，对促进铁岭市县域经济快速发展，具有重大的战略意义。

一、全国百强县的成功之路

第六届全国县域经济百强县（市）于 2006 年 9 月揭晓，此次评选的县域经济单位不包括县级市辖区，共计 2008 个，其在各省市区的分布是：河北省 5 个，山西省 1 个，内蒙古自治区 2 个，辽宁省 5 个，上海市 1 个，江苏省 21 个，浙江省 25 个，福建省 8 个，山东省 25 个，河南省 3 个，湖南省 2 个，广东省 1 个，四川省 1 个，新疆维吾尔自治区 1 个（见表 1）。从表中可以看出浙江、江苏、山东的百强县所占比例较大。此外全国县域经济强县格局呈现出一些鲜明特征：浙江省县域经济人均水平高，百强县比例大；江苏省县域经济规模大，百强县大而强；山东省县域经济单位多，差异性大，百强县增数多；广东省县域经济已经逐渐成为中心城区经济的重要组成部分。剖析百强县的成功经验我们可以得出这样的结论：

（一）凡是百强县域，在经济上都有强烈的开放度，能够大胆引进外资，扩大投资市场，拓展资金来源

新时期的县域经济是市场经济条件下的县域经济，必须以市场为导向。而市场的开放性又决定了县域经济既是一种行政区划型区域经济但同时它又是一种开放型区域经济。它不是封闭的"诸侯经济"，是外向

经济，因此不能画地为牢，在小圈圈里搞"鸟笼经济"。经济发达的县，有一条普遍的经验：以开放的眼界和积极的姿态，将自身的发展融入到更广阔的发展空间之中，利用国内外"两个市场，两种资源"，整合优势资源提升当地的发展水平和规模。

百强县排名第 2 位的江苏省昆山市无疑是国内引进外资、发展本地经济的典范。昆山市面积 927.7 平方公里，总人口 63.72 万，原是以农业为主，工业经济基础十分薄弱的县。20 世纪 80 年代昆山市把走外向型经济道路作为发展的突破口，以开放换取发展空间，以发展拓展开放空间，在利用外资上走上了快速崛起之路。从 1985 年第一家台商落户昆山，截止到 2006 年底，昆山市累计实际利用外资 105.96 亿美元。2006 年的昆山市地区生产总值为 932 亿元，全口径财政收入 151.3 亿美元，昆山市地区生产总值从 1949 年至 2006 年的年均增长率为 23.7%，在以台资为主的外资经济带动下，昆山市经济取得了飞速的发展。

江阴人在全国万分之一的土地上，以全国千分之一的人口，创造了超过全国二百五十分之一的国内生产总值，在全国县域经济基本竞争力评比中荣登榜首。近五年，江阴利用外资有了跨越发展，规模总量实现新突破，质量水平有了新提高。五年间累计新增超千万美元项目 359 个，超亿美元 29 个，有 60 多家世界知名跨国大公司进驻江阴。回顾 20 多年的改革开放历程，江阴每前进一步，都得益于它的开放型理念——"跳出江阴看江阴，面向世界看江阴，放眼未来看江阴"。外资已成为带动江阴经济发展的"三驾马车"之一，落户这里的外资企业超过 2000 家，实际到账外资逾 50 亿美元。

（二）成功县域都非常重视民营经济的发展，没有民营经济的发展，就没有县域经济的今天

改革开放过程中，民营经济以其具有的竞争性、灵活性、广泛性、多元性的特征应运而生。实践证明县域经济民营化，是一种机制灵活，潜力巨大，适应社会主义市场经济体制的经济发展模式。它具有动力机制强、市场化程度高、吸纳社会就业、促进共同致富的效应明显优势。基于此，县域最需要也最适宜于发展民营经济。富县先要富民，富民要靠民营,越是实力强的县域经济,民营经济的比例就越高。

百强县排名第 7 位的福建晋江市地域面积 649 平方公里,人口 100.6 万,侨、港、澳、台胞 210 多万,是全国著名的侨乡。晋江的侨乡优势和当地自由、拼搏的文化,使得晋江走出了一个个国内知名民营企业。在这个县级市 600 多平方公里的土地上,共出现了 3000 多家纺织服装制造厂,3000 多家制鞋企业,该区域拥有 1000 万元规模以上的制鞋企业 250 多家,其中超亿元企业近 30 家,产品 60% 销往国际市场,是中国制鞋的重要基地和国际旅游运动鞋的主要产地,是名副其实的"中国鞋城"。此外,晋江陶瓷是全国四大生产基地之一,糖果产量占全国的 18%,制伞业在全球市场的占有率高达 38%。走出了民营经济四大模式的"晋江模式"。

无论是昆山、常熟,还是东阳、桐庐,外向型经济无疑发挥着巨大作用,但立足于民,以民为本,以民为主体的"百姓经济"、民营经济,则是四县市经济中最具优势、最具潜力、最具活力的经济成分,也是他们跻身百强县乃至百强县前列的重要推动力量。位于第六届全国百强县第 3 名的江苏省常熟市面积 1264 平方公里,城市建成区 56.8 平方公里,人口 124 万人,多年来始终坚持富民为本的宗旨。目前,常熟的民企累计数、注册资本金、固定资产投入等多项指标居全省第一。近两年来,常熟把发展民营经济、实施富民工程作为第三次历史发展机遇的重要突破口来抓。目前,全市工业投入的 65% 来自民企,税收的近 30% 来自民企。民营经济已成为常熟活力最强、后劲最足、潜力最大的经济增长点,常熟由此成为创新"苏南模式"的代表。

(三)成功的县域都非常注重培育特色产业,发展适合本地区的经济,把城镇化和县域经济紧密结合起来

县因其具有特定的地理空间、历史人文和资源,决定了县域经济的发展必然具有鲜明的地方特色。正所谓特色就是竞争力。成功的各县都能够根据自己的经济特点来进行定位,走有本区域特点的经济发展之路,其产业构成也各有特色。发展特色产业,打造特色名片,"特色"成为全省百强突破优势的共识,拉动当地经济又好又快发展的亮点。他们的成功经验告诉我们:发展县域经济应结合县域实际,在人无我有、人有我新、人少我多、人多我特上下工夫。

百强县中浙江占据最多席位，遍地开花的区域特色经济是其县域经济增长的支柱，如百强县排名第六位的绍兴县地域面积 1177 平方公里，户籍人口 70.5 万，外来人口 30 万，是中国著名的历史文化名城，也是全国著名的纺织城。绍兴县发扬传统的轻纺优势，全力打造"国际纺织品制造中心"和"国际纺织品贸易中心"。他们以工业区作为载体，培育了一批主业突出、拥有自主知识产权和核心技术、具有国际竞争力的企业集团。他们通过建设"国际纺织品贸易中心"，加快对轻纺城市场的改造升级，使轻纺产业拥有两个全国之最，即设备最好，产能最高。被中国纺织协会命名为"全国十大纺织产业基地"之一。

全国百强县排名第 26 位的浙江海宁市，地域面积 618.5 平方公里，总人口 63 万，是著名的"中国皮革之都"和重要的家纺、经编产销基地。海宁县以皮革为支柱产业，家纺、经编为优势产业，化工、电子为新兴产业，初步形成了五大特色行业，形成了富有特色的工业经济新格局。这五大行业成为区域经济的重要特色，推动了当地经济快速发展，提升了区域特色经济的规模、档次和水平，增强了海宁经济在国内和国际的竞争力。

（四）百强县（市）强就强在工业，一般都有几个在区域乃至全国有影响的支柱产业，有大量充满活力的中小企业群，一批高知名度企业和知名品牌

工业是县域经济的支柱，县域经济发展过程就是工业化过程，就是从城乡二元结构向现代经济结构转换的过程。对于一个农业人口大县来说，工业基础薄弱，难以"富民"。发展壮大区域经济必须从实际出发，找到一条正确的发展路子，积极培育支柱产业，做大做强。全国最发达县前 10 名，已经将"坚定不移推进县域工业化"淋漓尽致的体现出来了。即选准自身发展的方向，围绕支柱产业大做文章，且选择工业作为支柱产业，坚定不移地走新型工业化的道路。

地处闽南山区的革命老区安溪县，面积 3057.28 平方公里、人口 106 万，在第六届的百强县评比中位居第 97 位。摆脱贫困后，安溪县继续朝着小康大踏步前进，在"工业强县，茶叶富民"基本策略的引领下，大力发展工业生产，形成以工业为主导的国民经济发展格局，加速了由传统的农业经济向现代化工业经济的转型，使经济综合实力明显增强。围绕"工业强县"的目标，安溪县重点培育出茶业、工艺业、建材冶炼、服装鞋帽、包装印刷、食品加工等六大支柱产业，并创建安溪经济开发区。2006 年全县实现国民生产总值 157.92 亿元；工业总产值233 亿元；财政总收入 12 亿元，农民人均纯收入 5781 元。

排名第 7 位的福建晋江市提出"没有品牌就没有竞争力，没有规模就没有影响力"，大力实施"品牌立市"战略，鼓励企业规模发展，品牌意识渗透于这个小城的每一个角落。作为福建省县域经济的领头羊，晋江市拥有众多的称号和头衔，但最让晋江人自豪的当数"品牌之都"。仅百万人口的县级晋江市，拥有中国名牌产品 24 个，中国驰名商标 79个，在全国县级单位中遥遥领先。

二、铁岭市县域经济发展的基本情况及存在问题

铁岭市总面积 1.3 万平方公里，总人口为 302.6 万人，地处东北亚中心的辽宁中部城市群，是吉林、黑龙江两省通往其他省市和出海港口的重要通道，区域位置优越。建国 50 多年来，铁岭经济建设日新月异，已成为闻名全国的粮食主产区、优质农产品生产加工基地和新兴的煤电能源之城。当前要抓住沿海经济发达地区产业结构升级向内地转移、振兴东北老工业基地和融入沈阳经济区的历史性机遇，充分发挥和合理利用资源优势，为铁岭市县域经济发展打开新的局面。铁岭市目前县域经济发展的态势良好，具体表现为：

（一）县域经济综合实力继续增强

2005 年，全市县域生产总值 176.4 亿元，占全市生产总值的66.76%。2006 年，县域生产总值 245.8 亿元（比 2005 年增加了 69.4亿元），占全市生产总值的 76%，县域生产总值占全市比重比 2005 年上升了 9.24 个百分点。2005 年，县域全社会固定资产投资额 78.6 亿元，占全市全社会固定资产投资额的 73.49%；2006 年，县域全社会固定资产投资额 145.7 亿元（比 2005 年增加了 67.1 亿元），占全市的

71.8%。2005 年，县域规模以上工业增加值 38.3 亿元，占全市工业增加值的 42.42%；2006 年，县域规模以上工业增加值 63.6 亿元（比2005 年增加了 25.3 亿元），占全市规模以上工业增加值的 53.12%，县域规模以上工业增加值占全市比重比 2005 年上升 10.7 个百分点。

（二）县域财政实力逐渐增强

2005 年，全市县域地方财政一般预算收入 5.8 亿元，占全市财政收入的比重为 45.44%；2006 年，县域地方财政一般预算收入 8.0 亿元（比 2005 年增加 2.2 亿元），占全市的比重 49.16%（比 2005 年增加3.72 个百分点）。2005 年，3 个县市地方财政一般预算收入超过亿元，分别是铁岭县、调兵山市和开原市，财政收入最低的西丰县为 0.54 亿元，最高的开原市为 1.82 亿元。2006 年，有 4 个县市地方财政一般预算收入超过亿元，其中有铁岭县和开原市超过 2 亿元，财政收入最低的西丰县为 0.67 亿元，最高的开原市为 2.43 亿元。

（三）产业结构得到明显调整

2006 年，铁岭县域第一产业增加值为 7.3 亿元，增长 11%；第二产业增加值为 53.2 亿元，增长 109.7%；第三产业增加值为 8.7 亿元，增长 14.2%。2005 年，铁岭县域经济三次产业比重为 37.7：27.5：34.8，全市县域经济二、三产业的比重为 62.3%。2006 年，全市县域经济三次产业的比重为 30：41.4：28.6，县域经济二、三产业的比重为 70%。全市县域经济一产的比重下降了 7.7 个百分点，二、三产业的比重相应提高了 7.7 个百分点。

（四）县域特色经济得到较快发展

铁岭县新型建筑、装饰材料、汽车零部件配套加工等产业已具雏形，培育出铁新水泥、经纬数控、大河机械等一批亿元产值企业；开原市工业形成新型建材、机械、轻纺等五大主导产业，并投资兴建了五金城、建材城等一批物流企业，大力发展第三产业；西丰县大力发展特色经济，鹿业、中草药、柞蚕、林蛙已经形成完善的产加销链条，投资4.5 亿元的中国东北土特产品交易中心已成为东北地区最大的特色农产品集散地。同时，昌图县的农产品深加工业和调兵山市的非煤产业也已经成为当地经济新的增长点。

（五）县域招商引资步伐加快

2005 年，全市县域社会消费品零售总额 65.24 亿元，占全市社会消费品零售额的比重为 67.33％；2006 年，县域社会消费品零售总额 76.4 亿元，比 2005 年增加 11.16 亿元，占全市的比重 77％，比 2005 年增加 9.67 个百分点。2005 年，全市县域外贸出口总额 4683 万美元，占全市外贸出口总额的比重为 56.1％；2006 年，县域外贸出口总额 6105 万美元，比 2005 年增加 1422 万美元，占全市的比重 61％，比 2005 年增加 4.9 个百分点。全市县域实际利用外资 1084 万美元，占全市实际利用外资的比重为 69.31％；2006 年，县域实际利用外资 2013 万美元，比 2005 年增加 929 万美元，占全市的比重 62％。

（六）农民收入实现新突破

2006 年，辽宁省农民人均纯收入 4090 元，比上年增加 400 元，增长 10.8％。农民人均纯收入 4222 元，同比增长 12.4％，是历史上增幅最高的一年。从铁岭市 5 个县（市）来看，2005 年农民人均纯收入有 2 个县（市）高于 4000 元，3000～4000 元的有 2 个，2000～3000 的有一个。2006 年农民人均纯收入有 4 个县（市）高于 4090 元，3000～4000 元的仅有 1 个。其中，调兵山最高，达 4601 元；仅有西丰县低于 4000 元为 3407 元。

从纵向比较来看，铁岭市县域经济总量以年均 24％的速度前进，但我们与发达地区之间的横向比较还存在一定差距。素以"梨乡"著称的山东省莱阳市，全市总面积 1734 平方公里，人口总数为 89 万，其中城区人口为 25 万。近几年来，莱阳市立足本地实际，因地制宜，适时确定工作思路和发展重点，走出了一条产业化起步、工业化壮大、城市化提升的县域经济发展路子，推动了经济社会的快速发展。2006 年全市生产总值达到 195 亿元，地方财政收入达到 6.5 亿元，在全国县域经济综合实力排名中名列第 100 位。通过与全国百强县评比中第 100 位的山东省莱阳市的对比，可以看出，铁岭市在县域经济发展方面的各项主要经济指标与发达县域仍有一定差距。主要表现为：

一是县域单位综合经济实力较弱。2006 年县域经济实力较强的开原市 GDP 为 75 亿元，而第六届全国百强县平均地区生产总值为 231.7

亿元,全国百强县排名第 100 位的山东莱阳市是 195.1 亿元,开原市 GDP 仅相当于莱阳市的 38%。因此,铁岭市县域经济总量与先进地区相比,还存在明显差距。此外,全市县域经济增幅较大的铁岭县是列入省 15 个重点扶持的县(市)之一,全县 GDP 为 50.1 亿元,人均 GDP 达到 1.3 万元,只是全省人均 GDP 的 59%。虽然去年发展速度在 50% 以上,但与海城、大石桥等县(市)还有较大差距。在全国 2008 个县(市)中排名 742 位,仅处于中游水平。

二是县级财政运转不畅。2006 年全市县域财力较好的开原市财政收入为 2.4 亿元,铁岭县为 2.1 亿元。而全国百强县平均地方财政一般预算收入为 10.9 亿元,莱阳市是 6.5 亿元。目前铁岭市大部分县域财政支付能力十分有限,基本上是"吃饭"财政,有的连"吃饭"都是问题,个别县还借有大量外债,更谈不上搞开发、搞建设。此外,2006 年全市县域财政收入占 GDP 比重仅为 4.2%,比全省低 3.1 个百分点。由此可见,铁岭市县域财政不仅仅是收入低、总量小,而且税收财政质量也不高。

三是县域投资规模小,活力不足。"发展是主题,投入是根本,项目是关键",莱阳市正是以加大投入为统领,大力发展项目建设,全力推动县域经济进一步发展壮大。近几年来,铁岭市的各个县(市)区加大了固定资产投资力度,投资严重不足的状况有了一定改善,但投资不足问题并没有根本解决。2006 年,山东省莱阳市的全社会固定资产投资完成额为 138.3 亿元,分别是铁岭县、西丰县、昌图县、调兵山市、开原市的 5、6.9、4.6、6.3、3 倍,投入不足,直接导致铁岭市县域企业规模普遍偏小,难以适应日益激烈的市场竞争,铁岭市县域经济要想发展必须千方百计地扩大投入。

四是县域经济产业结构比较落后。莱阳的发展植根于城市化。近年来,莱阳市把加快城市化进程作为拉动全市经济增长的重要举措,在加快城市路、水、电、气等基础设施建设的同时,全力振兴二、三产业。相比较而言铁岭市一产在县域经济中的比重过大,百强县一产比重平均为 11%,莱阳市一产占 13%,工业绝对占主导地位,而第三产业也发展迅速,而铁岭市去年平均为 27%。除了调兵山之外,其他 4 个县

（市）的一产比例均远远高于莱阳市，而二产比例均低于莱阳市，可以看出铁岭市的县域工业与发达县域的工业水平仍存在较大差距，各县（市）区的工业仍需加强，经济结构仍需调整。

三、加快铁岭市县域经济和谐发展的建议

根据以上的对比分析可知，百强县的发展势头有增无减，铁岭市要追赶百强县尚需要作较大的努力，要对照存在的差距，有超常的发展速度，按照科学发展观，和谐发展的目标，实现率先发展。那么如何将发达县市的先进经验和做法转化为铁岭市县域经济发展的推动力，主要应在以下几个方面做工作。

（一）优化投资环境，扩大招商引资

要实现大发展，经济总量有大增长，关键要有大项目、大投资的拉动。百强县排名第二位的昆山，正是通过利用外资，打破了县域经济的低水平均衡，找到了快速发展的突破口，完成了产业结构的升级，并且为下一步的发展创造了新的机遇。因而，对经济相对落后的地区而言，充分吸引、利用外资是摆脱自身的资本和技术不足的劣势，突破资金与技术瓶颈，加快发展的一条捷径。铁岭市在进行招商时应借鉴昆山的经验从单纯的资金引进中摆脱出来，树立"资金、项目、技术、人才、智力多轨并举"的引入观；在招商方式上改变过去以政府招商为主的局面，可采取建立招商网点，聘请招商中介人，委托专业机构或顾问招商等形式，树立"全民招商"观念；在铁岭市上下形成一种"亲商、爱商、扶商"的氛围来吸引投资者，以达到"以情招商、以商招商"的目的。在实际工作中，应该积极创造宽松的县域经济发展环境。省授予市的项目审批管理权限，市政府原则上应只保留城市规划、土地征用、环境保护、资源开发4个方面的权力，其他方面的权力能下放的尽可能下放给县级。对各县（市）征收的市本级共享收入当年增幅超出县（市）一般预算收入增幅部分，由市财政应给予一定比例的返还；对县乡上划的增值税、消费税增量返还部分，应适当增加返还系数。积极为县域企业提供融资担保服务。充分发挥商业银行支持县域经济发展的主力军作

用。鼓励发展民营担保机构和企业的互保、联保，逐步解决中小企业融资难问题各县（市）应按照规定的用途，切实使用好省重点支持的土地开发整理项目专项资金，应拿出土地出让金的15％用于农业发展基金。简化办事程序，提高办事效率，努力为投资者提供保姆式服务。强化科技和人才支撑。同时不能引进对本地自然环境和社会环境有较大破坏的项目和与地方经济发展目标相冲突的项目。

（二）大力发展民营经济

从县域经济发展的走势看，民营经济产权清晰、主体明确、机智灵活，越来越显示出旺盛的生命力、很强的吸引力和极大的竞争力。因此，要想加快发展县域经济，就必须走出一条挖掘民智、吸引民资、依靠民力做活民营经济的发展之路。发展民营经济就要对传统产业企业大力实施"三个一"，即改造一批、提升一批、淘汰一批。改造一批，就是要加大技改支持力度，把技术改造、自主创新、节能降耗等结合起来，创造有利于产品创新、产业升级和环境改善的产业体系。提升一批，就是要对成长型中小企业，在融资、技改、信息、市场开拓等方面加强扶持服务；最大限度调动行业协会潜能，广泛组织企业参加国内外高端专业展会，帮助民营企业参与更高层次的交流与竞争，促进新兴产业与传统产业、外资企业与民营企业的合作交融；引导企业建立现代企业制度，积极培育民营上市企业。淘汰一批，就是对违法经营、生产条件恶劣、没有社会责任感的劣质企业和不符合环保要求的工艺技术，要坚决淘汰。通过改造、提升、淘汰，促进民营企业和传统产业整体提升。继续坚持"放心、放手、放开"的方针，努力为非公有制经济创造良好环境。认真落实《国务院关于鼓励支持和引导个体私营等非公有制经济发展的若干意见》，允许非公有资本进入法律法规未禁入的行业和领域。放手发展民营经济，在投资核准、融资服务、财税政策、土地使用等方面，对民营企业与其他所有制企业实行同等待遇。市财政中小企业信用担保资金重点向县域非公有制经济倾斜。引导非公有制经济向县域工业、现代农业和现代服务业转移，在城镇化过程中也要吸引非公有制经济参与。加强非公有制经济社会化服务体系建设。重点围绕投资融资、科学技术、信息服务和市场开拓等领域，培育县域非公有制经济社会化服务体系。

（三）正确把握县域经济特色、优势和定位

县域经济的特色就在于，在特定区域里有别人不可比拟的产业优势，也就是比较优势，这种特色产业能使其获得较高的经济效益，并带有较高的知名度，走出具有区域特色产业带动其他产业全面发展的新路子。百强县排名第6位的绍兴县提出"智取华山"，这就是：立足县域，正确定位，优化经济结构。坚持"多予少取放活"，积极发展高效生态农业，加快推进休闲农庄建设，农业综合生产能力得到了进一步提高。按照"优农、强工、兴商"的总思路，通过提高自主创新能力，加快转变经济发展方式，不断提高经济竞争力。稳定粮食生产，深化农产品加工，着力发展高效生态农业。坚定不移地提升发展纺织业，巩固纺织业在全国的领先水平和龙头位置；大力发展科技含量高、产业关联度大、带动作用明显、市场竞争力强、经济效益好的其他优势产业，努力形成纺织产业与高技术产业协调发展的工业经济体系。结合铁岭市实际情况铁岭县应充分发挥毗邻沈阳的优势，主动承接沈阳经济辐射，大力发展冶金、机械加工、新型建材、数控机床等工业支柱产业；昌图县是全国闻名的产粮大县，应在粮食生产、转化、加工和畜产品深加工上做文章，同时利用好丰富的风力资源，大力发展风力发电；调兵山市，就应以煤炭及其接续产业发展为主，以风力、煤矸石发电为重点发展区域经济；西丰县可以利用本区生态资源特点，以发展林产品、畜产品的深加工产业为主；开原市在工业园区建设上应有更大的发展，大力打造机械制造、服装纺织、新型建材、生物化工、农产品深加工和高新技术产业。

（四）坚定不移地实施工业强县战略

发展工业经济是缩小铁岭市与百强县距离的重要途径，要增加经济总量，增加财政收入，发展工业是关键。既要有大项目、大企业的有力支撑，还要注重发展中小企业群体，通过培植壮大中小企业，才能保持经济持续的大发展。事实上，晋江纺织服装业的造势始于1998年晋江开始实施"品牌立市"战略。当时，政府旨在通过产业集群与区域品牌的融合发展，实施区域品牌造势战略，迅速缩短与国际知名品牌差距，

占领市场的主导权。近年来，晋江市政府实施自主创新战略，通过自主创新掌握关键技术，增强品牌核心竞争力。晋江纺织服装业发展的另一个动力源自产业发展的推动。随着纺织服装产业的日渐壮大，一些服装企业逐步把生产过程中可剥离的部分剥离出来，走专业化生产道路，这样就强化了各种各样的配套需求，产生了产业链上下延伸和相关行业逐步配套的强大拉力。因此，铁岭市的县域经济发展要走新型工业化道路，运用高新技术和先进适用技术改造传统产业，加快工业行业技术更新和产品换代，大力扶持和引导中小企业向"专、精、特、新"方向发展，尤其是重点发展农产品深加工业，提高附加值，延伸产业链和促进产业集群发展，推进县域经济由农业主导向工业主导转变。引进大项目，做大企业规模，用"大项目和大企业"带动产业关联度很强的上游和下游中小企业的发展。为加快实施工业强县战略铁岭市应着重加强以下方面的工作：一是积极调整县域经济结构，以工业园区建设为突破口，提高县域工业集聚度，努力提高规模以上工业增加值占地区生产总值的比重，提高经济运行质量和效益，壮大县级财力，逐步建立以城带乡、以工促农的长效机制；二是全力建设沈铁工业走廊，重点建设好组成工业走廊的各重点工业园区，走"以园区聚项目、以项目兴产业"的发展思路；三是继续实施"项目年"活动，围绕打造"两大基地"和"五大产业"上实现新突破；四是抓好现有企业的产业升级和技术改造；五是实施名牌品牌战略。

课题组成员：铁岭市发展研究中心　朱　琳

盘锦市推进资源型城市经济转型战略研究

资源型城市是指自然资源开发而兴起，并以资源开采为主导产业的城市，其主要功能或重要功能是向社会提供矿产品及其初加工产品等资源产品。根据资源开发的程度，资源型城市分为成长期、成熟期、衰退期。作为一个以石油和天然气资源开采为主的资源型城市，盘锦经济随着油气资源的递减，已经处于衰退状态，城市可持续发展面临着严峻挑战，实施经济转型已是迫在眉睫。

一、盘锦实施经济转型的必要性

盘锦是一座"因油而生"、"因油而兴"的资源型城市。辽河油田开发建设40年来，已累计生产原油3.5亿吨，天然气481.3亿立方米，上缴利税和各种费用1000亿元以上，为国家作出了巨大贡献，同时也带动盘锦经济社会迅速崛起和进步，发展成为全国最大的稠油、高凝油生产基地，重要的石化生产基地和著名的水稻、河蟹等绿色、有机农产品生产基地。1996年之后，辽河油田的油气生产进入递减阶段，受此影响，盘锦资源型城市固有的矛盾和问题日益凸显，经济和社会发展面临着一系列的严峻挑战。

（一）油气资源逐渐递减，油气采掘业对经济增长的拉动作用逐步弱化

1996年，辽河油田油气产量达到历史最高峰，随后逐年递减。到2007年，原油及天然气产量已分别下降到1206万吨和8.7亿立方米，比历史最高年份分别下降22.3％和50.8％，年均递减28.8万吨和0.6

亿立方米。受此影响，"九五"以来，盘锦经济一直处于缓慢增长状态，"九五"、"十五"时期 10 年间平均增长 7.3%，进入"十一五"以来，2006 年增长 6.1%，2007 年预计增长 8.2%，已经连续 12 年在全省 14 个市中增速排在最后一位。地区生产总值在全省 14 个市中的位次已经由第四位下滑到第五位。

（二）产业结构单一，接续产业发育不足

1. 石油和天然气开采业一支独大。进入"十五"以来，尽管受到资源递减的影响，油气开采业形成增加值占全部工业增加值的比重仍然维持在 80% 以上，占全市地区生产总值的比重仍然达到 50% 以上。

2. 油气资源利用面窄，石化产业链较短，加工深度不够。原油区内加工偏低，2006 年盘锦市全市原油加工能力达到 1100 万吨，但实际加工量仅为 540 万吨，开工率不到 50%。炼油装置和石化产品规模较小，石化产品多集中于上游产品，深加工的化工产品所占比重偏低，尤其是涂料、黏合剂、塑料加工助剂、工程塑料和合成纤维的基础化工原料等生产比例偏低，没有形成相对完整的石油化工和精细化工系统产品链。

3. 其他替代产业弱小，还未形成一定规模的配套产业群。受资金、市场、人才等诸多因素的制约，这些替代产业的发展还不够快，尚未形成具有较大规模和较强牵动力的产业集群。2006 年全市非油气采掘业仅占到全部工业增加值的 19.3%。

4. 第三产业比重低，内部结构不合理。全市服务业增加值占全市地区生产总值比重在 17% 左右，比全省 40% 的平均水平低 20 多个百分点。服务业内部结构不合理，由于资源型粗加工企业对生产性服务业的依赖程度相对较低，造成生产性服务发展水平低。2006 年盘锦生产性服务增加值 27.7 亿元，占全部第三产业增加值的 32%，比全国平均水平低 8 个百分点。金融、科技、咨询等生产性服务业发展的滞后，已经成为制约盘锦产业结构优化升级的主要因素。

（三）下岗失业人员增多，就业压力加大

随着油气产量递减，油气采掘业从业人员数量大幅减少，占全市工业从业人员的比重逐年下降。2007 年底，油气采掘业从业人员总数为 9

万人，比2000年鼎盛时期减少了4.1万人，下降幅度为31.3％。2005－2007年，油气采掘业从业人员占全市全部工业从业人员的比重分别为49％、39.6％、35.7％，呈现明显下降趋势。辽河油田的减员加之油气关联产业生产萎缩导致全市吸纳就业能力受限，就业和再就业压力日益加剧。

（四）生态环境遭到破坏，形成了较为严重的地质灾害隐患

辽河油田油气每年开采使用地下水3000多万吨，占全市工业用地下水的62％。由于地下水严重超采，使盘锦水资源匮乏的程度进一步加剧，区域性地下水位持续下降，平均每年下降1～1.5米，水位高程已由9米下降到－44米。全市已形成兴隆台、盘东、曙光、欢喜岭、大洼等多个地下水开采漏斗，漏斗中心水头埋深已达48米。地下水水位的持续下降造成咸水体入浸、海水倒灌等一系列环境地质问题。此外，在双台河口国家级自然保护区内进行的油气勘探开发活动，对湿地生态环境造成了严重的影响。生态环境的逐渐脆弱，使城市经济赖以生存和发展的基础受到严重威胁。

二、国外资源型城市经济转型的主要模式及成功经验

（一）国外资源型城市经济转型的主要模式

从国外资源型城市的转型实践看，资源型城市产业转型大体有三种模式：

1. 产业延伸模式。产业延伸模式就是在资源开发的基础上，发展下游加工业，建立起资源深度加工和利用的产业群。采掘业属于中间投入型基础产业，其产业关联特点是前向关联效应大，而后向关联效应小。其优点是在转型的初期能够充分发挥本地的资源优势，同时上下游产业在生产、管理和技术方面具有明显的相关性，实施转型的难度较小。随着下游产业的不断发展壮大，其竞争能力和自我发展能力将逐渐增强，将来即使本地资源逐渐枯竭，也可以从外部输入资源进行加工，维持该城市或地区的持久繁荣。

随着产业链的延伸，下游企业和配套服务企业的数量不断增长，大

量生产经营相关联的企业在一定空间内的聚集所带来的专业化生产、低运输成本、低交易费用、便捷的沟通和配套服务将形成产业聚集。从竞争的角度来看，产业链实质上是一条价值链，资源型城市在这条价值链的源头已经拥有廉价资源的优势，加上产业聚集带来的聚集经济，使得这一价值链更具竞争优势，整个城市经济也因此获得竞争优势。

盘锦产业结构存在的突出问题是过于依赖采掘业，下游加工业薄弱，对外输出的主要是廉价的初级产品，造成产业结构过于单一。如果能够有效利用油气资源，拉长石化产业链，通过产业升级改造，做大做强炼油、乙烯和下游深加工的石油化工体系，主导产业逐步由单纯的油气开采转变为油气开采和石油化工并重，对于盘锦的产业转型具有十分重要的现实意义。

2. 产业更新模式。产业更新模式就是利用资源开发所积累的资金、技术和人才，或借助外部力量，建立起基本不依赖原有资源的全新产业群，把原来从事资源开发的人员转移到新兴的产业上来。产业更新模式无疑是最彻底的产业转型模式，它摆脱了对原有资源的依赖，但如何在以采掘业为主导的产业基础上，发展有竞争力的替代产业群是该模式面临的最大挑战。

吸引外来投资，包括国外投资和国内投资是建立有竞争力的替代产业的有效途径，外来投资的进入不仅仅带来资金，还伴随着先进的技术、管理和观念，这对资源型城市的产业转型极为重要。

3. 产业复合模式。有的资源型城市在实现经济转型中不局限于以上单一的模式，而是以上两种模式的复合。通常是在转型的初期采用产业延伸模式，城市主导产业逐步由采掘业转变为加工业。随着加工业的发展，城市功能逐步完善，新兴产业不断发展，城市逐步演化为综合性城市。

在这种转型模式的初期，城市主导产业逐步由采掘业转变为以资源深加工为主导的产业群。资源型城市原有的采掘业技术专用性强，从业人员流动性差，生产作业封闭，社会化程度低，主要由企业内部自我配套，与其他企业的协作交流少。而加工业要求不同的企业相互协作配套，企业间的技术相关性强，和采掘业相比加工业的技术通用性强，从业人员流动性大，新技术容易在上下游企业以及同行业企业中传播。因此，大量加工企业在一定区域内的发展除了导致产业聚集，还有利于企业之间的技术外溢并促进技术进步和新产业的发展。随着资源加工产业群的建立和发展，企业间的技术外溢和乘数效应加强，为其他产业的发展提供了条件。一些资源型城市正是利用这一条件，积极抢抓国内外重大技术创新带来的新的投资机遇，进行产业升级和产业替代，逐渐降低对资源的依赖程度，实现城市的产业转型。

（二）国外资源型成市经济转型的成功经验

德国的鲁尔区、法国的洛林、美国的休斯敦、日本的九州等资源型城市的转型都进行了 30 多年，已经取得了显著成效。这些城市成功的转型经验都值得我们认真学习、研究借鉴。

1. 政府是转型过程的主导。在转型过程中，各国政府纷纷出面以政府行为去矫正市场失灵，通过确定转型目标和制定转型计划来规范城市转型行为。

2. 接续产业以高新技术产业为主。在转型过程中，各国资源型城市都不约而同地将高新技术产业作为其主要接续产业，通过发展高新技术产业来促进原有产业结构的调整和产业升级换代。

3. 各级政府和当地企业充当投资主体。各国的中央政府将中央财政收入的一部分，作为专项拨款投入到转型城市以支持其发展。地方政府每年也都从地方财政收入中拿出一部分去支持新产业的发展，并通过减免税等经济手段去鼓励新兴接续产业的发展。转型城市中的企业按照各级政府所制定的转型计划，有步骤地缩小传统产业的范围及发展规模，将资源及劳动力配置到所需要的部门及行业中去，充分发挥现有资源的利用效率。

4. 产业结构调整与国家发展规划目标相适应。各国资源型城市在调整产业结构时都不是随意的、盲目的，而是经过大量的调研论证，充分考虑了国家未来一段时期的产业发展方向。

三、盘锦市资源型城市经济转型的主要任务

(一) 推动产业结构优化升级，构筑多元产业支撑

大力发展接续产业，建立起强大的多元产业支撑，是当前盘锦经济发展最紧迫和最重要的任务。今后一个时期，盘锦应在产业链经济上下工夫，坚持以改造提升传统优势产业、培育新型产业为重点，从供应链、产品链和价值链三个方面入手，形成完整的产业链体系，做强转型发展的产业基础。重点是：

1. 稳定油气采掘业。以油气勘探为主，在做好勘探增储大、二次开发、科技进步、发展稳定、滩海建设的基础上，实现以油气产量为主的工程技术服务、原油技术创新、石油装备制造业的一体化综合发展。加快建设原油生产、工程技术服务、重油技术创新、石油装备制造等四大基地，实现原油年产 1200 万吨再稳定十年，非油产业规模发展，建设平安和谐的示范矿区等三大目标。

2. 做大做强石化工业。要高标准研究制定化工产业发展规划，明确发展思路、产业定位、发展目标，以及产业链的构成和政策措施，科学推进产业发展。同时在对现有企业搞好研究的基础上，切实运用市场的手段，通过利用外资、合资、合股和技术合作等方式进行整合，提升企业整体竞争力。在加快推进乙烯扩建、油化工程的基础上，围绕华锦集团，加快形成精细化工产业链和天然气下游的化肥和碳—化学品产业链。预计到 2010 年，全市原油加工量有望达到 1500 万吨以上，石油炼制业产出总规模将超过 600 亿元，占全市工业的比重 25％ 左右。石油化工产出总规模可达 300 亿元左右，整个石油化工业产出总规模有望达到 900 亿元，占全市工业的比重超过 35％。

3. 壮大装备制造业。国内外石油制造市场的异常活跃，国际国内航运市场的持续升温，为盘锦装备制造业的发展提供了重大契机。目前新型装备业投资总规模超过 120 亿元，重点项目有中油辽河宝石石油装备有限公司钻机项目、辽河油田装备制造基地项目、辽宁宏冠船业有限公司二期工程项目等。依托辽河油田的技术、人才和市场优势，以及盘

锦石油高新技术园、盘锦船舶工业园，抓住产业发展的强劲态势和市场需求旺盛的有利契机，加速推进装备制造业快发展、大发展，建设世界级石油装备制造基地、建设环渤海地区重要的中小型船舶修造与配件特色产业基地。预计到 2010 年，新型装备业产出总规模达到 350 亿元左右，占全市工业的比重约为 15%；到 2015 年，产出总规模达到 500 亿元以上。

4. 发展塑料加工与新型建材业。随着华锦集团乙烯改造工程的顺利推进，乙烯下游产品的开发利用，延长合成材料产业链，将为全市塑料加工业进一步拓展发展空间，迎来更大的发展机遇。目前塑料加工及新型建材业计划投资总规模超过 10 亿元，重点项目有北方杰事杰项目、盘锦富山新型建材公司苯板项目、辽宁瑞溢隆塑业发展公司 PE 给排水管项目等。华锦乙烯项目建成投产，形成可供加工的塑料原料树脂近 100 万吨，如果本地加工量提高到 30% 左右，可新增产值约 50 亿元。预计到 2010 年，塑料及新型建材业产出总规模近 70 亿元左右。

5. 发展绿色有机食品业。绿色有机食品业既是盘锦的优势产业，也是潜力产业。目前农产品加工业计划投资总规模约 10 亿元，重点项目有江苏雨润集团屠宰及深加工项目、盘锦鼎翔米业有限公司优质大米加工项目、盘锦华豚产业开发有限公司河豚鱼食品精加工项目和盘锦健丰食品公司饼干项目等。要高标准搞好大米、水产等主导产业发展规划，高质量抓好两县现代农业经济区规划建设，着力提高农业组织化、农产品生产标准化和产业化经营水平，促进优势产业集群化、高效农业规模化。大力扶持重点龙头企业扩大生产；依托"盘锦大米"中国名牌优势，建设大米市场，带动水稻种植和深加工企业；依托"盘锦河蟹"中国地理产品保护和全国地级市总产量最大的优势，建设河蟹和水产品市场，带动河蟹及水产品养殖加工企业；依托肉制品加工龙头企业和畜牧养殖业发展迅猛的态势，建设对外合资的农产品综合交易市场，带动生猪等畜牧养殖加工企业。预计到 2010 年，绿色有机食品业产出总规模超过 150 亿元。

6. 提升现代服务业。旅游业方面，高起步搞好发展规划，高标准包装出诸如世界上最大的红海滩湿地公园等一批大项目，招商引资。用市场化的办法，解决旅游基础设施建设问题。物流业方面，紧紧围绕化工、石油装备制造、农产品等优势产业，高水准做好物流业产业规划。积极引进大的物流企业，带动物流产业快速提升。文化、餐饮、娱乐、房地产、社区服务及旅游等产业的不断发展壮大。预计到 2010 年服务业产出总规模可达到 270 亿元左右。

7. 培育发展有较大潜力的其他接续产业。运用高科技手段，加快推进高新技术产业发展，培植发展生物制药、造纸、盐卤深加工等特色产业。

（二）优化经济布局，以特色产业园区建设为依托，培育新的经济增长点

建设开发区、工业园区，引导区域工业相对集中、连片发展，不仅是招商引资的重要载体，也是现代化工业发展的基本形式，更是加快区域经济发展的重要支撑。根据目前盘锦资源条件和已经形成的工业基础，今后盘锦工业发展应进一步整合资源，重点打造南部、中部、北部和沿海经济带四大工业经济区，加快形成以辽滨沿海基地为先导，以305 国道为轴线，以从南到北的食品工业园、石油高新技术园、华锦高新园、双台子区化工园、盘山材料园等园区和产业为支撑的"T"字形开放大格局。

1. 南部工业经济区。重点包括盘锦船舶工业基地和盘锦食品工业循环经济示范园区。盘锦船舶工业基地规划总面积 110 平方公里。该区域是辽宁省"五点一线"沿海经济带重点发展区域之一，自 2005 年 12 月组建以来，从零产业基础开始起步，经过两年的开发建设，船舶修造和石油化工两大主导产业发展势头迅猛。从船舶修造产业看，目前已有 2 艘油轮下水，随着辽河油田海上钻井装备制造基地、辽宁宏冠船业有限公司等一批重大项目的顺利推进，产业集群效应已开始显现，船舶制造能力将会大大提高，到 2010 年，船舶制造能力将达到 200 万载重吨以上，有望成为东北最大的中小船舶修造基地。从石油化工产业看，北方石油化工集团（企业计划总投资 24 亿元、产出总规模约 150 亿元）的成功入驻，必将使该工业区石化产业有一个突飞猛进的发展，未来产出总规模有望超过船舶工业。盘锦食品工业循环经济示范园区以雨润公

司等大企业为依托，发展食品加工业，创建绿色有机食品生产基地。

2. 中部工业经济区。重点包括市经济开发区、新工工业区和晨宇工业园，中部工业区是目前盘锦工业发展基础较好、发展形象最佳、经济实力最强的区域之一，现有产出总规模约 180 亿元，占全市规模以上工业的 20％左右，是盘锦发展接续产业不可或缺的重要增长极。目前，该工业区一批对接续产业发展具有较强促进作用的重大产业项目，正在全力推进之中。如辽河石化公司的 200 万吨沥青制造基地和 500 万吨稠油加工基地计划总投资 16 亿元，产出总规模约 100 亿元；中油辽河宝石石油装备有限公司计划总投资 20 亿元，产出总规模约 50 亿元。随着这些重大项目的建成投产，该工业区的产出能力和规模将会显著提高。特别是石油高新技术产业园经过 4 年多的开发建设，园区经济呈现出强劲的发展势头，石油装备制造和石油技术服务业不断加快发展。目前从事石油装备制造和石油工程技术服务的企业近 30 家，尤其是随着中油辽河宝石石油装备公司这个年产出 50 亿元、年产 100 台钻机大项目的成功落户，标志着盘锦朝着打造中国石油装备制造基地的目标，迈出了关键一步。

3. 北部工业经济区。重点包括辽宁盘锦高新技术产业开发区、盘锦精细化工循环经济示范区和盘山经济开发区。北部工业区骨干支撑企业是辽宁华锦集团，该工业区在化学肥料制造、乙烯副产品深加工和精细化工等方面具有良好的发展基础。除华锦集团外，重点企业还有盘锦和运集团、北方杰事杰公司等。现有产出总规模约 70 亿元，其中华锦集团 60 亿元，双台子经济开发区和盘山县经济开发区约 10 亿元。

目前北部已经形成以华锦集团为核心的工业地理区域。市高新技术产业开发区，已于 2007 年 4 月被省政府批准为省级高新技术产业开发区，华锦集团与兵器工业总公司资产重组后进入一个全新的发展阶段。北部工业区一批重大项目正在启动建设中，如华锦集团 70 万吨乙烯扩建、500 万吨油化工程项目，计划总投资约 150 亿元，产出总规模近 300 亿元；和运集团计划总投资 6 亿元，产出总规模约 15 亿元；北方杰事杰公司有限公司计划总投资 5 亿元，产出总规模约 15 亿元。这些项目建成达产达效后，将极大增强北部工业区的经济实力。

北部工业区未来发展方向是石油化工、精细化工和乙烯副产品深加工。按照发展规划，市高新技术产业开发区今后将建设技术创新核心区、科技产业管理区、石化产业园区、精细化工产业园区和中小企业创新园区等 5 大板块，并最终形成以服务管理区、华锦工业区、化工产业区三大功能区为核心的总体发展格局。

4. 开发建设沿海经济带。盘锦沿海地区的开发建设水平与其他沿海地区相比是比较滞后的。尤其是在工业方面，除船舶工业基地新崛起之外，其他地区基本上没有大型工业园区和大型工业企业，发展水平明显低于全市和两县平均水平，与发达沿海地区间的差距更大。另一方面，盘锦沿海地区具有明显的后发优势，发展潜力和成长空间比其他沿海城市要更为突出。抓住辽宁扩大沿海开放、打造"五点一线"沿海经济带的重大战略机遇，以盘锦港与营口港务集团合资合作为有利契机，加快建设海上油码头和盘锦新港区，建设一批万吨级油品、杂货码头，到 2010 年港口吞吐能力达到 700 万吨，到 2020 年港口吞吐能力达到 1740 万吨。推进连接盘锦船舶工业基地和营口沿海产业基地的辽河大桥建设，加快贯通滨海公路盘锦段，建设、完善疏港公路、铁路和港口配套设施，带动沿海地区及腹地发展临港工业、水产养殖、商贸、物流和滨海旅游观光业。

（三）加强生态和环境保护，大力发展循环经济

坚持以人为本，以人与自然和谐为主线，大力发展循环经济，切实转变经济增长方式，推进生态市建设进程，确保在经济持续增长过程中实现生态环境的逐步改善。

1. 加强湿地生态环境治理与保护。完善双台河口自然保护区监控系统、监测管理系统和基础设施建设，加强保护、培养和利用生物资源。实施湿地生态恢复治理工程，严格控制对湿地的开发活动，防止湿地面积进一步缩小。在有条件的地区推行湿地污水处理新技术，实施污水处理工程，逐步实现由单纯保护野生动物向综合开发、建设和保护转型。

2. 大力发展循环经济。以能源、资源互补和梯级利用为原则，构建生态工业、生态农业、油气开采和生态城市四大循环经济体系。在园区规划建设过程中，引入循环经济发展模式，充分发挥产业集聚和工业生态效应，围绕核心资源发展相关产业，形成资源循环利用的产业链。

3. 抓好节能减排和污染治理。坚决淘汰落后生产能力，进一步推动企业积极实施清洁生产，实行生命周期污染控制。不断提高资源能源利用效率，建设生态工业园区和农业生态示范园区。突出油气勘探开发过程中的生态环境保护建设。加强水资源保护、水污染治理和固体废弃物处理、处置工作力度。

（四）加强基础设施建设，拓展城市发展空间

积极实施"改造完善老城区，重点开发辽河南岸新区，合理配置功能区"的城市空间发展战略，进一步完善兴隆台、双台子南北两大组团和天河、双台子、赵家、渤海、兴隆西、兴隆东等六个功能区。以辽河南岸新区和双台子区老区改造为纽带，以市高中建设和辽河湿地公园建设为突破口，引导相关产业、人口向辽河南岸新区聚集，形成以辽河南岸新区为中心轴的一水两城格局，打造"油城水乡"的独特城市风貌，实现南北协调发展。

开发建设滨海新城。以盘锦船舶工业基地、盘锦港、滨海公路和跨辽河大桥建设为契机，积极承接营口市区辐射，加强辽滨经济区的基础设施、公用设施和房地产开发建设，推动辽滨经济区发展成为三大主导产业并举、生活服务设施完善、人文环境宜居的生态型滨海新城。

（五）努力扩大就业，健全社会保障体系

实施扩大就业的发展战略，以创业带动就业，实现资源型城市可持续发展与扩大就业的良性互动。以基本养老保险、基本医疗保险、最低生活保障制度为重点，加快建立覆盖城乡居民的社会保障体系。深化城镇企业、农垦企业、机关、事业单位基本养老保险制度改革，探索建立农村居民养老保险制度。全面推进城镇职工基本医疗保险、城镇居民基本医疗保险、新型农村合作医疗制度建设。完善城乡居民最低生活保障制度，逐步提升保障水平。

五、政策措施

(一) 深入推进改革，实现向市场经济管理体制和机制转型

1. 加快企业体制、机制创新。支持华锦集团等国有大企业进一步优化股权结构，鼓励和支持大型国有企业兼并、重组和改造，提高整体竞争力。完善促进非公有制经济发展的人才、环境、投融资、技术创新等服务支撑体系，鼓励和支持非公有制企业参与国企重组改制，支持民间资本进入基础产业、公用事业、经营性文化产业以及法律法规没有禁止的其他行业和领域。进一步加快推进国有农苇场以及城市供水、供暖、供气、公交、医疗卫生等公用事业和社会事业改革，造就一批经营规模大、竞争能力强的家庭农场和企业集团。

2. 深化行政管理体制和投资体制改革。继续深化政府管理体制改革，切实转变政府职能，从管理企业转向服务企业，从直接管理转向间接调控。进一步创新行政服务方式，提高工作的透明度和办事效率，为经济转型提供优质高效的行政服务和良好的政务环境。

(二) 加快开放步伐，全面提升开放水平

发挥地处辽宁中部城市群、辽东半岛沿海经济区、辽西沿海经济区三大板块中心结点的独特优势，积极融入辽宁"五点一线"沿海开发开放大格局，接受来自辽中、辽东、辽西三个方向的经济辐射，实现节点隆起，推动与周边地区形成经济一体化的开放新格局。

1. 大力提高利用外资的质量和水平。提高特色园区服务能力和服务水平，把园区建设成为开放先导区和吸引国内外投资的主要载体。改善开放环境，营造招商、安商、富商的浓厚氛围，努力建设省内经济发展软环境最佳地区。加大对沿海发达地区招商力度，承接发达国家、发达地区产业转移。

2. 加强出口基地建设，培育和发展地方出口产品。以船舶工业基地为载体，建设船舶出口基地；以辽河油田装备公司为载体，建设钻采设备出口基地；以华锦集团为重点，建设石化产品出口基地；以两县为重点，大力开发出口的初级和精深加工农产品，发展创汇农业。

3. 积极实施"走出去"战略。鼓励有实力的企业和个人到境外投资创业。支持辽河油田等大企业发展面向国内外市场的工程技术承包,重点把成熟的技术、设备、材料及富余的建设能力转移到国外,使国际工程承包成为带动技术、劳务输出和设备出口的综合载体。加快外派劳务基地建设,做好外派劳务专业技能人力资源的培育和储备。

(三)实施项目支撑战略,大力推进项目建设

受益于国家振兴老工业基地、辽宁实施"五点一线"开放战略等重大政策支持,盘锦的特色产业园区已初具规模,土地储备相对充足,有可能成为国内外产业转移的理想投资场所之一。

1. 续探索建立抓项目工作的有效机制,切实提高项目工作效率和工作效果。进一步突出项目工作在经济工作中的核心地位,使项目工作成绩与干部考核、奖惩相协调,推动项目工作再上新的台阶。

2. 启用和培养一批招商精英,加强宣传推介,提高招商引资工作水平。对于已经落地的项目,要千方百计地搞好协调服务,加快建设进度。

3. 全力抓好一批大项目的引进和推动。对于乙烯扩建、500 万吨原料油工程、辽河油田装备制造基地、钻机生产基地、宏冠造船二期工程等大项目,一定要紧抓不放,给足政策,竭诚服务,加快推进,促使其早日形成经济发展支撑作用。

4. 精心搞好项目储备工作。重点提高储备项目质量,实行动态管理,提高与企业对接、招商引资和争取政策扶持的工作水平,为发展接续产业奠定更加坚实的项目基础。

(四)深入推进油地融合,促进油地共同繁荣

树立服务油田就是服务盘锦、支持油田就是发展盘锦的理念,全力支持油田的经济发展。坚持城区建设与矿区改造相结合,统一规划、共同建设,优化城市整体功能。

1. 大力支持勘探局发展非油产业项目。支持辽河油田建设专业化的工业小区,油地联合对外招商,采取合资、合作等多种形式推进接续产业项目建设。

2. 完善和创新油地工作机制。加强油地融合工作的制度化和规范化建设，共同解决发展过程中存在的困难和问题。

3. 推进油地、城区、矿区共建和资源共享。逐步推进生产领域基础设施的共建共享以及要素资源的流通，形成能够共同受益的长效机制。

（五）实施人才战略，推动科技进步与创新

1. 全面实施人才强市战略。重点引进五大接续产业等高层次技术人才和技能型人才，大力培养中青年学科带头人和学术骨干，强化创新型人才、高级企业经营管理人才、技能型人才培养。营造优秀人才脱颖而出和人尽其才的社会环境，实现各类人才合理配置和有效开发。

2. 加快科技进步与自主创新。通过实施科技合作工程，推动企业加强与高等院校和科研单位的技术合作，引导和支持创新要素向企业集聚。围绕油气勘探开发、先进制造、精细化工与新材料、生态农业、农产品精深加工、制药、节能与环保等重点高新技术领域，培育和提高企业自主创新能力。构建企业为主体、市场为导向、产学研相结合的创新体系，形成具有地域特色的高新技术产业群。

课题组成员：盘锦市产业项目规划办公室　沈艳丰　蔡绍宇
　　　　　　盘锦市发展和改革委员会　辛荣啸　陈　迅

葫芦岛市城市热电发展研究报告

一、我国城市热电发展状况

我国的城市供热行业的发展主要以黄河以北的省份为主。集中供热是现在我国最基本的供热方式。1996 年到 2004 年我国集中供热面积的平均增长率为 14.91％。

我国在城市环境保护和节能上采取了一系列措施，各地方城市供热产业得到了迅猛发展，形成了以热电联产为主，集中锅炉房为辅，其他方式为补充的供热局面。据不完全统计，我国供热产业热源总热量中，热电联产占 62.9％，集中锅炉占 35.75％，其他占 1.35％。其中，城市民用建筑集中供热面积增长较快，并向过渡区发展。发展热电联产具有节约能源、改善环境、提高供热质量、增加电力供应等综合效益。随着我国人口的增长和城市发展的加快，人们对生活质量要求的提高，我国城市供热的市场潜力是巨大的。环保，节能，适宜，有利于城市可持续发展的供热方式将成为未来供热行业发展的方向。

二、葫芦岛市供热现状

（一）葫芦岛市概况

葫芦岛市是全国传统重化工业基础之一，已经形成了以石油化工、有色金属、机械造船、能源电力等为支柱的工业体系。葫芦岛市下辖连山区、龙港区、南票区、绥中县、建昌县、兴城市六个县（市）区。土地面积 10415 平方公里，全市总人口 273.7 万人。其中，城镇人口 120 万人，占全市总人口的 43.8%。葫芦岛市主城区为连山区和龙港区城区部分，总人口 44 万人，建成区面积 47 平方公里。2006 年全市 GDP 实现 348.1 亿元。

（二）葫芦岛市能源及城市供热现状

据调查，葫芦岛市煤炭总储量 1938×104t，主要分布在南票区、连山区和建昌县。现有各类地方煤矿 102 处，设计生产能力 625×104t，其中：地方国有煤矿 8 处，设计生产能力 257×104t；乡镇煤矿 94 处，设计生产能力 368×104t，2005 年全市地方煤炭产量 423×104t。长期以来，葫芦岛市形成了以煤炭为主的能源消费结构，2005 年全市能源消费总量为 910 万吨标准煤，其中：煤炭 860 万吨标准煤，成品油 40 万吨，燃气 41547 万立方米。预计到 2010 年、2015 年和 2020 年，葫芦岛市能源总量将分别达到 1150 万吨、1400 万吨和 1650 万吨标准煤，其中：煤炭消费总量为 1050 万吨、1300 万吨和 1450 万吨标准煤。

葫芦岛市热电联产起步较晚，发展相对滞后。目前，葫芦岛市主城区主要由 4 个热电厂、17 个供暖公司的 36 座区域锅炉房和 215 座小型锅炉房供热，主城区供热管网目前尚未实现联网大中型环网运行，管理相对滞后，供热设施相对老化，供热方式不尽合理，对城市形象和空气质量也造成严重影响。

（三）城市热负荷分布情况

葫芦岛市的主城区热负荷主要公布在连山区和龙港区的核心工业区和居住区。葫芦岛市主城区建筑面积为 2343 万平方米，供热面积为 1953 万平方米，已实现集中供热 952 万平方米，仍有 1001 万平方米采暖面积未实现集中供热；戒严热负荷总量为 886t/h，其中，主城区工业热负荷 746t/h，主要集中在连山区和龙港区核心工业区；连山区工业热负荷总量为 641t/h，龙港区工业热负荷为 123t/h；少数高级宾馆及高级住宅公寓有集中热水供应及空调制冷，大部分住宅的生活热水是每家每户的电热水器和燃气热水器供应。

（四）城市热源分布情况和供热管网、热力站现状

葫芦岛市主城区热源有：锦西炼油化工总厂热电公司、葫芦岛有色金属集团有限公司热电厂、辽宁水泥（集团）有限责任公司热电厂和17个供暖公司的36个区域锅炉房，占全市供暖面积的64%以上。另外有一些厂矿、单位、小区由分散的锅炉房供暖。

葫芦岛市城市集中供热管网主要以热电厂供热管网、大型锅炉房供热管网为主，其他小型锅炉房供热管网为辅。主要有锦西炼化总厂热电公司供热热网、锦化化工（集团）有限责任公司热电厂供热管网、葫芦岛有色金属集团有限公司热电厂供热管网和大型锅炉房供热管网。工业锅炉房的蒸汽网主要为本企业供热，敷设方式为架空、直埋或管沟敷设。

葫芦岛主城区共设置热力站62座，主要公布在热电厂及热源厂供热区域内，其中：新建热力站35座。热力站的供热面积在 2×10^4—$50 \times 10^4 \mathrm{m}^2$ 之间，热力站内大部分采用板式换热器。

三、葫芦岛市热负荷与发展预测

（一）采暖负荷和工业负荷预测

据调查，葫芦岛市主城区现有采暖面积1953万平方米，工业热负荷764t/h。根据《葫芦岛市城市整体规划》要求，2010年采暖面积将达到2650万平方米，工业热负荷810t/h；2015年采暖面积达到3200万平方米，工业热负荷910t/h；2020年采暖面积达到3850万平方米，工业热负荷1010t/h。届时，将形成以热电联产和大型集中供热热源为主的热源布局。

（二）葫芦岛市供热分区及规划设想

根据对葫芦岛市城市建设格局、热负荷分布特点及现有热电厂和大型供热热源的分布情况的研究，应将葫芦岛市主城区划分为东部和西部2个供热区。

东部供热区：以铁北路、红星路、群英街、海飞路、海滨路以东、四十号以西、疏港公路以南、茨齐路以北地区规划为东部供热区，包括

了北港工业园区及连山区、龙港区城区大部分地区。现有的规划面积是1120万平方米，至2010年规划供热面积将达到1650万平方米，至2015年规划供热面积将达到2100万平方米，到2020年规划供热面积将达到2550万平方米。以拟建的北港热电厂为主热源，以现有大型热源厂为辅热源。

西部供热区：以铁北路、红星路、群英街、海飞路、海滨路以西、东窑路以东、环城路以南、海滨南路以北地区规划为西部供热区，包括连山区和龙港区城区部分地区。现有供热面积833万平方米，至2010年规划供热面积将达到1000万平方米，至2015年规划供热面积将达到1150万平方米，到2020年规划供热面积将达到1300万平方米。以拟建的西部热电厂和现有大型热源厂为辅热源。

（三）供热指标

葫芦岛市供热指标是根据葫芦岛市建筑围护结构特征及国家有关建筑节能的标准、规范，经计算后确定的。2005年以前的建筑物采暖热指标确定为：居民住宅 55W/m²，公共建筑 70W/m²，综合热指标为 60W/m²。按照国家有关政策的要求，新建筑物均应为节能型建筑，因此规划的新增加建筑物指标应大致确定为：居民住宅 42W/m²、公共建筑 50W/m²、综合热指标 47W/m²。

四、葫芦岛城市供热发展的主要问题

葫芦岛市是一座新兴的沿海工业城市，近年来、城市建设发展较快，但城市供热发展却相对较慢，各种矛盾较为集中。主要表现在：一是粗放经营、体制落后。葫芦岛市目前仍延续过去的传统供热管理体制，市场分散，管理机制落后，导致供热市场粗放式经营，全市仅供热企业就有40多家，市场分散、管理粗放，致使供热市场形不成整体规模，缺乏市场竞争能力，已无法适应供热市场快速发展需求，供需矛盾日显突出。二是设备陈旧、能力不足。葫芦岛市城市集中供热管网起步较晚，多数供热企业投产后至今没有进行过改选，设备过于陈旧、管网老化，部分供热机组及供热暖公司一些热水锅炉已超过或接近报废年限，达不到设计能力，致使供热质量难以保证。截止 2005 年底，城市集中供热普及率仅有 48.7%。城市热源布局缺乏统筹规划，全市热源除了 3 个企业自备热电厂以外，主要依托区域性锅炉和分散小锅炉承担采暖负荷，而且部分管网保温方式陈旧，加之改造不及时，有的年久失修，热损严重，致使供热质量得不到有效保证。三是浪费能源、污染环境。葫芦岛市主城区内仍有大量的小锅炉承担供热，这些小锅炉容量小，使用时间长，设备陈旧，效率低，煤耗高。而且这种供热方式落后，除尘设备落后，不仅浪费能源，而且加重了城市环境污染，不符合城市发展需求。四是热源发展滞后。葫芦岛市主城区现有建筑面积 2343 万平方米，采暖面积 1953 万平方米，其中：集中供热面积 952 万平方米，城市集中供热普及率仅为 48.7%，工业热负荷 706t/h。热源建设已滞后于城市供热需求，从城市热负荷现状和发展预测考虑，无论近期还是远期，急需建设大容量、高参数的大型热电厂承担骨干供热任务。这不仅是发展热电联产改善城市供热格局，增加集中供热能力，满足城市热负荷发展需求，同时也是提高城市品位、节约能源、改善城市环境和社会经济发展的重要举措。

五、葫芦岛市城市热电发展规划的总体构想

葫芦岛建市十几年来，随着城市建设和工业生产的快速发展，对电力的需求量也逐年增加，这就对城市热电联产、集中供热也提出了更高的要求，原有《葫芦岛市城市热力规划》已不能满足葫芦岛市城市建设和工业生产发展的需要，急需编制一个科学的、合理的城市热电发展总体规划来指导葫芦岛市今后城市热电联产、集中供热事业的快速、协调发展。

（一）热电规划编制应遵循的总体思路

编制城市热电发展总体规划必须坚持贯彻"发展循环经济、建设节约型社会"的战略方针，从实际出发，以科学发展观，全面规划，合理布局，分期建设，以切实可行的措施保证规划的顺利实施，实现保护环境，节约能源，提高人居生活质量，促进城市经济社会协调、健康和可

持续发展的目标。本着结合实际，合理布局；以大代小、以新代旧、因地制宜、统筹规划的原则，坚持热电规划与国民经济和社会事业发展规划、城市建设规划、能源规划、电力规划相协调，以热电联产和大型热源厂建设相结合，新建与改造并举，积极利用新型清洁能源，保证热源建设与城市建设相适应，满足城市热负荷发展需求。

（二）规划范围和规划年限的设想

规划的范围应主要以葫芦岛市主城区行政区划范围为主，包括连山区和龙港区城市部分。根据对城市发展的预测，规划范围内现有占地面积为47平方公里，到2010年将达到75平方公里，2015年将达到85平方公里，2020年将达到96平方公里。为适应葫芦岛市供热市场发展的总体需求，热电规划期应主要分为近期2005～2010年，中期为2011～2015年，远期为2016～2020年。

（三）发展的目标和发展方向

结合《葫芦岛市城市总体规划》和葫芦岛市主城区热负荷分布及热源现状，应按照新建设与改造相结合的思路，新建大型供热机组热电联产项目和大型热源厂；改造、扩建老旧供热机组，逐步形成葫芦岛市主城区以大热电为主，以其他热电厂和大型热源厂为辅的供热格局。依据"以热定电、热电联产"和国家能源政策及产业政策，为实现资源的优化配置，主要热源应规划为：新建、扩建热电厂及单台容量29MW以上的热源厂；改造现有单台容量14MW以上的热源厂。东部和西部热区重点应规划建设大型热电厂，并以大型区域调峰锅炉房承担辅助供热。

热电规划应以《中华人民共和国大气污染防治法》、《中华人民共和国节约能源法》和国家发改委《节能中长期发展规划》为依据；以《葫芦岛市城市总体规划》为指导；并与《葫芦岛市能源规划》和《葫芦岛市环境保护规划》相衔接；以规划布局合理、提高供热质量、节约能源、改善城市环境、满足热负荷需求、提高人民生活水平为目标，建设大容量、高参数、技术指标先进的热电联产供热机组和节能环保大型热水锅炉房，替代分散小燃煤锅炉及高耗能、高污染的小型供热机组，逐步构建城市热电联产集中供热和清洁采暖为重点的多元化供热体系，从根本上解决葫芦岛市热源建设滞后于热负荷增长的矛盾。

（四）合理规划热源，提高适应热负荷不断增长的能力

葫芦岛市现有热源主要以企业自备热电厂和 17 个供暖公司供热为主，以厂矿、企事业单位锅炉房及分散锅炉房供热为辅。规划后的热源应以热电联产为主，并充分考虑不同区域现有热源及热负荷现状，根据各区域热负荷的不同特点，配合供热机组容量和热源厂建设规模，在建设程序上要采取大小相结合、新建与改造相结合，最终形成以大热源为主，多热源并存，互为补充，联网运行的城市供热体系。

1. 热源的整体布局。根据城市热负荷现状和热负荷发展预测，结合现有城市热源布局和供热能力，应本着新建与改造相结合、热电厂与热源厂相结合的原则对热源布局进行总体规划，力求符合实际、合理布局，并且要有较强的可操作性。

（1）近期应新建 1 座热电厂，同时要新建、扩建热网和大、中型热源厂，集中供热面积应达到 $2000 \times 104 m^2$，并将部分 4.2MW 以下的燃煤小锅炉拆除。

（2）中期要新建 1 座热电厂，同时扩建热网和大、中型热源厂，保留单台锅炉容量在 14MW 以上的供热热源，拆除 7MW 以下的部分小燃煤锅炉。

（3）远期应扩建 1 座热电厂，同时新建、改扩建大型集中供热热源厂及现有热网，保留 29MW 以上的单台锅炉，拆除单台容量在 20MW 以下的中、小燃煤锅炉。

2. 加强对热电厂建设的合理规划。葫芦岛市主城区内现有分散小锅炉 300 多台，不仅设备陈旧老化，而且浪费能源和污染环境，急需淘汰和取缔。现有三个热电厂多数已超期服役，将逐步停运。随着城市发展的不断加快，每年将有约 100 多万平方米的新建筑投入使用，预计到 2010 年主城区供热面积将达到 2650 万平方米，2015 年将达到 3200 万平方米，2020 年将达到 3850 万平方米。急需规划建设大型热电联产项目，以满足现有及远期发展热负荷需求，并取代大量分散小锅炉和陈旧供热机组，达到节能降耗、改善环境、促进葫芦岛市城区建设和经济的快速发展的目的。

根据国家发改委关于燃煤电站项目规划和建设的有关要求和规定，结合葫芦岛市未来城市发展格局及热负荷需求特点，以及北港工业园区、葫芦岛石化工业园区的开发建设特点、规划建设高效、环保燃煤供热机组是非常必要的。

（1）建设葫芦岛北港热电厂，增强对东部供热区的供热能力。葫芦岛北港热电厂可按总体规划、分期实施的原则进行建设，到2020年电厂装机容量应达到900MW，并根据热负荷发展情况，预留一定发展空间。东部供热区主要以龙港及连山区部分城区为主要供热区域，随着建筑面积逐年递增，热负荷需求不断增加，到2010年，东部供热区采暖负荷主要由新建设的北港热电厂承担，替代葫芦岛有色金属集团有限公司热电厂部分高能耗供热机组，与区域内大型热水锅炉共同承担调峰任务。

（2）建设葫芦岛石化工业园区热电厂，增强对西部供热区的供热能力。葫芦岛石化工业园区热电厂到2015年要建成装机容量为600MW的供热机组，供热能力将达到350MW。西部供热区主要是葫芦岛老城区，随着葫芦岛市城市逐步西移南下，西部供热区近期应充分发挥现有热电厂供热机组进行技术改造，辅助承担西部供热区的采暖及工业热负荷，中、远期以新建石化工业区大型供热机组热电厂为主，并保留大型热源厂辅助承担西部供热区的采暖及工业热负荷。

（五）合理规划热网

热网是联结热源与热用户的纽带，在进行热网规划过程中，要严格遵循国家有关政策和法规，坚持社会效益和经济效益并举的方针，提高集中供热率，实现城市供热集中化。按照热网规划与产业区建设规划、能源规划、电力规划相协调，力求近期和远期相结合，工业与民用相结合的原则，科学、合理地进行热网规划。

1. 葫芦岛市热网的布局。根据葫芦岛市城市总体规划要求及葫芦岛市具体情况，应将热网规划为东、西两大相对独立的供热系统，并将热网分为蒸汽网规划和热水网规划两个部分。

2. 加强对供热系统的计量与控制。新建热电厂及大型热源厂的热网应采用计算机监控系统，并与供热工程同步设计和实施。在新建建筑的设计和实施时，要优先选用节能建筑材料，达到节能 50％的要求。

3. 建立供热联网系统。实施热网联网运行，不仅可以增强供热系统的可靠性，而且能够节约能源，提高经济效益。这些热网供热参数相关，供热范围相临近，为葫芦岛市建设全城环状热网，实现多热源联网运行提供了良好的基础条件。从长远发展看，在具备条件的情况下，可逐步将两大供热区域改造成联网供热系统。

4. 热力网建设要采用新材料、新技术。目前，热网建设主要采用传统的建筑材料与新材料、新技术混杂使用，不同程度影响了建筑工程质量，规划内建设项目要充分考虑材料和技术上先进性，尽可能的选用新的建筑材料和利用先进的技术，以保证工程质量。

六、关于促进葫芦岛市城市热电发展的几点建议

（一）建立与市场经济相适应的供热市场管理体制

随着葫芦岛市经济的不断发展和对电力需求的不断增加，因此，以规划葫芦岛市热电发展的过程中，要充分利用市场机制，逐步实现城市热源建设投资主体多元化，市场运营企业化。形成政府宏观管理、中介组织自律服务、供热企业自主开发、自主经营、热用户依法用热、依法交费的市场运行模式，使城市供热市场管理制度化，市场运营规范化。

（二）整合市场，优化资源配置

在投资主体确定后，应由投资主体依据《葫芦岛市城市发展总体规划》、《葫芦岛市城市热电发展总体规划》及城市建设规模和发展速度，分期建设热电厂，并在政府指导下建立适合城市供热需求的生产经营管理模式。政府要加强宏观指导，本着资源优化配置的原则，合理整合供热市场，组建"葫芦岛供热集团股份有限公司"，引进先进的企业经营理念，建立现代管理体制，发挥整体优势，提高市场竞争能力，实行供热市场整体开发、统一经营，统一管理，保证热电规划的顺利实施。

（三）运用先进的管理模式，依法自我调节供需矛盾

实行煤价、热价联动，依据供热价值确定供热价格，逐步取消城市供热"福利制"，推进供热商品化、货币化进程。建立责、权、利相统

一的收费管理体制。按照国家有关城市供热收费体制改革指导意见，逐步实现采暖费纳入职工工资，由暗补变明补，真正做到供热商品化，增强用户的自觉交费意识，形成政府指导下的市场运作、价格调节、供需面对面的新型供热格局。并最终实现供热市场集约化、集团化、规范化和产业化经营，提高市场竞争能力和应变能力。

（四）采取人才战略，合理配置人才资源

按现代企业管理理念，合理整合现有企业的人才资源，以岗定员，实行人才资源最优化配置，建立新型的企业用人机制。

（五）加强组织领导，实现对供热市场的有效监管

政府应设立对供热市场实施监管的专门组织机构，负责制定供热市场运行规则，监管市场运行，维护公平竞争；根据市场情况，向政府价格主管部门提出调整热价建议，并监督检查，处理供热市场纠纷，对相关政策、法规，进行宏观控制和市场引导。

（六）加强对资金的整合力度，为葫芦岛市的电力发展提供可靠保障

加强对葫芦岛市电力发展的整体规划，确保葫芦岛市经济和社会发展所需的电力支持，就必须要有充足的资金作为保障。为减小政府的资金压力，必须建立完整的商业化、社会化、资本化的投、融资体制，通过盘活存量，资产重组，放开市场，鼓励新的供热企业进入供热市场，以合资、合作等多种方式参与供热市场开发和热源项目建设，以缓解资金紧张的矛盾，为城市热电规划的发展提供资金保证。

课题组成员：葫芦岛市发展和改革委员会　潘东波　武广成　王建成
　　　　　　　葫芦岛市城乡规划局　邓爱平
　　　　　　　葫芦岛市城乡建设委员会　张　远